Der modernen Schweiz entgegen
Heinrich Zschokke prägt den Aargau

WERNER ORT

Herausgegeben von der Heinrich-Zschokke-Gesellschaft

2003   hier + jetzt, Verlag für Kultur und Geschichte, Baden

Publikation der Heinrich-Zschokke-Gesellschaft. Mit Unterstützung des Kantons Aargau, der Neuen Aargauer Bank und der Firma Zschokke Generalunternehmung AG.

Umschlag: Aarau von Norden her gesehen mit Zschokkes Villa «Blumenhalde» im Vordergrund. Bild von Anton Winterlin um 1840 (Aarauer Stadtbilder aus fünf Jahrhunderten, hrsg. von Theo Elsasser, S. 25).

Frontispiz: Heinrich Zschokke als Regierungsstatthalter in Basel 1800–1801, unbekannter Maler (Universitätsbibliothek Basel, Porträtsammlung Benedikt Meyer-Kraus, F 476).

Gestaltung nach einem Konzept von Bernet & Schönenberger, Zürich
Bildverarbeitung: Humm dtp, Matzingen
© 2003 hier + jetzt, Verlag für Kultur und Geschichte GmbH, Baden
ISBN 3-906419-63-0

Inhalt

Werdegang eines Intellektuellen 15 – Zschokkes Eintritt in die
Schweiz 16 – Fremde beleben das Land 17 – Zschokke als Zeit-
zeuge 20 – Ein ungewöhnlich aktiver Bürger 22 – Gestalterischer
Wille 24 – Liebesgedicht für den Aargau 26 – Der Aargau braucht
eine Identität 28 – Geschichte des Aargaus für Jünglinge 30 – Lerne
dein Vaterland kennen! 32 – Blick von aussen 35 – Klassische Stellen des Aargaus 36

Am Anfang war der Borkenkäfer 39 – Eine Beamtenstelle mit siche-
rem Gehalt 43 – Der Boden als Quelle des Reichtums 44 – Forstwirtschaftliche Experimente 45 – Lehrbuch für die Alpenwälder 46 –
Ein Experte in Frankreichs Auftrag 50 – Aufbau des Oberforst- und
Bergamts 51 – Nachhaltigkeit als oberstes Prinzip 52 – Ein Bäum-
chen pflanzen 55 – Forstfrevel und andere Sünden 57 – Die Karto-
grafierung der Wälder 57 – Forstregulative für die nächsten 150 Jahre 59 – Zschokkes Leistungen als Forstfachmann 61 – Förster sollen
die Schulbank drücken 62 – Ein Vierteljahrhundert im Dienst des
Waldes 64 – Die Aargauer Bergwerke: ein weitläufiges unterirdi-
sches Labyrinth 65 – Stollenausbau unter Zschokkes Regie 68 –
Eine Rutengängerin auf Erzsuche 69

Die Erfindung des Schweizerboten 72 – Ein ächtes Volksblatt 73 –
Der Schweizerbote zieht in den Aargau 77 – Zschokke als Kalender-
macher 80 – Ratschläge für eine bessere Lebensführung 83 – Eine
Zeitung für den Landmann 84 – Von Blitzableitern und anderen Er-
rungenschaften 86 – Lalenburger Geschichten 89 – Was die klugen
Leute und die Narren in der Welt thun 90 – Die erste Leserzeitung

Vorwort

200 Jahre Aargau ist ein Grund zum Feiern, aber auch innezuhalten und zu danken. Ist dieser Aargau nicht fast ein Wunder? Überrascht es uns nicht immer wieder, dass sich aus den zusammengewürfelten Regionen im weiten Landstrich vom Rhein bis zu den Voralpen, zwischen den mächtigen deutschschweizerischen Zentren Zürich, Bern, Basel und Luzern, aus einem zum grössten Teil armen Agrarland der moderne, bedeutende eidgenössische Kanton Aargau entwickelt hat? Heute gehört er zu den politisch und wirtschaftlich stärksten Kräften der Schweiz. Diese Aufbau- und Modernisierungsleistung haben unsere Vorfahren vollbracht. Ihnen wollen wir im Jubiläumsjahr danken und gleichzeitig fragen, was ihre Botschaft für uns und unsere Zukunftsgestaltung bedeutet.

Einer dieser Vorfahren und Pioniere ist *Heinrich Zschokke*. Er hat den Aufbau des Aargaus, ja der modernen Schweiz, geprägt. In seinem intensiven, arbeitsreichen Leben als Politiker und Volkserzieher hat er *den Aargau in seiner Entstehungsphase (zwischen 1802 und 1848) wesentlich mitgestaltet.* Er hat namentlich an der Verbesserung des Schulwesens (Landschulen, Bezirksschulen, bürgerlicher Lehrverein, Schulgesetz von 1835), an der Demokratisierung und besseren Gewaltentrennung, an einer eigenständigen Presse und an der Abschaffung der Zensur (1829) mitgewirkt.

Über Zschokkes Einfluss auf die entscheidenden Jahrzehnte des Umbruchs zwischen dem Ancien Régime und der Moderne handelt dieses Buch. Werner Ort, sicher der beste Kenner der Materie, hat es verfasst, mit grosser Sorgfalt und Einfühlungsgabe und meist unmittelbar aus den ersten Quellen schöpfend. Es zeichnet Zschokke als gefeierten Dichter, begnadeten Publizisten und Kommunikator von Ideen, als Volksschriftsteller, Pädagogen, befreundet mit Heinrich Pestalozzi, und als Erfinder des «Aufrichtigen und wohlerfahrenen Schweizerboten», der ersten Volkszeitung der Schweiz.

Für den Aargau war Zschokke ein Glücksfall, auch wegen seines Engagements für das politische und soziale Leben: Grossrat während eines Vierteljahrhunderts, Verfassungsrat (1831), dreimaliger Tagsatzungsgesandter, Gründer der Gesellschaft für vaterländische Kultur, Gründer und Präsident der Taubstummenanstalt Landenhof Aarau und so weiter. Unvergesslich ist seine Losung: «Volksbildung ist Volksbefreiung».

Zschokke war nicht nur wichtig für den Aargau; *der Aargau war wichtig für Zschokke.* Hier fand er eine neue Heimat, eine liberale Haltung der Regierung, eine fremdenfreundliche Einstellung und seine materielle Existenz, über viele

Jahre einen Teil seines Auskommens gleichsam als erster Kantonsoberförster, als Oberforst- und Bergrat, wie es damals hiess.

Seit Jahrzehnten *kümmert sich der Aargau* um Zschokkes Nachlass, den die Kantonsbibliothek und das Staatsarchiv aufbewahren. Der Kanton bemüht sich um seine Korrespondenz; so hat er 1997 über 240 Briefe von Zschokke an Heinrich von Orelli, Zürcher Oberrichter, Regierungsrat, Vorsteher der Blindenanstalt und Freund Zschokkes, in einem prachtvollen Einband angekauft. Aarau ist eines der Zentren der Auseinandersetzung mit Zschokke. Hier finden Gedenkveranstaltungen statt, so letztmals 1998 zum 150. Todestag, im Beisein der weit verzweigten Familie und einer Reihe von Zschokkeforschern aus dem In- und Ausland. Im Aarauer Kasinopark steht ein für hiesige Verhältnisse sehr grosses Denkmal. Die Nachwelt hat es Zschokke mit Unterstützung des Bundes und der meisten Kantone 1894 gesetzt mit der selten eindrücklichen Inschrift «Heinrich Zschokke – 1771–1848, Schriftsteller, Staatsmann und Volksfreund» und der wunderschönen, schlichten Unterschrift «Das Vaterland».

Im Aargau, in Aarau wurde am 10. März 2000 die *Heinrich-Zschokke-Gesellschaft* gegründet. Sie will nicht bloss das Gedächtnis an einen Wegbereiter der modernen Schweiz wach halten und es erst recht nicht verklären. Aber wir leben wieder in einer Umbruchphase. Also kann die Beschäftigung mit der Vergangenheit dem Verständnis der Gegenwart und als Orientierungshilfe für die Zukunft dienen. Die Heinrich-Zschokke-Gesellschaft hat dieses Buch angeregt und in Zusammenarbeit mit dem Regierungsrat des Kantons Aargau sowie den auf einen Gründungsbeitrag Zschokkes zurückgehenden Unternehmen, der Neuen Aargauer Bank und der Zschokke Generalunternehmung, verwirklicht. Damit sind wir dem Ziel einer Zschokke-Biografie ein Stück näher gerückt.

Thomas Pfisterer
Präsident der Heinrich-Zschokke-Gesellschaft

Einleitung

L'ignorance accroît la misère
La misère accroît l'ignorance

Reisen bildet, und Bildung reist mit. Während ich in den vergangenen Monaten im Interregio von Zürich nach Aarau pendelte, um dieses Buch zu schreiben, stieg ich zuweilen in die Komposition ein, die Mme. de Staël gewidmet ist. Jede Wagenfolge trägt den Namen eines bekannten Schweizers: Heinrich Pestalozzi, Jean-Jacques Rousseau, Albert Einstein, Pierre Ramuz, Jean Rudolf von Salis, Mani Matter, Alice Rivaz, Annemarie Schwarzenbach – oder eben Germaine de Staël, Tochter des Genfer Bankiers und französischen Finanzministers Necker, Schriftstellerin, Bewunderin der deutschen Literatur und Kritikerin Napoleons. Jeder dieser Menschen ist im Wageninneren mit einigen für ihn wichtigen Aussagen vertreten, die dem Reisenden Stoff zum Nachdenken geben sollen.

Die Unwissenheit steigert das Elend. Das Elend vermehrt die Unwissenheit: Dieser Spruch könnte auch von Heinrich Zschokke stammen, der, noch bevor er in den Aargau kam, von Mme. de Staël eingeladen wurde, in Coppet am Genfersee Hauslehrer ihrer Söhne zu sein. Aber sein Platz war dort, wo er sich entfalten und wirken konnte.

Armut und Bildungsnot waren im Aargau um 1803 vorherrschend. Der grösste Teil der 130 000 Einwohner bestand aus kinderreichen Familien, die knapp am Existenzminimum von Landbau, Heimarbeit, Handwerk oder als Taglöhner lebten. Die Gefahr des Hungers begleitete diese Menschen auf Schritt und Tritt. Mit dem Ausfall einer Ernte drohte eine Katastrophe. Eine soziale Absicherung gab es nicht. Viele Gemeinden waren arm und verschuldet. Krankheiten und Seuchen waren weit verbreitet, die Kindersterblichkeit war hoch.

Das Landschulwesen war wenig entwickelt und reichte gerade aus, um das durchschnittliche Kind etwas lesen, schreiben und rechnen zu lehren, es mit der Bibel, dem Katechismus und dem Psalmenbuch vertraut zu machen. Ein solches Kind benötigte keinen Hauslehrer, aber dringend den Ausbau des öffentlichen Schulsystems, genügend zu essen und saubere Kleidung.

Dazwischen gab es kleine Bildungs- und Wohlstandsinseln, hauptsächlich in den Munizipalstädtchen. Doch der Mittelstand, der sorgenlos leben konnte und Zugang zu Informationen und Kulturgütern besass, war schmal.

Dies ist der Hintergrund, vor dem dieses Buch sich abspielt. Nur so ist auch der Titel des Buchs zu verstehen. In dem dynamischen Entwicklungsprozess, in welchem der Aargau sich seit der Gründung befand, griff Heinrich Zschokke an entscheidenden Punkten gestaltend ein.

Der Kanton Aargau entstand 1803 durch ein Machtwort Napoleons in seiner heutigen geografischen Form und mit einer Verfassung, die bis zur Grösse und Anzahl der Wahlkreise alles festlegte. Den Geist dieser Verfassung mit Leben zu füllen, eine Verwaltung aufzubauen, eine Gesellschaft zu formieren, ihr Kultur einzuhauchen, war Volk und Regierung des Aargaus überlassen.

Das Buch handelt von der Frühgeschichte des Aargaus, von 1802 bis 1848, jener Periode, die Zschokke hier verbrachte. Es macht der dreibändigen Kantonsgeschichte von Nold Halder, Heinrich Staehelin und Willi Gautschi[1] keine Konkurrenz. Es rollt ein Panorama auf, will die Signatur einer Zeit aufzeigen und von dem reden, was einmal wichtig und von Belang war.

Gegenstand des Buchs ist Zschokkes vielfältiges Wirken im Aargau, sein unermüdlicher Drang, das Bestehende zu formen und das Kommende zu vermitteln. Es ist ein Geschenk der Heinrich-Zschokke-Gesellschaft an die Aargauerinnen und Aargauer, eine Hommage an eine grosse, bewegte Vergangenheit. Es verfolgt die Spuren, die Zschokke im Aargau hinterlassen hat, und fragt danach, was heute noch von Bestand ist.

In neun Kapiteln werden historische Stationen oder Themen dargestellt, die mit Heinrich Zschokke und der Entwicklung des Aargaus in Verbindung stehen. Durch die Anordnung dieser Kapitel wird eine Chronologie und Dynamik des Aargaus und in der Vita Zschokkes fassbar.

Die Vorgabe bestand darin, ein gut lesbares, für gebildete, allgemein interessierte Leser verständliches Buch zu schaffen, das historisch möglichst genau ist. Als Vorarbeit habe ich umfassende Quellenstudien betrieben. Dabei habe ich eine Fülle von Archivmaterial an den Tag gefördert, das hier zum ersten Mal ausgewertet wird. Nach Möglichkeit habe ich in den Text Originalzitate hineingearbeitet, die in der ursprünglichen Orthografie wiedergegeben werden. Auf weiterführende Sekundärliteratur wird an Ort und Stelle hingewiesen.

Besonderer Wert wurde auf eine reiche, anspruchsvolle und ansprechende Illustration des Buchs gelegt. Es ist ein Beitrag zum Kantonsjubiläum 2003 und soll sich diesem Anlass würdig erweisen. Ob dies gelungen ist, wird dem Urteil der Lesenden und Betrachtenden anheim gestellt.

Dieses Buch wäre nie zustande gekommen, wenn nicht zahlreiche Menschen und Organisationen daran mitgewirkt hätten. Das gibt mir die Genugtuung, nach verschiedenen Seiten meinen Dank auszusprechen, zuerst dem Initiator: der Heinrich-Zschokke-Gesellschaft in Aarau und ihrem Präsidenten, Ständerat Thomas Pfisterer. Zu danken habe ich dem Herausgeberbeirat mit Andrea Voellmin, der Leiterin des Staatsarchivs des Kantons Aargau, und den beiden Professoren Urs Bitterli und Heinrich Staehelin. Sie haben mich umsichtig betreut, immer wieder ermutigt, einen Teil des Manuskriptes gelesen und mir kluge Ratschläge gegeben. Ich danke auch dem ehemaligen Kantonsoberförster Erwin Wullschleger, der mich in forsttechnischen und forsthistorischen Fragen beraten hat. Gern denke ich an den Waldumgang mit ihm zurück, auf dem er mich auf das Bohnerzvorkommen und den früheren Tagbau bei Rombach aufmerksam machte.

Mein Dank geht an die Bibliotheken und Archive in Aarau, allen voran an das Team des Staatsarchivs, an das Stadtmuseum Aarau und seinen Leiter Martin Pestalozzi, an die Kantonsbibliothek und Werner Dönni, an das Naturama und Andreas Rohner, an das beinahe unerschöpfliche Archiv des Hauses Sauerländer mit den mir stets zugänglichen Beständen, an ihren früheren Leiter Heinz Sauerländer und den Bibliothekar Tobias Greuter sowie an weitere Personen und Archive, die mir freundlich zur Verfügung standen.

Ohne die beiden Bildbeschaffer Dominik Sauerländer und Susanne Mangold wäre die bunte Vielfalt dieses Buchs nicht zustande gekommen. Ihre professionelle Arbeit hat mich spürbar entlastet, vor allem in der letzten Phase. Auch ihnen möchte ich danken. Mein Dank gebührt dem Verlag hier + jetzt, wo Bruno Meier und Andreas Steigmeier sich des Buchs als eines gemeinsamen Kindes mit grosser Zuneigung angenommen haben, und der Historischen Gesellschaft des Kantons Aargau, die es für ihre Reihe «Beiträge zur Aargauer Geschichte» würdig erachtete. Dankbar bin ich dem Buchgestalter Urs Bernet in Zürich, der auf meine Wünsche eingegangen ist.

Der letzte und wichtigste Dank geht an jene drei Institutionen, die durch ihre grosszügige Finanzierung die Realisierung des Buchs erst ermöglicht haben: an den Kanton Aargau, an die Neue Aargauer Bank und an die Firma Zschokke Generalunternehmung AG. Alle drei sind mit dem Namen Zschokke eng verbunden. Durch ihre Unterstützung haben sie ein Bekenntnis abgelegt: zum Aargau, zu unserer Kultur und zu einer Vergangenheit, der sie ihre Existenz verdanken.

Zschokke und der Aargau

Heinrich Zschokke war ein Glücksfall für den Aargau. Ein talentierter junger Schriftsteller und Gelehrter aus Norddeutschland fand hier seine Heimstatt und begleitete den jungen Kanton von der Geburt an (1803) bis zum Eintritt in den schweizerischen Bundesstaat (1848).

1771 in Magdeburg geboren als Sohn eines Tuchmachers, früh verwaist, trat Zschokke in die Schulen seiner Heimatstadt ein. Mit 17 Jahren flüchtete er aus den ihn beengenden Verhältnissen, war eine Zeit lang bei einem Buchdrucker in Schwerin als Korrektor und Hauslehrer tätig und gründete seine erste Zeitschrift, die «Monatsschrift von und für Mecklenburg». Schon früh hatte er seine schriftstellerische und publizistische Neigung entdeckt. Er schloss sich einer wandernden Schauspieltruppe an, deren Korrespondenz er besorgte und für die er effektvolle Theaterstücke schrieb oder umschrieb. Er sprang wohl auch ersatzweise als Schauspieler ein.[1]

Werdegang eines Intellektuellen

Sein Ziel, die Universität zu besuchen, verlor er dabei nicht aus dem Auge. Er holte den Gymnasialstoff nach, und sobald es ihm vom Alter her möglich war, immatrikulierte er sich 1790 in Frankfurt an der Oder. Nach nicht ganz zwei Jahren meldete er sich zum Doktorexamen in Philosophie und den Schönen Künsten an, bestand es mit einigem Glück und liess sich wenige Tage darauf in Küstrin auch die licentia concionandi erteilen, die Erlaubnis, als lutherischer Priester zu predigen. Kurz darauf wurde er in die Freimaurerloge Au cœur sincère aufgenommen.

Ihm standen jetzt drei Wege offen: als Prediger zu wirken, eine Dozentenkarriere einzuschlagen oder sich schriftstellerisch zu betätigen. In allen drei Bereichen besass er Talent, und reihum probierte er sie aus. Als Dramatiker war dem ehrgeizigen jungen Mann bereits als Student die Ehre zuteil geworden, auf den wichtigsten Bühnen Deutschlands gespielt zu werden. Aber die Laufbahn als Dichter schien ihm zu unsicher, zu sehr von der Mode und einem launischen Publikum abhängig.

Als Hilfspastor wirkte er kurze Zeit in seiner Heimatstadt Magdeburg. Trotz deklamatorischer Begabung und allgemeiner Zufriedenheit in der Zuhörerschaft, die er mit seinen Predigten zu Tränen rührte, erlebte er, wie ihm ein etwas älte-

*Heinrich Zschokke in seinem 24. Lebensjahr als gefeierter Dramenschreiber mit Künst-
lermähne, nach einer Zeichnung von Johann Friedrich Bolt.*[2]

rer Prediger vorgezogen wurde, der vermutlich über die besseren Kontakte zu
den Behörden verfügte. Jahrelang geduldig ausharren und hoffen, dass ihm irgendwann eine Pfarrei zufalle, wie Jean Paul es im «Leben des Quintus Fixlein»
beschrieb, war nicht Zschokkes Sache.

Als Dozent für philosophische und theologische Fächer an der Universität
Frankfurt erging es ihm ähnlich. Er war bei seinen Studenten sehr beliebt, dank
seines feurigen Vortrags und seiner modernen, heterodoxen (von der kirchlichen
Lehre abweichenden) Auffassungen. Aber die Professoren gingen zu ihm auf Distanz und wollten ihn nicht für eine Professur vorschlagen.[3] Nachdem er fünf Semester lang unentgeltlich Vorlesungen und Übungen gehalten hatte, reichte es
ihm. Er beschloss, eine Denkpause einzulegen und das zu unternehmen, was gut
betuchte junge Herren im 18. Jahrhundert zu tun pflegten: eine Bildungsreise
durch Europa.

Zschokkes Eintritt in die Schweiz

Die wichtigsten Reiseetappen waren für Zschokke klar: Er wollte das heilige rö-
mische Reich deutscher Nation von Norden nach Süden durchqueren, dann die
Schweiz und das in politischer Gärung begriffene Frankreich besuchen, um
schliesslich nach Italien zu reisen und die mediterrane Natur, die Kunstschätze

und das ewige Rom auf sich einwirken zu lassen.[4] Da sich kein reicher Adliger fand, dem er als Begleiter dienen konnte, beschloss er, seine Reise mit Berichten von unterwegs und allerlei Betrachtungen in Büchern und Zeitschriften zu verdienen.

Der erste Anblick der Schweiz war ein überwältigendes Erlebnis für ihn.

> «Die *Schweiz* lag da! am Raum des Horizontes lag sie ausgegossen, groß und majestätisch, mit ihren himmeltragenden Gebirgen. Schimmerndes Silber glänzte von der Alpen Haupt; Wolken tändelten um ihre dunkeln Scheitel. Rechts vom Elsas bis links ins Land der Tyroler schlang sich die ungeheure Schnur der Felsenthürme herum am Himmel; in der Tiefe unten blizten die Wellen des Bodensees.
>
> Mein Odem stokte bei dieser großen Erscheinung; ein leiser Schauer umflog mich. Der süßeste Traum meiner Jugend gränzte nahe an die noch schönere Erfüllung – der sehnsuchtsvolle Wunsch meiner Jünglingsjahre ward erhört.
>
> Wenn ein Weltumsegler nach langem Harren und Hoffen, nach langem Umherschweben durch die ewige Einöde des Oceans, das Eiland, nach welchem er so lange umsonst gen Ost und West suchte, freundlich aus Nebeln und Wellen endlich hervorsteigen sieht, kann er unmöglich so berauscht seyn von der Freude, als ich hier war auf den Höhen von Tuttlingen.
>
> Izt durfte kein Augenblik verloren gehn. Über Engen und Kitzingen ging der Flug; um Mitternacht befanden wir uns vor den Thoren Schafhausens.»[5]

Bei seiner zweiten Durchreise von Frankreich nach Italien blieb er in der Schweiz, dem «süßesten Traum meiner Jugend», zunächst weil sein Gepäck nicht rechtzeitig eintraf.[6] In Chur ergriff der Bündner Präsident Johann Baptist von Tscharner die Gelegenheit beim Schopf und trug dem ehrgeizigen Zschokke die Direktion des Instituts Reichenau an, einer ehrwürdigen, wenn auch sanierungsbedürftigen Schule mit Internat.

Während des folgenden halben Jahrhunderts, von 1796 bis 1848, lebte Zschokke in der Schweiz, davon über 46 Jahre, seit Frühjahr 1802, im Aargau.

Fremde beleben das Land

Immer wieder war der Aargau in der ersten Hälfte des 19. Jahrhunderts von Fremden abhängig, die dem Kanton bei der Organisation seiner Staatsverwaltung und im Schulwesen dienten.[7] Er besass keine Ausbildungsstätte für Verwaltungsbeamte oder Theologen wie Zürich oder Bern, bis 1822 noch nicht einmal ein Lehrerse-

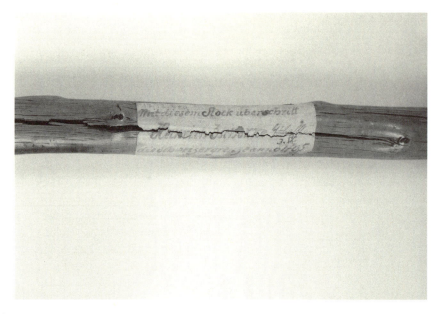

Wanderstock Heinrich Zschokkes mit der Inschrift: «Mit diesem Stock überschritt Heinrich Zschokke die Schweizergrenze.»[8]

minar, ganz zu schweigen von einer Universitat. Man war auf Menschen angewiesen, die sich an anderen Instituten und Universitäten qualifiziert hatten, und da es im Aargau davon nicht allzu viele gab, auf Leute von aussen.

Die Fremden kamen gern in den Aargau, solange er ihnen eine Arbeitsstelle und freizügig das Bürgerrecht anbot, und liessen sich dort nieder. Vielfach waren es politisch engagierte, überzeugte Republikaner, die für ihre Einstellung im liberalen Aargau Schutz, Gesinnungsgenossen und ein Wirkungsfeld suchten.

Der Aargau war 1803 ein junger, vorurteilsfreier Kanton. Ihm fehlte das Patriziat Berns, das Ämter wie Pfründe unter sich aufteilte, die zünftischen Barrikaden Zürichs, die scharfe Zensur Basels oder der enge Konservativismus der Innerschweiz. Der Aargau war zugkräftig, offen für Eigeninitiative und legte unternehmerischem Geist nichts in den Weg – nicht einmal Steuern.

Aber es waren nicht reiche Steuerflüchtlinge, die den Aargau auswählten; dazu bot er zu wenig Infrastruktur oder kulturelle Genüsse. Die Emigranten suchten einen Ort, wo sie einigermassen unbehelligt eine Tätigkeit ausüben und ihr Brot verdienen konnten. Der Aargau brauchte sie, weil er sich aus eigener Kraft nur schwerlich hätte entwickeln können. Es sprach sich herum, dass es eine Freistatt für politische Flüchtlinge gab, wo man nicht lange fragte, woher sie kamen und was sie getan hatten, Hauptsache, sie waren willig und tüchtig und achteten Regierung und öffentliche Ordnung.

Die ersten Fremden trafen zwischen 1802 und 1803 ein: Beamte der zusammengebrochenen helvetischen Regierung wie der Zürcher Politiker Johann Rudolf Dolder, der Luzerner Gelehrte Johann Anton Balthasar, der österreichische Militärfachmann Johann Nepomuk von Schmiel, der bayrische Ex-Mönch, Dichter und Sekretär Franz Xaver Bronner und der Magdeburger Schriftsteller Heinrich Zschokke. Sie wurden mit offenen Armen empfangen.

Eine zweite Welle kam nach 1819, als im restaurativen Deutschland die berüchtigten Demagogenverfolgungen stattfanden und die Universitäten von politisch unliebsamen, das heisst vor allem liberalen Elementen gesäubert wurden.[9] Sie zogen mit Vorliebe nach Basel, Chur oder Aarau, wo sich höhere Schulen befanden, die fremde Lehrkräfte brauchten,[10] oder nach Hofwil bei Münchenbuchsee oder Yverdon, wo man eine Lehrerausbildung von internationalem Ruf betrieb. Sie fühlten sich in einem Transitraum, aus dem sie verschwanden, wenn sich anderswo eine günstigere Gelegenheit bot.

Sie fanden im Aargau nicht die gleich guten Verhältnisse vor wie jene Fremden, die in der Gründungszeit aufgetaucht waren. Der Zugang zum Staatsdienst war mittlerweile verbaut und die Einbürgerung nicht mehr so ohne weiteres zu erlangen. Den Professoren – Altphilologen, Germanisten oder Historikern – war die Kantonsbibliothek zu klein, um wissenschaftliche Forschung zu betreiben, und zu klein wohl auch die Köpfe der armen Aargauer Jugend, um ihnen universitäre Erkenntnisse einzutrichtern.

Der Zustrom politischer Flüchtlinge ebbte in den folgenden Jahrzehnten nicht ab. Er nahm im Gegenteil nach 1832 zu, als sich die Reaktion in Deutschland wieder verschärfte. Ausser den Emigranten aus Deutschland kamen Versprengte aus Polen, Frankreich, Griechenland oder Italien in die Schweiz, um von hier aus auf ihr Vaterland politischen Einfluss zu nehmen. Die Schweiz wurde zum Umschlagplatz der Revolutionsströmungen in Europa.[11] Radikalliberale Intellektuelle vermischten sich mit Handwerksgesellen mit sozialistischem Gedankengut, um sich in der Schweiz in politischen Vereinen zu organisieren und von hier aus publizistisch zu agieren. Sie führten ein eher unstetes Leben und wurden, da oft steckbrieflich gesucht, von einem Kanton zum anderen gejagt.

Die erste Welle der Ausländer blieb dem Aargau am treusten. Diese längst Eingebürgerten hatten sich seit 1798 mit den Schweizer Verhältnissen vertraut gemacht. Trotz der kulturellen Enge fanden sie ein Betätigungsfeld, das ihnen ein Fortkommen sicherte.

Wenn wir die Absicht haben, die Vergangenheit des Aargaus kennen zu lernen, lassen es drei Kriterien besonders günstig erscheinen, sich mit Heinrich Zschokke zu befassen: seine Rolle als Beobachter, als aktiver Teilnehmer und als Mitgestalter des Aargaus. Er war eine jener Persönlichkeiten, die sich zu einer entscheidenden Zeit am richtigen Ort befanden, die das Geschehen prägten, es aber auch kommentierend beschreiben, so dass wir mit ihnen und durch ihre Augen die Vergangenheit näher kennen lernen können. Zschokke war vielseitig, wirkungskräftig, in vielem ein Pionier.

Zschokke war keinesfalls ein Einzelgänger oder Einzelkämpfer. Zwar ragte er unter den Ausländern, die in den Aargau kamen, und unter den Einheimischen heraus, aber wir dürfen seinen Anteil am Aufbau des Aargaus auch nicht überschätzen. Dort, wo es sinnvoll ist, werden wir deshalb seine Begleiter und Mitkämpfer und seine Gegenspieler einbeziehen.

Zschokke als Zeitzeuge

Zschokke war stets ein interessierter und aufmerksamer Beobachter, wach für die grossen politischen Strömungen, aber auch für das Kleine, für soziale Verhältnisse. Schon seine frühen Reiseberichte haben einen ethnologischen Zug: Ihn interessierten Land und Leute. Er nahm wahr, was um ihn herum vorging, beschrieb, was er sah und erlebte und aus Gesprächen, Broschüren und Büchern erfuhr. Seine Neugierde und seine Kontakte zu allen Schichten des Volks, seine nie nachlassende Mitteilungs- und Schreibfreudigkeit machen ihn zu einem hervorragenden Zeugen seiner Zeit.

Er erlebte in der Schweiz den grundlegenden Umbau von der alten Welt, dem ausgehenden Ancien Régime[12] zum modernen Bundesstaat. Das war kein kurzer, schmerzloser oder kontinuierlicher Prozess; die Rückschläge waren vorprogrammiert, ganz zu schweigen von den sozialen Folgekosten.

In Zschokkes Schriften wird der Niedergang der alten Untertanenherrschaft, des Zunftwesens und der patrizischen Privilegien dokumentiert, die vorerst langsame, dann immer raschere Industrialisierung, die Verbürgerlichung und Liberalisierung der Gesellschaft, die tief greifenden politischen, sozialen und wirtschaftlichen Veränderungen.

Zschokke kam in die Schweiz, als Kutsche und Segelschiff die bequemsten Fortbewegungsmittel waren und die meisten Menschen auch über längere Wegstrecken zu Fuss gingen, auf Strassen, die diesen Begriff kaum verdienten. Weiler und kleinere Dörfer waren von der Welt beinahe abgeschnitten, gerade dass ein Bote wöchentlich vielleicht einige Neuigkeiten brachte.

Zschokke erlebte im Lauf der Jahre, wie ein Netz von Schotterstrassen entstand, tägliche Postverbindungen eingeführt wurden, und einige Jahre vor seinem Tod, wie die Eisenbahn ihre Siegesfahrt begann. Im Sommer 1837 bestaunte er das erste Dampfschiff auf dem Vierwaldstättersee. Er erlebte den Übergang von der Gänse- zur Stahlfeder als Schreibwerkzeug, die Lithografie und die Daguerreotypie, welche die Bildwelt revolutionierte und eine exakte Sicht auf Mensch und Landschaft erlaubte. Es gibt von Zschokke eine Fotografie, die 1845 in Frankfurt am Main aufgenommen wurde. Zschokke war kein Chronist im eigentlichen Sinn, der nüchtern und sachlich die Welt um sich herum aufgezeichnet, kein

Schwamm, der wiedergegeben hätte, was sich abspielte. Er führte auch kein Tagebuch, aus dem man die täglichen Ereignisse und seinen eigenen Werdegang ablesen könnte. Man muss sich seine Eindrücke der Welt aus einer Vielfalt von Aussagen zusammensuchen.

Von kaum einem anderen Aargauer und im Aargau lebenden Menschen seiner Zeit gibt es so viele Aufzeichnungen, schriftliche Zeugnisse, Texte aller Art wie von Zschokke. Für die erste Hälfte des 19. Jahrhunderts, wo die historischen Quellen noch nicht so sprudeln wie später, ist sein handschriftlicher Nachlass einer der reichhaltigsten überhaupt, an den sich die riesige Zahl seiner gedruckten Schriften anreiht.

Als Quelle dienen zunächst Zschokkes Briefe, von denen nur ein kleiner Teil, aber doch erstaunlich viele, erhalten sind. Sein Sohn Emil trachtete schon in den 1850er-Jahren danach, die Briefe Zschokkes an die wichtigsten Partner in die Hand zu bekommen, sei es im Original oder als Abschrift, um sie einmal gesamthaft zu veröffentlichen. Dazu kam es zwar nicht, aber dank seiner Initiative liegen sie, zusammen mit den empfangenen Briefen, in Zschokkes Nachlass im Staatsarchiv des Kantons Aargau und im Privatbesitz der Nachkommen.

Auch zahlreiche andere Briefe Zschokkes wurden aufbewahrt. Er war zu seiner Zeit so berühmt, dass kaum einer die Briefe wegwarf, hinter denen auch Autografenjäger her waren. Dank umfassenden Recherchen wurde seine Korrespondenz in den 1990er-Jahren in öffentlichen und privaten Archiven in ganz Europa aufgestöbert und zusammengetragen. Sie ist vorläufig in der Universitätsbibliothek Bayreuth deponiert, bevor sie hoffentlich in die Schweiz kommt.

Zschokke pflegte keinen Tag zu verbringen, ohne Briefe zu schreiben. Durch die beachtliche Menge, den Inhalt und die Vielzahl der Briefpartner, mit denen Zschokke in politischem, privatem oder literarischem Austausch war, ergibt sich ein grosser Dokumentationswert. Dieses Briefkorpus ist erst in Ansätzen erschlossen, etwa durch die Herausgabe des Briefwechsels mit dem Konstanzer Bistumsverweser Wessenberg[13] und mit dem Verleger Sauerländer.[14] Weitere Editionen sind geplant.

Daneben war Zschokke ein leidenschaftlicher Publizist und Zeitungsmacher. Im Lauf seines Lebens gründete er viele Zeitungen und Zeitschriften, die er selbst redigierte und für die er, wenn er sie nicht von A bis Z selbst schrieb, substanzielle Beiträge verfasste. Die langlebigste und interessanteste war der «Aufrichtige und wohlerfahrene Schweizerbote», der von 1798 bis 1800 und wieder von 1804 bis 1836 unter seiner Leitung erschien. Hier hielt er kommentierend die ihm wichtig erscheinenden Ereignisse und Entwicklungen in der Schweiz fest. Der Schweizerbote ist eine gute Quelle zur Schweizer und Aargauer Geschichte und als solche noch kaum beachtet.[15] Ihm wird in diesem Buch ein ganzes Kapitel gewidmet sein.

Zschokkes beide Zeitschriften «Miszellen für die neueste Weltkunde» (1807–1813) und «Überlieferungen zur Geschichte unserer Zeit» (1817–1823), die wie der

Schweizerbote bei Sauerländer in Aarau erschienen, sind durch die Mannigfaltigkeit ihrer Artikel und ihre politische Ausrichtung ebenfalls als Zeitzeugnisse zu beachten.[16] Sie geben Interpretationen eines liberalen, in der Tradition der Aufklärung stehenden Intellektuellen wieder, der politisch engagiert, wissenschaftlich und technisch interessiert und kulturell auf der Höhe seiner Zeit war.

Durch Zschokkes Augen und in seinen Schriften können wir die Welt von damals erfahren und wesentliche Aufschlüsse über sie gewinnen. Er war ein mitfühlender Beobachter, der oft beherzt Stellung bezog. Er war ein Fiebermesser, der bald kühl registrierte und bald selbst im Fieber war.

Zschokke lebte in einer Zeit des Umbruchs, in der wenig mehr so wie früher war und vieles, was kam, noch undeutlich und unsicher schien. Stichworte dafür sind: Aufkommen des Bürgertums, Industrialisierung und Kapitalbildung, Verwissenschaftlichung und Spezialisierung, kurz eine Infragestellung jahrhundertealter Werte, Handlungsweisen und Traditionen.

Zschokke nahm die Veränderungen zugleich mit philosophischer Gelassenheit und intensiver Anteilnahme wahr. Er zog sich nie in einen Elfenbeinturm zurück. Seine Augen waren auf das Ganze, die Epoche gerichtet und zugleich auf die Wirklichkeit vor sich, auf die Menschen, das Land, das Volk und sein Wohlergehen.

Er war ein Kosmopolit, den es in den Aargau verschlagen hatte. Er schrieb Romane, Erzählungen, historische Werke, stand mit den Grossen der Welt im Austausch und lebte zugleich als aktiver Bürger unter Bürgern in einem klar umrissenen Umfeld, ging in die Kirche, zu Abstimmungen oder schrieb Eingaben an die Behörden.

Durch und mit Zschokke können wir das Denken und Leben eines internationalen Intellektuellen und die Sicht und das Leben eines Aargauer Bürgers in der ersten Hälfte des 19. Jahrhunderts kennen lernen.

Ein ungewöhnlich aktiver Bürger

Zschokkes Anliegen war es seit frühester Jugend, sich nützlich zu machen. Dies bot ihm der Aargau in überreichlichem Mass. Dennoch: Sein Schicksal wäre trotz Vielseitigkeit, Tatkraft und seinem langen Leben im Dienst des Aargaus nicht so bedeutend gewesen, wenn er sich nicht an die Aufgabe gemacht hätte, seine neue Heimat zu gestalten, zu beeinflussen, zu erziehen, und wenn ihm dies nicht so hervorragend geglückt wäre.

1803 arbeitete eine Gruppen von Menschen am Aufbau von Staat und Gesellschaft. Es ist erstaunlich, wie klein die Anzahl Beamter in der Gründungszeit war, mit welch geringen Mitteln der Staat seine Verwaltung führte. Immer wieder tauchen die gleichen Namen auf; jeder war gefordert. Zschokke, der an mehreren Stellen gleichzeitig tätig war, ist deshalb kein Ausnahmefall.

Seine wichtigsten Positionen sind schnell aufgezählt: Seit 1803 diente er der Regierung als forstwissenschaftlicher Berater; im August 1804 wurde er zum Oberforst- und Bergrat gewählt und leitete während eines Vierteljahrhunderts das Forstwesen und die Staatswälder des Aargaus. Ebenfalls ein Vierteljahrhundert war er Mitglied des Grossen Rats, bis er 1841 altershalber zurücktrat. Er war Mitglied und Vizepräsident des Verfassungsrats (1831) und Tagsatzungsgesandter in den Jahren 1833, 1834 und 1837.

Dazu nahm er zahlreiche meist unbezahlte weitere Stellen im Dienst des Aargaus an, aus Pflichtgefühl und Verantwortungsbewusstsein, das er als Vertreter einer bürgerlichen Elite gegenüber Staat und Gesellschaft empfand. Er war Mitglied des wichtigen reformierten Kirchenrats (1820–1831), der Bibliothekskommission (1821–1831, 1838–1848), der Kantonsschuldirektion (1824–1831), Suppleant des Appellationsgerichts (1829–1831), Mitglied und Vizepräsident des Schulrats des Bezirks Aarau (seit 1820) und Mitglied der Schulpflege der Stadt Aarau (seit 1823)

Das waren nicht Alibifunktionen, sondern Aufgaben, die mit zahlreichen Sitzungen und mit Knochenarbeit verbunden waren, wie die Protokolle im Staatsarchiv zeigen. Als Grossrat wählte man ihn gern und oft in Kommissionen, so dass es in den Akten fast scheint, als hätte er nichts anderes zu tun gehabt, als sich mit legislativen Fragen, mit der Staatsrechnung und dem Jahresbericht der Regierung herumzuschlagen. Man schätzte seinen Einsatz, seine Kompetenz und Effizienz, und so sass er oft als einziger Laie (Nichtjurist und Nichtverwaltungsbeamter) in solchen Gremien. Überdurchschnittlich häufig vertrat er als Berichterstatter ein Geschäft vor dem Grossen Rat oder fertigte Gutachten aus.

Solche Tätigkeiten sind meist unspektakulär, aber notwendig, soll ein Staatswesen funktionieren. Nie bewarb sich Zschokke aktiv für ein öffentliches Amt – es sei denn 1804 als Forstmann –, dennoch wurde er mit Anfragen überhäuft. Er sagte kaum Nein, wenn er überzeugt war, dass seine Mitarbeit gebraucht wurde. Einmal scheint man sogar erwogen zu haben, ihn in den Kleinen Rat (die Regierung) zu berufen, nach dem Rücktritt Albrecht Renggers im Jahr 1821.[17] Es ist nicht anzunehmen, dass er in dem Amt glücklich gewesen wäre. Er fühlte sich als Mann des Volks und nicht der Regierung. Zschokke war ein Mitmacher, kein Mitläufer, einsatzfreudig, ein hervorragender Organisator, aber als Beamter eigenwillig und nicht immer bequem.

Neben den öffentlichen Ämtern und Stellen, die er nie suchte, war Zschokke auch in privaten Organisationen tätig, von denen wiederum nur jene aufgezählt seien, die mit dem Aargau zu tun haben: Stifter und Mitglied der Freimaurerloge zur Brudertreue in Aarau (1810–1812), Gründer, Mitglied und langjähriger Präsident der Gesellschaft für vaterländische Kultur im Kanton Aargau (1811–1848), Gründer und langjähriger Präsident des bürgerlichen Lehrvereins in Aarau (1819–1830), Gründer und Präsident der Direktion der Gewerbeschule in Aarau (ab 1826), Gründer und Präsident der Taubstummenanstalt in Aarau (1835–1848) und Gründer und Mitglied der Pestalozzistiftung (seit 1845).

Diese Organisationen stiftete er selbst, oft nach eigenen Entwürfen. Zu ihnen besass er ein enges Verhältnis und verfolgte mit ihnen pädagogische, sozial- und kulturpolitische Ziele. Die wichtigste war die Gesellschaft für vaterländische Kultur, der wiederum zahlreiche weitere Institutionen entsprangen: wissenschaftliche Gesellschaften, Ersparniskassen, Versicherungen und so weiter. Die Gesellschaft für vaterländische Kultur, die dem Aargau seinen zweiten Namen «Kulturkanton» gab, wird in diesem Buch im vierten Kapitel vorgestellt.

Gestalterischer Wille

Zschokke war ein Grossstadtmensch: In Magdeburg geboren und aufgewachsen, hatte er in Frankfurt an der Oder studiert, Berlin und Paris besucht und die verfeinerte Kultur in den europäischen Hauptstädten erlebt. Er hatte Brieffreunde in Petersburg, London, Rom oder Amerika und bekam verlockende Angebote, nach München zu ziehen. Er kannte die grosse Welt, geistig wie räumlich, und er liess sich im Aargau nieder, wo Aarau, die bevölkerungsreichste Gemeinde, kaum 2300 Einwohner zählte, Gränichen 1900, Möhlin 1700, Zofingen fast so viel und an achter Stelle Baden mit Ennetbaden mit 1500 Einwohnern stand.[18] Die überwiegende Mehrzahl der Menschen lebte auf dem Land, war arm, ungebildet und schlecht ernährt.

Der Reichtum des Aargaus lag in seiner Landschaft und historisch in der habsburgischen Vergangenheit. Kulturell war es tiefste Provinz, als Zschokke erschien. Ausser privaten Gesellschaften, in denen gelegentlich eine Sängerin oder ein Deklamator auftrat, Wanderbühnen, die Rührstücke aufführten, etwas Musik und Folklore war nicht viel zu erwarten. Was nicht für Geld importiert wurde, musste aus eigenen Kräften neu entstehen.

Mit der Gesellschaft für vaterländische Kultur schufen sich Zschokke und einige Freunde ein Dach, unter dem wissenschaftlich debattiert, Reformfragen diskutiert und soziales Engagement gepflegt werden konnte. Die Kulturgesellschaft war zugleich ein ökonomisch-patriotischer Verein, eine Hilfsgesellschaft und eine Akademie, wie sie in Bern, Zürich oder Basel als Einzelorganisationen im Lauf des späten 18. und frühen 19. Jahrhunderts entstanden waren, aber angepasst auf aargauische Verhältnisse. Nur die politische Seite wurde bewusst weggelassen.

Zschokke war ihr Spiritus Rector mit seiner Tatkraft, seinem unbändigen Veränderungswillen, dem Wunsch, in die Gesellschaft gestaltend einzugreifen. Wo andere künstlerisch tätig waren, wollte er die Gesellschaft verändern. Er war ein Reformer und Reformator aus tiefster Überzeugung, da er an den stetigen Fortschritt als Grundlage des menschlichen Daseins glaubte.

Geistig entstammte Zschokke dem Zeitalter der Aufklärung, die sich ein doppeltes Ziel setzte: die Befreiung des Menschen aus seinen geistigen Fesseln durch

24

Bildung und die Zähmung der Natur, um sie dem Menschen dienstbar zu machen. Das Zauberinstrument dazu war die Naturwissenschaft.

Als Freimaurer, Republikaner und Anhänger der Ideale der amerikanischen und französischen Revolution vertrat Zschokke die Prinzipien der Liberté, Egalité und Fraternité: der Freiheit, Gleichheit und Brüderlichkeit. Freiheit bedeutete für Zschokke, in Selbstverantwortung frei über sein Leben entscheiden zu können, ohne staatliche oder kirchliche Bevormundung. Gleichheit war für ihn die Abwesenheit von Vorrechten der Herkunft oder Religion und die Gleichheit aller vor dem Gesetz. Der Bürger sollte nach Können und Leistung und nicht nach Privilegien beurteilt werden. Zschokke war ein überzeugter Vertreter des Liberalismus, dem er im Aargau zum Durchbruch verhelfen wollte.

Von Heinrich Pestalozzi, den er 1795 kennen lernte und mit dem er bis zu dessen Tod 1827 verbunden blieb, hatte Zschokke gelernt, den Blick auf die Armen, Benachteiligten und Schwachen zu richten. Von ihm hatte er erfahren, dass die Fesseln der Menschen nicht nur geistiger, sondern auch physischer, sozialer und ökonomischer Art waren. Es galt, die Armut und den Hunger zu bekämpfen, den Menschen ganzheitlich zu betrachten und ihm zu einem menschenwürdigen Leben zu verhelfen.

Zentral bei Pestalozzi und Zschokke war das pädagogische Bestreben, der Stellenwert von Schule und Erziehung. Beiden war ein patriarchalisches Denken eigen, das bei Pestalozzi rückwärts gewendet auf einem romantischen Familienbegriff beruhte, während Zschokke modern, im Sinne einer offenen bürgerlichen Gesellschaft dachte. Das lässt sich anhand der beiden Dorfromane «Lienhard und Gertrud» von Pestalozzi (1781–1787) und «Das Goldmacherdorf» von Zschokke (1817) gut vergleichen.

Dies sind nur einige vorläufige Gedanken, um Zschokkes Wirken im öffentlichen Raum verständlich zu machen. Sein Hauptmerkmal bestand in der Verbindung von Idealismus und Pragmatismus. Obwohl Zschokke seinem Tun Leitideen zugrunde legte, passte er sich gut an die jeweilige Lage, die zur Verfügung stehenden Möglichkeiten und Mittel an. Deshalb war kaum je eines seiner Projekte eine Kopfgeburt. Die meisten wurden in kürzester Zeit in die Realität umgesetzt und erwiesen sich als gut durchdacht, praktikabel und erstaunlich robust gegen Hindernisse.

Zschokke war im Aargau nicht nur Pädagoge und Reformer. Eine Genialität, mit der er alle Zeitgenossen überragte, lag in seinen Fähigkeiten als Kommunikator, Ideologe und Propagandist. Davon wird gleich die Rede sein. Wenn er dieses Talent, das ihn heutzutage an die Spitze jeder führenden Werbeagentur brächte, uneingeschränkt für den Aargau einsetzte, so geschah dies nicht aus Gewinnsucht oder schlauer Berechnung.

Zschokke fand im Aargau ein Zuhause, eine neue Heimat, an der er mit grosser Liebe hing. Dieser emotionale Bezug zum Aargau erscheint immer wieder: in der Anhänglichkeit und Treue, mit der er den Kanton nach aussen vertrat, in der

Art, wie er innerlich mit ihm verbunden blieb. Es wäre ihm nie in den Sinn gekommen wegzuziehen, trotz der schon erwähnten Angebote aus München und anderswoher, und obwohl man ihm im eigenen Land einige Male gehörig die Federn rupfte.

Nicht nur seine Familie hielt ihn zurück – die hätte er mitnehmen können. Auch sein literarisches Schaffen war nicht ortsgebunden, ja es hätte in einer deutschen Residenzstadt viel bessere Voraussetzungen gefunden. Aber der Aargau war Zschokkes grosse Liebe, von der er nicht mehr lassen wollte.

Liebesgedicht für den Aargau

Zschokke war vertraut mit seiner Heimat wie kein Zweiter. In langen Wanderungen, auf Reisen als Oberforst- und Bergrat, durchstreifte er den Aargau von Westen nach Osten und Süden nach Norden. Er liebte die hügelige Landschaft, die lieblichen Auen, die Wälder, die zu sanieren er sich bemühte. An den historischen Stätten und Burgruinen entzündete sich seine Fantasie. Die mittelalterlichen Städtchen mit ihren überkommenen Bräuchen und Sitten behagten ihm allerdings nicht so; sie gaben ihm Anlass zu halb liebevollen, halb ironischen Seitenhieben in seinen Geschichten um Lalenburg, einem Vorläufer von Gottfried Kellers Seldwyla.[19]

Dass Zschokke dem Aargau auch ein (ironisches) Liebesgedicht schrieb, ist wahrscheinlich nur wenig bekannt.

Beitrag zur Statistik vom Aargau

Will Jemand das freundliche Aargau bereisen,
Er findet wohl Vieles zu sehn und zu preisen:
Die Straßen sind offen, doch länger als breit;
Von Wirthshaus zu Wirthshaus die Wege nie weit.

In Städten und Dörfern sind rüstige Leute;
Sie wären gern reicher, die Töchter gern Bräute;
Sie schätzen das Alte, besonders am Wein,
Doch soll es nicht also an Jungfrauen sein.

Umkränzet von Hügeln sind fruchtbare Auen
Voll fröhlicher Hirten und Heerden zu schauen;
Die Welt hat zwar Rindvieh, wohl über Gebühr,
Doch Aargauer Matten, die sieht man nur hier.

Und Wälder wehn lustig in Thälern und Höhen,
Nie fehlt es an Jägern, wohl öfters an Rehen;

Sonst liebt man die Bären und Füchse nicht sehr;
Auch, heißt es, derselben sind wenige mehr.

Die Berge zwar tragen nicht silberne Hauben
Vom ewigen Eise, doch bringen sie Trauben.
Und Kenner versichern, der Aargauer Wein
Begeisternder soll er als Gletscherschnee sein.

Viel pflegen gen Windisch und Habsburg zu wallen,
Man hat an den reisenden Gästen Gefallen;
Doch kommen bei Tausend mit klingendem Spiel,
Ihr Herren, das scheint uns der Ehre zu viel.

Von Königin Agnes und Königsfelden,
Sonst war es ein Kloster, wär' Vieles zu melden.
Jetzt sperrt man, statt Nonnen, die Narren hinein;
Doch wahrlich nicht alle: es wäre zu klein.

Im heilenden Wasser zu Schinznach und Baden
Genesen die Kranken von mancherlei Schaden;
Nur macht es die alten Gesichter nicht neu,
Und Laffen vom Sparren im Kopfe nicht frei.

Wir könnten hier wahrlich noch Großes erzählen:
Doch trocknen vom Loben und Preisen die Kehlen.
Es lebe das Aargau und wer es bewohnt!
Kein freundlicher Ländchen ist unter dem Mond.

Zschokke war ein Gelegenheitsdichter ohne grosse Ambitionen. Er dichtete zu
bestimmten Anlässen. Dieses Gedicht mit seinem skurrilen Titel wurde für die
Gesellschaft für vaterländische Kultur verfasst, die sich jedes Jahr in Schinznach
Bad zu ihrer allgemeinen Versammlung traf. Beim gemütlichen Zusammensein
wurde Wein getrunken und dabei ein von Zschokke verfasstes Lied gesungen.

Am bekanntesten und beliebtesten war Zschokkes «Aargauer-Lied», das
schon beim ersten Treffen im Mai 1814 zum Vortrag kam.[20] Zschokke nahm eine
bekannte Melodie und fügte einen passenden Text dazu, der in diesem Jahr, den
Umständen entsprechend, stark patriotisch gefärbt war. Bern versuchte, durch
Wühlereien den Aargau zu entzweien, mit dem Ziel, das alte Untertanenverhält-
nis zu restaurieren. Da war es für den Aargau wichtig, Einheit und Widerstands-
geist im Innern zu beschwören und nach aussen zu demonstrieren. Kein Anlass
eignete sich besser als die Jahresversammlung der Gesellschaft für vaterländische
Kultur, zu der Mitglieder aus dem ganzen Kanton herbeikamen.

Das Aargauer-Lied Heinrich Zschokkes von 1814. Exemplar mit dem Namenszug des Autors aus der Aargauischen Kantonsbibliothek.[21]

Der Aargau braucht eine Identität

1803 bekam der Aargau ein Wappen: Wellen, die auf seine Flüsse hinweisen, und drei Sterne, die die Kantonsteile symbolisieren.[22] Zschokke unternahm es, dem Aargau auch eine ideologische Identität zu geben. Dazu war er als politischer Publizist und ehemaliger Leiter der Propagandaabteilung der Helvetischen Republik, dem «Büro für Nationalkultur», bestens geeignet. Auch wenn ältere Aarauer oder Lenzburger sich bis zu ihrem Tod zu Bern, einige Fricktaler vielleicht zu Österreich, die Freiämter und Badener sich als Untertanen einer gemeinen Herrschaft zu Zürich oder zur Innerschweiz hingezogen fühlten – die Jungen sollten nur noch Aargauer sein.

Also mussten die Schulbücher angepasst werden. Das Volksschullesebuch «Schweizerischer Kinderfreund» erhielt, als der Aargau es 1808 zum offiziellen Lesebuch erhob, einen Anhang mit dem Titel «Natürliche und politische Kunde des Kantons Aargau insbesondere»,[23] der aber eher das Verschiedene als die Gemeinsamkeiten aufzeigte. Es war demnach für ideologische Zwecke ungeeignet. Kein Wunder, stammte das Buch doch von einem Zürcher Professor.

Zschokke hatte in seinen ersten zwölf Jahren im Aargau anderes zu tun, als Lesebücher zu schreiben. Er reorganisierte die Staatswälder, gab fünf Periodika heraus und gründete nebenbei eine Familie. Sein Augenmerk war auf die europäische Politik und auf Napoleon gerichtet, und erst nach dessen jähem Sturz wandte er sich der kantonalen Politik zu.

Aber 1814 wurde ihm klar: Eine Schrift musste her, um der Aargauer Jugend vor Augen zu führen, wo sie hingehörte und weshalb es sich lohnte, für Freiheit und Unabhängigkeit der Heimat einzutreten. Es brauchte nicht ein ABC-Buch für Schüler zu sein. Besser war eine Broschüre, die man den Kindern und Jugendlichen für den staatsbürgerlichen Unterricht in die Hand drücken konnte. Zschokke machte sich daran, zusammen mit der Gesellschaft für vaterländische Kultur eine solche Broschüre zu schaffen.

Geplant war ein Neujahrsblatt für die aargauische Jugend nach der Art der Zürcher Neujahrsblätter, zur «Förderung der Vaterlandsliebe und des Vaterlandsstolzes».[24] Die erste Ausgabe erschien für das Jahr 1816 mit dem Titel «Umriß der Geschichte des Aargaues» in 1200 Exemplaren im Verlag Sauerländer;

Karte des Kantons Aargau von Johann Jakob Scheuermann von 1803. Sie wurde von der Gesellschaft für vaterländische Kultur 1816 mit dem Neujahrsblatt für die aargauische Jugend als willkommenes Geschenk an die Schulen verteilt.[25]

150 Exemplare wurden gratis an die Schulen abgegeben, zusammen mit einer geografischen Karte von Johann Jakob Scheuermann im Massstab 1:200 000.

Geschichte des Aargaus für Jünglinge

Die Geschichte des Aargaus wurde von Zschokke in einer Folge von Skizzen und Ereignissen dargeboten, jugendgerecht in einer lebendigen, etwas altertümlichen Sprache, mit der Zschokke den von ihm bewunderten Schaffhauser Historiker Johannes von Müller nachahmte. Wie immer wusste er Stoff und Sprache so zu gestalten, dass der Leser gefesselt war und Zschokke ihn durch Akzentsetzung und Interpretation lenken konnte.

Diese erste Aargauer Geschichte nach der Gründung des Kantons kam ohne Jahreszahlen aus. Sie vermied historische Fachbegriffe und Fremdwörter. Auch ungeübte Leser, die von der Geschichte keine Ahnung hatten, sollten dem Inhalt folgen, die Geschichte in einem Zug lesen können, ohne von Zahlen und Quellenangaben verwirrt zu werden. Dies zeichnet Zschokkes Darstellung von allen vorangehenden und von den meisten folgenden aus.

Selbstverständlich reichten die wenigen zur Verfügung stehenden Seiten nicht für mehr als einen groben Überblick, aber mehr war nicht beabsichtigt. Zschokke wollte Staunen vor der grossen und ehrwürdigen Vergangenheit erregen, eine Identifikation mit ihr ermöglichen. Er führte die Lesenden zunächst in die Frühzeit und ins Mittelalter zurück, als die Habsburger das Land beherrscht hatten und die Aargauer noch für das Fürstenhaus gegen die Eidgenossen ins Feld gezogen waren.

Diesen ersten Teil malte Zschokke besonders liebevoll aus und schmückte ihn mit Sagen und Erzählungen von Heldentaten. Nicht die Niederlage Habsburgs sei ein Unglück gewesen. Die Aargauer hätten gleichermassen tapfer an der Seite der Eidgenossen weitergefochten, in den Schlachten gegen den Burgunderkönig und so weiter. Die eigentliche Tragödie sei mit der Reformation gekommen, die das Volk gespalten habe, und dem folgenden Bürgerkrieg. Zschokke vermied es geschickt, für eine der beiden Religionsgemeinschaften Stellung zu beziehen, um die Leserinnen und Leser der anderen nicht vor den Kopf zu stossen.

Mit der Reformation ändert sich die Perspektive: Nicht mehr vom Adel ist die Rede, sondern vom Volk. Es murrt unter der Last der Abgaben und lehnt sich gegen die Obrigkeit auf. Indem Zschokke das Volk personalisiert, bietet er den Lesenden eine neue Identifikationsmöglichkeit an: Die sagenhaften Ritter werden durch das Volk als handelnde und leidende Menschen ersetzt. Die Geschichte der neusten Zeit bis zur Gegenwart wird nur noch gestreift. Im Mittelpunkt steht hier die Transformation vom unwissenden Volk von Untertanen zum aktiven, selbstbewussten Bürgertum, ein Vorgang, der als immer noch im Gang befindlich geschildert wird. Die Vermittlungsakte Napoleons habe dem Aargau seine Unabhängigkeit geschenkt, die es durch eigene Leistung zu verdienen und zu bewahren gelte.

Am Schluss folgen Merksätze, die Zschokke den Jugendlichen förmlich ein-hämmert:

«In drei Dingen sollst du deinen Vätern gleich stehen: in *Gottesfurcht* des Gemüthes, in *Treue* des Wortes, in *Tapferkeit* des Muthes. Das war ihre Gottesfurcht: Menschliebe in That, Demuth des Herzens, Strenge der Sitten. Ohne Liebe, ohne Glauben ist keine Seligkeit, ohne Einfalt der Sitten kein Landesglück. – Treue halte bis in den Tod den Eidsgenossen, wie deine Altvordern einst Jahrhunderte Treue hielten zu den Herren von Rom, dann zum Hause Habsburg, dann zu Bern. – Tapferer Sinn macht ein kleines Volk groß. Der Aargauer Muth starb nicht mit den Vätern.

In drei Dingen sollst du sie übertreffen: in *gemeinnützigen Lebenswer-ken,* in bürgerlicher *Eintracht,* in unsterblicher Liebe der *Freiheit.* ... Lebe für das Vaterland, so wird es für dich leben. Opfere dein Glück dem Glück der Familie, das Glück der Familie dem Wohl der Gemein-de, das Wohl der Gemeinde dem Wohl des Kantons auf. Die Zwietracht auf dem Tag zu Sursee hat des Aargau's Selbständigkeit vierhundert Jah-re verspätet. Wer zwischen Städten und Dörfern, wer zwischen Städten und Städten Mißtrauen säet, will alle verrathen. – An der Freiheit halte; ohne sie ist kein Vaterland. Keine Familie soll herrschen, keine Stadt, keine Partei: nur das Gesetz auf Erden, Gott über Alle. Wer für des Aargau's Freiheit sterben kann, ist allein würdig in ihr zu leben.

Liebest du dein Vaterland inbrünstig, weise und muthvoll: gehe hin, *Sohn des Aargau's,* verherrliche dasselbe fortan in gottesfürchtiger Tu-gend, gemeinnütziger That, freisinniger Denkung, treuer Pflege eidsge-nössischer Ehre, und Todesverachtung für das Glück Aller.»

Für uns ist das ein fast unerträglich pathetischer Ton. Es ist mehr vom Tod die Rede als vom Leben. Es entspricht aber dem Geschichtsbild, das noch bis vor eini-gen Jahrzehnten den Unterricht in den Volksschulen prägte: Man sprach von Schlachten, Heldentod und Opferbereitschaft und meinte die heutige Schweiz, die Freiheit, die es zu verteidigen gelte.[26] Ich erinnere mich, wie wir in der Schu-le das Sempacherlied und das schwermütige Beresinalied sangen und ich zu Trä-nen gerührt war.

Die vaterländische Rhetorik hatte zu Zschokkes Zeit Tradition. Er benutzte sie geschickt, um sie mit neuem Inhalt zu füllen. Die Vergangenheit sollte nicht be-schworen werden, um sie wieder herbeizuführen und der Gegenwart den Rücken zu kehren, ganz im Gegenteil. Zschokke gebrauchte die alten Formen und Sym-bole, die archaischen Heldengestalten Wilhelm Tell oder Winkelried, um für das Neue einzutreten. Die Botschaft hiess: Wir werden die eben erst erworbenen politischen und gesellschaftlichen Errungenschaften mit dem gleichen Mut verteidigen wie einst unsere Ahnen die ihren. Dabei war es, notabene, nebensächlich, ob diese Ahnen tatsächlich existiert hatten und ob es die eigenen waren.

Gerade das Neue, weil es noch bedroht und noch nicht gefestigt war, bedurfte einer Symbolik und nachträglichen Legitimation durch Anbindung an die Geschichte. Insofern schuf Zschokke für die politische Existenz des Aargaus eine emotionale und moralische Grundlage, die es jedem erlaubte, als selbstverständlich und unverrückbar anzunehmen, was doch gerade eben entstanden war und sich vielleicht noch gar nicht durchgesetzt hatte.

Zschokke gab dem Aargau den Mythos der gloriosen Vergangenheit, des Heldentums und der Opferbereitschaft, damit die Aargauer sich darauf abstützen, die Gegenwart selbstbewusst erleben und die Zukunft als geschlossene Nation in Angriff nehmen konnten.

Im Schweizerboten empfahl Zschokke den «Umriß der Geschichte des Aargaues» wärmstens. «Wohl wenige Aargauer haben bisher die Geschichte des Landes, dem sie angehören, eigentlich recht gekannt, und gewußt, wie sich ihre Vorfahren aller Orten schon rühmlich hervorgethan haben. Das Büchlein verdient daher nicht nur in den Händen der Jugend zu sein, sondern auch von den Alten mit Verstand und Nachdenken gelesen und auswendig gelernt zu werden.»[27]

Mit dem Auswendiglernen sprach der Schweizerbote auf die damals gängige Form des intensiven, mehrmaligen Lesens an. Religiöse Werke wie die Lobwasser'schen Psalmen oder der Katechismus wurden von Kindern auswendig gelernt und dahergeleiert. Jetzt sollten sie durch ein Bürgerbüchlein ergänzt oder ersetzt werden. Auch Zschokkes Aargauer Geschichte sollte so oft gelesen werden, bis sie auswendig gelernt und verinnerlicht war. Es ist nicht anzunehmen, dass einer dies tat, aber der Anspruch an diese erste Broschüre über den Aargau, welche die Aargauer für sich selbst besassen, ist erstaunlich.

Lerne dein Vaterland kennen!

Als nächste Neujahrsgabe für die Aargauer Jugend erschien 1817 aus der gleichen Feder ein «Umriß der Landesbeschreibung des eidsgenössischen Freistaats Aargau». Sie war nicht so spektakulär wie die erste, da sie vor allem geografische und statistische Angaben enthielt. Der Einstieg lautete, mit Verweis auf die vorjährige Broschüre: «Du kennst, *Jüngling des Aargaus,* die Schicksale deiner Väter. Lerne nun die Vortrefflichkeit deines Vaterlandes, und wie Gott es geliebt und herrlich ausgezeichnet hat: so wirst du es lieben und preisen, wie es deine Altvordern geliebt und gepriesen haben.»[28]

An den Schluss setzte Zschokke, ebenfalls im Anklang an das erste Neujahrsblatt, die Worte:

«Das ist, *Jüngling des Aargaus,* die Beschreibung von der Beschaffenheit deiner Heimat. Wohin du trittst, begegnen dir Denkmale des Alterthums, oder neuen Kunstfleißes; überall Zeugnisse göttlicher Gnade in den Werken der Natur.

Trachte nun den Ruhm deines Wohnorts einst zu erneuern, oder ihm ein Lob zu schaffen, wo er desselben entbehrt. Ist dein Gemüth reich an Frömmigkeit, dein Geist reich an Kenntnissen: wirst du Neues sehen, das den Augen anderer verborgen ist, und Nützliches emporbringen, wo die andern in träger Selbstsucht schlafen. Gleichwie Gott dem unendlichen Weltall segensvoll gehört: so soll der Mensch segensvoll seinem Vaterlande leben; keiner nur dem eignen Vortheil. Was du deinem Volke, deiner Heimat, allen Nachkommen Heilsames stiftest, das ist der bessere Theil deines Lebens. Diese Werke folgen dir vor Gott nach!»[29]

Welchen Einfluss die beiden Neujahrsblätter hatten, wissen wir nicht. Aber sie werden auf ein empfängliches Gemüt Eindruck gemacht haben, wenn sie ihm in der geeigneten Art präsentiert wurden. Dies war im «Bürgerlichen Lehrverein» möglich, einer Schule, die 1819 von Zschokke in Zusammenarbeit mit der Gesellschaft für vaterländische Kultur gegründet wurde. Hier wurde für Jugendliche, die älter als 18 waren, der staatsbürgerliche Unterricht gepflegt. Im Kapitel «Volksbildung ist Volksbefreiung!» wird noch ausführlicher davon die Rede sein. Es ist auch zu vermuten, dass die beiden Neujahrsblätter als Prämie für besondere Schulleistungen verschenkt wurden.

Indirekt lässt sich die Wirkung eines Werks oft an der Kritik ablesen, die es hervorruft. Als Reaktion auf die beiden Neujahrsblätter erschien anonym die Broschüre «Ein Wort zur Ehre der Tugend und Wahrheit, veranlaßt durch die dem Kanton Aargau gewiedmeten [!] Neujahrsschriften». Darin rügte der Autor «neben Empfehlung für Gottesfurcht und Einfalt der Sitten Verächtlichmachung des von jeher dem Volke Heiligen und Ehrwürdigen, neben Anpreisung der Menschenliebe, neben Warnung vor gegenseitigem Mißtrauen Herabwürdigung kleiner Städte und ihrer Einwohner».[30] Nicht der «ächt vaterländische Geist, der Geist unsrer Väter, sondern der aus der bekannten Modephilosophie herschwebende Geist» habe die Feder des Verfassers geleitet.[31] Der Kritiker stiess sich daran, dass von «Kirchlein» und «Klösterlein» die Rede sei: «In allweg sind diese Ausdrücke hämisch und verächtlich.»[32] Es ärgerte ihn auch, dass so geringschätzig von den kleinen Städten Baden und Bremgarten und von der Unwissenheit und Unterdrückung des Volks im früheren Aargau gesprochen werde.

Es fällt nicht schwer, den Kritiker im katholischen Milieu im Freiamt oder in der ehemaligen Grafschaft Baden zu orten, dem die aufgeklärte, liberale Haltung der Neujahrsblätter missfiel, in denen so unzimperlich mit den kirchlich-kleinstädtischen Traditionen umgesprungen wurde. Damit ist zugleich die Stossrichtung von Zschokkes Schriften und das Widerstandspotenzial markiert, das sich 1830 und in den Jahren darauf in einer Volksbewegung entlud.

Man wehrte sich für die Eigenständigkeit im Kulturellen, Politischen und im Zusammenleben und gegen die schleichende Vereinnahmung durch Aarau, wo sich das Zentrum von Staat und Verwaltung befand.

Zschokkes Ablehnung des Regionalismus hatte Gründe. Er bekämpfte in seinen Schriften das Föderalistische, Auseinanderstrebende und stärkte der Einheitsidee den Rücken. Obschon oder gerade weil sie (noch) nicht existierte, betonte er die Geschlossenheit des Kantons. Vor dem Gefühl und der Verpflichtung, Aargauer und Schweizer zu sein, hatten regionale Sonderwünsche und Empfindlichkeiten zurückzutreten.

Blick von aussen

Während die beiden Neujahrsblätter entstanden, griff Zschokke in einem anderen Zusammenhang die gleichen Themen noch einmal auf. Der Zürcher Verleger Johann Heinrich Füssli bat ihn um einen Beitrag über den Aargau in seinem «Helvetischen Almanach». Jeder Jahrgang des Almanachs war einem bestimmten Kanton gewidmet, und Zschokke übernahm die «Topographisch-statistische Beschreibung des Kantons Aargau» für das Jahr 1816.[33]

Schon die Ausstattung verrät, dass sich der «Helvetische Almanach» an ein gehobenes Publikum richtete: Er enthält zahlreiche, teils kolorierte Kupferstiche, die eigens für diesen Anlass verfertigt wurden. Der Absatz des Almanachs erfolgte auch in Deutschland. Auf 169 Seiten gab Zschokke, der sich der Mithilfe der staatswissenschaftlichen Klasse der Gesellschaft für vaterländische Kultur versicherte, eine Übersicht über geografische und statistische Daten, über die Wirtschaft, die politischen Einrichtungen und die Gemütsart des Volks, seine Sitten und Bräuche. Beigegeben wurde auch hier die – handkolorierte – Kantonskarte von Scheuermann.

Zschokke hätte alle die Angaben nicht zusammentragen können, wenn sich die Kulturgesellschaft nicht seit längerer Zeit damit befasst hätte. Es ist nicht klar ersichtlich, welche Teile von ihm stammten und welche von anderen Verfassern. Aber sein Verdienst war es, dem Aargau eine Plattform zu geben, um sich selbst darzustellen und bekannt zu machen. Der «Helvetische Almanach» wurde mit Wohlwollen aufgenommen und auch in den Literaturzeitschriften besprochen, so im Literaturblatt von Cottas renommiertem «Morgenblatt für gebildete Stände».

Die Darstellung im «Helvetischen Almanach» war wichtig für den Aargau. Sie half, Vorurteile zu korrigieren, die in den Zeitungen im Umlauf waren. Sie ermöglichte es, den Kanton nicht nur in einem negativen Zusammenhang oder bruchstückweise, sondern als funktionierendes Ganzes wahrzunehmen. Der Al-

Titelblatt des Helvetischen Almanachs von 1816 in einer Sonderausgabe für die Aargauer Jugend.[34]

manach war der Präsentierteller, auf dem der Staat Aargau zum ersten Mal vor eine kritische Öffentlichkeit trat.

Manchmal fällt es schwer zu begreifen, wie wichtig das Bild ist, das eine Gemeinschaft nach aussen wirft. Gerade dieses Bild von aussen hängt ihr aber zäh an und schlägt irgendwann auf sie selbst zurück. Der Kanton Basel-Landschaft machte diese Erfahrung nach seiner Gründung im Jahr 1832, und da er nicht über so wohlwollende Begleiter wie der Aargau verfügte, geriet er bald in Misskredit.

Zschokke wusste das, weil er durch seine Herkunft, seine Lektüre und den ausgedehnten Briefwechsel auch den Blick von aussen kannte. Sein eigenes Publikum war über ganz Europa verstreut. Unermüdlich erklärte er in seinen Periodika den Aargau und seine Institutionen, verteidigte die Verfassung und die Regierung, unter Weglassung interner Probleme, auch solcher, denen er selbst ausgesetzt war. Dies wurde im Aargau selten wahrgenommen oder richtig geschätzt.

So war Zschokke im Grossen Rat, in dem er seit 1816 sass, berüchtigt für seine Kritik am Finanzhaushalt der Regierung. Nach aussen dagegen und unbeachtet von seinen Mitbürgern, deren Blick nicht über die Kantonsgrenze ging, verteidigte er das Finanzwesen, rechtfertigte Entscheide der Regierung und schwieg über das, was ihm unangenehm war.

Klassische Stellen des Aargaus

Auch später gab Zschokke noch mehrfach Auskunft über den Aargau. Für das bedeutende «Staats-Lexikon» von Rotteck und Welcker schrieb er 1834 den nicht unkritischen Artikel über den Aargau.[35] Einige Jahre später beschrieb er den Aargau erneut, in seinen «Klassischen Stellen der Schweiz».[36]

Beiden Darstellungen gemeinsam ist, dass sie einen kurzen und vorläufigen Überblick, wichtige politische Einsichten und leider auch unpräzise Informationen geben. Es sind ohne grosse Vorstudien erledigte Auftragsarbeiten, in denen die Aargauer sich vermutlich nur unzulänglich abgebildet sahen. Was sollten sie davon halten, wenn Zschokke über das 18. Jahrhundert schrieb: «Das Volk im alten Aargau zeigte sich freiheitliebend, arbeitsam, bieder, dabei schnell erregbar; im Freiamt und der Grafschaft Baden guthmüthig, aber lässig und bigot; im Frickthal unzuverlässig, kriechend, bestechlich. In den kleinen Städten aller dieser Gegenden brüstete sich steife Spießbürgerei und kleinstädtischer Hochmuth gegen das Landvolk.»[37]

Das war pauschal und ungerecht, auch wenn es nur die (überwundene) Vergangenheit betraf und durch die Aussage ergänzt wurde: «Ein Zeitraum von eilf Jahren reichte hin, die einander fremden Landestheile des jungen Freistaats zu verbrüdern; die gesellschaftliche Ordnung vollständig zu gliedern und mit gleichem Geist zu beleben. Freiheit der Presse, des Gewissens, des Verkehrs, der Niederlassung, der Obrigkeitswahlen, neben der züchtigen, biderben [biederen, W. O.] Denkart des Volks, dem Gemeingeist der gebildetern Bürger, setzte zum großen Werke alle Kräfte in heilsame Regsamkeit.»[38]

Die Vergangenheit hatte der Gegenwart als Kontrast zu dienen. Die Landschaftsansichten des Zeichners nutzte Zschokke in den «Klassischen Stellen der Schweiz», um eine historische und politische Deutung des Aargaus zu geben. Sein Schreiben war subjektiv und suggestiv. Die Folge davon war, dass die Haltbarkeit von Zschokkes schriftstellerischen Erzeugnissen beschränkt blieb. Er schrieb für ein aktuelles Publikum auf ein Ziel hin, das ihm gerade sehr wichtig erschien.

Eine solche Darstellung bedurfte dringend der Korrektur. Sie erfolgte durch den halbblinden Bibliothekar und Staatsarchivar Franz Xaver Bronner. 1844 erschien seine kenntnisreiche zweibändige Beschreibung «Der Kanton Aargau,

Aarau, Ansicht von Nordosten. Stich von Hegi nach einer Zeichnung von Wetzel aus dem Helvetischen Almanach von 1816.[39]

historisch, geographisch, statistisch geschildert». Bronners Werk machte alle früheren Beschreibungen des Aargaus von Zschokke überflüssig. Es kann bis heute als Quelle herangezogen werden, etwa für Informationen über die damalige Bevölkerungszahl, die für jedes Dorf, unter Angabe der Anzahl der mit Stroh und mit Dachziegeln bedeckten Häuser und allen Viehs, aufgeführt ist.

Es ist hier ein erstes Mal von der Leistung Zschokkes für den Aargau zu sprechen. Er war dessen erster und bedeutendster Publizist und Propagandist im Innern wie nach aussen. Sicherlich war er auch einer der wichtigsten und wortmächtigsten Publizisten der Schweiz.[40] «Heinrich Zschokke prägt den Aargau» heisst es provokant im Titel. Wie er dies tat und ob er sein Ziel, den Aargau zu formen und zu gestalten, auch erreichte, ist Gegenstand dieses Buchs. Eins steht schon fest: Er prägte das *Bild* des Aargaus wie kaum ein Zweiter.

Oberforst- und Bergrat Zschokke

Dem Kanton Aargau wurde 1803 nichts geschenkt, oder sagen wir lieber: nicht viel. Zu seinem Vermögen zählten die Waldungen, die von der helvetischen Regierung zu Nationalgütern erklärt worden waren.[1] Aber auch diese Wälder wurden dem jungen Kanton streitig gemacht, und zwar gleich von zwei Seiten: durch Ansprüche Dritter auf Nutzung und Eigentum und durch den Borkenkäfer. Nach Jahren der Herrenlosigkeit und Misswirtschaft musste der neue Staat sich gegen beide durchsetzen.

Am Anfang war der Borkenkäfer

Ips typographus Linné, der Buchdrucker oder achtzähnige Fichtenborkenkäfer, und seine zahlreichen Verwandten wühlten eifrig unter der Rinde von Rottannen ihre geheimen Gänge und zerstörten grosse Baumbestände. Kriege, die Dürre von 1799 und darauf folgende Windfälle und eine kaum existente Forstpolizei machten es ihnen leicht, sich hemmungslos zu vermehren.

Die Situation wiederholt sich zu unserer Zeit: Nach dem «Jahrhundertsturm Lothar» Ende 1999 vermehrt sich der Borkenkäfer so stark wie schon lange nicht mehr. Anfang Mai 2002 wurde errechnet, dass in den Schweizer Wäldern rund 1,36 Millionen Kubikmeter Holz vom Borkenkäfer befallen waren.[2] Der unscheinbare und unheimliche kleine Käfer breitet sich zuerst im liegenden Holz aus und greift dann auf die noch stehenden Fichten über.

So trieb er auch vor 200 Jahren sein Unwesen und wurde in verschiedenen Kantonen des Schweizer Mittellands zu einer fürchterlichen Plage. Während man heute den Käferbefall eher auf die leichte Schulter nimmt und nur halbherzig Massnahmen dagegen ergreift – die Holzwirtschaft ist wegen der gesunkenen Preise unrentabel geworden –, war damals diese Krankheit eine existenzbedrohende Katastrophe. Der Wald als Energie-, Bauholz- und Rohstofflieferant war unentbehrlich.

Heinrich Zschokke kommt das Verdienst zu, der Aargauer Regierung geeignete Massnahmen zur Bekämpfung des Borkenkäfers vorgeschlagen zu haben. Seit April 1802 wohnte er im früheren Landvogteischloss Biberstein bei Aarau, umgeben von Wäldern rings an den Jurahängen.[3] Er liebte es, in der Natur umherzustreifen, und da er ein guter Beobachter war, fiel ihm der desolate Zustand vieler Bäume auf. Er sann auf Abhilfe, vertiefte sich in die einschlägige Literatur

Der Borkenkäfer und sein Gangsystem, nach einer Darstellung aus dem 18. Jahrhundert. Der Borkenkäfer ist in Figur 7–10 abgebildet.[4]

und gab den Gemeinden des Bezirks Lenzburg, die vom Borkenkäfer besonders betroffen waren, Ratschläge, wie sie der Plage Herr werden könnten.

Er beschrieb den Schädling folgendermassen: «Dieses Ungeziefer ist ein kleiner, dunkelbrauner, im Alter auch schwärzlicher Käfer, von der Größe eines geröllten Haberkorns, und am hintern Theil des Leibes an den Flügeln abgestuzt. Man findet ihn gewöhnlich unter der Rinde des in Wäldern liegenbleibenden Rothtannenholzes. Er vermehrt sich des Jahrs im Frühling und Herbst zweimal, zu welcher Zeit er auch schaarenweis auszufliegen, und andre Bäume anzugehn pflegt. Er bohrt sich durch die Rinde der Tannen, und das Weibchen legt unter derselben jedesmal 20–100 kleine Eier, aus welchem bald kleine weiße Würmer

40

oder Maden mit bräunlichen Köpfen hervorgehn, die sich zwischen Holz und Rinde weiter bohren, endlich aber in Käfer verwandeln, und nach einiger Zeit wieder bei trockner Witterung und Sonnenschein ausfliegen.»[5]

Als Kennzeichen der vom Borkenkäfer angegangenen Bäume gab Zschokke an: «1. In der Rinde sieht man hin und wieder kleine, runde Löcher, als wären sie mit Schrot hineingeschossen. 2. In der Höhe von 10–20 Schuh sieht man zuweilen kleine, aus solchen Löchern gequollene Harztropfen. 3. In den Spinnweben (Spinnhoppen) am Fuß der Tanne findet man Würmmehl von der Farbe der Baumrinde. 4. Der Baum hat ein kränkelndes Ansehn; die Nadeln werden bleich, und fallen, wenn mit der verkehrten Axt gegen den Stamm geschlagen wird, zahlreicher ab. ... 7. Die Nadeln fallen von selbst ab, so wie auch die Rinde.»[6]

Seiner Ansicht nach gab es nur einen erfolgversprechenden Weg im Kampf gegen den Borkenkäfer: die Radikalkur. Kein Fichtenholz sollte mehr im Wald liegen gelassen werden, ohne dass man die Rinde abschälte und entfernte. Jeder befallene Baum sollte, möglichst mitsamt den Wurzeln, gefällt und seine Rinde an einem sicheren Ort verbrannt werden.

Dies ist die Quintessenz eines Berichtes, den Zschokke am 25. August 1803 der Aargauer Regierung einreichte.[7] Diese hatte ihn, auf seine Tätigkeit aufmerksam geworden, am 17. August darum gebeten, eine Untersuchung über die Baumkrankheit vorzunehmen. Am 21. August hatte er die Anfrage erhalten, und vier Tage später lag bereits sein zehnseitiges Gutachten vor, mit der Empfehlung: «Es ist nothwendig, daß die Gemeinden *durch eine gedrukte Instruction* von dem Wesen jener Waldkrankheit unterrichtet, und in allen Gemeinden *gleichzeitig* die von Mhghg Herrn[8] gut befundenen Maasregeln *mit Ernst* und *Pünktlichkeit* vollzogen werden.»[9]

Die Regierung antwortete: «Wir haben die von Ihnen entworfene Anleitung zur Ausrottung des Borkenkäfers, und Behandlung der davon verheerten Waldungen mit Vergnügen gelesen, und statten Ihnen für die Abfaßung derselben Unsern Dank ab.»[10] Sie bestellte bei Zschokke gleich noch eine «Verordnung und Anweisung für Forstinspektoren, Förster und Gemeindsräthe des Kantons Aargau, die Vertilgung des Borkenkäfers in den Rothtannenwäldern betreffend», die, leicht korrigiert, am 4. Oktober 1803 verabschiedet, in 500 Exemplaren gedruckt und im Kantonsblatt veröffentlicht wurde. Zschokke wurde ersucht, die Forstaufseher des Aargaus zu sich einzuladen, «um sie durch persönliche Ansicht von der Krankheit des Borkenkäfers, und ihrer Ausrottung zu belehren».[11]

Am gleichen Tag wie im Aargau wurde im Kanton Zürich eine ähnliche Verordnung erlassen.[12] Hier war die Regierung schon sehr viel früher, im März 1803, von ihrem Forstinspektor darauf hingewiesen worden, dass dringende Massnahmen erforderlich seien. Damals gab es den Kanton Aargau noch kaum, jedenfalls keine Behörde, die sich mit den Wäldern befasste. Die Aargauer Regierung hatte demnach schnell gehandelt und den grösseren Kanton mit ihrer Verordnung über den Borkenkäfer eingeholt. Sie hatte mit dem Auftrag an Zschokke ein sicheres Gespür bewiesen und liess ihn in Zukunft nicht mehr aus dem Auge.

Ein alter, erfahrener Forstmann aus dem Fricktal, Zähringer, kritisierte in einem langen Brief Zschokkes Verordnung gegen den Borkenkäfer, mit Argumenten, wie sie zuweilen auch heutzutage eingebracht werden: Da der Borkenkäfer keine gesunden, sondern nur geschwächte Bäume befalle, sei er nicht Ursache, sondern Folge der so genannten Baumtrocknis. Schuld an dieser Krankheit seien heftige Nachtfröste, anhaltende Stürme und das Auslichten der Rottannenwälder, das die Wurzeln schädige. Das Verbrennen der Baumrinde sei teuer und bringe nichts. Man solle statt Fichten Weisstannen oder Lärchen anpflanzen, so sei das Übel behoben und man habe erst noch besseres und wüchsigeres Holz. Er fügte hinzu: «Jede Regierung muß hiemit obliegen das Forstwesen in Obsorge zu nemen und *solches ächten Forstmännern anvertrauen;* denn nicht nur Millionen Schadenserzeugungen, sondern die Bevölkerung hängt davon ab.»[13]

Diese letzte Bemerkung zielte auf Zschokke ab. Zähringer hatte versucht, in Laufenburg eine Forstschule einzurichten, zudem hatte er der Aargauer Regierung einige Monate zuvor eine forstwirtschaftliche Denkschrift eingereicht und um eine Anstellung gebeten, seither aber nichts gehört.[14] Mit Recht mochte er befürchten, dass ihm in Zschokke ein Rivale um das noch zu schaffende Aargauer Forstamt entstehe. Die Regierung liess sich von «Forstprofessor» Zähringers Eingaben und Einwänden nicht beirren, und als am 31. August 1804 das Ober-

Die Landschaft um das Dorf Frick mit ihren stark gelichteten Waldbeständen, nach einer Ansicht von Christian Ölhafen aus dem Jahr 1819. Die Wiederaufforstung war eine grosse Sorge der Aargauer Regierung, liess sich aber nicht so leicht bewerkstelligen.[15]

forst- und Bergamt gebildet wurde, wurde Zschokke dem weit erfahreneren ehemaligen vorderösterreichischen Forstmeister vorgezogen.

Eine Beamtenstelle mit sicherem Gehalt

Zschokke konnte sich fortan Oberforst- und Bergrat nennen, was ihn mit Stolz und Genugtuung erfüllte. Kurz vorher hatte er, der bisher für seinen Einsatz im Kampf gegen den Borkenkäfer keinen Rappen Entschädigung verlangt und erhalten hatte, der Regierung sein neues Buch «Die Alpenwälder» überreicht. In einem Begleitbrief schrieb er, dies sei «das Resultat sechsjähriger, mühsamer Reisen und Beobachtungen der Vegetation schweizerischer Hochgebürge, und wird, ich schmeichle mich dessen, für die Bewirtschaftungen der Waldungen in den Gebürgen nicht nur der Schweiz, sondern auch Deutschlandes, einst nicht ganz ohne Nuzzen sein. Der hier von mir gewagte Versuch ist der erste, welcher in diesem Theile der Forstwissenschaft unternommen wurde.»[16] Er hatte sich damit, wie es scheint, für die Aargauer Regierung hinlänglich als Forstmann qualifiziert.

Als Heinrich Zschokke sich im Frühling 1802 im Aargau niederliess, tat er dies, um «fern vom Getümmel der Welt, auf einem eignen Landgute, am Fusse der Alpen, dem Landbau, den Wissenschaften und der Freundschaft zu leben».[17] Und er setzte hinzu: «Dies war von jeher mein Lieblings-Wunsch.» Er hatte genug vom Getümmel der Politik, in das er sich während einiger Jahre als Vertreter der Bündner Patrioten, Regierungskommissär und Präfekt des Kantons Basel eingelassen hatte, und wollte ein neues, ruhigeres Leben als Landwirt beginnen.

Es mag einigermassen widersinnig scheinen, dass ein Doktor der Philosophie und der Schönen Künste, approbierter lutherischer Pfarrer in Preussen, Privatdozent an einer Universität, beliebter Modeschriftsteller, weiterum bekannter Dramatiker, Pädagoge, Politiker, Publizist, mit 30 Jahren beschloss, Bauer zu werden. Ein Aussteiger zu Beginn des 19. Jahrhunderts? Nur bedingt.

Es gab zwar in der zweiten Hälfte des 18. Jahrhunderts eine romantische Welle, welche das einfache, idyllische Landleben verherrlichte und verklärte, in den Spuren von Jean-Jacques Rousseaus Forderung «Zurück zur Natur!» Schon Johann Heinrich Pestalozzi war diesem Ruf zur anspruchslosen und tätigen Lebensführung gefolgt, als er um 1771 auf dem Birrfeld bei Brugg den landwirtschaftlichen Betrieb aufnahm. Auf seiner «Wallfahrt nach Paris» suchte Zschokke in Zürich 1795 auch die Bekanntschaft des schon damals berühmten Pestalozzi. Er verbrachte einen Teil des Winters in der Gesellschaft von Johann Caspar Hirzel, Zürcher Stadtarzt und Verfasser des Büchleins «Die Wirtschaft eines philosophischen Bauers».[18] Im Frühling 1796, bevor er die Schweiz in Richtung Frankreich verliess, besuchte Zschokke die Petersinsel im Bielersee, wo Rousseau einmal gelebt hatte.[19]

Dennoch war der Zug in die Natur nicht bloss Schwärmerei eines norddeutschen Europabummlers, der in der Schweiz mit ihren Bergen den Hort republikanischer Ideen und die Festung der Freiheit suchte. In Zürich und vor allem in Graubünden war Zschokke in Berührung mit der ökonomischen Bewegung gekommen, die sich um Reformen in der Landwirtschaft bemühte. Die Physiokraten betrachteten den Boden als die einzige Quelle des Reichtums und infolgedessen eine Verbesserung von Ackerbau und Viehzucht als ihr Hauptziel. Dazu gehörten neue Methoden wie die Aussaat stickstoffspeichernder Pflanzen, die Stallfütterung des Viehs und das systematische Düngen der Felder. Dazu gehörte auch die Belehrung der Bauern und Dorfgemeinschaften, die an ihrer traditionellen und wenig ergiebigen Dreifelderwirtschaft und den Allmenden festhielten. Das glückte den Eiferern einer modernen Agrarwissenschaft – meist gut gekleideten städtischen Herren – nicht immer wie gewünscht.

Zschokke redigierte 1797 mit dem «Helvetischen Volksfreund» von Chur ein Wochenblatt, das sich mit Seidenanbau im Veltlin, Vernichtung von Engerlingen oder Bekämpfung von Viehseuchen und Pocken befasste, also ebenfalls im Dienst der Aufklärung der Landbevölkerung stand. Einem Bauern, der in einem vermutlich fiktiven Leserbrief die alten Anbaumethoden verteidigte, aber zugleich klagte, er käme auf keinen grünen Zweig, wurde der Umstieg auf die moderne Landwirtschaft ohne Brache und Zelgen, dafür mit Bohnenpflanzung und Düngung nahe gelegt.[20]

Trotz dieser offenbaren Überlegenheit des Gelehrten über den Bauern, des Intellekts über die Praxis, war es Zschokke bewusst, dass der Erfolg als Landwirt sich nicht ohne weiteres einstellen würde. Er war, vielleicht im Gegensatz zu Pestalozzi, kein realitätsfremder Träumer. «So etwas ... will mit Vorsicht angefangen sein. Ich muß die Landwirthschaft practisch studieren, ehe ich hoffen kann, darin mit Glük anzukaufen und zu arbeiten», schrieb er einem Neffen nach Magdeburg,[21] und einem Freund in Graubünden, er wolle «die Landwirthschaft den Sommer hindurch bei einem Landmann ... studiren».[22]

Solche Pläne heckte er in Bern aus, zusammen mit dem Dichter Heinrich von Kleist, der sich zu diesem Zweck nach einem Landgut am Thunersee umsah. Zschokke bot Pestalozzi an, ihm seinen Hof auf dem Birrfeld abzukaufen, da Pestalozzi doch jetzt auf Schloss Burgdorf ein Erziehungsinstitut führte. Die Suche nach einem passenden Gut zog sich über Monate hin, und Zschokke wäre nicht er selbst gewesen, wenn er sich in der Zwischenzeit nicht nach einer Alternative umgesehen hätte. Aus Liebhaberei, scheint es, befasste er sich im Sommer 1802 mit Forstwirtschaft. Wie schon erwähnt, begann er, verschiedenen Gemeinden Ratschläge zur Waldpflege zu erteilen. Zschokke hatte eine gewinnende Art, und es gelang ihm vermutlich, ihnen seinen Standpunkt einleuchtend zu vermitteln. Mit dem Umsetzen dieser Ideen harzte es allerdings.

Die zuständigen Gemeinderäte waren meist Laien im Forstwesen. Nicht dass Zschokke viel mehr gewusst hätte als sie. Aber er besass eine rasche Auffassungsgabe, eignete sich Grundlagenwissen mühelos an und gab es gern anderen weiter. Er erkundigte sich bei den ihm bekannten Gelehrten nach den besten forstwissenschaftlichen Büchern. Vor allem an beschreibenden und bebilderten Werken musste ihm gelegen sein, um die Baumarten kennen und unterscheiden zu lernen.

Forstwirtschaftliche Experimente

Lesen war für Zschokke zeitlebens ein kreativer und aktiver Prozess; er suchte in Büchern und Zeitschriften nach Informationen, die sich verwerten liessen. Theorien bedeuteten ihm wenig, wenn sie nicht einen Bezug zur Wirklichkeit hatten und sich umsetzen liessen. So war Marx' Bemerkung über den Umgang mit der Welt: «... es kömmt darauf an, sie zu verändern»[23] auch Zschokkes Wahlspruch, freilich ganz ohne Revolution und Gewalt und unspektakulär.

Im Juni 1802 schickte er Paul Usteri in Zürich einen forstwissenschaftlichen Aufsatz, der unter dem Titel «Bruchstücke, über die Forstmäßige Behandlung der schweizerischen Waldungen» in neun Folgen im «Republikaner», der bedeutendsten Deutschschweizer Zeitung, veröffentlicht wurde.[24] Zschokke definierte darin die Grundsätze der Forstverwaltung und Waldpflege, schlug eine zweckmässige Organisation des Forstwesens vor und beschrieb ein erstes Mal den Borkenkäfer und die von ihm angerichteten Schäden. Das Echo – der Aufsatz wurde auch später noch, in der Aktensammlung der Helvetischen Republik, zitiert[25] – ermutigte Zschokke, auf diesem Weg fortzuschreiten. Zugute kamen ihm bei seinen Überlegungen die Erfahrungen als Regierungsstatthalter in Basel vom September 1800 bis zum November 1801, als er sich intensiv mit Verwaltungsfragen befasste.

Auf dem nahe gelegenen Kirchberg wohnte zudem Pfarrer Jakob Nüsperli, den Zschokke wegen seiner reizenden Tochter Anna Elisabeth – seiner späteren Frau – öfters aufsuchte. Die beiden Männer verstanden sich gut: Beide eingefleischte Helvetiker oder Helvekler, wie man die Befürworter des helvetischen Einheitssystems nannte, verband sie die Liebe zur Welt der Bäume. Nüsperli gründete wenige Jahre darauf eine Baumschule, die er neben seinem Pfarramt zusammen mit seinem Sohn und später mit dem Schwiegersohn Abraham Zimmermann betrieb.[26] Zschokke spricht in dem erwähnten Aufsatz von einem Versuch, auf dem Homberg bei Biberstein Lärchen anzupflanzen.[27] Dieses Experiment geschah höchstwahrscheinlich in Verbindung mit seinem zukünftigen Schwiegervater.

Ein drittes entscheidendes Moment war Zschokkes Bekanntschaft mit dem helvetischen Berghauptmann Samuel Gruner. Im Juli 1802 unternahm Zschokke eine forstwissenschaftliche Studienreise ins Fricktal und in den Schwarzwald. Ende August machte er eine weitere Forschungsreise zusammen mit dem Aarauer Naturwissenschaftler Johann Rudolf Meyer in die Alpen und besuchte das Berner Oberland und die Gotthardregion. Damals reifte in Zschokke der Entschluss, der helvetischen Regierung sein Organisationtalent und seine bisher erworbenen Forstkenntnisse anzubieten. «Ich wünschte, um der Schweiz recht nüzlich zu werden, daß die Regirung mich im Forstwesen anstellen könnte. Eine angenehmere und meiner Neigung angemessenere Stelle kann ich mir nicht wünschen.»[28]

Lehrbuch für die Alpenwälder

Kaum war er wieder auf Schloss Biberstein, brach im September dieses Jahres der Stecklikrieg aus; die schon längst spürbare Erbitterung gegen die neuen Verhältnisse und gegen die wieder eingeführte Ablieferung des Zehnten – einer Landwirtschaftsabgabe – machte sich in Aufständen der ländlichen Bevölkerung Luft. Auch der Aargau war davon betroffen.[29] Wer als Anhänger der Helvetik bekannt war, wurde hart angepackt. Die Regierung wurde aus Bern verjagt und musste nach Lausanne flüchten. Zschokke floh in Begleitung von Berghauptmann Gruner in Richtung Basel, bis die erste Leidenschaft sich gelegt hatte. Er nutzte die Gelegenheit, unterwegs Wälder zu besichtigen, machte einen Abstecher nach Mülhausen und einen Streifzug durch die Vogesen.

Im Winter 1802 erkundigte er sich bei einem Freund, wie es zu bewerkstelligen sei, in die Aufsicht der Bergwerke, Salinen und des Forstwesens gewählt zu werden.[30] Noch immer dachte er an eine Anstellung im helvetischen Dienst. An Selbstvertrauen und am Glauben, alle auf ihn zukommenden Aufgaben bewältigen zu können, fehlte es ihm nie. Vermutlich machte ihm auch Berghauptmann Gruner, der von der erstaunlichen Tatkraft des jungen Preussen beeindruckt sein musste, Mut. Zschokke wurde in die helvetische Forstadministration aufgenommen und beauftragt, die Nationalwälder zu besichtigen.[31]

Während er sich umschaute und seine Studien betrieb, begann er, sein Buch zu schreiben, das die forstwissenschaftlichen Erkenntnisse aus dem deutschen Tiefland auf die Bergregionen übertrug und um spezielle Angaben erweiterte. Es erschien 1804 in Tübingen im renommierten Verlag J. G. Cotta unter dem Titel «Die Alpenwälder. Für Naturforscher und Forstmänner.» Zschokke meinte, eine Lücke in der Sachbuchliteratur entdeckt zu haben. «In den Ebenen ist der Noth des Holzmangels durch leichtere Zufuhr eher zu begegnen, als in den hohen Bergthälern, wo ein rauher Himmel den Frost gewissermaßen verewigt. Unsre Forstlehrbücher, soviel ich deren kenne, schweigen von der Kultur der Waldungen in den höchsten Gebürgen ... Mein Versuch also, ein in der Forstwissenschaftslehre mangelndes Kapitel zu ergänzen, ist der Inhalt dieses Werks; ein

Einzug der Bauren in Bern

Der Stecklikrieg vom September und Oktober 1802 nach einem zeitgenössischen Druck. Mit Knüppeln, Sensen und Mistgabeln (aber auch Gewehren) Bewaffnete scheuchten die Anhänger der Helvetik auf und verjagten die Regierung aus Bern.[32]

Versuch, um so mehr mit Schwierigkeiten umringt, da ich, ohne Vorgänger, mir den Weg selbst anbahnen mußte.»[33]

In diesem Erstlingswerk bot Zschokke nicht viel Neues, aber es zeichnet sich, wie der Historiker Albert Hauser schreibt, durch ein erstaunliches Wissen aus.[34] Im ersten Teil werden geologische, klimatologische und pflanzenphysiologische Besonderheiten in höheren Regionen dargestellt. Hier ist erwähnenswert: Während Zschokke an diesem Werk schrieb, hatte sich auf Schloss Biberstein eine

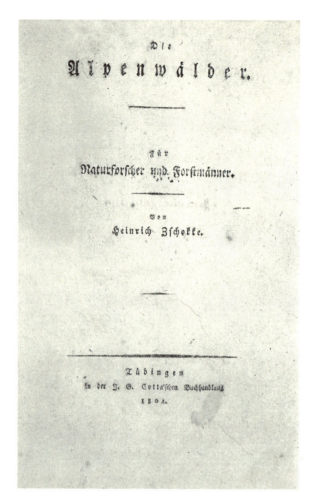

Titelblatt von Zschokkes forstwirtschaftlichem Lehrbuch «Die Alpenwälder», erschienen 1804 im Stuttgarter Verlag J. G. Cotta.

Gruppe junger Gelehrter einquartiert, die an einer Enzyklopädie des gesamten naturwissenschaftlichen Wissens arbeitete. Dazu gehörte auch Johann Rudolf Meyer Sohn. Zschokke nahm regen Anteil daran, ja man versuchte ihn sogar für das Riesenwerk zu gewinnen. Eine Frucht der gemeinsamen Gespräche waren Ausführungen über die Pflanzenchemie.[35]

In der zweiten Hälfte der «Alpenwälder» führt Zschokke 166 verschiedene Baumarten auf und beschreibt dann ausführlich jene, die in den Bergen vorkommen, mit Ansaat, Wachstum und Pflege. Auch hier wird der Borkenkäfer erwähnt. Am Schluss äussert er sich zum Anlegen von Wäldern in den Bergen, zur Wichtigkeit des Windschutzes und zur Berechnung des Waldertrags. Man solle den Wald in schmalen langen Streifen abholzen. «Zwischen jedem abgeholzten Strich bleibt eine Streife Waldes, oder Brame stehn, theils zum Beschatten, theils zum Besamen der kahlen Fläche.»[36]

Das Buch ist eine Fleissarbeit; der Inhalt ist unvollständig; es war Zschokke auch nicht gelungen, in der kurzen Zeit die schwierige und komplexe Materie zu durchdringen. Er selbst war sich der Unvollkommenheit seines Versuchs bewusst. Kaum war das Buch gedruckt, brachte er Korrekturen und Ergänzungen an.[37] Da aber zwei Jahre später sein umfassenderes Werk, «Der Schweizerische Gebürgsförster», erschien, verzichtete er auf eine Neuauflage.

Eine Baumart hob er in der von ihm herausgegebenen Monatszeitschrift «Isis» besonders hervor: den bisher wenig beachteten welschen Bergahorn (Acer opulifolium).[38] Solche Aufsätze verbreiteten Zschokkes Ruf als Baumsachverständiger.[39]

Der welsche Bergahorn. Ausklappbare Kupfertafel zu einem Aufsatz von Zschokke in der Zeitschrift Isis.[40]

Im 18. Jahrhundert war in Europa eine Alpenbegeisterung aufgekommen. Während Berge zuvor eher gemieden wurden, gehörten die Alpen nun zu den bevorzugten Reisezielen. Mit Spannung las man von der abenteuerlichen Ersteigung des Montblanc durch Horace-Bénédict de Saussure im Jahr 1787, und Stiche von sich türmenden Gebirgen zierten manche Wohnstuben. Grossen Einfluss auf die sich veränderte Einstellung zur Bergwelt hatte das berühmte Gedicht «Die Alpen» des Berner Naturforschers Albrecht von Haller. Zschokke, schon als Jugendlicher restlos dem Mythos der Alpen verfallen, soll beim ersten Anblick der Schweiz, als er bei Schaffhausen die Grenze übertrat, durch den Kopf gegangen sein: «Diese Felsenburg der Freiheit! Hat sie keinen Winkel für mich?»[41]

Von dieser schwärmerischen Verbundenheit mit der Bergwelt und der Natur der Schweiz ist in seinen «Alpenwäldern» keine Spur mehr zu finden. Die Natur wird nicht besungen, sondern nur danach taxiert, wie sie am leichtesten zu zähmen, am besten zu nutzen ist. Das Ökonomische zählt, nicht mehr das Ästhetische. Zschokke hatte das Kleid des gefühlvollen Naturbetrachters und romantischen Reiseschriftstellers ein für alle Mal abgelegt.

Ein Experte in Frankreichs Auftrag

Kurioserweise bekam er in dieser Zeit einen forstwirtschaftlichen Auftrag der französischen Regierung. Eine Kommission sollte Wege untersuchen, um die Verwüstung des Medoc (an der Atlantikküste) durch Flugsand einzudämmen. General Michel Ney, der Botschafter Frankreichs in der Schweiz, begab sich auf die Jagd nach Baumsorten zur Aufforstung der Dünen. Zschokke war ihm empfohlen worden, und so bat er ihn am 14. Februar 1804 um Sämereien von Föhren, Fichten, Lärchen und Zedern – und um Vorschläge, wie man sie am besten ansiedeln könne. Mit Feuereifer machte sich Zschokke, der, soviel bekannt ist, noch nie am Meer gewesen war, an die Arbeit. In seinem Gutachten bewies er zunächst einmal, dass Schweizer Bäume zu diesem Zweck keineswegs geeignet seien. Man müsse ganz anders vorgehen. Er schlug Zäune als Windfang vor, um die Sandverfrachtungen zu bremsen. Dann solle man Sandrohr, Sandhafer oder spanischen Klee anpflanzen. Sobald der Untergrund sich gefestigt habe, könne man mit Sträuchern oder Kiefern beginnen, die mit dem Sandboden auskämen.[42]

Das waren völlig richtige Überlegungen, die der französischen Dünenkommission aber längst bekannt sein mussten, zumal unbefriedigende Resultate mit der einheimischen Kiefer (Pinus maritima) sie ja gerade bewogen hatten, sich nach robusteren Baumarten umzusehen. Zschokkes Vorschläge stammten aus einschlägigen Forsthandbüchern, die sich auf Erfahrungen in Holland und Norddeutschland bezogen. Sie wurden von General Ney als «sehr bedeutsam und zweckmässig» erachtet. Er unterbreitete sie dem Ersten Konsul Napoleon, der durch zwei Ingenieure bei Zschokke in Aarau waldbauliche und technische Anweisungen einholen liess.[43]

Das Intermezzo brachte Zschokke die erhoffte Gelegenheit, sich als Experte in allen Fragen des Waldes in die richtige Position zu bringen, so dass man vergessen mochte, dass er auf forstwissenschaftlichem Gebiet ein Newcomer, ein absoluter Neuling war.

Aufbau des Oberforst- und Bergamts

Der Kanton Aargau entstand 1803 aus vier unterschiedlichen Gebieten, die sich politisch, kulturell und religiös nach verschiedenen Richtungen hin orientierten: der reformierte westliche Teil nach Bern, die katholischen Freien Ämter nach der Innerschweiz, Baden vorwiegend nach Zürich; das Fricktal mit Rheinfelden und Laufenburg war noch bis 1802 österreichisches Staatsgebiet.[44] Aus dem Nichts wurde eine neue Verwaltung aufgebaut und ein Gesetzeswerk geschaffen. Die Mitglieder der Regierung stammten aus Lenzburg, Bremgarten und Zofingen, Laufenburg, Rheinfelden und Zurzach, aus Bern, Schwyz und Meilen am Zürichsee, wichtige Beamte aus Bayern, Mähren oder Preussen. Auswahlkriterien waren Tüchtigkeit und Loyalität; auf soziale Herkunft und Geburtsrechte musste nicht wie in den alten Kantonen Rücksicht genommen werden.

Obwohl die Regierungsräte im Durchschnitt keine 40 Jahre alt waren, zeigten sie sich nicht besonders innovationsfreudig. Zunächst galt es, den Kanton zum Funktionieren zu bringen; Experimente konnten warten. Für die vielfältigen Aufgaben eines Staates wurden Ausschüsse und Kommissionen bestimmt. Mit Gesetz vom 24. Mai 1804 entstand ein fünfköpfiger Finanzrat, dem das Forstwesen und der Bergbau zugeordnet wurde. Ihm stand ein dreiköpfiges Oberforst- und Bergamt zur Verfügung, in das am 28. August 1804 Regierungsrat Johann Rudolf Dolder als Präsident sowie Heinrich Zschokke und Hans Georg Will, ein ausgebildeter Forstmann aus dem vorderösterreichischen Fricktal, als Mitglieder gewählt wurden, mit einem Jahresgehalt von 1400 Franken. Später kam als Sekretär ein Sohn von Pfarrer Nüsperli dazu.

Für Zschokkes Wahl hilfreich war, dass er den Fabrikanten und wendigen Politiker Dolder kannte. Zschokke hatte zum richtigen Zeitpunkt die Aufmerksamkeit auf sich zu lenken vermocht. Dass er gut reden und schreiben konnte und in der Orthografie besser beschlagen war als «Forstprofessor» Zähringer, gereichte ihm ebenfalls zum Vorteil. Um alle Schwierigkeiten aus dem Weg zu räumen, kaufte er sich am 25. August 1804 ins Bürgerrecht der armen Gemeinde Ueken ein und liess sich im Kanton Aargau naturalisieren.[45] Jetzt hatte er sich nur noch in den Sachgeschäften zu bewähren.

Zschokke machte sich sogleich tatkräftig und zielbewusst an die Arbeit. Davon zeugen die Protokollbände und Aktenbündel im Staatsarchiv. Innert kurzem verschaffte er sich einen Überblick über seinen Tätigkeitsbereich und entwarf Reglemente und Organisationspläne. Wenn es darum ging, etwas aufzubauen und zu organisieren, war Zschokke in seinem Element. Es besteht kein Zweifel, dass er im Oberforst- und Bergamt die dominierende Persönlichkeit war.

Zunächst entwarf er als Pflichtenheft die «Organisation und Instruktion des Oberforst- und Bergamts».[46] Dabei übernahm er die Bestimmungen, die für den Finanzrat festgelegt worden waren,[47] weitete sie aber aus und präzisierte sie. Sein Amt sollte ein Inventar aller Forste, den darauf haftenden Rechten und bisherigen Massnahmen zur Waldpflege aufnehmen, «mit genauer Nachweisung auf die darauf sich beziehenden Urkunden im Forst-Archiv, zur Belehrung der Nachkommenschaft». Schon allein diese Aufgabe, verbunden mit einer «Ausmarchung und Kartierung der Staatswaldungen» war enorm aufwandsintensiv und hätte die Arbeitszeit von Zschokke und Will auf Jahre hinaus in Anspruch nehmen können.

Nachhaltigkeit als oberstes Prinzip

Als Zweites sollte das Oberforst- und Bergamt ein Forstgesetz ausarbeiten, Vorschläge zur Verbesserung des Forstwesens machen und dafür sorgen, dass sich der Bestand der Staatswaldungen erhielt und ihr nachhaltiger Ertrag erhöhte. Im Wortlaut: «Dem Forst- und Bergamt ist die besondere Aufsicht und Besorgung aller Staatswaldungen übertragen, um dieselben überall, nach Beschaffenheit der Lage und des Bodens in den möglichst größten Bestand zu setzen, und ihren nachhaltigen Ertrag zu erhöhen.»[48]

Nachhaltigkeit und nachhaltige Entwicklung, heute ein Zauberwort und im August 2002 Thema der grossen UNO-Konferenz in Johannesburg, wurde ursprünglich im Zusammenhang mit dem Schutz und der Erhaltung des Waldes geprägt. Hier erschien in den Worten Zschokkes der Begriff zum ersten Mal, der für die aargauische Forstpolitik entscheidend wurde.

Das Oberforstamt sollte überdies danach trachten, dass der Holzverbrauch reduziert wurde, der Holzverkauf zum bestmöglichen Preis erfolgte und gegen Frevler streng vorgegangen wurde. Für die Aufsicht der Forste wurden Forstinspektoren und Bannwarte eingesetzt. Alles zielte darauf ab, dem Staat langfristig ein hohes Einkommen aus seinen Wäldern zu verschaffen. Aus diesem Grund wurde das Forstwesen als Teil des Finanzwesens gesehen und erst 1852 der Direktion des Innern unterstellt (heute ist es im Aargau wieder ein Teil des Finanzdepartements). Die Staatswälder brachten etwa gleich viel ein wie sämtliche verpachtete Staatsgüter (Domänen). Das war, gemessen am gesamten Staatshaushalt, zwar nicht sehr viel, aber dieser Bereich wurde unter Zschokkes Aufsicht zunehmend rentabel.

Die Forstordnung vom 17. Mai 1805 gab dem Kanton Aargau ein verbindliches Gesetz für das ganze Forstwesen. Sie trägt Zschokkes Handschrift in doppelter Hinsicht: Sie wurde eigenhändig von ihm aufgesetzt und inhaltlich wesentlich von ihm geprägt. Sie ersetzte die Forstgesetze des alten Bern (1786), der ehemaligen Grafschaft Baden (1792) und der k. k. Österreichischen Vorlande für das Fricktal (1787),[49] überlebte zwei Verfassungsrevisionen und wurde erst 1860 abgelöst. Es war ein modernes Gesetz, wenn auch nicht unbedingt im Vergleich zur vorderösterreichischen Wald-, Holz- und Forstordnung, von der sie viele Anregungen übernahm.

Die von Zschokke redigierte Forstordnung des Kantons Aargau vom Mai 1805, Titelblatt.

Die vielleicht einschneidendste Bestimmung war ein Verbot, Staats- und Gemeindewaldungen ohne Genehmigung durch den Grossen Rat zu verkaufen. Ohne Einwilligung durch die Regierung durfte kein Waldstück gerodet werden, um es zu Acker- oder Wiesland zu machen – das Roden zur Gewinnung von Bauland war damals noch nicht aktuell. Damit ist auch schon angetönt, dass die Aargauer Forstordnung nicht nur die Arbeit in den Kantonsforsten regelte, sondern auch auf die Privat- und Gemeindewälder Einfluss zu nehmen suchte. Allerdings beschränkte man sich hier auf Massnahmen zur Erhaltung und zur Schonung der Wälder. Der Staatswald sollte für Gemeinden und Private als Vorbild dienen.

Der Wald jener Zeit diente vielerlei Zwecken: als Lieferant von Bau- und Brennholz, als Weideland für Rindvieh, Ziegen und Schafe und die Eichen- und Buchenwälder zur Schweinemast. Holzkohle wurde für Haushalt und Gewerbe, Baumharz zur Herstellung von Pech, Teer, Kienruss, Kolophonium und Terpentin gebraucht (es gab den Beruf des Harzers, der das so genannte Harzreissen besorgte). Armen Leuten war gestattet, Laub zu rechen, Tannenzapfen und dürres Holz einzusammeln. Die Gerber benötigten Eichen- und Fichtenrinde für das Rotgerben von Leder, die Besen- und Korbmacher Reiser und Weidenzweige. Man nahm aus dem Wald, was man für sein Gewerbe und das Leben brauchte.

Dies geschah in manchen Gemeinden ungeregelt und vertrug sich nicht mit den Richtlinien einer guten Waldpflege. In der Forstordnung wurde der Weidgang des Viehs eingeschränkt, Grasen, Mähen und Laubrechen in jungen Wäldern verboten, ebenso Krieshauen, Laubstreifeln und Ringeln ohne schriftliche Erlaubnis des Forstaufsehers. Verboten wurde das Fällen junger belaubter Bäume zum Aufstellen vor Wirts- und anderen Häusern und an Strassen. Verschiedene Bestimmungen galten dem Holzsparen: Häuser sollten möglichst aus Stein gebaut und mit Ziegeln statt Schindeln oder Stroh bedeckt und Zäune aus totem Holz «soweit thunlich und ausführbar» vermieden werden. Dafür sollten Lebhäge (Hecken) gepflanzt werden.

Auf der anderen Seite galt es, den Holzertrag zu steigern und die Wälder rationeller als bisher zu bewirtschaften. Waldblössen, Berghänge und Flussniederungen sollten aufgeforstet, und es sollte darauf geachtet werden, dass geeignete Baumarten verwendet wurden und Laub- und Nadelholz, Nieder- und Hochwald voneinander getrennt blieben. Pro Jahr durften nur so viele Bäume gefällt werden, dass die Erhaltung des Waldes gewährleistet war.

Paragraf 24 der Forstordnung führte dies so aus: «Da ein jeder Wald gleichsam als ein Kapital anzusehen ist, von welchem der Besitzer nur die Zinsen geniessen soll, so darf von keinem Walde alljährlich mehr Holz genommen werden, als der nachhaltige Ertrag oder der jährliche Nachwuchs erlaubt. Da sich nun jede Gemeinde in unvermeidlichen Holzmangel stürzen würde, wenn sie alljährlich weit mehr Holz fällen liesse, als der Wald wieder hervorzubringen vermag, so ermahnen Wir sie mit väterlichem Ernst, ihre Wälder in eben so viele Gehaue oder Schläge einzutheilen, als die Holzart Jahre gebraucht, um seine verlangte

Vollkommenheit zu erhalten, und darin dem Beispiel zu folgen, welches in den obrigkeitlichen Waldungen gegeben werden soll.»[50]

Das Forstamt betrachtete sich demnach als eine Bank, die darüber wachte, dass das Kapital «Wald» möglichst hohe Zinsen einbrachte und selbst nicht angegriffen wurde. Mit dieser Metapher meinte die Regierung, den Aargauern das Prinzip der Nachhaltigkeit erklären und die einschneidenden Vorschriften rechtfertigen zu können. Dabei wurden althergebrachte Rechte und Bräuche wie die Allmenden, der Weidegang oder die Tradition des Maienbaums in Frage gestellt. Erwin Wullschleger, aargauischer Kantonsförster und Forsthistoriker, nennt in seinem umfassenden Werk «Waldpolitik und Forstwirtschaft im Kanton Aargau von 1803 bis heute» die Forstordnung von 1805 als «der Gesinnung nach patriarchalisch-idealistisch, in ihrem Inhalt dagegen technisch-ökonomisch orientiert».[51]

Ein Bäumchen pflanzen

Die patriarchalische und zugleich idealistische Grundeinstellung entsprach der Zeit und ihrem Schöpfer Heinrich Zschokke. Besonders deutlich tritt dies in Paragraf 6 des Forstgesetzes hervor. Danach musste jeder frisch vermählte Ehemann an seinem Wohnort auf Gemeindeland sechs junge Bäume pflanzen, jeder Vater bei der Geburt eines Kindes – gleichgültig ob Knabe oder Mädchen – zwei Bäume; vorgesehen waren Eichen, Obstbäume oder andere nützliche Baumarten. Diese für ein Forstgesetz einzigartige Regelung besass eine symbolische und eine didaktische, eine ästhetische und eine nützliche Seite: Jeder Mann sollte die Gründung einer neuen Lebensgemeinschaft mit einem Beitrag für die Allgemeinheit verbinden und für jedes Menschenleben, das den Holzverbrauch erhöhte, der Pflanzenwelt neues Leben zuführen. Auf diese Weise würde, so dachte sich Zschokke, der Holzmangel verringert und die Gemeinde verschönert. Die persönliche Verbundenheit zu seinem Baum förderte des Bürgers Wertschätzung und Sorgfalt gegenüber allen Bäumen. Der Akt hat etwas von einer Opfergabe oder religiösen Weihe.

So gut diese Bestimmung gemeint war, so schwierig war es, sie zu handhaben. Nicht dass sich überall Widerstand regte, aber die Hindernisse waren gross. Wie sollte das Gesetz vollzogen werden, wenn eine Gemeinde keine Allmenden, Gemeindeweiden, öffentlichen Grund oder sonst für einige hundert Bäume geeignete Plätze oder Strassen besass oder zur Verfügung stellen wollte? Welche Baumart sollte bevorzugt werden? Was tun, wenn ein Hochzeiter oder junger Vater nichts von seiner Pflicht wusste, sich ihr verweigerte oder nicht imstande war, selbst einen Baum zu setzen? Sollte der Akt in einem gemeinsamen Fest, zu bestimmten Jahreszeiten oder individuell, unmittelbar nach Hochzeit oder Taufe vollzogen werden? Wer trug für die Ausführung die Verantwortung, und wer beaufsichtigte sie? Wer pflegte die Bäume?

Die bis Ende des Jahres 1807 von den Forstinspektoren eingegangenen Voll-
zugsmeldungen waren nicht ermutigend. Aus allen Bezirken bis auf Aarau liefen
zwar Fragebogen ein, aber meist unvollständig ausgefüllt. Nicht einmal die Hälfte der Gemeinden hatten Baumaktionen vorgenommen. Einige brachten Aus-
flüchte, andere vertrösteten auf das nächste Frühjahr, und Dritte schienen nicht
begriffen zu haben, worum es ging. Zofingen meldete die Anpflanzung von gegen 200 000 Bäumen im Rahmen seines Forstprogramms, konnte aber «die gesezliche Vorschrift nicht wörtlich befolgen, weil es außer den meistens sehr ent-
fernten Waldungen kein Land zur Anpflanzung hat»; Strengelbach hatte «kein
Gemeindland, weswegen nach alter Übung jeder neu Verehelichte 125 Tannli im
Amtswald gesezt habe». Im Bezirk Laufenburg wurden für das Jahr 1806 in 22
Gemeinden mit 59 Heiraten und 358 Geburten keine neuen Bäume gemeldet,
im Bezirk Baden bei 86 Heiraten und 440 Geburten dafür 1 007.[52]

Im folgenden Jahr wurde der Paragraf 6 etwas besser befolgt. Zschokke teilte
dem Finanzrat mit: «Auch hier war, wie bei jeder neuen Einrichtung mit Schwierigkeiten aller Art zu kämpfen, um die Vollziehung zu bewirken; aber Geduld
und beharrliche Aufmerksamkeit schafften endlich der wohlthätigen Anordnung
des Gesezzes allmählich immer besseren Eingang, da wir, besonders in den ersten Jahren, keine strengern Zwangsmittel verwenden, und durch Erfahrung uns
mit den Hindernissen selbst vertrauter machen wollten.» Als Grund für den
schlechten Vollzug nannte er ausser der Gleichgültigkeit mancher Gemeindebe-
hörden: «Vielen ist jedes Opfer zum Besten der Nachkommenschaft eine Last;
jeder will lieber für sich, als für das Wohl und den Nuzzen aller etwas leisten. Was
also zum Gemeinbesten gethan werden soll, wird bei dem Mangel wahrhaft vaterländischen Sinnes von vielen gleichgültig versaümt.»[53]

Es zeugt von Beharrlichkeit, dass Zschokke die Flinte nicht ins Korn warf.
Am 30. Januar 1809 wurde mit einem «Beschluss über die jährlichen Baumpflanzungen in den Gemeinden» an die Bestimmung erinnert und wurden Einzelheiten festgelegt.[54] Ein Zugeständnis erlaubte es den frisch Verheirateten und Vätern nun, sich mit einer Gebühr von ihrer Pflicht zu befreien. Das Gesetz blieb
bis 1847 offiziell bestehen, dürfte aber schon vorher in Vergessenheit geraten sein.
Ins Volksbrauchtum vermochte es nicht überzugehen, da es, von oben herab de-
kretiert, die massgebenden gesellschaftlichen Kräfte zu wenig einbezog.

Immerhin heisst es in einer Erkundigung von 1821: «Wenn nicht alle Gemeinden die Wohltat jener gesetzlichen Anordnung in gleichem Grade genossen,
war es meistens die Schuld schlechter und nachlässiger Gemeindevorsteher. Da
wurden die Baumpflanzungen entweder gar nicht oder sehr mangelhaft besorgt
und man schien das als überflüssig zu verachten, was der Vorteil aller war. Und
doch ist keine einzige Gemeinde, in welcher nicht verständige Männer das Nützliche jener gesetzlichen Anordnung erkannten, ja an manchen Orten war der Tag
der Anpflanzung zuweilen ein rührendes Fest, besonders wo der Neuvermählte
oder der glückliche Vater die jungen Bäume selbst pflanzte, die nun gleichzeitig

mit seinen Kindern emporwuchsen und blüheten und als schöne Denkmale grünten.»[55]

Forstfrevel und andere Sünden

Während man bei dieser Bestimmung der Forstordnung auf die Einsicht der Leute setzte und bei Nichterfüllung ein Auge zudrückte, wurden alle anderen strenger gehandhabt. Zusammen mit der Forstordnung trat ein «Strafgesetz über Forstfrevel» in Kraft. Vorgesehen waren für Übertretungen zum Teil saftige Bussen oder Strafgelder, die je zu einem Drittel der Forstkasse, dem Armengut und derjenigen Person zukamen, welche den Frevler oder die Frevlerin anzeigte.

Wer ohne Erlaubnis Bäume fällte, musste für jeden Baum Schadenersatz und 10 Franken Busse bezahlen. Holzdiebstahl wurde mit 10 bis 30 Franken Busse plus Schadenersatz bestraft; geschah die Tat in der Nacht, mit dem doppelten Betrag. Als Ersatz konnte ein Tag Zwangsarbeit pro Franken Busse, ein Tag Gefängnis für vier Franken Busse angeordnet werden. Vieh, das verbotenerweise im Wald angetroffen wurde, wurde beschlagnahmt und gepfändet. Widersetzlichkeiten gegen Anordnungen des Forstpersonals hatten, ohne Ansehen der Person, eine zweitägige Gefängnisstrafe zur Folge. Vernachlässigte eine Gemeinde über längere Zeit ihren Wald, wurde dieser zehn Jahre lang unter staatliche Zwangsverwaltung gestellt.

Das Strafgesetz über Forstfrevel blieb nicht toter Buchstabe: Die Bezirksgerichte hatten alle Hände voll zu tun, um Verstösse dagegen zu ahnden. Auch die drakonischste Strafe, die Zwangsverwaltung der Gemeindewälder, eine gewiss heikle Angelegenheit, wurde mehr als einmal ausgesprochen. Die Ermahnungen und Drohungen mit der Bevogtung genügten offensichtlich nicht, um widerspenstige Gemeinden zum Vollzug der Forstordnung zu bewegen.

Die Kartografierung der Wälder

Einige konkrete Aufgaben nahm Heinrich Zschokke sofort energisch in Angriff: die Forsteinrichtung, das Vermessen der Wälder und das Bereinigen von Streitfällen. Es mag erstaunlich erscheinen, aber der Kanton wusste bei seiner Entstehung nicht so genau, was er besass, wer darauf Ansprüche erheben konnte, und noch weniger, wie der Zustand seines Besitztums war. Dies nutzten schlaue Mitbürger aus: Man bediente sich aus den scheinbar herrenlosen Wäldern, und wo kein Kläger war, da war auch kein Richter.

In den ersten Jahren reiste Zschokke viel im Aargau umher, um sich die Wälder anzuschauen. Die eigentliche Vermessungsarbeit machte sein Kollege Hans Georg Will, der Erfahrungen als Forstgeometer hatte; Zschokke verfasste, darauf sich abstützend, die Bewirtschaftungsregulative.[56] Auch die Gemeinde- und Privatwälder mussten vermessen werden. Immerhin besassen die Gemeinden mit über 68 000 Jucharten Wald mehr als das Zwölffache des Kantons; insgesamt machte der Wald nach Schätzung Zschokkes etwa ein Fünftel allen Kulturlandes aus.[57]

Um Vergleiche machen zu können, musste zuerst einmal das Flächenmass einheitlich definiert werden; die Juchart schwankte um bis zu 50 Prozent, je nachdem, ob man sie auf altem Berner Boden, im Fricktal oder anderswo benutzte. 1807 schickte das Oberforst- und Bergamt eine Tabelle an alle Gemeinden, um über Grösse und Besitz, Lage, Exposition, Fruchtbarkeit, Holzarten, Alter des Holzes, Art der Schlagweise, Schlagergebnis, Dichte der Bestockung, Vorkehrungen für die Aufforstung von Waldblössen und so weiter Auskunft einzuholen.[58] Die Fragen waren anspruchsvoll und umfassend; ihre Beantwortung sollte den gesamten Holzvorrat, Holzbedarf und -ertrag des Kantons feststellen und Grundlage der zukünftigen Waldpolitik sein.

Zschokke wertete die Angaben seiner Umfrage aus und stellte fest, dass von den 265 Gemeinden im Kanton nur etwa 50 ihre Wälder schon vermessen hatten. In einem Begleitbrief wurde der Finanzrat gewarnt: «Dieser Bericht handelt von der Verwilderung und höhern Benuzung von mehr als dem fünften Theil des kultivierbaren Flächenraums unsers Landes; spricht von den Quellen der Verarmung vieler Ortschaften; von der jezt noch durch Unwißenheit verschleierten Gefahr des künftigen allgemeinen Holzmangels, dem wir und unsere Nachkommen entgegeneilen; von der entschiedenen Gewißheit, daß bey ähnlicher Sorglosigkeit der Gemeinden binnen 50. Jahren das unentbehrliche Material zu außerordentlichen Preisen gesteigert sein, und den Ruin aller Fabriken im Aargau oder die Unmöglichkeit, daß sich neue Etablißements der Art bey uns eröfnen[!], zur Folge haben wird.»[59]

Zschokke wünschte eine Veröffentlichung des Berichts, damit die sich alarmierend abzeichnende Holzknappheit – von den 265 Gemeinden litten 152 unter Brennholzmangel – auf breiter Ebene diskutiert werden und ein Umdenken einsetzen konnte. Allein, der Finanzrat wollte daraus kein Politikum machen. Er befürchtete wohl wie in ähnlichen Fällen, dass durch das Bekanntwerden des Berichts die Preise für importiertes Holz in die Höhe getrieben würden.[60] Um dem Übel beizukommen, schlug der Finanzrat vor, die Gesetze streng zu handhaben.

Wie Zschokke sich die Waldbewirtschaftung durch die Gemeinden vorstellte, beschrieb er zwölf Jahre später in seiner Erzählung «Das Goldmacherdorf». Darin erklärte der Held Oswald in der Gemeindeversammlung: «Seit die hohe Regierung in den Wäldern den Weidgang verboten hat, wächst darin alles, wie ihr wisset, freudig und hanfdick auf. Ich bin mit dem Herrn Oberförster durch den Wald gegangen. Er sagt: alle Jahre wächst auf eine Juchart Land eine halbe Klafter Holz zu. Ferner sagt er: wir müssen das vom Stock ausschlagene Laubholz, wie Buchen, Erlen, Hagebuchen, Espen, Ahornen, dreißig Jahre alt werden lassen; große Eichen, Buchen, Tannen und was zu grobem Bauholz dient, muß siebenzig, hundert und mehr Jahre alt werden. Folglich, wenn wir gehörig holzen, so müssen wir alle niederen Laubholzwaldungen in *dreißig Portionen* eintheilen, und alle Bauholzwaldungen in *hundert und mehr Portionen.* Wenn wir nun alle Jahre von jeder Art nur *eine* Portion nähmen, so hätten wir natürlich alle Jahre gleichviel Holz, und schlügen nicht zuviel und nicht zu wenig, und wir und unsere Nachkommen hätten allezeit altes, reifes Holz zu schlagen.»[61]

Forstregulative für die nächsten 150 Jahre

Nach dem Erfassen und Einschätzen der einzelnen Waldungen wurden sie in Grosshaue und Jahresschläge eingeteilt. Darin entwickelte Zschokke eine wahre Leidenschaft. Noch bevor er zum Oberforst- und Bergrat ernannt wurde, verkündete er einem Freund: «Nächstens werd' ich die weitläuftigen Waldungen der Gemeinde Lenzburg in Schläge eintheilen, was mich einen Monat lang angenehm beschäftigen wird.»[62]

Es war weitgehend eine rechnerische Angelegenheit, die sich, wenigstens zum Teil, am Schreibtisch, mit Lineal und Bleistift, erledigen liess. Jeder Wald wurde vermessen und der Baumbestand verzeichnet. Die Umtriebszeit, das heisst das Alter, bei dem ein Baum ausgewachsen war und gefällt werden konnte, war gegeben. Sie betrug für Tannen, die als Bauholz gebraucht werden sollten, bis 150 und für Eichen bis 200 Jahre; für Weiden, Birken oder Linden war sie wesentlich kürzer. Jetzt ging es noch darum, auf der Waldkarte die entsprechende Anzahl Jahresschläge einzuzeichnen. Jedes Jahr durften die Bäume in einem etwa gleich grossen schmalen Waldstreifen als Kahlschlag gefällt werden. Nach Ablauf der Umtriebszeit fing man erneut mit dem ersten Waldstreifen an, den man unmittelbar nach dem Fällen künstlich oder natürlich angesät hatte. Der Förster bekam einen verbindlichen Schlagplan. Dazu kam eine Art Durchforstung: Alle paar Jahrzehnte wurden die schlechtesten Bäume eines Bestandes gefällt und darauf geachtet, dass sich der Abstand mit dem Wachstum der Bäume vergrösserte. Zschokke war Autor nahezu aller Bewirtschaftungsregulative für die Staatswälder[63] und auch für die Wälder einiger Gemeinden.

Die Fachsprache nennt diese Art der Festsetzung der jährlichen Nutzung Flächenfachwerk im Unterschied zur heute gebräuchlichen der Plenterung oder des Femelschlags, wenn nur einzelne Bäume oder Baumgruppen aus einem Wald herausgehauen werden. Zschokke führte das Flächenfachwerk nicht nur für den Staatswald, sondern auch für einzelne Gemeinden ein. So ordnete er 1820 im Auftrag der Stadt Aarau eine genaue Vermessung ihrer Waldungen an, erarbeitete ein Betriebsregulativ und einen Nutzungsplan.[64]

Da er sich weigerte, Geld anzunehmen, erhielt er dafür von der Stadt Aarau einen silbernen, mit Perlmutter geschmückten Degen mit den Worten: «Es sey

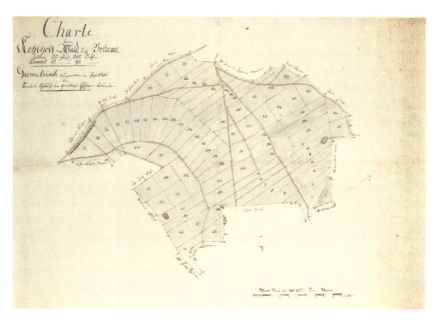

Forstplan des Kohlholzwaldes bei Brittnau, aufgenommen 1812 von Forstgeometer Kyburz, mit einer Schlageinteilung nach Zschokkes Anordnung.[65]

uns nun vergönnt, Hochgeachteter Herr! Ihnen den Ausdruk unsers innigsten und lebhaftesten Dankes für Ihre mühevolle und trefflich gelungene Arbeit darzubringen; gerne haben wir darinn den Beweis Ihrer Liebe zu dieser Stadt und Ihrer Theilnahme an deren Wohlfahrt, erkannt; die fruchtbaren und gesegneten Folgen Ihrer weisen Anleitung werden das Gefühl des wärmsten Dankes bei allen Bürgern dieser Stadt und ihren Nachkommen immerfort neu beleben.»[66]

Ein Greuel war Zschokke das Nebeneinander von Nadel- und Laubbäumen, ein Greuel auch die Vermischung von Nieder- und Hochwäldern (so genannter Mittelwald), die wegen der unterschiedlichen Reifezeit der Bäume und Verwendungsweise des Holzes eine rationale Waldbewirtschaftung behinderten. In seinem Forstbericht von 1808 brandmarkte er dies als «elende Waldökonomie», die von jeher heimisch gewesen sei.[67] Konsequenterweise strebte er eine Entmischung der Wälder an und legte dies auch in der Forstordnung fest: «Wo in einem und demselben Walde Laub- und Nadelholz vermischt unter einander steht, muss nach und nach der Wald in diejenige einzige Holzart verwandelt werden, welche entweder schon überhaupt daselbst die herrschende, oder im Verkauf die vortheilhafteste ist, denn die Erfahrung lehrt hinlänglich, dass in solchen, durch schlechte Forstwirthschaft entstandenen vermischten Beständen eine Holzgattung der andern im Wuchse nachtheilig wird, und den Eigenthümer schlecht belohnt.»[68]

Im Nachhinein lässt sich sagen, dass die strikte Anwendung Zschokkes unter bestimmten Umständen als richtig zu sehender Prinzipien fragwürdig war, weil sie den natürlichen Besonderheiten der Wälder wenig Rechnung trugen. Aber seine Anordnungen führten dazu, die verwahrlosten Staatswälder in einen guten Zustand zu bringen und den Holzertrag auch langfristig entschieden zu erhöhen. Dies wird von einem Nachfolger Zschokkes im Amt fast 200 Jahre später dankbar anerkannt.[69] Man erkennt daraus, dass noch heute Zschokkes Hand und Geist in den von ihm betreuten Wäldern sicht- und spürbar ist, wenn auch in der Zwischenzeit offensichtliche Mängel behoben wurden und die Bewirtschaftung der Wälder eine tief greifende Umstellung erfuhr.[70]

Zschokkes zweite grosse Leistung war die Regelung der meisten Waldausscheidungen zwischen dem Kanton und anderen Waldbesitzern und -nutzern. In manchen Fällen mussten komplizierte und unklare Eigentums- und Rechtsverhältnisse bereinigt werden, bevor man zu einem Bewirtschaftungsplan schreiten konnte.[71] Zschokke nahm sich dieser Fälle mit grossem Eifer an. Er untersuchte alle Urkunden, die zum Teil bis ins Mittelalter zurückreichten, und schrieb eine ausführliche historische Deduktion (Abhandlung), die einen grossen Teil seines forstrechtlichen Gutachtens ausmachte. Er fasste die Ansprüche zusammen und wog alle Rechte sorgfältig gegeneinander ab. Oft empfahl er zur Beseitigung von Streitigkeiten und zur Entwirrung von Ansprüchen oder für eine sinnvolle Bewirtschaftung einen Abtausch oder eine Teilung der Waldungen unter den Parteien. Das war auch der Grund, weshalb seine Expertisen gefragt waren und meist friedliche und, was ebenso viel wog, rasche Einigungen möglich machten. Nur in wenigen Fällen, so im Streit mit sechs amtsaarburgischen Gemeinden um staatliche Hochwaldungen, musste ein interkantonales Schiedsgericht einberufen werden.[72]

Zschokkes organisatorisches Geschick und seine Effizienz brachten es mit sich, dass er sich nach einigen Jahren selbst entbehrlich machte. Als die wichtigsten Waldstreitigkeiten geschlichtet, die Forstkreise organisiert und die Schlageinteilungen festgelegt waren, lief alles von allein und brauchte es Zschokkes Amt – so jedenfalls dachte die Regierung – nicht mehr länger. Das Oberforst- und Bergamt wurde 1804 geschaffen und bereits 1809 aufgelöst, um die Administration zu vereinfachen und die Kosten zu senken.[73] Ganz wollte man auf Zschokke aber nicht verzichten, deshalb wurde er am 11. Dezember 1809 zum Oberforst- und Bergwerksinspektor ernannt und direkt dem Finanzrat unterstellt. Sein Jahresgehalt wurde um 200 Franken reduziert. Sein Kollege Hans Georg Will wurde versetzt und zum Strasseninspektor ernannt.

Auf Zschokke konnte man aber eigentlich nicht verzichten, da die meisten Förster im Kanton Aargau keine Ausbildung besassen und man um Zschokkes didaktisches Geschick wusste. In der Forstordnung von 1805 wurde bestimmt, dass vom Oberforst- und Bergamt aus jedes Jahr «zum Behuf der Förster, Bannwarte und Partikularen, denen die es verlangen, der nöthige Unterricht einige Wochen lang unentgeldlich ertheilt werde».[74] Entweder hatte es keinen danach verlangt, oder die Aussicht, einige Wochen ohne Lohn die Schulbank drücken und büffeln zu müssen, erschien den Forstmännern unattraktiv, jedenfalls meldete sich kein einziger Förster zu einem Kurs.[75]

Also schlug Zschokke Zwangsmassregeln vor, obligatorische vierwöchige Kurse, die bezirksweise durchzuführen seien. Jede Gemeinde sollte einen Teilnehmer, nach Möglichkeit einen Gemeinderat, dazu bestimmen, einen, der fliessend lesen, etwas schreiben und rechnen konnte, einen guten Leumund hatte und zur Aufsicht über die Gemeindewälder vorgesehen war. So gering mussten die schulischen Anforderungen angesetzt werden! Der Vorschlag fand jedoch nicht die Billigung der Regierung.[76]

Der Versuch, die von Zähringer und Will vorgeschlagene Forstschule zusammen mit der Kantonsschule zu führen, war schon 1803 gescheitert.[77] Um den Ausbildungsnotstand wenigstens etwas zu lindern, schrieb Zschokke das Lehrbuch «Der schweizerische Gebürgs-Förster. Oder deutliche und genaue Anweisung für Forstbediente, Gemeindsvorsteher und Partikular-Waldbesitzer des südlichen Deutschlands und der Schweiz, ihre Waldungen auf die beste Art zu besorgen und den möglich grösten [!] Nutzen aus ihnen zu ziehen», das in zwei Bänden 1806 bei Flick in Basel und Aarau in Kommission erschien mit der Widmung: Dem Kleinen Rath des eidsgenössischen Kantons Aargaü.[78]

Im Unterschied zu Zschokkes «Alpenwäldern» war der «Gebürgs-Förster» ein praxisbezogenes Werk zum Selbststudium, in den Worten Zschokkes «ein einfaches, deutliches Forstlehrbuch für die Schweiz, Süddeutschland, Bayern und Österreich» für Anfänger und Fortgeschrittene. Der erste Teil ist eine Einführung in die Forstbotanik, der zweite Teil in das Forstwesen. Der dritte Teil enthält eine Forstverfassungslehre, die aus der Aargauer Forstordnung von 1805 übernommen wurde. Das Motto des Ganzen lautet: «Invia virtuti nulla est via», zu Deutsch: Neid ist für den Tüchtigen kein Weg. Damit charakterisierte Zschokke die Haltung einer Kommission des Grossrats, die einige Jahre später verächtlich meinte: «Der Staat ist nur dann ... gut besorgt, wenn er ächt praktische Forstmänner hat; allein diese sind leider nicht häufig zu finden, weil man hier weniger als in manch anderm Fach sich in seiner Wohnstube u. im Lehnsessel mit Bücherlesen u. Bücherabschreiben zum wirklichen Forstmann bilden kann. Die in dieser bequemen Stellung sich gemachten schönen Gedanken um Pflanzungen werden von den Unbilden der rohen Natur u. des Klimas zu kräftig widersprochen.»[79]

Der

schweizerische

Gebürgs = Förster.

Oder

deutliche und genaue

Anweisung

für Forstbediente, Gemeindsvorsteher
und
Partikular = Waldbesitzer
des südlichen Deutschlands und der Schweiz,
ihre Waldungen
auf die beste Art zu besorgen,
und den möglich gröſten Nutzen
aus ihnen zu ziehen.

Von
Heinrich Zschokke,
Mitglied der königl. Societät der Wiſſenſchaften zu
Frankfurt an der Oder, und des Aargäuiſchen
Oberforſt = und Bergamts.

Erſter Theil.

Baſel und Arau,
in Commiſſion der Flickſchen Buchhandlung.
1806.

Titelblatt von Zschokkes Lehrbuch «Der schweizerische Gebürgs-Förster».

Dem hielt Zschokke in der Einleitung des «Gebürgs-Försters» unter dem
Stichwort «Unterschied zwischen Theorie und Praxis» entgegen: «Theorie ist
Lehre; Praxis ist Ausübung. Wer da sagt: ‹ich habe keine Theorie, sondern bin nur
ein praktischer Forstmann!› sagt damit, er sey ein *unwissender* Förster, der *ohne
Kenntnis* aufs Gerathewohl handelt, und Holz schlagen läßt, so lang etwas da steht.
Das kann jeder. Pfuscher giebts in allen Künsten. Doch dünke sich auch niemand
schon klug genug wenn er dies Buch fleißig gelesen, und die *Lehren* inne hat. Er
muß hinaus in den Wald, und die Natur selbst studiren. Ich gebe euch *nur allgemeine Regeln.* Aber in den Gebürgen sind Erdreich, Klima, Witterung, Richtung
der Winde und dergleichen so abwechselnd und verschieden: daß jedermann die
Natur seines Landes erst beobachten muß, bevor er an die Ausübung geht.»[80]

Auch später wurden Zschokkes Theorielastigkeit und Gelehrsamkeit hie und da gerügt, ohne dass der Kanton Aargau aber für eine Forstschule und eine solide Ausbildung von Forstpraktikern gesorgt hätte. Zschokke ergriff 1819 erneut die Initiative, als er den «bürgerlichen Lehrverein» gründete, in dem junge Männer in Fächern wie Physik, Mechanik, angewandte Chemie, Mineralogie, technischem Zeichnen und Feldmesskunst unterrichtet wurden.[81] Er selbst erteilte bis 1829 einige Semester lang wöchentlich zwei Stunden Forstwirtschaftslehre.

Als Zschokke 1829 aus politischen Gründen als Oberforstinspektor zurücktrat, wurde dies mit Bedauern zur Kenntnis genommen. Seine Stelle wurde aufgehoben, da mittlerweile (angeblich) genügend wissenschaftlich ausgebildete Inspektoren für die Forstkreise zur Verfügung standen.[82] Zschokkes Rat und Gutachten blieben weiterhin gefragt. So wurde er 1833 von der Stadt Luzern mit dem Entwurf eines Reglements für ihre Waldungen beauftragt; 1846 wurde er mit der gleichen Aufgabe von Liestal betraut.

1843, mit 72 Jahren, wählte die Aargauer Regierung ihn in die Forstkommission, die als Nachfolgerin des Finanzrats beziehungsweise der Finanzkommission das Ressort Forstwesen betreute. Zschokke erklärte sich zwar gern bereit, darin mitzuarbeiten und auf Gehalt und Entschädigung zu verzichten; er werde aber kein Amt mehr übernehmen.[83]

Gedenkstein des Schweizerischen Forstvereins vom 27. Oktober 1973 mit der Inschrift: «Heinrich Zschokke 1771–1848, dem grossen Forstpionier unseres Landes».

1846 nahm ihn der Schweizerische Forstverein in Solothurn einstimmig als Ehrenmitglied auf. 1849 schlug ein Mitglied, zugleich einer seiner letzten Schüler, die Errichtung eines Denkmals vor.[84] Über 120 Jahre später, am 27. Oktober 1973, war es dann so weit: In der Nähe von Zschokkes Wohnhaus, am Hungerberg, gegen den Wald hin, wurde zu seinem Gedenken ein Stein aus Jurakalk eingeweiht. Der Historiker Albert Hauser, der sich mehrfach schon in Aufsätzen mit Heinrich Zschokkes Bedeutung als Forstmann befasst hatte, würdigte in einer Rede seine Leistungen.[85]

Die Aargauer Bergwerke: ein weitläufiges unterirdisches Labyrinth

Heinrich Zschokke wurden nicht nur die Staatswälder, sondern auch die Bergwerke anvertraut, und mit der gleichen Zielstrebigkeit versuchte er, sie rentabel zu machen und dabei den Grundsatz der Nachhaltigkeit fest im Auge zu behalten. Das Erbe, das der Kanton von den früheren Landesherren übernahm, waren ein Eisenerzbergwerk bei Küttigen, ein zweites bei Tegerfelden, ein Salzbergwerk im Sulztal und unterhalb der Staffelegg ein Alabasterabbau.

Ein erster Bericht Zschokkes vom 31. Dezember 1804, den er wörtlich in seine Zeitschrift «Isis» übernahm, lobte die Sorgfalt der Regierung in Hinblick auf ihre Bergwerke: «Sie vermehrt durch dieselben unaufhörlich die Maße der wahren für die mannigfaltigen Bedürfniße des Lebens unentbehrlichen Stoffe, beschäftigt eine Menge ihrer Bürger mit nüzlichen Arbeiten, zieht beträchtliche Geldsummen ins Land, oder vermindert wenigstens deren Ausfluß, erhöht den öffentlichen Wohlstand und bereitet der Nachkommenschaft einen noch größern vor.»[86] Das war mehr Programm und Zukunftsvision als Realität, da der Kanton Aargau noch gar nicht dazu gekommen war, sich ernsthaft um Bergwerksangelegenheiten zu kümmern.

Zur Geschichte des Küttiger Eisenbergwerks schrieb Zschokke, dass schon seit hundert Jahren in dieser Gegend nach Eisenerz gegraben werde, vorwiegend im Tagbau, indem man die Erde durchsucht und genommen habe, was man gerade fand. Auch die Eisenhütten des Kloster St. Blasien in Albbruck auf dem rechten Rheinufer westlich von Leibstadt, denen man das Schürfrecht verpachtet habe, hätten nur gerade aus dem Boden geholt, was am bequemsten zu erreichen gewesen sei, und hätten eine durchlöcherte und zerwühlte Landschaft hinterlassen, mit zerfallenen Höhlen und Kesseln voller Wasser und Schlamm. Unter der ehemaligen Berner Regierung, die das Werk seit 1777 geleitet habe, sei man systematischer vorgegangen, aber da kein Grundriss oder Plan angelegt worden sei, habe man weiterhin nur aufs Geratewohl schürfen können.[87] Fast habe man im Bestreben, das Erz an Ort und Stelle zu verhütten, den umliegenden Wäldern den Garaus gemacht.[88] «Erst, nachdem die Central-Bergwerks-Administration unter der Helvetischen Central-Regierung sich diesem Gegenstand widmete,

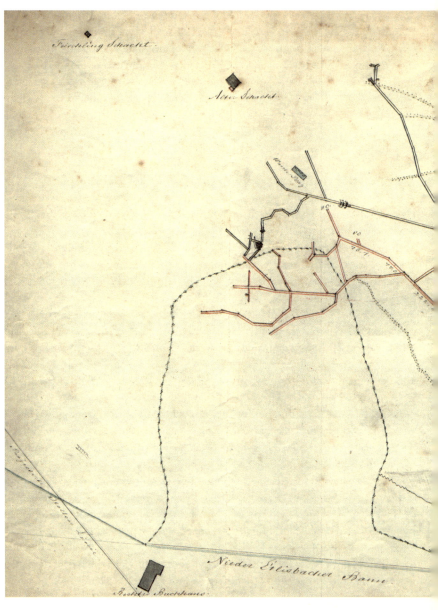

Grundriss des Erlachstollens. Stollensystem zum Abbau von Eisenerz zwischen Kütti-gen und Erlinsbach, basierend auf einem Plan, der 1800 begonnen und später ergänzt wurde.[89]

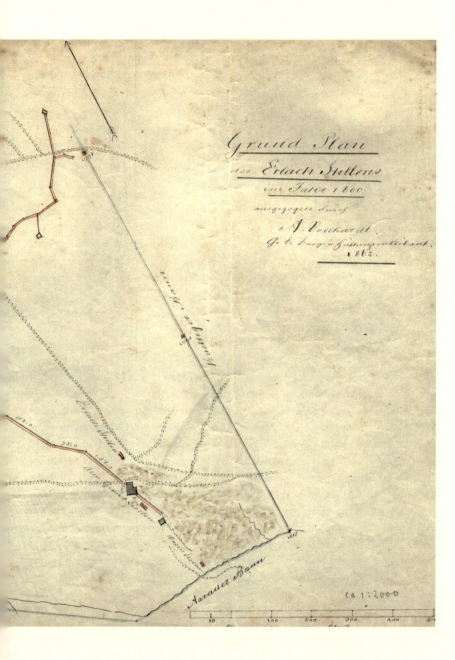

Grund Plan

des Erlach Stollens

im Jahre 1800.

ausgezogen durch

A. Volkardt.

G. E. berg u Hütteng. assistent.

1862.

ca 1:2000

Aarauer Bann

67

ward unter Anleitung des verdienstvollen Bergdirektors *Gruner* im Hornung [Februar] 1800 ein vollständiger Riß über das hiesige Bergwerk verfertigt, und seitdem immer, je nachdem die Arbeiten vorschritten, fortgesetzt und ergänzt. Jetzt erst war man im Stande, dies weitläuftige, unterirdische Labyrinth zu beurtheilen, mit hoher Wahrscheinlichkeit des Gelingens neue Operationen vorzuschlagen, sich durch verkürzte Wege in der Förderung des Erzes und Berges Ersparniße zu machen, Berg- und Wasserlosung gehörig zu unterhalten, und die unterirdischen Wetter zu leiten, indem ohne dies kein Werk fortgesezt werden kann, weil schlechte Luft den Arbeitern Gesundheit und Leben raubt.»[90]

Bis zu zwanzig Grubenarbeiter waren in diesem Bergwerk tätig, mit einem Taglohn von 12 bis 18 Kreuzern. Im Erzbergwerk Tegerfelden wurden, nachdem der Stollenabbau dort eingestellt war, Eigenlöhner beschäftigt, denen für jeden Kübel Erz 35 Batzen bezahlt wurde. Geleitet wurden sämtliche Unternehmen von Friedrich Ginsberg. Er war mit seinem Bruder Wilhelm seit 1800 als Steiger des Küttiger Bergwerks beschäftigt gewesen und im November 1803 zum kantonalen Bergmeister ernannt worden.

Stollenausbau unter Zschokkes Regie

Die jährlichen Berichte des Oberforst- und Bergamtes waren zunächst optimistisch, obwohl nur der weit verzweigte Erlacherstollen zwischen Küttigen und Erlinsbach, wo nach Bohnerz gesucht wurde, gewinnbringend war. Zschokke schlug weitere Stollen vor, damit die bisherigen Fundstellen, sobald sie erschöpft wären, durch andere ersetzt werden könnten. Der Dolderstollen – genannt nach dem Regierungsrat – sollte unter dem Hungerberg in nördliche Richtung gegen den Erlachstollen getrieben werden, ein weiterer Stollen von Küttigen her nach Süden. Der Dolderstollen war aber nicht richtig angesetzt, so dass man nicht auf die vorgesehene Formation stiess, und auch im zweiten Stollen wurde man nicht fündig. Also begann man 1807 neu mit dem so genannten Meyerstollen, der zugleich eine unter Wasser stehende bisherige Schürfstelle wieder gangbar machen sollte. Die Schwierigkeit bestand darin, dass man kaum über geologische Kenntnisse verfügte und nicht im Voraus wusste, wie die Gesteinsschichten in diesem Gebiet verliefen.

Die Ausbeute stieg zwar, zugleich erhöhten sich aber die Kosten, und da der Absatz des geförderten Erzes stockte – die Hüttenwerke am Rhein litten unter Holzmangel –, war die Regierung nicht mehr willens, Geld in neue Versuchsstollen einzuschiessen. Das ernüchternde Fazit des Finanzrats vom 4. März 1808 aufgrund des Jahresberichts 1807 lautete: «Hiraus ergiebt sich nun, daß das Bergwesen unter den gegenwärtigen Umständen, wo die Ausbeute keinen, oder wenigstens nur zu solchen Preisen Absaz findet, bey welchen die Unkosten den reinen Ertrag immer übersteigen, nicht mit Vortheil betrieben werden kann.»[91]

Man dachte schon nicht mehr an einen Ausbau und die Zukunft; es ging nur noch darum, den Schaden zu begrenzen. Der Finanzrat schlug vor, den Betrieb des Eisenbergwerks bei Küttigen mit wenigen Mann weiter zu betreiben, die übrigen Bergwerke ganz einzustellen.[92] Da sich die Abnahmebereitschaft der Hüttenwerke in den nächsten Jahren nicht erhöhte, stellte man, trotz vielversprechender neuer Erzfunde um 1811, im Jahr 1816 den Betrieb ein, versuchte, im Lauf der Zeit das noch auf Halde liegende Erz abzustossen, und suchte nach privaten Pächtern.[93]

Eine Rutengängerin auf Erzsuche

Zschokke gab nicht so schnell auf. Er lernte im Sommer 1817 eine Rutengängerin kennen, die aus Schwaben stammende Katharina Beutler, die er zur Probe im Sulztal auf Salzsuche ansetzte. Er schrieb darüber an den Finanzrat: «Schon ob der Ortschaft Obersulz in den Wiesen, wo die Kalkformation noch herrschend ist, gab Jungfrau Beutler, während sie mit Ref[erent] den Berg hinab gieng, Spuren von Gips an. Sie empfand deren Dasein, wie sie sagte, durch ein krampfartiges Ziehen im Halse. Zwischen Ober- und Untersulz mehrten sich die Gipsspuren; auch fand sie viele unterirdische Quellen und Salz. Lezteres gab sich ihr durch einen salzartigen Geschmak am Gaumen zu erkennen. Ref[erent] wußte aus seinem Briefwechsel, und den Berichten eines Hl. Waibel von Herisau, daß sich über Salzlagern die Hände des Frauenzimmers spannen und anschwellen sollten. Doch äußerte sich davon nichts. Er führte die Jungfrau Beutler die Straße nach Bütz rechts, neben der Kirche vorbey über die Wiesen. Die Salzspuren vermehrten sich; eben so die Gipslager.»[94]

Im Spätherbst liess Zschokke Katharina Beutler in Aarau am Hungerberg Eisenerzlager und beim Zelgli unterirdische Wasserströme aufspüren. Sie zeigte ihm das an, was er sich wünschte: reiche unterirdische Erze und Wasservorkommen. Aber die Regierung liess sich nicht erweichen, das Bergbauprojekt wieder aufzunehmen, im Gegenteil: Sie wollte 1820 das Bergwesen ganz aufgeben und Zschokkes Gehalt um 200 Franken kürzen. Erst als Zschokke drohte, sein Amt niederzulegen, krebste sie zurück.[95] So blieb er also Oberforst- und Bergrat, aber als Bergrat ohne Portefeuille. Es war nicht seine erste Niederlage und sollte auch nicht die letzte sein. Die Gewinnung von Eisen aus eigenem Boden und in eigener Regie blieb eine Episode in der Geschichte des Kantons.

Der Schweizerbote

Zeitungen und Zeitschriften waren für Zschokke eine andere Form des Briefschreibens. Der Unterschied zu Briefen lag in der unbeschränkten Leserzahl. Wenn Zschokke etwas Wichtiges zu sagen hatte, dann teilte er es gern möglichst vielen Menschen mit. Zeitungen und Zeitschriften erlaubten es ihm, aktuelles Geschehen und Gedanken zur allgemeinen Lage ohne Umschweife und Verzögerung zu publizieren und so unmittelbar auf die Zeitgenossen einzuwirken. Der Nachteil, dass sie nur für den Tag gedacht waren und kaum über den Tag hinaus wirkten und mit ihrem Medium vergänglich waren, kümmerte ihn kaum. «Zeitungen sind *Zeitlosen;* sie entstehn und vergehn und machen andern Platz», schrieb er einmal.[1]

Im gleichen Atemzug bezeichnete er Zeitungen als Zeitzungen. Dieser Ausspruch Zschokkes ist berühmter geworden als der erste. Zeitungen haben eine eigene Sprache; sie sprechen in und für die Zeit. Sie geben die Ereignisse des Tages wieder, sind ein Abbild der Gegenwart, ihrer Gedanken und Ideen. Aber es war zu Zschokkes Zeiten nicht selbstverständlich, dass Zeitungen offen sprechen durften. Die Meinungsfreiheit, das Recht auf frei zugängliche Informationen musste in der Schweiz erst noch erkämpft werden, und daran hatte Zschokke massgeblichen Anteil.

Alles in allem hat Zschokke im Lauf seines Lebens über ein Dutzend verschiedene Zeitschriften und Zeitungen gegründet, redigiert und geschrieben. Bei der ersten, der «Monatsschrift von und für Mecklenburg», war er 17 Jahre alt; die Redaktion der letzten und bekanntesten, des «Schweizerboten», gab er mit 65 Jahren auf. Einige seiner Zeitschriften kamen wöchentlich ein- oder zweimal, andere monatlich oder seltener heraus. Der «Helvetische Genius» und der «Prometheus. Für Licht und Recht» erschienen nur zwei beziehungsweise drei Mal; die langlebigsten beiden während mehr als einem Vierteljahrhundert. Mit einer Mischung von Unterhaltung, Wissen und Politik wandte er sich an ein gebildetes Publikum, mit belehrenden oder religiösen Zeitungen an das einfache Volk.

Er schuf eine Zeitschrift, die sich an eine weibliche Leserschaft richtete, die «Erheiterungen». Sie brachten Erzählungen, Romane in Fortsetzungen, Gedichte, Aufsätze und Anekdoten in einem bunten Gemisch. An ihr arbeiteten auch Dichterinnen aus Deutschland mit. Trotz des meist harmlosen Inhalts mussten die «Erheiterungen» 1827 eingestellt werden, weil die Aargauer Regierung sie immer schärfer zensurierte. Das schien umso weniger gerechtfertigt, als sie gar nicht für den Aargauer, sondern für den deutschen Lesermarkt bestimmt waren.

Dort konkurrierten sie mit anderen Zeitschriften, die weitaus freimütiger verfasst waren.

Für einmal war die Regierung Siegerin geblieben, aber damit hatte sie den Bogen überspannt. Wir werden noch sehen, wie die Handhabung der Pressezensur zu ihrem Sturz beitrug, weil sie damit die liberalen Kräfte im Aargau in die Opposition trieb.

In Preussen unter Friedrich dem Grossen, wo Zschokke seine ersten publizistischen Gehversuche unternahm, hatte er eine einigermassen liberale Zensur erlebt; im nahen Göttingen gab der Universitätsprofessor August Ludwig Schlözer mit seinen «Staatsanzeigen» 1783–1795 eine weitgehend unbehelligte politische Zeitschrift heraus. Die französische Erklärung der Menschen- und Bürgerrechte von 1789 und die amerikanische Bill of Rights erklärten die Meinungsfreiheit gar zu einem Menschenrecht. Unter dem Nachfolger Friedrichs, seinem Neffen Friedrich Wilhelm II., ging der aufgeklärte Absolutismus und damit die Liberalität der Presse jäh zu Ende, und Zschokke kam in die angeblich freiere Schweiz. Trotzig hatte er geschrieben: «Leget dem Volke keine Ketten an, so hat es keine zu zerbrechen; presset dem männlichen Geist der Nation nicht den eisernen Kinderschuh des Gesetzes auf!»[2]

Die Erfindung des Schweizerboten

Die Helvetische Republik schloss sich 1798 dem Grundsatz der Franzosen und Amerikaner an, mit dem berühmten Artikel 7 der Verfassung von Peter Ochs: «Die Preßfreiheit ist eine natürliche Folge des Rechtes, das jeder hat, Unterricht zu erhalten.» Die Pressefreiheit wurde zwar schon im gleichen Jahr faktisch wieder zurückgenommen, aber es ist leichter, ein Recht zu gewähren, als es auf Dauer wieder aufzuheben. In den folgenden Jahrzehnten mass man den jeweiligen Umgang mit der Presse mit den Versprechungen zu Beginn der Helvetik.

1803, als die Kantone in ihre alte souveräne Herrlichkeit eingesetzt wurden, wurde die Zensur fast überall wieder eingeführt. Urteile, ja nur schon Berichte über Verhandlungen und Entscheide von Regierungen galten als anstössig und wurden unterdrückt und bestraft. Eine Folge davon war, dass die Presse keine politischen Mitteilungen mehr brachte; als Organ der öffentlichen Meinung war sie ausgeschaltet.[3]

Es waren keine guten Vorzeichen, als Zschokke 1804 im Aargau eine Zeitung gründen wollte. Immerhin waren in diesem jungen Kanton liberale Männer am Ruder, und die Verfassung, wenn sie die Meinungsfreiheit schon nicht garantierte, schränkte sie doch auch nicht wesentlich ein.

Als der eidgenössische Landammann am 2. Juni 1803 von der Aargauer Regierung verlangte, «sorgfältige Wachsamkeit auf die im Kanton herausgegebenen öffentlichen Zeitungsblätter zu halten, damit nicht etwas darin erscheine, was auf die Gegenwärtigkeiten verschiedener Mächte Bezug haben und für die Schweiz von nachtheiligen Folgen seyn» könnte, antwortete sie ihm, dass dies sie nicht betreffe, da es hier keine Zeitung gebe. Tatsächlich kam im Aargau ausser dem «Intelligenz-Blatt» als amtlichem Publikationsorgan nur noch das «Kantonsblatt» heraus, das die Gesetze und Verordnungen wiedergab.[4] Für mehr Publizität schien es im Aargau keinen Bedarf zu geben.

In der Helvetik war Zschokke für ein halbes Jahr Leiter des Büros für Nationalkultur im Ministerium der Wissenschaften und Künste gewesen. Als solchem oblag es ihm, dem Volk die Massnahmen der Regierung nahe zu bringen. Er gründete innerhalb weniger Monate drei Periodika: Die «Helvetische Zeitung» war die Stimme der Regierung und fand wenig Anklang. «Der Helvetische Genius» suchte ein gehobenes Publikum im In- und Ausland, erörterte Fragen der helvetischen Revolution, erzählte ihre Geschichte und diskutierte notwendige Reformen etwa im Unterrichtswesen. Der «Schweizer-Bote» schliesslich, die eigentliche Erfindung und Schöpfung Zschokkes, wandte sich an den Mann auf der Strasse und setzte weder Glauben an die Regierung noch Vorbildung voraus. Der Erfolg übertraf alle Erwartungen: Innert weniger Wochen erreichte er eine Auflage von 3 000 Exemplaren, obwohl es damals an Zeitungen wahrlich keinen Mangel gab.

Ein ächtes Volksblatt

Scheinbar aus dem Ärmel hatte Zschokke in einem Gespräch mit dem Erzieher Heinrich Pestalozzi die Idee seiner Volkszeitung geschüttelt: «Ein ächtes Volksblatt, sagt' ich zu ihm: müsse kein Regierungsblatt, sondern unabhängig seyn; nicht nur Sprache, Witz und satyrische Laune der schweizerischen Landleute annehmen, nicht nur All' und Jedes, wie für Kinder, in kleine Geschichten einkleiden, sondern sogar auf grobem Papier, gleich Bauernkalendern, mit rothem Titel, breitem Druck erscheinen. Aus dem Stegreif macht' ich ihm sogar noch einen Titel dazu: ‹Der aufrichtige und wohlerfahrne Schweizerbote, welcher nach seiner Art einfältiglich erzählt, was sich im lieben Vaterlande zugetragen, und was außerdem die klugen Leute und die Narren in der Welt thun.›»[5]

Solange Zschokke Redaktor des Blattes war, trug es den Titel «Der aufrichtige und wohlerfahrene Schweizer-Bote». In der vollständigen Form, wie Zschokke ihn Pestalozzi vorschlug, tauchte er nur auf dem Deckblatt auf, das jedem halben Jahrgang mit einem Stichwortregister beigegeben wurde. Schon dieser Titel vermittelte Glaubwürdigkeit und Biederkeit und eine gewisse Distanz zum Weltgeschehen, über das nicht berichtet, sondern erzählt wurde. Wer den Schweizerboten in die Hand nahm, musste nicht Sorge haben, überfordert oder übertölpelt zu werden.

Der Schweizerbote wurde akzeptiert, weil er die Amtssprache vermied und nicht nach Regierung roch. Da unterhielt sich ein Mann aus dem Volk von Du zu

Deckblatt des Schweizerboten für das erste Halbjahr 1798–1799 mit dem Rütlischwur. Die Helvetische Republik bezog sich gern auf die Gründung der Eidgenossenschaft von 1291. Offizielles Symbol in den amtlichen Briefen war Wilhelm Tell mit seinem Sohn Walter nach dem Apfelschuss.

Du mit seinem Leser wie mit seinesgleichen, sprach Klartext, formulierte Fragen, Zweifel und Ängste, die alle bewegten, und beantwortete sie offenherzig, humorvoll, mit allerlei Anspielungen auf aktuelle Ereignisse.

Es war ungewöhnlich, dass jemand die Gefühle im Volk ernst nahm und aussprach. Noch überraschender war es, dass gleichsam unter den Fittichen der Regierung eine Zeitung entstand, welche, mit einem gesunden Misstrauen ausgerüstet, selbst die Regierung nicht vor Kritik verschonte. Dazu brauchte es Mut. Daran mangelte es Zschokke nicht. Andererseits betrieb Zschokke eine Art Camouflage, indem er sich hinter einem biederen Fussboten versteckte. Während er die Nähe zum Leser suchte, signalisierte er zugleich: Ich, Heinrich Zschokke, bin es nicht, der zu euch redet; es ist ein anderer, euresgleichen. Indem er die Beden-

74

ken gegenüber Neuerungen aufgriff, konnte Zschokke zugleich belehrend und beruhigend auf das Volk einwirken und Massnahmen der Regierung erklären.

So führte er sich dem Leser ein:

«Mit Erlaubniß, man fällt einander nicht mit der Thür ins Haus. – Zuvörderst reich ich euch die Hand zum freundschaftlichen Grusse, liebe Landsleute, und meld euch, daß ich selbst das Allerneuste bin, was ich mitbringe.

Gelt, da schaut ihr mich an, und mögtet mir gerne ins Auge sehen, und fragen: was bist du für einer? – Bist du ein Oligarch? Nein ich bin kein ausgedrückter Schwamm, den da dürstet. – Bist du ein Patriot nach der Mode? Nein, denn ich weiß, daß meine leeren Taschen nicht das Vaterland sind. – Bist du ein Aristokrat? behüte mich Gott, die Todten sollen erst am jüngsten Tage auferstehn. – Bist du ein Freund der alten Ordnung? Nein, ich liebe keine verrostete Flinte, die, wenn man schiessen will, nicht los geht. – Bist du Liebhaber der neuen Ordnung? Neue Schuhe drücken zwar anfangs, doch sind sie besser, als die Zerrissenen; und das Gute ist besser, als das Neue; drum lieb ich die gute Ordnung.»[6]

Zschokke beschrieb den Schweizerboten in Menschengestalt, als er im Zeitungskopf zum ersten Mal abgebildet war:

Zeitungskopf des Schweizerboten Nr. 14 von 1799, auf dem zum ersten Mal ein Holzschnitt zu sehen ist. Zschokke verfasste dazu eine ausführliche Bilderklärung, die auf der nächsten Seite wiedergegeben wird.

«Da droben bin ich abkonterfeit, unter dem Eichbaum, und theile meine Gaben aus an Sünder und Gerechte. Der da mit der weissen Müzze unten am Baum so krumm sizt, ist mein Gevatter *Storchschnabel,* der meint es redlich mit der ganzen Welt, und läßt die Narren laufen. Der Kerl mit dem Ränzel auf dem Rükken ist einer von denen, die den hellen Tag nicht ohne Brille sehn können, wie unsre jungen Herrn in seidnen Strümpfen zu Bern und Basel und Zürich; in seinem Ränzel hat er gewiß allerley Prophezeyungen womit er die Bauern betrügen soll; hat deswegen auch den Hut tief ins Gesicht, damit der Schweizerbot ihm den Schelmen nicht ansehen soll.

Hinter dem Schweizerboten liest der dikke Mann mit dem runden Hut recht aufmerksam, und hält das Blatt an sein Herz, als wollt' er sagen: es ist *wahr!* Aber neben ihm steht ein falscher Ohrenbläser, der will alles besser wissen. Der thut nun recht freundlich, und recht ehrlich, aber man siehts ihm an der Nase an, daß er ein schlimmer Vogel ist. Am Ende glaub ich, ist es Meister *Baldrian,* der *Märzenpatriot,* der da denkt, die ganze Schweiz geht unter, wenn er nicht Agent wird.

Er ist ein guter Freund von dem Schwarzrok, zur rechten Hand, mit dem steifen Zopf, und kommt vielleicht von ihm her. Der steht da in der Ferne und ist so einer von den *Wakkelköpfen,* und hält sich immer von weitem, weil er kein gutes Gewissen hat. Er denkt weil er einen steifen Zopf trägt und einen dreiekten Hut, so ist er mehr wie der türkische Kaiser, und liest und brütet nun Lügen aus, um das Gute zu verderben, was der Schweizerbot gesagt hat.»

Die Idee, das Volk in seiner eigenen Sprache und mit Du anzureden, war so zündend, dass sie von den Gegnern der Helvetik, zu denen Zschokke beileibe nicht gehörte, benutzt wurde. Sie kopierten Zschokkes Vorbild mit Titeln wie «Der alte redliche, offenherzige Alpenboth» oder «Der redliche und aufrichtige Bote aus Schwaben» und bemühten sich, den volkstümlichen Tonfall zu imitieren. Sogar das Beispiel der drückenden Schuhe wurde aufgegriffen. Der «Alpenboth» schrieb: «Ja loos du, da muß ich dir gerad sagen, wie ich denke, wenn von neuen Schuhen die Rede ist, bin ich mit dir, daß die Schuhe besser als die zerrissenen sind, wenn sie auch ein wenig drucken! Wenn aber der Schue nach einem fremden Leist, und nicht nach dem Fuß dessen, der ihn tragen soll, verfertigt wird, so daß man den Fuß hineinzwängen oder gar zuschneiden lassen muß, o! dann will ich lieber zerrissene Schue schleppen, als mit neuen gequält sein müssen! Holl der Guger derlei Schumacher meinetwegen!»[7]

Dem helvetischen Kulturminister Philipp Albert Stapfer wurde sein Vorsteher des Büros für Nationalkultur lästig. Dieser betrieb auf eigene Faust Eskapaden, statt stramm die offizielle Haltung zu vertreten. Statt dem Regierungsblatt «Helvetische Zeitung» die gebührende Aufmerksamkeit zu schenken, gab

Zschokke dessen Redaktion nach nur einem Vierteljahr wegen mangelnden Absatzes wieder auf und widmete sich seinen eigenen Produkten.

Zschokke wurde von seiner Tätigkeit freigestellt, heute würde man sagen: wegbefördert. Er wurde dem Innenminister unterstellt und als Krisenmanager in Kriegsgebiete geschickt. Dort sollte er die angeschlagene Autorität der Regierung wiederherstellen. Zwischen Stans, Schwyz und Zug pendelnd, als Begleiter von Napoleons Truppen über den Gotthard ziehend, schliesslich in Bellinzona und Lugano die Verwaltung der Tessiner Kantone reorganisierend, konnte er an eine Weiterführung des Schweizerboten nicht mehr denken.

Das helvetische Direktorium hatte einen folgenschweren Fehler gemacht. Es liess seinen besten Propagandisten ziehen, der erkannt hatte, dass man das Volk nicht indoktrinieren, sondern überzeugen musste. Das ging einzig, wenn man ihm die Freiheit liess, selbst zu denken, seine Meinung zu bilden und Kritik zu äussern. Nach Zschokke fand sich niemand mehr, der nur annähernd seine Gabe besass. Erst der Aargau vermochte es, Zschokke an sich zu ziehen und seine Fähigkeiten zu nutzen. Dies war vielleicht weniger Weitsichtigkeit als Notwendigkeit, darf aber gleichwohl als Verdienst gewertet werden.

Der Schweizerbote zieht in den Aargau

Ohne den reichen und angesehenen Seidenfabrikanten Johann Rudolf Meyer, der Zschokke nach Aarau eingeladen hatte, wäre das Wiederaufleben des Schweizerboten im Jahr 1804 kaum oder nicht so bald möglich gewesen. Zschokke war dabei, sich in die Forstwissenschaften zu vertiefen, und hatte die helvetische Episode abgeschlossen.

Da trat Meyer an ihn heran. Er war nicht nur ein erfolgreicher Unternehmer, sondern auch ein politischer Kopf und Philanthrop. Er schlug Zschokke vor: «Treten Sie noch einmal, als *Schweizerbote*, hervor, wie vor fünf Jahren in Luzern, mit Ihrem Volksblatt. Belehren Sie die Leute von dem Schatz der Freiheit, den man ihnen erkämpft hat; die Leute kennen ihn noch nicht. Wenn sie ihn aber kennen gelernt haben, lassen sie ihn nicht wieder von herrschsüchtigen Schlauköpfen sich aus den Händen locken. Sie werden ihn festzuhalten und zu vermehren wissen!»[8]

Meyer sorgte dafür, dass der Frankfurter Buchdrucker und Buchhändler Heinrich Remigius Sauerländer, bisher in Basel tätig, nach Aarau kam, um eine Buchhandlung und Buchdruckerei zu eröffnen. So schuf sich der junge Kanton gleich zu Beginn eine verlegerische und publizistische Plattform. Mit Meyers Geld und Einfluss im Hintergrund und seinem Wohlwollen für die beiden jungen Deutschen und ihre Ideen liess sich schon einiges in die Wege leiten. Es begann eine beispiellose Erfolgsgeschichte: der Aufstieg des Hauses Sauerländer zum bedeutendsten Verlag für Zeitungen und Zeitschriften, Unterhaltungs-, Schul-

Das Haus Halde 12, in dem Heinrich Remigius Sauerländer im Juli 1803 seine erste Druckerei errichtete. Zeichnung von Roland Guignard von 1957.[9]

und Fachbücher in der deutschen Schweiz und Zschokkes Karriere zu einem der bekanntesten und beliebtesten deutschsprachigen Volksschriftsteller.

Zschokke musste das Konzept des alten Schweizerboten, der eine politische Zeitung gewesen war, neu überdenken. Der Name, die Aufmachung und der Stil blieben gleich. Er nahm sich, wie er es Heinrich Pestalozzi gegenüber skizziert hatte, wiederum den Volkskalender zum Vorbild: grobes Papier, handliches Format, grosse Schrift, fette Titel, kurze Absätze. Dazu einfache Wortwahl, übersichtlicher Satzbau, direkte Anrede. Keine weitschweifigen Ausführungen, sondern Prägnanz, Klarheit, Anschaulichkeit. Aus dem Alltag stammende Vergleiche und Bilder. Witz, Schlagfertigkeit und zuweilen etwas deftiger Humor. Abwechslung durch Vielfalt: kurze Berichte, praktische Ratschläge, Erzählungen, Anekdoten. Acht Seiten in der Woche, und dies, inklusive Porto, für drei Franken oder zwei Gulden im Jahr, was den Schweizerboten nach Aussage des Verlegers zur wohlfeilsten Zeitung der Welt machte.[10] Das genügte aber noch nicht, um dem neuen Schweizerboten Verbreitung zu verschaffen.

Ein Grossteil der Aargauer Landbevölkerung bestand aus funktionalen Analphabeten: Sie hatten zwar in der Schule lesen gelernt, aber nachher kaum mehr Gelegenheit gehabt, diese Fertigkeit zu üben. Die meisten besassen kaum Bü-

Der Schweizerbote von 1804 bis 1807 mit den 19 Kantonswappen (die Kantone Neuenburg, Wallis und Genf fehlen noch). Damit signalisierte Zschokke, dass der Schweizerbote für die ganze Schweiz und nicht nur für den Aargau bestimmt war.

cher, ausser vielleicht einen Katechismus, ein Gesangs- oder Andachtsbuch und das neue Testament.[11] In der Schule wurde mit einem ABC- oder «Namenbüchlein» und dem Heidelberger oder dem Konstanzer Katechismus buchstabiert, mit dem Katechismus auswendig, mit dem Psalmenbuch singen gelernt, ohne dass die Kinder den Text verstanden.[12]

Wichtige profane Werke in den Haushalten waren Almanache und Jahreskalender. Der Kalender war ein Gebrauchsartikel, der die Daten der Jahrmärkte, Feiertage und Namensheiligen enthielt, Tierkreiszeichen, Planetenaspekte und deren astrologische Deutung, Aderlasstafeln, eine Wettervorhersage für das ganze Jahr, zwei Jahre alte politische «Neuigkeiten», reisserische und gruslige Erzählungen von Unglücksfällen und Verbrechen und einige Abbildungen, meist Holzschnitte, die man herausschneiden und an die Wand hängen konnte.

Über das hinaus, was der Pfarrer am Sonntag erzählte, war die ländliche Bevölkerung kaum mit Bildungsgütern vertraut. Ein lesender Bauer galt als verschroben und moralisch bedenklich, wie Ulrich Bräker, der bildungshungrige «Arme Mann im Tockenburg», aus eigener leidvoller Erfahrung wusste: «Das Lesen schickt sich nicht vor [für] Leute, die ihr Brot mit Handarbeit suchen müssen.»[13]

Der Bildungsarmut und geistigen Verwahrlosung, die in dieser Einstellung zum Ausdruck kam, wollte Zschokke mit Kalender und Zeitung abhelfen. «Für die gebildeten, reichen, wohllebenden Stände sind in allen Staaten hundert Federn dienstfertig; aber wie selten erbarmt sich ein Benjamin *Franklin,* ein Heinrich *Pestalozzi,* ein *Zacharias Becker,* oder *Hebel* u. s. w. der untern, vielversäumten Volksklassen?»[14]

Zschokke als Kalendermacher

Mit einem Volkskalender wollte er den Aberglauben bekämpfen, sah aber ein, dass er Konzessionen an die Erwartungen und den Geschmack der Leser machen musste. Also übernahm er die obligaten Rubriken, die Monatshoroskope, Wetterprophezeiungen und Aderlassmännchen und interpretierte sie neu. «Man hat freilich viel gegen den Aberglauben in den Calendern geschrieben und geeifert; aber gefährlich ists beim unwissenden Volke Irrthümer anzutasten, die ihm, geheiligt durch das Alterthum, statt Wahrheiten gelten.»[15]

Dazu warb Zschokke im Schweizerboten:

> *Der aufrichtige und wohlerfahrene Schweizerbote will einen Kalender machen für Land und Stadt.*
>
> Ein Kalender muß im Hause seyn, das weis jedermann, und ist in der Ordnung, wenn man nicht wie ein blinder Heide in den Tag hinein leben will.
>
> Auch erinnere ich mich gar wohl, daß ich schon vor mehrern Jahren einmal versprochen habe, kunftig einen Noth- und Hülfs- Haus- Land- und Gartenkalender erscheinen zu lassen, und sagte damals auch, warum und aus was Ursach?
>
> Nun halt ich Wort, und der *Kalender des Schweizerboten* wird alle Jahr erscheinen, manierlich und zierlich, roth, weis und schwarz, mit schönen Bildern, und lustigen und lehrreichen Historien, wie sichs gebührt; mit 12 Monaten im Jahr, 7 Tagen in der Woche, Schnee, Regen, Sonnenschein, Donner und Blitz, alles zu seiner Zeit; mit den Jahr- und Wochenmarkten, und allen Heiligen die dazu gehören, alten und neuen Styls, von Abel bis Sylvester.
>
> Es wäre mir vielleicht nicht eingefallen den Kalender zu machen, wenn die Kalendermacher seither ihr Handwerk nicht so schlecht getrieben, und das Wetter so falsch prophezeit hätten, wie auch so übel geweissagt hätten, was aus Kindern wird *in diesem Zeichen geboren.*
>
> Der wohlerfahrene Schweizerbote – man hats ihm schon lange angemerkt – versteht auch etwas mehr, als Brod essen, und nebenher etwas von der astrologischen Practica. Er wird nicht nur die Witterung der Monate angeben, wie irgend einer, sondern euch auch aus den himmlischen Zeichen auf ein Haar anzeigen, was aus euern Kindern wird, die darinn geboren werden, alles nach seiner Art, wie er es bey einem ural-

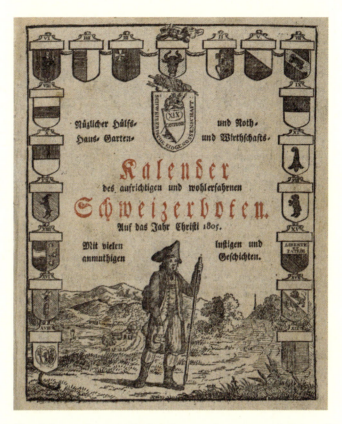

Titelblatt von Zschokkes Schweizerboten-Kalender, der zwischen 1805 und 1808 auf dickem, bräunlichem Papier erschien. Zu sehen ist auch hier der Briefbote, wie er mit seinem Rucksack von Dorf zu Dorf, von Haus zu Haus eilt.[16]

ten Astronomen gelernt und begriffen hat. – Zum Überfluß soll noch bey jedem Monat stehn, was man in jeder Zeit zur Unterhaltung eines Blumengartens zu thun hat von Monat zu Monat. Das wird besonders unsern schönen Töchtern zu Stadt und Land lieb seyn.

Der Kalender kostet 8 Kreuzer, und 12 Stück kann man um 20 Batzen haben. Er wird im Wintermond von der *Flick'schen Buchhandlung in Basel und Aarau* herausgegeben. – Wer meinen Kalender kaufen will, bestelle ihn sich zur rechten Zeit da, *wo er den Schweizerboten gewöhnlich bestellt*. Denn so vielmal er bestellt wird, so vielmal wird er abgedruckt. Amen.[17]

Der Schweizerboten-Kalender oder, wie sein Titel vollständig lautete, «Nüzliche Hülfs- und Noth- Haus- Garten und Wirthschafts-Kalender des aufrichtigen und wohlerfahrnen Schweizerboten» kam dem Bedürfnis des Publikums nach sensationellen und spektakulären Berichten mit grossem Eifer nach. Auf der Insel Haiti hatte der schwarze Anführer Dessalines die Macht an sich gerissen und wollte sich später selbst zum Kaiser krönen. Man denke sich, ein schwarzer Kaiser! Der Schweizerboten-Kalender von 1805 brachte eine «Beschreibung der unerhörten Grausamkeit der Schwarzen auf der Insel St. Domingo», begleitet von einem Holzschnitt, der die Greueltaten vor Augen führte. Man kann sich leicht vorstellen, wie diese Schilderung die Fantasie der Leser anheizte, die das Jahr durch nicht viel anderes lasen und wenig von der Welt ausserhalb ihres Dorfes sahen, den Holzschnitt aber immer wieder betrachteten. Der Kalendermacher übernahm eine grosse Verantwortung, wenn er sich auf solche Beschreibungen und Geschichten beschränkte.

Aber für Zschokke waren die Ereignisse auf Haiti nur der Anlass, um von Opfermut und Heldentaten zu berichten, und auch sonst bemühte er sich stets um Aufklärung und Belehrung, die er sorgfältig hinter spannenden und humorvollen Erzählungen verbarg. «Blosse Moral mag das Volk nicht, sondern verzukkerte Pillen.»[18] Daneben brachte Zschokke in seinem Schweizerboten-Kalender kurze Erzählungen, Schwänke, Dialoge und Anekdoten, wie man sie von Johann Peter Hebels Kalendergeschichten im «Rheinländischen Hausfreund» kennt.

Trotz seiner Reichhaltigkeit war der Schweizerboten-Kalender kein kommerzieller Erfolg. Schon nach vier Jahrgängen ging er ein; die Konkurrenz der altein-

Vorstellung der unerhörten Grausamkeit der Schwarzen auf der Insel St. Domingo. Holzschnitt aus dem Schweizerboten-Kalender 1805.[19]

gesessenen Kalender und die Lesergewöhnung war zu stark, als dass sich ein neuer auf Anhieb hätte durchsetzen und behaupten können, trotz eines Privilegs der Aargauer Regierung. Die Vertriebswege, auf die wir noch zu sprechen kommen, spielten eine nicht unbedeutende Rolle. Es scheint auch, dass Zschokke seinen Kalender, der viel zu tun gab und wenig einbrachte, eher als ein Nebenprodukt seiner Zeitung, des Schweizerboten, ansah und sich lieber auf diesen konzentrierte.[20] 1825 nahm er das Amt des Kalendermachers im Auftrag der Gesellschaft für vaterländische Kultur für einige Jahre wieder auf. 1834 wandte sich auch das Erziehungsdepartement des Kantons Bern mit der Bitte an ihn, die Redaktion eines guten Berner Volkskalenders zu übernehmen.[21] Das Vorhaben kam zunächst nicht zustande; später wurde Jeremias Gotthelf Redaktor eines ähnlichen Projekts.

Ratschläge für eine bessere Lebensführung

In den ersten Jahrgängen des Schweizerboten fällt auf, wie wenig von politischen Geschehnissen im Aargau, ja überhaupt in der Schweiz die Rede ist. Das war in allen Schweizer Zeitungen so: Man musste vorsichtig sein. Wer die Nase zu weit vorstreckte, riskierte, dass seine Publikation verboten wurde und er selbst im Gefängnis landete. Dies geschah beispielsweise dem Redaktor der «Gemeinnützigen Schweizerischen Nachrichten» in Bern, der die Frechheit (den Mut?) hatte, auf die Besetzung des Tessins durch napoleonische Truppen hinzuweisen.[22]

Vielleicht war es nicht schlecht, dass der Schweizerbote sich zunächst politischer Artikel enthielt, da ihm von der Helvetik her noch der Geruch des Revolutionären anhaftete. Andererseits war eine Zeitung ohne Politik wie eine Suppe ohne Salz. Zschokke war ein zutiefst politischer Mensch; Politisieren war seine Leidenschaft, und sein Bedürfnis, über politische Themen zu schreiben, war gross. Vorerst beschränkte er sich darauf, dies in Zeitschriften für gebildete Leser zu tun, die er parallel zum Schweizerboten aufbaute.

Mit dem Schweizerboten verfolgte Zschokke andere Ziele. Er wollte das Denken und Fühlen der bildungsarmen Bevölkerung beeinflussen, falsche Meinungen und Vorurteile korrigieren und ihr eine Lebensweisheit vermitteln, mit der sie erfolgreich und glücklich werden und materiellen Wohlstand erreichen konnte. Kluges Wirtschaften, Fleiss und Sparsamkeit waren die wichtigsten Tugenden, die der Schweizerbote verkündete. Mit der Erziehung zu einer sittlich-religiösen Grundhaltung sollten die armen Leute Lastern, die sie finanziell ruinierten – Verschwendung und Schuldenmachen, Alkohol, Leichtsinn oder Faulheit –, widerstehen lernen.

Damit sie nicht auf die Idee kamen, zu rebellieren, aus ihrer sozialen Schicht auszubrechen oder sich anzueignen, was ihnen nicht gehörte oder nicht zu ihnen passte, impfte Zschokke der Landbevölkerung Stolz auf den Nährstand ein. Dies war sehr im Sinne des Bürgertums, das nicht daran interessiert war, dass die Bauern ihren Beruf aufgaben und in die Städte drängten. Wenn sie bleiben sollten, wo sie waren, war es einleuchtend, dass man dafür ihre Lebensumstände verbessern musste. Hilfe zur Selbsthilfe war die Losung. Der Schweizerbote versprach in seiner ersten Ausgabe von 1804:

«Und da mans Geld in diesen theuern Zeiten braucht, will *ich euch lehren Gold machen,* – man kochts in der Schweiz, aber nicht in Töpfen, sondern ziehts mit dem Pflug aus der Erde, oder schneidet es vom Acker, holts aus dem Viehstall, oder aus dem Walde, wo es am Baum wächst. – Versteht mich wohl! – Und solche Goldmacherkünste sind noch viel besser, als Constitutionenmacherkünste, und desgleichen.

Und will euch auch das Geheimniß lehren, *lustig zu leben und seelig zu sterben,* ein Ding, das mancher studirte Herr nicht kennt, und mancher ehrliche Bauer im Schlaf lernt. Aber Geheimniß muß das Ding wohl seyn: denn wenn ich hundert Menschen frage: ‹wie gehts? lustig und vergnügt?› so antworten immer neun und neunzig: ‹So, so!› und sagen das mit einem Gesicht, welches nicht lustiger als ein Klaglied Jeremiä aussieht. Und was das Seelig Sterben betrifft, muß es damit auch nicht weit her seyn. Denn ich wette zehn Batzen gegen einen, daß an der offenen Himmelspforte sich nicht halb so viel fromme Seelen drängen als Sonntags Abends durstige Seelen zum Wirthshause.»[23]

Diese Ansichten hatte Rudolf Zacharias Becker in seinem «Noth- und Hülfs-Büchlein für Bauersleute oder lehrreiche Freuden und Trauer-Geschichte des Dorfs Mildheim» schon 1788 geäussert. Zschokke knüpfte an dieses äusserst erfolgreiche Buch an und goss Beckers Lehren in eine andere Form, das heisst, er fasste sie so ab, dass sie 52 Wochen im Jahr gelesen werden konnten. Immer wieder kam er auf die Goldmacherkunst zu sprechen, auf die Kunst, aus dem Vorhandenen und seinen Fähigkeiten das Beste zu machen. Es war Zschokkes eigene Lebensphilosophie. Anderseits war ihm klar, dass die Landbevölkerung nicht ohne Unterstützung so weit gelangen konnte wie er selbst.

Eine Zeitung für den Landmann

Wichtig war zunächst der praktische Rat in der Landwirtschaft, im Haushalt und auch in der Medizin, wo die Unkenntnis besonders erschreckend und der Gang zum Pfuscher und Scharlatan gang und gäbe war. Artikel von «Apfelöhl, Kunst es zu machen» bis «Zinngeschirr wird durch Essig gefährlich» vermittelten allerlei Wissen und warnten vor Gefahren im Alltag. Es war eine Überlebenshilfe im wahrsten Sinne des Wortes, die sich auch mit den damals aktuellen Gefahren des lebendig Begrabenwerdens, mit der Reanimation Ertrunkener, dem Umgang mit tollwütigen Hunden und dem Schutz vor Vergiftungen befasste.

Jährlich erschloss ein Stichwortregister die vielen über die einzelnen Nummern verstreuten Ratschläge. Die Leser wurden ermuntert, den Schweizerboten zu sammeln, aufzubewahren und am Jahresende binden zu lassen. «So habet ihr ein Buch voll schöner Geschichten und nützlicher Sachen, die man öfters lesen und für Kinder und Kindeskinder sparen kann.»[24] Zu diesem Zweck wurden die Seiten durchnummeriert. Der Schweizerbote konnte so als ein unsystematisches Nachschlagewerk in Alltagsfragen, als Lexikon des kleinen Mannes dienen.

In der Mitte des 18. Jahrhunderts war es Mode geworden, dass sich Adlige und Stadtbewohner leutselig dem Bauerntum näherten. Dabei spielte eine gewisse Zivilisationsmüdigkeit mit, die Sehnsucht nach unberührter ländlicher Einfalt, die sich in den Schäferspielen und Hirtenidyllen des Rokoko niederschlug. Zum anderen dämmerte es den Landjunkern und Städtern, wie sehr ihre Existenz von der Produktion der verachteten Bauern abhing. Sie durften kaum auf wirtschaftlichen Fortschritt und Wohlstand hoffen, wenn die landwirtschaftlichen Methoden und die dahinter stehenden Menschen rückständig blieben.[25]

Das Studium und die Beeinflussung der Bauern wurden zum Programmpunkt, dem sich in der Schweiz die ökonomischen Patrioten in Zürich, Bern und Graubünden verschrieben. Es war gar nicht so leicht, mit Bauern in einen fruchtbaren Austausch zu treten. Es genügte nicht, wie jemand sagte, auf einen Bauernhof zu gehen und Milch zu trinken. Man musste sich als Volkskundler in eine Welt begeben, die, obwohl vor der eigenen Haustüre gelegen, fast so fremd war wie das Innere Afrikas, musste sich mit den ländlichen Bräuchen und Handlungsweisen vertraut machen. Als Städter lebte man und bewegte sich in einer anderen Sphäre, drückte man sich geziert aus, und die Bauern waren misstrauisch, was sie von den hochwohlgeborenen Herren mit ihrem feinen Rock erwarten sollten, denen sie bisher schweigend und als Untertanen mit dem Hut in der Hand zu begegnen hatten.

Zschokke war vor und während der Helvetik enger mit der Landbevölkerung in Graubünden, in der Innerschweiz, im Tessin und in Baselland in Berührung gekommen, hatte sie studiert, wie er später das Forstwesen studierte, und sich Gedanken gemacht, wieso sie verwildert und verkrüppelt war und wie er ihr zu einem gesunden Wachstum, zum Gedeihen verhelfen könnte. Er sah das Problem in der mangelnden Bildung, in Vorurteilen und Aberglauben, der Beeinflussbarkeit durch Kirche und Adel, die angeblich die Rückständigkeit dieser Menschen förderten und festigten.

Er hatte sich auch intensiv mit Immanuel Kant befasst und sich dessen Forderung zu Eigen gemacht: *Aufklärung ist der Ausgang des Menschen aus seiner selbst verschuldeten Unmündigkeit. Unmündigkeit* ist das Unvermögen, sich seines Verstandes ohne Leitung eines anderen zu bedienen. *Selbstverschuldet* ist diese Unmündigkeit, wenn die Ursache derselben nicht am Mangel des Verstandes, sondern der Entschließung und des Mutes liegt, sich seiner ohne Leitung eines andern zu bedienen. Sapere aude! Habe Mut, dich deines *eigenen* Verstandes zu bedienen![26]

Im Gegensatz zu Philosophien liess Zschokke es bei prinzipiellen Überlegungen nicht bewenden. Er brannte darauf, gewonnene Erkenntnisse umzusetzen, sie denjenigen zugute kommen lassen, die sie am meisten entbehrten und ihrer doch am dringendsten bedurften. Das waren für ihn die Armen. Sie hatten nicht viel mehr zur Verfügung als ihre Hände und ihren Verstand, und wenn man sie den nicht benutzten lehrte, liess man sie im Stich.

Von Blitzableitern und anderen Errungenschaften

Wichtiger als die Alltagsratschläge, so sinnvoll und praktisch für den Kleinbetrieb und Haushalt sie auch sein mochten, war es für Zschokke, das Volk aufzuklären und zu belehren. Der Schweizerbote hatte eine Pionierfunktion in seinem Ziel der Volksaufklärung: Er wollte bei der bäuerlichen Bevölkerung in die Tiefe wirken, Vorurteile korrigieren und Neuerungen propagieren. Er unternahm, was Schulen, Kirche und Staat bisher versäumt hatten. Auf seine Fahne schrieb er den Kampf gegen Irrtümer und Aberglauben. Wissenschaften und Technik hatten seit einigen Jahrzehnten grosse Fortschritte gemacht, ohne dass dies auf breite Bevölkerungsschichten Auswirkungen gehabt und zu einer Verbesserung ihrer Lebenssituation geführt hätte. Der Staat versuchte zwar, auf dem Verordnungsweg Änderungen herbeizuführen, scheiterte aber öfters am Fehlen von finanziellen und personellen Mitteln und am Willen und an der Kraft zur Umsetzung.

So setzte der Schweizerbote sich engagiert für den Bau von Blitzableitern und für Schutzimpfungen gegen Pocken ein, die Edward Jenner 1796 in England eingeführt hatte. Es mag seltsam erscheinen, dass der Kampf für Blitzableiter um 1804 noch nötig war, nachdem Benjamin Franklin den Blitzableiter über 50 Jahre zuvor erfolgreich propagiert hatte. Aber religiöse und andere Bedenken verhinderten noch immer, dass diese Segnungen der Zivilisation sich überall durchsetzten. War es nicht ein Eingriff in den göttlichen Plan, sich gegen etwas zu wehren, was als Gottes Strafe oder Aufforderung zur Reue und Busse gedeutet werden konnte: gegen eine Krankheit, einen Blitzeinschlag oder einen Brand?

Der Schweizerbote brachte einen Bericht aus dem Aargau über Widerstände gegen die Pockenimpfung in Herznach im Fricktal, dann eine Erfolgsmeldung aus Erlinsbach, wo dank der Inokulation der Kuhpockenviren Menschenleben gerettet werden konnten.[27] In ländlichen katholischen Gegenden waren die Bindung an die Kirche und ganz allgemein das Misstrauen gegen obrigkeitliche Verordnungen und aufklärerische Neuerungen besonders tief, und es scheint mancherorts schon eine Impfmüdigkeit gegeben zu haben, bevor erst richtig mit Massenimpfungen begonnen wurde.

Zschokke störte es, dass auch scheinbar Gebildete gegen das Impfen eintraten. Er gab ihren Vorbehalt der Lächerlichkeit preis, indem er in der folgenden Nummer des Schweizerboten das fiktive «Sendschreiben des berühmten Herren Caspar Dummbart, Rindvieh- Hunde- Sau- und Menschen-Doctors an den aufrichtigen Schweizerboten» veröffentlichte. Herr Dr. Dummbart führte sich selbst so ein: «Wahrscheinlich kennet ihr mich nicht von Person, aber doch dem Namen nach, denn das Geschlecht der *Dummbärte* ist eine große und alte Familie in der Schweiz, und fast in allen Cantonen daheim. Meine Vorfahren haben sich meistens in *Staatsgeschäften* hervorgethan; der eine war Weibel, der andre war Scharfrichter, der dritte ein Schreiber, und der vierte sogar Hausknecht bey einem regierenden Bürgermeister. – Auch zählen wir unter uns viele *geistliche* Dummbärte.»[28]

Eigentlich, berichtete Dummbart, habe er Gastwirt werden wollen, aber sein Talent habe dazu nicht ausgereicht, und so musste er den Arztberuf ergreifen. Sein Grossvater, der Scharfrichter, habe ihm eine Universalarznei vererbt, um alle gesund zu machen, falls sie nicht stürben. Trotz seiner grossen Kunst sei seine Kundschaft rückläufig. Die Menschen würden seit einiger Zeit besser auf sich Acht geben und sich leider, trotz seiner Warnung, gegen Pocken impfen. Ganz klar wird aus dieser Schilderung, dass es dem Arzt nur um seinen Gewinn und Einfluss ging und nicht um das Wohl der Menschen.

Scheinheilig bedauerte der Schweizerbote in einer Antwort, dass Dummbart die Patienten davonliefen, obwohl er doch schon so vielen in den Himmel verholfen habe. Die Leute seien eben zu einfältig, um seine guten Absichten zu verstehen. «Ich rathe euch daher an, die Kunst zu erfinden, manchen Leuten *den gesunden Menschenverstand einzupfropfen.* Und da eure Familie in der Schweiz so groß ist: so wird auch manchem Herrn Dummbart, er sey weltlichen oder geistlichen Standes, mit ein wenig gesundem Verstand sehr geholfen seyn. Erfindet und pfropfet! gesunder Menschenverstand ist eine Art Schutzblatter gegen mancherley Thorheit und Narrheit.»

Zschokke verliess sich im Schweizerboten nicht auf die Kraft der Logik oder der besseren Argumente. Spielerisch, mit Dialogen und kleinen Szenen, vermittelte er seine Wahrheiten, indem er Vorurteile personifizierte und ihre Vertreter als eitel und dumm entlarvte. «Es wohnt im Volk, wie im Kinde, ein Hang zur Satyre, und schelmischen Neckerei. Ein drolliger Einfall wiegt ein Dutzend Vernunftgründe auf. Wem man dafür zulacht, dem stimmt man bei.»[29] Zahlreiche humorvolle Schwänke und Gedichte, witzige, oft etwas derbe und plumpe Einfälle und boshafte Entlarvungen dienten im Schweizerboten dem Zweck der Belehrung. Nach der Quelle für Zschokkes Ideen muss man nicht weit suchen, wenn man weiss, dass er zu jener Zeit Molières Lustspiele für die deutsche Bühne einrichtete.

Mit seinen Satiren konnte Zschokke elegant seine Absichten tarnen und sich der Verfolgung durch die Behörden entziehen. Die satirischen Geschichten häu-

Zschokke im Kampf gegen den Aberglauben. Tierkreiszeichen «Jungfrau» im Schweizerboten-Kalender, mit der Legende: «Kinder in der Jungfrau geboren, sind darum nicht immer Jungfrauenkinder. Aber sie haben seltsame Gemüthseigenschaften. Sind sie männlichen Geschlechts, so lassen sie sichs nicht ausreden, daß eine Tochter unter 20 Jahren artiger sey, als eine über 40. Sind sie weiblichen Geschlechts, so sehen sie die schönen Männer lieber als die häßlichen, und ist ihnen die Gewohnheit nicht abzubringen.» Damit nahm Zschokke den Brauch astrologischer Zeichen auf, deutete sie aber auf harmlose Weise.[30]

fen sich im Schweizerboten, wenn die Zensur repressiv war und kaum noch Kritik geäussert werden durfte, mochte sie auch noch so harmlos sein. Dann schien es angebracht, eine fiktive Form zu wählen, um dem Volk, den Behörden einen Spiegel vor die Augen zu halten. Die humorvollsten Erzählungen im Schweizerboten sind also eine Folge der Zensur. Wenn diese sich wieder lockerte und mehr oder weniger alles geschrieben werden durfte, liess auch Zschokkes Hang zur Satire nach.

Zugleich war sich Zschokke aber bewusst, dass er Ernstes und Amüsantes, Belehrendes und Unterhaltendes mischen musste, um seine Leser nicht zu langweilen. Darin brachte er es zur Meisterschaft, und es macht ihn auch heute noch lesenswert. Die Leser waren begeistert und verlangten immer wieder neue Geschichten über Caspar Dummbart, Habakuk Pumper, Leib-Schuhputzer und Bratenwender des japanischen Kaisers, und andere Figuren. Doch nicht alle fanden den Dummbart-Artikel lustig; ein Geistlicher beschwerte sich, sein Stand werde ins Lächerliche gezogen. Darauf konterte der Schweizerbote, es gebe in allen Ständen dumme und gescheite Menschen; der geistliche Stand mache darin ebenso wenig eine Ausnahme wie der Nährstand.[31]

Lalenburger Geschichten

Zschokke wählte für viele seiner Satiren Lalenburg, «ein feines Städtlein in Utopien, berühmt wegen den vielen klugen Leuten, so daselbst wohnen».[32] Lalenburg ist ein Vorläufer von Gottfried Kellers Seldwyla: liebevoll gezeichnetes Spiessbürgertum, Rückständigkeit und Borniertheit. In den Geschichten um Lalenburg, später zusammengestellt in der Sammlung «Spruch und Schwank des Schweizer-Boten», entfaltete Zschokke seine grosse Begabung als phantasievoller Schilderer skurriler Menschen und Begebenheiten. Da tauchte Nikodemus Blaustrumpf auf, der junge Stoffel, die ehr- und tugendbelobte Jungfrau Petronella Pappelpips, Lehrer Hans Gregorius Haselstock oder die Frau Land-, Stadt- und Platz-Majorin Anna Babeli Quakli mit ihren Briefen an die Frau Feuer-Sprützen-Lieutenantin an der vordern Stange. Berühmt und zu einem stehenden Begriff geworden ist die Figur des «Hans Dampf in allen Gassen», dessen Erlebnisse mit dem Untertitel «Bruchstück aus der Chronik von Lalenburg» erstmals 1814 erschienen. Hier ein Ausschnitt aus der ersten Erzählung aus Lalenburg:

«Als vor mehr denn 200 Jahren unser ganz neues Rathhaus erbauet worden, haben unsre lieben Vorfahren bekanntermaßen im rühmlichen Eifer die Fenster darin vergessen. Sie gaben sich zwar viele Mühe, und ließen ganze Säcke voll Sonnenlichts auffangen und ins Rathhaus tragen, es blieb aber dunkel zu jedermanns Erstaunen. Der Himmel schien also diese *heilige Finsternis* selbst zu verlangen, und man stöhrte sie nicht. Und weil alle neue Einrichtungen immer sehr schädlich sind, und es in allen Dingen besser ist, das Alte zu behalten: so haben wir noch heutiges Tages keine Fenster im Rathhause, und unsre theuren Herrn Vorgesetzte müssen im Dunkeln rathen, was auch immer rathsamer ist. Sie haben sich auch, dem Himmel sey Dank, schon an die Finsternis so gewöhnt, daß sie kein Licht begehren, und dadurch dem Staate viel Kosten ersparen.»[33]

Das Licht ist eine Metapher für Aufklärung und Fortschritt, und die Finsternis steht für Rückständigkeit und Aberglauben. Viele Schweizer, Städte und Landstädtchen, auch und besonders im Aargau, glaubten, in den Figuren und in Lalenburg gemeint zu sein, ein Umstand, den Zschokke stets dementierte,[34] der ihm aber sichtlich grosses Vergnügen bereitete.

Es würde sich lohnen, die schönsten Lalenburgereien, in denen sich Vergnügliches mit Bedenkenswertem verbindet, noch einmal aufzulegen.

Zschokke verfügte für seine Erzählungen, fiktiven Dialoge und Gedichte über ein grosses Repertoire an Personen, Stilmitteln und Stoffen, die er mit Spielfreude einbrachte. Die Figuren wirken wie einem burlesken Volkstheater entsprungen. Zschokke kam zugute, dass seine literarische Laufbahn als Autor für eine wandernde Schauspieltruppe begonnen hatte, für die er eigene Theaterstücke verfasst und fremde Stücke umgeschrieben hatte. Er formulierte sie auf die Bedürfnisse eines Publikums hin, das spektakuläre Handlungen, überraschende Effekte und eine kräftige, emotionale Sprache mochte. Wahrscheinlich spielte er damals auch selbst in den Stücken mit.

Sein Talent, in verschiedene Rollen zu schlüpfen, konnte Zschokke im Schweizerboten gut gebrauchen. Schon die fiktive Gestalt des wohlerfahrenen und aufrichtigen Schweizerboten selbst, der in einfachem Kittel, mit Rock, Rucksack und Wanderstab übers Land zog und bei den Bauern einkehrte, gab ihm dazu reichlich Gelegenheit. Er fiel nie aus der Rolle, trat bis zum Jahr 1831 nie hinter ihr hervor. Manchmal schrieb er in der Ich-, manchmal in der Er-Form, aber immer als ein einfacher Mann, keck und geistig rege, aber ohne höhere Bildung, der den Leser mit einem geringeren Schulsack nie überforderte oder gar erschreckte.

Der Schweizerbote wurde, wie man heute zu sagen pflegt, zu einer Kultfigur. Er stand für das einfache Volk, die Volksaufklärung, unerschrocken und witzig seine Ansichten vertretend. Die Leser wandten sich in ihren Zuschriften nicht an Zschokke, sondern an den Schweizerboten. Zschokke wurde damit identifiziert, und im Volksmund war und blieb er unter diesem Namen bekannt und beliebt. Wenn ihn jemand als Schweizerbote ansprach, freute es ihn mindestens genauso, wie wenn er die offizielle Formel benutzte für den Forst-, Kirchen-, Schul- oder Grossrat, der er auch war: «Hochgeachteter Herr».

Was die klugen Leute und die Narren in der Welt thun

Ziel einer Zeitung ist es von jeher, Informationen bereitzustellen und über das politische Geschehen zu berichten. Der Zeitungswissenschafter Emil Dovifat gab dafür die folgende Formel: «Die Zeitung vermittelt jüngstes Gegenwartsgeschehen in kürzester regelmässiger Folge der breitesten Öffentlichkeit.»[35] Allenfalls wird zur Unterhaltung noch ein Feuilleton oder ein Rätsel beigegeben. Der Schweizerbote wählte einen ganz anderen, eigenwilligen Weg. Er bestand aus einer Mischung von Unterhaltung und Informationen, Fiktion und Fakten, ja dem fiktiven Element wurde oft sogar der Vorrang eingeräumt.

In Umkehrung des sonst Üblichen begann jede Ausgabe – man muss betonen: in den ersten Jahrgängen, als der Schweizerbote noch sehr von Zschokkes gestalterischem Willen und den Zwängen der Zensur geprägt war – mit einem Gedicht, einer Erzählung, Anekdote oder einem besinnlichen Beitrag. Darauf folgten Leserzuschriften, Landwirtschaftsratschläge und Anekdoten. Der zweite Teil diente dem Überblick über das Geschehen im Aus- und Inland (in dieser Reihenfolge). Den Abschluss machten ein Silbenrätsel und einige Anzeigen.

Meist wurden Zeitungen von einem einzigen Redaktor betreut und geschrieben, dessen hauptsächliche Informationsquelle ausser einer dürftigen privaten Korrespondenz die anderen Zeitungen waren. Aus diesen wurde, was brauchbar war, eifrig und schamlos abgeschrieben. Der Auslandteil überwog, weil man aus dem Inland weniger Informationen besass, die erst noch zensuriert waren. Es konnte vorkommen, dass die «Zürcher Zeitung» über einen Krieg in der Türkei oder den Pressburger Frieden mehr berichtete als aus dem eigenen Kanton.

Der Schweizerbote ging auch in der Informationsbeschaffung und -aufbereitung eigene Wege. Im Auslandteil filterte Zschokke aus ausländischen Zeitungen Meldungen heraus und bearbeitete sie lesegerecht für die ländliche Leserschaft: ohne Fachwörter und diplomatische Finessen. Die Ereignisse der vergangenen Wochen wurden zugleich berichtet und gedeutet, ja nacherzählt. Zur Steigerung der Anschaulichkeit und Nähe kamen fingierte Auslandskorrespondenten zu Wort, die berichteten, was «in unserem Land» vorgefallen sei. Eingestreute Anekdoten verwischten noch mehr den Unterschied zwischen Bericht und Kommentar.

Der Schweizerbote konzentrierte sich, mit Aussparung der Politik, auf das Inland. In der Rubrik «Neues aus dem Schweizerlande» berichtete er über Dinge, die von allgemeinem Interesse, belehrend und wichtig für alle Schweizer waren. Soziale Einrichtungen und Veranstaltungen wurden häufig vorgestellt. Sie standen modellhaft für bürgerliche Eigeninitiative und landesväterliche Sorgfalt. Anerkennungswürdiges Verhalten von Gemeinden und Bürgern wurde herausgestrichen, aber auch das Gegenteil: Fälle von Inkompetenz und Intoleranz, verantwortungslosem Handeln und Sorglosigkeit. Selbst Unglücksfälle und Verbrechen wurden in dem Sinn ausgewertet, dass daraus eine Moral gezogen werden konnte. Ein Brandunglück etwa ermöglichte es, auf den unvorsichtigen Umgang mit Feuer, das Fehlen und die Wichtigkeit von Feuerschutzgeräten oder auf die Hilfsbereitschaft der Bevölkerung hinzuweisen, zu Spenden aufzurufen und daraus allgemeine Regeln für richtiges und falsches Verhalten in ähnlichen Fällen abzuleiten.

Soweit Personen oder Gemeinden beim Namen genannt wurden, brauchte sich Zschokke nicht zu wundern, wenn daraufhin Gegendarstellungen und Beschwerden eintrafen. Gegendarstellungen, sofern der Tonfall gemässigt war, nahm er bereitwillig im Schweizerboten auf; Beschwerden, die bei der Aargauer Regierung eingingen, brachten ihm Kritik und Drohungen ein. Schon 1804 wurde der Schweizerbote der Polizeiaufsicht unterstellt. Sauerländer musste ein Probeexemplar vor dem Druck dem Zensor, gewöhnlich einem Regierungsrat, übergeben, dieser strich, was seiner Meinung nach religiöse oder politische Gefühle verletzen konnte. Dies geschah ohne jegliche gesetzliche Grundlage, allein aus der poins Rheinthal und in Bündten die schweizerischen Truppen stark zusammen. — Die zweite und vierte Division derselben steht vereint im Rheinthal. Dies ist in diesem Augenblick sehr mit Einquartirung beladen. Selbst in den kleinsten Dörfern liegen seit dem 11ten November 100 Mann; in grössern oft 4 — 500. Man glaubt indessen, daß diese Last bald werde erleichtert werden.

4. Thurgau.

In unserm ganzen Canton wimmelt es von eidsgenössischen Contingentstruppen, deren Daseyn wir freylich merklich fühlen, was auch jedermann leicht begreifen wird, der weiß, daß die Hauptquelle unsers Wohlstandes, der Wein, für dieses Jahr beynahe ganz verstopft blieb. Indessen theilen wir doch gerne unsre kleinen Vorräthe mit unsern anwesenden Landesbrüdern; denn auch der Dümmste unter uns ist nicht so dumm, daß er nicht nicht einsehe, „mit unsern Landsleuten theilen sey noch weit besser, als sich von Fremden alles nehmen, und zum Danke noch den Buckel derb durchklopfen zu lassen."

Censur-Lücke.

4. Aarau.

Mit der ansehnlichen, besonders durch die zu Laubensche Bibliothek sehr bereicherte Kantonsbibliothek, wird jetzt ein Lese-Institut für Journale und Zeitungsblätter verbunden, welche für die gebildete Classe ein Vereinigungspunkt zu freundschaftlichen Zusammenkünften seyn wird. Zwey im Winter geheizte Zimmer, wovon das eine zum Lesen der Journale und Zeitungen, das andre zur geselligen Unterhaltung bestimmt ist, sind, ausgenommen Mittwochs und Samstags, alle Tage Nachmittags von 4—9 Uhr offen. Im Gesellschaftszimmer werden die Mitglieder des Instituts mit Thee und Caffee bedient. Alles Spielen mit Carten ist untersagt; hingegen Schach- und Triktrakspiel sind erlaubt.

IV.

Auflösung des Räthsels im vorigen Stück.
12;1;11.

Räthsel.

Ich bin das Bild der Ewigkeit,
Ohn Anfang, ohne Ende;
Mich schufen Künstler-Hände,
Dem einen lieb, dem andern leid.
Oft bin ich schwach, doch grade dann
Sind' ich oft manchen braven Mann
Und manches schöne Kind auf immer;
Oft bin ich stark, doch grade dann
Zersprengt mich oft, mit Hoffnungsschimmer,
Der, der mich hat, und sprengen kann.

(Die Auflösung folgt im künftigen Stück.)

Schon ein Jahr nach dem Wiedererscheinen des Schweizerboten häuften sich die Zensurlücken, also Stellen, die im Probedruck vom amtlichen Zensor gestrichen wurden. Wenn die Zeit für den Neusatz zu knapp war, blieb die Stelle leer und wurde für alle sichtbar gekennzeichnet. Hier eine Zensurlücke im Schweizerboten Nr. 47 vom 22. November 1805.

lizeilichen Gewalt, für Ruhe und Ordnung zu sorgen. Die Handhabung dieser Art von Zensur war willkürlich und unbefriedigend für Redaktor und Verleger, die keine Möglichkeit besassen, sich zur Wehr zu setzen.

Wegen seines geringen Informationsteils kam der Schweizerbote zunächst als politische Zeitung kaum in Betracht. Es ist zu vermuten, dass der Schweizerbote in bürgerlichen Kreisen seiner speziellen Eigenschaften wegen als Zweitzeitung gehalten wurde. Zwar gab er nicht die Gelegenheit, sich umfassend über das Geschehen zu orientieren, enthielt aber doch oft interessante Argumentationen und erlaubte zuweilen mehr Einblicke in schweizerische Belange als etablierte, auf Nachrichten spezialisierte Zeitungen.

Zschokke ermunterte seine Leser immer wieder, ihm Beiträge zu schicken. Die Zuschriften von Bekannten und Unbekannten aus der ganzen Schweiz machten den Hauptteil der Artikel des Schweizerboten aus. Hier kommt eine andere Eigenart des Schweizerboten zum Vorschein.

Die Leserzuschriften waren das Rückgrat des Schweizerboten, nicht nur, weil sie so viel Platz einnahmen, sondern weil sie eine starke Leserbindung schufen. Trotz der hohen Portokosten erhielt Zschokke Woche für Woche Dutzende von Zuschriften, und wenn ein aktueller Anlass bestand und ein Artikel die Gemüter bewegte, waren es noch viel mehr. Er sichtete, überarbeitete und druckte sie ab, wenn er sie für gut befand, hatte aber auch keine Hemmung, sie abzulehnen, wenn sie ihm in Tonfall und Inhalt nicht passten. Schon am Ende des ersten Jahrs konnte Zschokke dem Zürcher Verleger Johann Heinrich Füssli melden, dass ihm «der Schweizerbote bei der Menge eingesandter Aufsätze und Nachrichten nur wenig und fast keine Mühe mehr macht».[36]

Grössere und teure Zeitungen, vor allem in Deutschland, verfügten über ein eigenes Korrespondentennetz. Zschokke hätte sich dies finanziell nicht leisten können. Der einzige Mitarbeiter, der regelmässig für ihn schrieb, wohnte im Kanton Freiburg. Ihm zahlte er ein Honorar. Alle übrigen Beiträge wurden unentgeltlich abgedruckt. Sie kamen aus allen Kantonen und wurden Zschokke aus dem Bedürfnis seiner Leser zugeschickt, den andern Lesern etwas Wichtiges oder Aussergewöhnliches mitzuteilen.

Zschokke machte den Schweizerboten zur ersten Leserzeitung der Schweiz, in der jeder und jede seine oder ihre Meinung frei äussern durfte. Es ist erstaunlich, wie viele Leser sich über Jahre hinweg die Mühe machten, dem Schweizerboten Artikel, Gedichte und Rätsel zu schicken. Manche Leserzuschriften wurden als solche gekennzeichnet, niemals aber mit einem Namen versehen, wenn der Absender es nicht wollte. Andere wurden zusammengefasst und miteinander zu einem Ganzen verschmolzen.

Als jemand einen Bericht über den Thurgau kritisierte, antwortete ihm Zschokke: «Jener Artikel ... rührt von mehreren Verfassern her. Die erste Hälfte ... ist von einem einzelnen Verfasser. Die andere Hälfte über des Landmanns gegenwärtige Bildung, Vorurtheile, Schulen, Landwirtschaft, ist Auszug aus mehrern Briefen von Thurgauer Freunden.»[37]

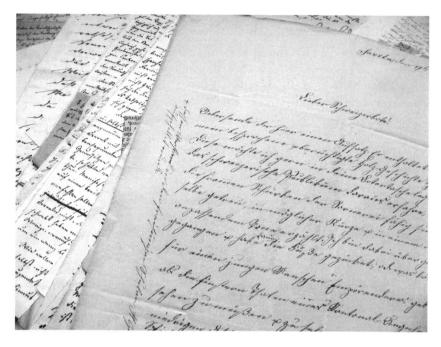

Ein Bündel mit Leserbriefen. Sie trugen oft die Anrede: «Lieber Schweizerbote!»[38]

Zur Jahreswende oder bei sonstiger Gelegenheit legte er die Bedingungen für den Abdruck von Zuschriften fest. Die erste Regeln war rein formal: Die Zuschriften mussten mit dem Absender versehen und frankiert sein. Inhaltlich verlangte Zschokke Beiträge von allgemeinem Interesse. «Sachen, die *gut* und *wissenswürdig, lehrreich* oder *unterhaltend* sind, werden vom Schweizerboten *unentgeltlich* und mit Dank an- und aufgenommen.»[39] Abgelehnt wurden Leserbriefe, die Verunglimpfungen enthielten oder sich auf regionale und lokale Eigenheiten beschränkten. Damit wird auch erklärlich, wieso sich nur so wenige Meldungen aus dem Kanton Aargau finden: Der Schweizerbote war eine Zeitung für die gesamte Schweiz und nicht für den Aargau. Lokale Begebenheiten wurden nur gemeldet, wenn sie grössere Aufmerksamkeit beanspruchen konnten.

Es hätte die Zeit (und die Finanzen) des Redaktors zu sehr beansprucht, wenn er auf jede Zuschrift geantwortet hätte. Für Beiträge, die abgedruckt wurden, hielt er dies nicht für nötig. Für jene, die er ablehnte, führte er im Schweizerboten eine Rubrik «Kurze Antworten», in der er seine Gründe anführte. Zuweilen sind die «Kurzen Antworten» kryptische Botschaften an den Absender eines Beitrags, die niemand sonst verstehen kann und eine Ratgeberfunktion hatten: «4. Dem fleissigen Leser *Simplicius Strohkopf* antwort' ich mit dem weisen Salomo: *Alles hat seine Zeit.* – 5. Den Hr. Pf. K. in K. beklag' ich wegen seines Leidens

– aber Beharrlichkeit in dem, was ihm empfohlen ist, wird wahrscheinlich endlich auch ihm wohlthun.»[40]

Meist waren die «Kurzen Antworten» dagegen informativ, fassten den Inhalt der Zuschrift zusammen und enthielten Argumente, wieso der Beitrag nicht aufgenommen wurde. Hin und wieder musste Zschokke die vielen Zusender um Geduld bitten: «Wenn mancher eingesandte Aufsatz nicht immer sogleich in diese Blätter eingerückt wird, so zürnet darum nicht. Meine Leser sind bunt gekleidet in Sammet, Seiden und Zwilch, sind groß und klein, Greise, Männer und Kinder, Matronen, junge Weiber und Töchter, Befehlende und Gehorchende, Gesunde und Kranke, Sehende und Blinde – drum muß ich auch fein für alle durch *Mannigfaltigkeit* sorgen. Versteht ihr mich?»[41]

Eine Schwierigkeit im Umgang mit Leserzuschriften war, dass ihre Richtigkeit kaum überprüft werden konnte. Zschokke verlangte zwar «verbürgte» Meldungen, musste sich aber darauf beschränken, dass er Namen und Beruf des Absenders kannte, und aus Stil und Inhalt schliessen, wie glaubwürdig sie waren. Ein weiteres Problem bestand darin, dass eher negative als positive Nachrichten zugeschickt wurden und vielfach Ressentiments und persönliche Interessen hineinspielten. Ausserdem waren nicht alle Leser gute Augenzeugen mit einem klaren Urteilsvermögen, und das konnte peinliche Folgen haben. War der Leserbriefschreiber bei einem Ereignis gar nicht dabei gewesen, so stellte sich die Frage, aus welcher Quelle seine Angaben stammten und ob er einem Gerücht aufgesessen war.

Ausbau des Inlandteils

Zschokke nahm viele Unwägbarkeiten in Kauf, als er sich entschloss, die Leserzuschriften seine Inlandberichterstattung bestimmen zu lassen. Nicht die wichtigen Vorfälle wurden ihm mitgeteilt, sondern was einen Leser spontan dazu bewog, zur Feder zu greifen. Das Zufällige, das der Inlandberichterstattung des Schweizerboten in den ersten Jahren anhaftete, ergab sich aus diesem Umstand.

Das Unbefriedigende und Ungenügende dieser Situation wurde Zschokke mit der Zeit klar. So entschloss er sich Ende 1810 ein erstes Mal, den Inlandteil auszubauen, «daß jeder besser wissen soll, wie es *in der ganzen Schweiz* steht. Denn wir hatten seither Zeitungen von aller Welt her und sogar aus Lalenburg, aber von unsern Schweizerkantonen wußten wir am wenigsten. So wurden wir einander fremd, und vereinzelten uns; und über Stadt und Dorf, worin wir lebten, vergaßen wir das ganze Schweizer-Vaterland. … Vom Jahr 1811 liefert der Schweizerbote also seinen Lesern eine wahre Chronik des Vaterlandes, und dann wird er erst der rechte *Bote der Schweizer* sein.»[42]

In der Tat verbesserte sich die Inlandberichterstattung, die nun den Titel «Vaterländische Nachrichten» erhielt. Manchmal machte sie jetzt die Hälfte oder

Die Girlande mit den lose herabhängenden Kantonswappen wurde im Zeitungskopf des Schweizerboten 1808 durch einen in sich geschlossenen Kranz aus Efeu ersetzt. Um Einheit und Stärke der Schweiz zu betonen, erscheint zuoberst als stilisiertes Wappen die Eidgenossenschaft der 19 Kantone mit einem Rutenbündel (Faszes).

mehr der acht Seiten aus, wobei weiterhin die Zuschriften dominierten, mit ihren Stimmungs- und Ereignisberichten aus allen Ecken des Landes, ihrer oft emotional gefärbten Darstellung, die vom Engagement des Einsenders zeugten, über Vorbildhaftes und Nachdenkliches, Lustiges, Trauriges und Abschreckendes berichteten. Daneben wird aus der Verdichtung der Meldungen aus verschiedenen Deutschschweizer Kantonen deutlich, dass Zschokke sich bemühte, ein Korrespondentennetz zusammenzustellen, das ihn regelmässig mit Artikeln belieferte und auch Überblicke über die wichtigen Ereignisse in einem Kanton gab.

Politische Themen fanden weiterhin kaum Einzug in den Inlandteil; Politik beschränkte sich auf das Ausland. Dafür wurden intensiv Berichte über Geschehnisse, Bräuche und Institutionen in den verschiedenen Kantonen gebracht. Noch immer war die Zeit für eine politische Presse in der Schweiz nicht reif. Zschokke musste die Zeit abwarten, wo die Beschwerden, die von überall her auf den Schweizerboten einprasselten, abnahmen und die Aargauer Zensur zahmer wurde. Noch immer verging kaum ein Jahr, in welchem der Schweizerbote nicht in irgendeinem Kanton verboten war.

1811 skizzierte Zschokke Inhalt und Tendenz seiner Zeitung: «Und nun, ihr Herren und Frauen, vernehmt, was euer aufrichtiger und wohlerfahrener Schweizerbote von sich selber prophezeit, daß er euch in diesem Jahr bringen wird: Allwöchentlich eine lustige oder auf[!] erbauliche Geschichte, oder Lehrreiches von haus- und landwirthschaftlichen Dingen, mitunter etwas aus *Japan* und *Lalenburg;* an frohen Schwänken muß es auch nicht fehlen. Dann wird folgen *Vaterlandschronik,* das heißt, Nachricht von den merkwürdigsten und neuesten Vorfällen, Geschichten, Rathen und Thaten der Schweizer in allen Kantonen. Dann hintennach jedesmal ein Pack *ausländischer Nachrichten,* von dem, was Kluge und Narren in der Welt treiben, von Mord, Todtschlag, Kindtauf und desgleichen. Zuletzt muß ein *Räthsel* euern Witz üben – an Räthseln soll es mir nicht, an Witz möge es euch nicht fehlen.»[43]

Ein Leser lobte: «Lieber Schweizerbote! Schon so lange du mit deinem Botenstabe uns alle Wochen einmal besucht hast, bist du uns recht lieb und werth; aber noch viel mehr freust du uns, seitdem du wirklich ein *Schweizerbote* geworden bist, und uns allemal Nachrichten von unserm theuren Vaterlande in deiner Tasche mitbringst, allerlei Schönes und Nützliches aus und von demselben erzählst, und uns mit so vielem Guten bekannt machst, was in unsern Schweizer-Kantonen gethan und gestiftet wurde, wird oder werden *sollte.* Darum bitten wir dich, fahre doch fort, wie du angefangen hast. Wir hören zwar auch gerne von dir das Wichtigste von dem erzählen, was außer den Grenzen unsers Vaterlandes vorgeht; aber doch interessirt uns eine Nachricht von etwas innert demselben gestifteten und bestehenden Guten noch weit mehr.»[44]

Der Schweizerbote wird politisch

Bis die «Chronik des Vaterlandes» zu einer politischen Berichterstattung wurde, vergingen einige Jahre. 1814 wendete sich das Blatt in Europa. Napoleon hatte in der Völkerschlacht von Leipzig eine verheerende Niederlage erlitten und musste abdanken. In Wien trafen sich die siegreichen Alliierten zu einem Kongress, um Europa neu zu verteilen. Bern fühlte sich nicht mehr an die Mediationsakte von 1803 gebunden und verlangte die Waadt und den ehemaligen bernischen Aargau als Untertanenlande zurück. Es begann ein diplomatisches Seilziehen, in dem Bern seine Ansprüche in Wien und gegenüber den anderen eidgenössischen Ständen geltend machte. Zugleich wurde ein Federkrieg geführt, um die früheren Untertanen zu beeinflussen und zu belegen, dass sie nichts lieber wollten, als unter die Pranken des Berner Bären zurückzukehren.

Zschokke griff in das Geschehen mit allen publizistischen Mitteln ein. Der Schweizerbote wurde ein machtvolles Instrument des aargauischen Widerstandsgeistes. Er bemühte sich nicht so sehr darum, die zahlreichen Berner Flugschriften zu widerlegen, als Moral und Freiheitswillen der Aargauer zu stärken. «In allen Bezirken, in allen Gemeinden des ganzen Landes ist nur eine einzige entschiedene Stimme: ‹Wir sind mit unserer Regierung und unsern Einrichtungen sehr wohl zufrieden. Wir wollen Aargauer bleiben; und wenn's sein muß, wollen wir's mit Hab und Gut und Blut beweisen!› Das Volk hat sein bisheriges Glück wohl schätzen gelernt, und will es nicht wieder fahren lassen, und seine Ruhe behaupten; und wer es wagt, es in seinem Frieden zu stören, der sorge für seinen eigenen!»[45]

Der Kampf um die Aargauer Unabhängigkeit wurde zu einem vorrangigen Thema. Alles, was diesem Anliegen diente oder es gefährdete, fand Eingang in den Schweizerboten. Selbstverständlich musste dabei seine bisherige politische Abstinenz fallen. Die Verhandlungen der eidgenössischen Tagsatzung, das Verhalten der anderen Kantone wurden wiedergegeben und kommentiert. Prompt wurde der Schweizerbote in den Kantonen Bern, Solothurn und Freiburg verboten. Die Aargauer Zensur stellte sich schützend hinter den Schweizerboten und drückte beide Augen zu. Zschokke bemühte sich seinerseits um Zurückhaltung und wies Zuschriften zurück, die ihm zu leidenschaftlich erschienen.[46]

Alles hatte das Ziel, den Kanton aus seiner Gefährdung herauszuführen; für einmal spannten die Regierung und Zschokke zusammen. In diesem Jahr ist keine einzige Zensurlücke zu verzeichnen. Jetzt zahlte es sich aus, dass sich die Regierung dem Schweizerboten gegenüber duldsam gezeigt und ihn trotz massiven Beschwerden aus anderen Kantonen nicht verboten hatte. Der Aargau bekam durch den Schweizerboten eine Stimme, die weit über seine Grenzen hinaus hörbar war. Der Schweizerbote bündelte die Ansichten und Argumente, war Sprachrohr der öffentlichen Meinung, widerlegte alle Angriffe und zeigte den Weg in die Zukunft des Aargaus und der Schweiz.

Appelle, patriotische Bekenntnisse und Gedichte, in denen religiöse und Kriegsmetaphorik zum Ausdruck kamen, riefen zu Einigkeit auf und beschworen eine patriotische Stimmung. Besonders eindringlich kommt dies im «Aargauer Psalm» zum Ausdruck:[47]

> Vaterland! Freies Land,
> Himmelan den Blick gewandt!
> Wo die Sternen hangen,
> Wo die Sonnen prangen,
> Wohnt dein Schutzgeist; und sein Schirm
> Waltet über dich im Sturm.
> …
> Frei bist du, frei mit Ruhm,
> Aargau, unser Heiligthum!
> Aus der Knechtschaft Banden
> Siegend aufgestanden,
> Strahl' in freier Majestät,
> Bis dein Jura untergeht.
> …
> Steig' empor, heil'ger Schwur!

98

Hör' ihn, ewige Natur!
Lieber Alles meiden,
Als von Freiheit scheiden;
Lieber blut'gen Untergang,
Als der Sklavenfessel Klang.
...

Wie weit die Aargauer tatsächlich entschlossen waren, für die Freiheit ihres Kantons zu sterben, lässt sich natürlich nicht sagen. Wie immer bei Zschokkes vaterländischen Reden und Aufsätzen war viel Pathos dabei. Die Botschaft aber war klar und wurde verstanden. Der Aargau war erwachsen geworden und liess sich nicht mehr am Gängelband führen.

Selbst Bern musste einsehen, dass die Abneigung im Aargau gegen eine Wiederherstellung der Zustände von 1797 zu stark war, um auf eine friedliche Annexion zu spekulieren. Am 7. August 1815, mit der Unterzeichnung und feierlichen Beschwörung des neuen Bundesvertrags, wurde Entwarnung gegeben. Eine Proklamation der Aargauer Regierung vom 28. August 1815 gab der Bevölkerung das wichtige Ereignis bekannt und sagte dem Kanton eine ruhige, glückliche Zukunft voraus. Diese Proklamation wurde selbstverständlich ebenfalls im Schweizerboten abgedruckt.[48]

Zschokke fasste die Krise von 1814 und die Ereignisse danach einige Jahre später im Kreis seiner Mitkämpfer so zusammen: «Jung ist unser Freistaat, aber in allen seinen innern Verhältnissen schon kräftig ausgereift. Das Schild der Vermittelungsurkunde mußte seine ersten Jahre schirmen. Als das Schild zerbrochen ward, erwarteten manche darunter ein unmündiges Kind zu finden. Sie irrten. Ein Jüngling sprang hervor und behauptete sein Recht.»[49]

In der Neujahrsnummer 1816 zeigte der Schweizerbote erstmals alle 22 Kantonswappen und beschwor eine glückliche Zukunft der Schweiz: «Nun blüht der eidsgenössische Bundeskranz in zweiundzwanzig Blumen von allerlei Gestalt und Farbe, größer, schöner, fester, als jemals. Und die Herren des Welttheils, Kaiser und Könige, schworen ihm ewige Unantastbarkeit zu. ... Möge jede Blume im Bundeskranz einzeln für sich aufblühen, wie sie mag und kann und ihr's verliehen ist; aber Alles zu Ehren des ganzen Kranzes! Denn auf unsern Kranz und auf seine Festigkeit achtet das Ausland, nicht auf dies und das Blümlein darin. Blühe kräftig in dir selber, Zürich du wohlthuende Weise, Bern du Staatskluge, Luzern du Heitere, Uri du Altherrliche, Schwytz du Kräftige, Unterwalden du Kernhafte, Glarus du Stille, Zug du Mäßige, Freiburg du Fromme, Solothurn du Freundliche, Basel du Reiche, Schafhausen du Friedfertige, Appenzell du Gewerbsame, St. Gallen du Aufstrebende, Graubünden du Treue, Aargau du Freisinnige, Thurgau du Milde, Tessin du sich Entknospende, Waadt du Feurige, Neuenburg du Königliche, Genf du Erfinderische, Wallis du Beharrliche! Aber die Tugend jeder Einzelnen erblühe für Alle, und die Tugend Aller für Eine!»[50]

Uff die drü neue Schildli im Schwizer-Chranz.

—

Peter.

Nei! Lueg doch eusre Schwizerbott,
Wie de na recht hoch werde wott:
Am Schwizerchranz da obe stöhnd
Drü Schildli, die si g'schaue löhnd!
Na unlängst hät's nünzächni gha,
Jetzt g'sehst da zweiezwänzgi stah!

Uli.

Glaub's wol, de häsch ja längst scho g'hört,
D' Schwiz bei si wieder öppis g'mehrt;
Me häd drei neue Ständ erchennt,
Si werded Neuburg, Wallis g'nennt;

De mit dem Schlüssel z'unterst heißt
De Kanton Jenf — wenn d's nanig weißt!

Peter.

Jä so! se simmer wieder meh —
Was muß i doch na alles g'seh?
'S wird ein en Narr — vu Johr zu Johr
Chund wieder öppis Anders vor;
Villicht git's na es Dozzet Ständ,
Wenn na viel Lüth i's Chränzli wänd!

Uli.

Das ist ja recht, so wird d' Schwiz groß,
Daß nüd en jedre chline Stoß
'S ganz G'mächli übern Hufe gheit;
I säg es frei — es hät mi g'freut,
Daß, was d' Franzose g'stohle händ,
Nu wieder chund in eusri Händ!

Die zweite Ausgabe des Schweizerboten von 1816 mit einem Mundartgedicht von Pfarrer Johann Heinrich Müller aus Embrach auf die um drei Kantone (Wallis, Neuenburg und Genf) erweiterte Schweiz.

Bürgerliche Emanzipation

Nicht nur der Kampf gegen Berns Annexionsgelüste war 1814 Ziel des Schweizer-boten, sondern auch die politische Emanzipation des Bürgers. Befreit von zen-suriellen Fesseln und getragen vom Wohlwollen der Aargauer Politiker und der Solidarität der Bürger, riskierte es der Schweizerbote ein erstes Mal, über die Ver-handlungen des Grossen Rats zu berichten.[51] Paragraf 36 des Grossrats-Regle-ments legte fest, dass die Sitzungen hinter verschlossenen Türen stattfinden soll-ten. Infolgedessen waren alle Informationen, die ohne offizielle Genehmigung an die Öffentlichkeit gelangten, gegen die Satzung, und eine Veröffentlichung konn-te unterdrückt werden.[52] Das geschah in diesem Jahr des Burgfriedens jedoch nicht.

Für Zschokke besass der Staat keinen Selbstzweck, bestand er nicht auf Grund seiner Autorität, sondern wegen eines freiwilligen Entscheids der Bürger, ihm Rechte zu überlassen. Der Staat stand im Dienst der Bürger und hatte sein Le-ben, seine Freiheit und sein Eigentum zu sichern und seine Entwicklung und sein Wohlergehen zu fördern.

«Der Staat ist Form und Mittel der bürgerlichen Gesellschaft zur leichtern Entwickelung ihrer Anlagen, kraft des ursprünglich gleichen Rechts jedes Men-schen auf Freiheit zu solcher Entwickelung, auf Erwerbung von Eigenthum, oder Mitteln zur vollendetern Selbstentfaltung, und auf Sicherheit, in solchen Befugnis-sen nicht beeinträchtigt zu werden, so wenig er andre beeinträchtigen darf. Der Staat ist also eine Stiftung zum gemeinen Nutzen; zur Wohlthat aller seiner Bür-ger; zu ihrer allmäligen Emporführung in einen hochmenschlichen Zustand.»[53]

In einer Demokratie war es unerlässlich, dass das Volk die politische Macht kontrollierte, überprüfte, ob sie sich noch auf dem richtigen Weg befand, und nicht nur einmal, alle zwölf Jahre bei den Grossratswahlen, an politischen Ent-scheiden teilnahm. Dazu musste es in das politische Leben einbezogen werden. Dazu waren bessere Bildung und Aufklärung über seine Rechte und die politi-schen Institutionen und eine bessere Informationslage nötig. Das Erste und Zwei-te waren Teil eines langfristigen Programms, aber die Information sollte gleich verbessert werden. Dazu waren die Zeitungen da. Nur der orientierte Bürger, war Zschokke überzeugt, konnte richtig entscheiden. Nur bei ihm war das Inte-resse am Gemeinwesen so weit geweckt, dass er, statt egoistisch nur auf seinen Vorteil zu schauen, das allgemeine Wohl zu seiner Sache machte.

1814 schien diese Phase der Emanzipation gekommen. Ähnlich hatte sich in Deutschland im Jahr zuvor in den Befreiungskriegen gegen Napoleon das Volk erhoben, und die Fürsten hatten versprochen, ihm mehr Rechte und eine Verfas-sung zu geben. Zschokke schrieb, in Anlehnung an die Religion, einen «Schwei-zerkatechismus», in dem er seinen Lesern staatsbürgerliche Grundsätze einpräg-te: «Was ist menschliche Freiheit?» «Was ist bürgerliche Freiheit?» «Was ist politische Freiheit?»[54]

Die Zensurschere wurde nach 1815 auch im Aargau wieder schärfer, und es war nicht mehr möglich, kritisch politische Fragen zu diskutieren. Zschokke musste seine Leser in einer «Jeremiade eines Zeitungsschreibers» warnen, nicht zu viel von ihm zu verlangen.

«Gerecht sein, ist schön, aber billig sein, ist noch schöner; das sollten sich, nicht weniger als andere christliche Menschen, auch die Zeitungsleser merken, und ihre Forderungen an die Zeitungsschreiber nicht zu hoch spannen. Doch erhebet eure Häupter und sehet, wie weit das Verderben unserer verhängnißvollen Zeit auch hierin um sich gegriffen hat! Nicht nur die Neuerungssucht, ach! selbst die Neuigkeitssucht kennt keine Grenzen mehr; man fordert von einem Zeitungsschreiber nicht, wie einst in den alten guten Zeiten, etwas Neues, sondern das Allerneueste; mit einem ehrbaren und züchtigen Gedankenstrich ist man nicht mehr zufrieden; barsch und grell soll die Wahrheit herausgesagt und links und rechts mit der Peitsche darein geschlagen werden. Welch' eine unbillige Forderung! Erwäget doch, menschenfreundliche Leser! erwäget und bedenket die Schwierigkeiten, mit denen auch der friedliebendste und sanftmüthigste Zeitungsschreiber zu kämpfen hat – und wie, noch neuen Gefahren wollet ihr ihn preisgeben? Sein gemeinnütziges Dasein wollet ihr auf's Spiel setzen? Gleichet ihr nicht jener thörichten Frau, welche die Henne, die goldene Eier legte, todtschlug, um den goldenen Schatz auf einmal zu bekommen, aber – nichts fand, und zu spät einsah, daß alle guten Dinge auch gute Weile haben wollen? So gehet denn in euch und seid billig! Höret auf die gerechten Klagen, die aus den Herzen aller Zeitungsschreiber durch meinen Mund zu euch kommen und lauten …»[55]

«Ich glaube an die öffentliche Meinung»

Nässe und schlechte Ernten führten 1816 zu einer Hungersnot. Der Schweizerbote brachte Beiträge gegen die Herstellung von Branntwein aus Kartoffeln, da der armen Bevölkerung dadurch ein wichtiges Nahrungsmittel entzogen werde. Als ein Gegenartikel erscheinen sollte, wurde er von der Zensur gestrichen, mit der Begründung, im Aargau sei die Branntweinfabrikation verboten, und infolgedessen laufe der Artikel dem Gesetz zuwider. Dem Aargauer Zensor war es gleichgültig, dass der Schweizerbote eine Diskussion pro und kontra Kartoffelschnaps auf einer gesamtschweizerischen Ebene führte, wo lang nicht überall die Herstellung untersagt war. Der Zensor vertrat den Standpunkt, dass ein Artikel, der unter den Augen der Regierung erschien, für die Leser halb offiziellen, ja geradezu amtlichen Charakter trug – sonst hätte sie ihn ja verboten. Im Zweifelsfall erschien es besser, alles zu streichen, als etwas durchgehen zu lassen.

Zschokke protestierte bei der Aargauer Regierung gegen diese Willkür. «Die immer häufiger werdenden Wegstreichungen ganzer Artikel und fast halber Bögen verursachen nicht nur Stokkung in regelmässiger Versendung der Zeitschrift, sondern auch, zur Wiederherstellung der Lükken, beträchtliche Drukkosten. Dazu kömmt, dass der Herausgeber des Blatts zuletzt nicht mehr wissen kann, was er darin aufnehmen soll, um nicht anstössig zu sein. – Unter diesen Umständen muss eine Zeitschrift, welche seit vielen Jahren dem Kanton zu Nutzen und Ehre zu dienen trachtete, mit Beendigung gegenwärtigen halben Jahres aufhören.»[56]

Ob Zschokkes Drohung ernst gemeint war oder nicht – sie erreichte ihr Ziel. Die Aargauer Regierung setzte eine Kommission ein, und am 18. Juni 1816 wurde die Zensur offiziell aufgehoben. «Für jede in einer Druckschrift enthaltene Äusserung gegen die Religion, die Sittlichkeit, die öffentliche Ordnung, die den bestehenden Staatsverfassungen und Regierungen gebührende Achtung, so wie für jede Ehrverletzung von Individuen oder Gemeinheiten, ist der Verfasser, der Herausgeber, der Verleger und der Drucker derselben vor den Gerichten verantwortlich.»[57]

Kurz darauf erschien von Ignaz Paul Vital Troxler in der Zeitschrift «Schweizerisches Museum», die ebenfalls bei Sauerländer in Aarau herauskam, der Aufsatz «Über die Freiheit der Presse in besonderer Beziehung auf die Schweiz».[58] Darin wird die Zensur als ein Geschöpf der Finsternis und der Verruchtheit bezeichnet, das nicht zur Schweiz passe. Zschokke zitierte im Schweizerboten ausgiebig daraus. Die Zensur habe eine Verstümmelung der öffentlichen Meinung zur Folge. «Die Zensur steht der Regierung im Lichte, dem Volk im Wege.»[59]

Dennoch wurde Zschokke mit der Pressefreiheit nicht recht froh. Der Aargau blieb eine Insel in einem von Zensur geprägten Umfeld. Von überall her wurde am Schweizerboten herumgemäkelt, wurden Artikel kritisiert und die Zeitung angegriffen, so dass Zschokke, der gegenüber ungerechtfertigten Vorwürfen dünnhäutig war, sich beklagte: «Das trommelt von allen Seiten auf das Ränzel des armen Schweizerboten so lustig und tapfer los, als wenn sein Briefsack Allerwelt-Heerpauke wäre. Beinahe alle Zeitungsschreiber löblicher Eidsgenossenschaft werden darüber in Trommelstecken verwandelt.»[60]

Schon bald bereute die Aargauer Regierung ihren Beschluss und erwog, die Zensur wieder einzuführen. Der scharfzüngige Paul Usteri gab seit 1814 die «Aarauer Zeitung» heraus – selbstverständlich ebenfalls bei Sauerländer –, die als Vorläuferin der «Neuen Zürcher Zeitung» zu gelten hat und in ganz Europa, von St. Petersburg über Berlin und Wien bis nach Paris, gelesen wurde. Auf die arme Aargauer Regierung hagelte es Beschwerden der ausländischen Gesandten und des eidgenössischen Vororts. 1824 musste unter dem massiven Druck des Auslandes und der anderen Kantone auch im Aargau die Zensur wieder eingeführt werden.[61] Es wird weiter hinten noch die Rede davon sein.[62]

Trotz allen Widrigkeiten gab Zschokke seinen Schweizerboten nicht auf. Das zeigt die Bedeutung, die er seiner Volkszeitung beimass. Alle anderen Periodika für einen gehobenen Leserkreis, die er während dieser Zeit gründete und redigierte,[63] beendete er dagegen schon nach wenigen Jahren, nicht zuletzt wegen der zermürbenden Erfahrung mit der Zensur. Am Schweizerboten hielt er fest, weil er ihn als Sprachrohr betrachtete, durch welches die Bevölkerung untereinander und mit den Politikern kommunizierte. In einem «politischen Glaubensbekenntnis eines Schweizers» hielt er seine Ansicht dazu fest: «Ich glaube an die öffentliche Meinung, welche ist eine heilige Stimme des Volkes, durch Öffentlichkeit geboren, durch Wahrheit genährt und gepflegt, und welche durch Geheimnißkrämerei und Schlechtigkeit zwar gefährdet, aber nie ganz verloren gehen kann.»[64]

Der Schweizerbote wird erwachsen

Die Zensur des Schweizerboten und der Kampf dagegen brachten Zschokke in Widerspruch zur Regierung. Seine Auffassung, wenn man sich nicht mehr öffentlich äussern könne, sei eine Republik nicht mehr frei, setzte sich schliesslich durch. Unmerklich hatte sich der Ton des Schweizerboten verändert. So schrieb Zschokke in seiner Autobiografie «Eine Selbstschau» über den Schweizerboten: «Während seiner dreißigjährigen Wanderung ließ ich ihn gleichsam mit seinen Lesern allmälig aufwachsen; männlicher urtheilen, unterrichteter und unterrichtender sprechen, so, daß er zuletzt einem schlichten, derben, erfahrnen Landmanne voll gesunden Menschenverstandes glich, der, im Gefühl seiner republikanischen Rechtsgleichheit, mit Gelehrten und Ungelehrten, Hohen und Niedern, ein anständiges Wort wechseln darf.»[65]

Der Schweizerbote war seit 1814 zu einer ernst zu nehmenden politischen Zeitung geworden, oft gefürchtet von den Regierungen, geschätzt von Lesern, die mit der liberalen Grundhaltung übereinstimmten und bereit waren, dort, wo etwas nicht ausgesprochen werden konnte, auch zwischen den Zeilen zu suchen. «Die Zeitungsschreiber dürfen den Lesern nicht Alles sagen, was sie wissen. Denn die Welt ist schlimm; es gibt böse Mäuler, böse Gewissen, schwache Geister, starke Finger, kurze Augen, lange Ohren und matte Herzen.»[66] Der Schweizerbote war dafür bekannt, dass er mutig, aber doch im Tonfall moderat für Freiheit und Volksrechte eintrat. Dies glich den Mangel etwas aus, dass er noch immer nicht umfassend über das Geschehen im In- und Ausland berichtete. Er blieb darauf spezialisiert, gute und schlechte Beispiele im privaten und öffentlichen Leben, in Haushalt, Institutionen und Verwaltung darzustellen, Lehrreiches und Unterhaltendes anzubieten. Weiterhin verfügte er über kein eigentliches Korrespondentennetz, sondern war auf Zuschriften «fleissiger Leser» angewiesen, die ihm vorwiegend «Auffälligkeiten» mitteilten.

No. 1.

7. Januar 1830.

Der aufrichtige und wohlerfahrene

Schweizer=Bote.

Die Verhandlung der großen Räthe und Landsgemeinden muß vor dem Ohre gesammter Eidsgenossenschaft ertönen. So wird die heilige Sache des Vaterlandes die heilige Sache jeder Hütte, und ein göttlicher Gemeinsinn wird, wie himmlisches Feuer, den Moder spießbürgerischer Selbstsucht verzehren. *Schweizerlandsgeschichte.*

Der Schweizerbote am Neujahrsmorgen 1830.

Der Winter übet streng Zensur
Im großen Leben der Natur;
Das freie Keimen und Erblühen,
Er konnt' es Alles überziehen
Mit weißem Leichentuch.
Doch was da schläft, das ist nicht todt;
Denn bald erwacht ein Morgenroth
Mit Frühlingshauch aus Winterschrecken,
Der Freiheit junge Kraft zu wecken,
Im Schweizer Alpenthal.
Ich will des Frühlings Bote sein,
Im Lande wandern aus und ein,
Und, werd' ich Erstlingsblumen finden,
Den Alpensöhnen all verkünden:
„Der Freiheit Lenz ist da."

E. S.

Der neue Rock.

Der aufrichtige und wohlerfahrne Schweizerbote tritt heut, stattlich angethan mit einem neuen Gewand, zu Euch, Ihr Herren, Ihr Frauen und Töchter; denn der alte Rock war von Wind und Wetter ausgebleicht, viel zerrissen und zersetzt, und Ihr selbst habet oft mit Erbarmen auf ihn geschaut, wie ihm das liebe bloße Hemd hell und klar durch die Zensurlöcher sah.

Also ist das Alte neu worden; doch ist der Bote im neuen Kittel der Alte geblieben mit Geist und Gemüth. Und so ist recht, Menschenwerk vergeht, Gottes Werk besteht. Glaube, Recht und Wahrheit sind weder alt noch neu, sondern ewig, wie der Geist und seine Vernunft; denn sie sind aus Gottes Hand. Alles Andere drum und dran, was Menschenhand und Menschenverstand an Staaten, Kirchen, Gesetzen flickt, ist eben vergängliches Flickwerk und Menschenwerk.

Darum behaupt' ich immer, es sei wahre Abgötterei und wahre Sünde, wenn man menschliches Werk wie ein Gottes-

1830 erhielt der Schweizerbote wieder einen «neuen Rock». Der alte Druckblock war abgenutzt und musste ersetzt werden. Das bot Gelegenheit, das Erscheinungsbild zu modernisieren. Statt des Holzschnitts wurde jetzt ein Kupfer- oder Stahlstich verwendet, der eine feinere Zeichnung ermöglichte. Die Kolorierung geschah in diesem Fall von seinem privaten Besitzer.[67]

In der Ära der schweizerischen Regeneration entstanden seit 1830 zahlreiche neue Zeitungen. Jene Kantone, die sich eine liberale Verfassung gegeben hatten, hatten zugleich oder manchmal noch davor die Pressezensur aufgehoben. Statt einer gab es nun zwei, drei oder noch mehr Zeitungen in den verschiedenen Regionen. Die Berichterstattung über das politische Geschehen wurde immer wichtiger und ausführlicher. Es galt nicht mehr als unanständig, über Ratsverhandlungen zu schreiben oder sie gar zu kommentieren.

Auch konservative Kreise, die sich bisher vehement gegen Pressefreiheit gewehrt hatten, begannen Zeitungen herauszugeben. Es blieb ihnen gar nichts anderes übrig, wollten sie das Feld der öffentlichen Meinung nicht ganz den Liberalen überlassen. Im Aargau war 1828 die «Aargauer Zeitung» gegründet worden, in Opposition zum Schweizerboten und zunehmend als Stimme der Konservativen. Die Zeitungslandschaft belebte sich, kämpferische Töne wurden laut. Um einzelne Zeitungen begann sich ein Parteiwesen zu bilden.

Zschokke zog sich allmählich zurück. Er konnte sich mit Parteizeitungen nicht befreunden. Obwohl ein dezidierter Anhänger des Liberalismus, trat er doch immer für Ausgleich und Mässigung ein. Der Federkrieg, wo zwischen den Redaktionen die Fetzen flogen, war ihm unbehaglich. Die Zeit für eine gemütliche Zeitung, die sich der Volksaufklärung verschrieb, war vorbei.

Auch der Schweizerbote musste sich anpassen, wenn er überleben wollte. Seit 1836 erschien er zweimal in der Woche. Die wöchentliche Seitenzahl erhöhte sich zwar nicht, aber der Satzspiegel wurde so vergrössert, dass bedeutend mehr Text Platz hatte. Damit stieg auch der Bedarf an Stoff. Ein Korrespondentennetz sollte aufgebaut werden, um über die Inlandereignisse noch umfassender und vor allem schneller zu berichten. Da stieg Heinrich Zschokke aus. Er fühlte sich nie als Journalist. Er war nicht bereit, sich Mehrarbeit aufzuhalsen, nur um den Informationshunger der Leser zu stillen.

Als Zschokke auf Ende 1836 die Redaktion abgab, verlor der Schweizerbote allmählich seine Eigentümlichkeit, den persönlichen Charakter, die Eigenartigkeit und Liebenswürdigkeit des Amateurhaften, des Einmannunternehmens. Der Schweizerbote wurde professionell und unterschied sich bald kaum noch von anderen Zeitungen. Von 1838 an erschien er sogar dreimal und wieder in vergrössertem Format (Folio). Er bestand unter wechselnder Redaktion bis 1878.

Zschokke besass eine ganze Reihe von Diplomen, Auszeichnungen und Bürgerrechten, Titeln und Ehrenzeichen, die seine Funktion oder Verdienste betrafen und die er gern aufzählte und Bekannten zeigte. Auf einen seiner Titel war Zschokke besonders stolz, weil er ihm auf demokratische Weise verliehen worden war: Volksschriftsteller und Volksfreund. Er erwarb ihn nicht zuletzt deshalb, weil er 35 Jahre lang eine Zeitung herausgegeben hatte, die als Erste in der

Schweiz vom gewöhnlichen Volk gelesen und getragen wurde, eine echte Volkszeitung, die vom Volk verstanden und geliebt wurde.

In der Reichweite des Schweizerboten

Im Aargau, obwohl bevölkerungsmässig der fünftgrösste Kanton der Eidgenossenschaft, durfte Zschokke, als er den Schweizerboten 1804 auferstehen liess, nicht
mit genügd Absatz rechnen. Dazu war das lesefähige und lesewillige Publikum
zu klein. Der Schweizerbote suchte und fand in der ganzen deutschsprachigen
Schweiz Verbreitung. In den grossen Nachbarkantonen Bern und Zürich stand er
aber in Konkurrenz mit einheimischen, etablierten Blättern, wobei sein Vorteil
war, dass im Aargau keine Stempelgebühren erhoben wurden, die etwa in Zürich
den Preis einer Zeitung um ein Drittel erhöhten.[68]

In Basel bestand eine spezielle Situation: Hier gab es bis 1831 keine politische Zeitung. Der Verleger Samuel Flick gelangte immer wieder an die Basler
Regierung, um die Erlaubnis für eine Zeitungsgründung zu erwirken. Diese wurde ihm und allen andern, die ein ähnliches Gesuch stellten, verweigert. Es war
ein kluger Schachzug Flicks, seinen Teilhaber Sauerländer nach Aarau zu schicken, um in dem dort liberaleren Klima Zeitungen und Zeitschriften für den Basler Markt herauszugeben. Der Schweizerbote wurde über Jahrzehnte zu einer der
wichtigsten Zeitungen in Basel, was sich auch daran zeigt, dass sich die Basler Regierung immer wieder mit ihm befasste, ihn entweder unterdrückte oder sich bei
den Aargauer Kollegen über ihn beschwerte.[69]

Seit 1819 lassen sich die Abonnenten des Schweizerboten aus dem Honorarbuch, das Sauerländer für Zschokke führte, nach Regionen aufschlüsseln. Die
Zahlen für das erste Semester 1826 zeigen, dass von 2 582 Exemplaren 632 (knapp
ein Viertel) im Aargau blieben, davon mit 329 über die Hälfte in Aarau selbst.
1 950 Exemplare gingen in andere Kantone, der Löwenanteil nach Zürich (ebenfalls ein Viertel), nach Basel und in die angrenzende Region, nach Luzern und
Solothurn, also in die Nachbarkantone des Aargaus. In Bern war der Schweizerbote seit 1814 verboten, dennoch gelangten 118 Exemplare (5%) dorthin. Lieferungen direkt ins Ausland scheinen selten gewesen zu sein. Dagegen wurden über
Basel das nahe Elsass und der südliche Schwarzwald beliefert und über Schaffhausen Württemberg und Bayern.

Interessant ist die soziale Aufschlüsselung der Abonnenten. Obwohl der
Schweizerbote für die Landbevölkerung konzipiert war und sich an sie wandte,
wurde er vorwiegend vom Bürgertum in Städten und auf dem Land gehalten.
Unter den Hunderten von Leserzuschriften, die im Schweizerboten abgedruckt
wurden, weist kaum einer vom Inhalt und Stil darauf hin, dass er von einem un-
gebildeten Mann, aus einer unbeholfenen Hand stammen könnte. In den Abon-
nentenverzeichnissen, die erstmals für 1831 detailliert vorliegen, finden sich viele

Wirte, Lehrer, Pfarrer, Ärzte, Gemeindebeamte, Kaufleute, Müller, auch einige Handwerker verschiedener Berufe, etwa ein Dutzend Frauen, aber nur zwei Landwirte.

Hatte sich Zschokke in der Zusammensetzung seiner Leserschaft so verschätzt? Und irrt Holger Böning, Pressehistoriker und Spezialist für die Geschichte der Volksaufklärung, wenn er über den Schweizerboten sagt: «Eine zweite, auch nur annähernd so auflagenstarke und wirkungsvolle Zeitung für die bäuerliche Bevölkerung gab es in der Schweiz nicht»?[70]

Es ist zu vermuten, dass die Landbevölkerung mit dem Schweizerboten hauptsächlich im Wirtshaus und anderen öffentlichen Lokalen in Berührung kam und dass ihr ausgewählte Artikel vom Pfarrer, Lehrer oder Gemeindeschreiber vorgelesen wurden. Vielleicht auch von einem alten Soldaten, der wie in Jeremias Gotthelfs «Bauernspiegel» in der Fremde lesen und schreiben gelernt hatte.

Das Vorlesen hat eine alte Tradition und war von eminenter Bedeutung für die sozial unteren Schichten. Es war eine der wichtigsten Formen der Aneignung von Kulturgütern und wurde weniger gegenüber Kindern als unter Erwachsenen gepflegt. Das Vorlesen war Unterhaltung, Belehrung und soziales Ereignis zugleich. Es liess sich unterbrechen, und man konnte Fragen stellen, Einwände und gepfefferte Kommentare dreingeben, anders als in der heutigen Medienkultur der Einwegkommunikation.

Der Schweizerbote eignete sich hervorragend zum Vorlesen. Er nahm dialogische Auseinandersetzungen, wie sie sich bei einer Gemeinschaftslektüre ergaben, vorweg und stimulierte sie, bildete eine Partitur, an der ein Gespräch anknüpfen konnte. Er machte wohl auch Lust, sich selbst im Lesen zu versuchen, um, abseits von Autoritäten wie Lehrer, Pfarrer und Dorfmagnaten, ungestört sich ein eigenes Urteil zu bilden. Er schulte den Sinn für Zusammenhänge, den politischen Verstand, förderte durch seine Vergröberungen und seine grellen Farben aber durchaus auch Vorurteile und falsche Meinungen.

Fazit: Auch wenn der «lesende Landmann»[71] in den Jahrzehnten nach 1800 in der Schweiz weitgehend eine Illusion gewesen zu sein scheint, so darf davon ausgegangen werden, dass es in jedem Dorf einige aufgeklärte Männer (vielleicht auch Frauen) gab, die fliessend lesen konnten und bereit waren, ihr Können wissbegierigen Familienmitgliedern, Nachbarn und Bekannten zur Verfügung zu stellen.

Die Abonnentenlisten zeigen, dass der Schweizerbote nur zum Teil an Postämter oder Buchhändler der Städte abgegeben, sondern jede Woche auch von Boten mit Rucksack oder Handkarren vertrieben wurde. Im Aargau beispielsweise wurde er vom Reinacher Boten, Rueder Boten, Staffelbacher Boten, Birrwiler Boten, Kulmer Boten, Bibersteiner Boten, Fricktaler Boten, Seenger Boten und Brugger Boten übernommen, wobei jeder im Durchschnitt etwa 20 Exemplare in den Dörfern seines Zuständigkeitsbereichs abgab.[72]

Der Rueder Bote etwa besass acht Abnehmer in Entfelden, Muhen, Hirschtal, Schöftland und Rued, das heisst, er verteilte den Schweizerboten auf dem ganzen Weg südlich von Aarau bis Schlossrued. Der Staffelbacher Bote hatte 28 Kunden. Er zog von Aarau aus ebenfalls nach Süden, schlug aber eine etwas weiter westlich gelegene Route ein und belieferte Entfelden, Kölliken, Holziken, Safenwil, dann weiter südlich Staffelbach, Wittwil, Bottenwil, Reitnau und Kulmerau, ja sogar Triengen und Schlierbach im Kanton Luzern.

So weit zur mikrogeografischen Verteilung, die zweierlei zeigt: Der Schweizerbote kam erstens auch in kleinere Dörfer und Weiler, zweitens wurden in ländlichen Gemeinden selten mehr als zwei bis drei Exemplare abgesetzt. Wie weit es sich dabei um private oder Gemeinschaftsabonnemente handelte, ob der Schweizerbote an öffentlich zugänglichen Stellen ausgelegt oder ausgeliehen wurde, lässt sich nur schwer sagen.

So viel darf als sicher gelten: Der Schweizerbote war nicht nur eine Leser-, sondern auch eine Vorlesezeitung, was mindestens ebenso wichtig war. Das Bürgertum teilte unter Zschokkes Anleitung seine Erfahrungen und Überzeugungen der Landbevölkerung mit. Ob diese das Angebot annahm, ist eine andere Frage. Jedenfalls war der Schweizerbote handlich und einfach geschrieben, unterhaltend und vielseitig, billig und leicht erhältlich So fand er überall Zugang, wenn er nicht aus politischen oder ideologischen Gründen gewisse Leser abschreckte. Es genügte unter günstigen Umständen, dass in einem Dorf ein einziges Exemplar im Umlauf war, um die ganze Bevölkerung über den Inhalt auf dem Laufenden zu halten.

Auch im katholischen Freiamt, im Südosten des Aargaus, wurde der Schweizerbote gern und mit Interesse gelesen. Dort wurde er von mehr als 20 Abonnenten gehalten, die ihn über das Postamt von Muri bezogen. Einer von ihnen war Heinrich Fischer, Wirt des Gasthauses Schwanen in Merenschwand, von dem noch mehrfach die Rede sein wird.

Um noch einmal auf die soziale Zusammensetzung der Abonnenten zurückzukommen: Die Resultate sind verblüffend. Zwei namentlich aufgeführte Landwirte lassen sich für 1831 feststellen, obwohl diese Leserschicht nach wiederholter Aussage im Schweizerboten sein eigentlicher Adressat sein sollte. Wie so oft bei Zschokke klafften Wunschvorstellung und Wirklichkeit auseinander. Der Bauernstand und damit die Mehrheit der Bevölkerung war nicht in der Lage, eine Zeitung zu abonnieren und regelmässig darin zu lesen. Der Schweizerbote trug dazu bei, dies allmählich zu ändern.

Die Verankerung des Schweizerboten im Alltag

Ernst Münch, einer der ersten Biografen Heinrich Zschokkes, der einige Jahre in Aarau verbrachte, beschrieb die Bedeutung des Schweizerboten so: «Der Schweizerbote hat getreulich jeden Pulsschlag des öffentlichen Lebens in der Schweiz verfolgt, und der Meinung des Volks, als Gefäß und Organ, in guten und schlim-

men Tagen gedient. Er hat Zurechtweisung in die Säle der Vornehmen, Belehrung in die Hütten, Trost in die Gemächer des Elends gebracht. Manches Schlim-
me hat er verhindern, manches Gemeinnützige befördern geholfen. Die Liebe
zur Öffentlichkeit und die Furcht vor derselben wurden ganz besonders durch
ihn geweckt. Es ist beinahe unter dem gemeinen Volke sprüchwörtlich und legi-
tim geworden, Jemanden, der im Begriff ist, Thorheiten zu begehen, oder in schon
begonnenen fortfährt, und entweder vom alten Schlendrian oder von sonstigen
bösen Gewohnheiten nicht abstehen will, zuzurufen: ‹Du wirst gewiß noch ins
Blättlein kommen!› Unter diesem Blättlein versteht und kennt man längst den
Schweizerboten. Wenn Sonnabends oder Sonntags die von den Mühen der Woche
rastenden Landleute und Bürger vergnüglich um den Wirthstisch sitzen, dann
wird vor allem andern das Blättlein hinter dem Spiegel herbegehrt; die Politiker
rücken näher zusammen, und das Vorgelesene wird sodann parlamentarisch mit
vielen Glossen kommentirt, bisweilen auch berichtigt und widerlegt ...»[73]

Männer beim Zeitunglesen und Diskutieren in einem Wirtshaus. Karikatur aus der in
Bern erschienenen, reich mit Zeichnungen versehenen satirischen Zeitung «Der Guk-
kasten». Die Meinung eines der Herren: «So wie i d'Sach verstah, hei die wilden Affen
in India d'Engiländer, ganzi Regimenter mit Hut und Haar aufgefressen.»[74]

Gesselligkeit im Dienst des Vaterlands

Das liberale Bürgertum befand sich stets in einem Dilemma: Zwar ist sein Hauptziel die uneingeschränkte Freiheit, die Entfaltung jedes Einzelnen möglichst ohne Beschränkung durch Institutionen und Gesetze, über die er nicht mitentscheiden darf. Jeder soll nach seinen Wünschen seinen eigenen Weg gehen, «sich vereinzeln», um in Konkurrenz mit anderen sich den grösstmöglichen eigenen Vorteil zu verschaffen und damit zugleich das Gesamtwohl zu fördern.

Zugleich braucht der Bürger zur Erlangung seiner Ziele die Unterstützung der Gemeinschaft, da er als Individuum zu schwach ist, um den Lebenskampf allein zu bestehen. Er muss sich mit anderen zusammentun, sich «vergesellschaften». Immanuel Kant spricht in Bezug auf diese Widersprüchlichkeit von der «ungeselligen Geselligkeit der Menschen».[1]

Das Bürgertum wird gesellig

Konkret musste das Bürgertum sich im 18. und 19. Jahrhundert formieren, seine Forderungen aufstellen und gegen Widerstände durchsetzen. Ein Weg dazu war die Gründung von Gesellschaften oder, wie man im 18. Jahrhundert häufig sagte, von Sozietäten. Es gab sie in verschiedener Form: als wissenschaftliche Akademien, als literarische und Lesegesellschaften, als ökonomisch-landwirtschaftliche, gemeinnützige, patriotisch-politische Gesellschaften und als Freimaurerlogen.[2] Alle diese Spielarten besetzten gesellschaftliche Räume, die nicht von den beiden traditionellen Mächten Staat und Kirche oder vom Adel in Beschlag genommen waren. In ihnen konnte sich die Idee der Aufklärung, der auf Vernunft basierende Glaube an den Fortschritt der Menschheit und an das vom Menschen Machbare entfalten. Hier kam auch die Rebellion des Bürgers gegen die Gängelei durch das herrschende System zum Ausdruck.

Die erste und wichtigste gesamtschweizerische bürgerliche Vereinigung war die 1761 in Bad Schinznach bei Brugg gegründete Helvetische Gesellschaft.[3] Die bedeutendsten Köpfe der Schweiz lernten sich dort kennen und diskutierten gemeinsame Anliegen. Sie pflegten einen offenen, freundschaftlichen Austausch über Grenzen hinweg. Dass sie die alten Unterschiede zwischen Regionen oder Konfessionen, zwischen Stadt und Land, Regierenden und Untertanen nicht gelten liessen, war zukunftsweisend. Argwöhnisch beobachtet von konservativen Kreisen gab die Helvetische Gesellschaft an ihren jährlichen Tagungen zahlrei-

che Impulse, wurde aber selten aus sich selbst heraus aktiv. In den Revolutions-
wirren von 1798 stellte sie ihre Tätigkeit ein.

Ausgerechnet der Magdeburger Zschokke half mit, die Helvetische Gesellschaft im Juni 1807 in Zofingen neu zu beleben. Er wurde zum Sekretär gewählt,
aber die früheren Mitglieder, die nicht mehr so reformbewusst waren wie ein
Vierteljahrhundert zuvor, hüteten sich sehr wohl, Neuerern wie ihm das Feld zu
überlassen. Die Versammlungen erschöpften sich fortan in jährlichen Freund-
schaftstreffen mit Präsidialreden und einem Festbankett und bemühten sich redlich, Dissonanzen und ideologischen Gegensätzen aus dem Weg zu gehen.

Zschokke blieb der Helvetischen Gesellschaft treu, ohne sich viel zu erhof-
fen. Überraschend wurde er für das Jahr 1829 zum Präsidenten gewählt. Seine
Rede setzte er unter den provokanten Titel: «Ist eine Stiftung, wie unsere Verbindung, noch Bedürfniß für die gegenwärtigen Tage, oder ihnen entbehrlich geworden?»[4] Er kam zu einem positiven Urteil, sah aber ihre Bedeutung als gering. Er
beschwor die Gefahr der Vereinzelung der Bürger gegenüber der Gesellschaft,
der Kantone gegenüber der Eidgenossenschaft. «Das politische Auseinanderfal-
len, Sichvereinzeln und Insichzusammenschrumpfen von zweiundzwanzig kleinen Gemeinwesen greift … feindselig in das edlere Lebensverhältniß der *Nation*
ein, und droht allmälig die Fortschritte des Nationalgeistes zu schwächen».[5]

Ein immer breiterer Graben tue sich zwischen dem Volk und der Regierung
auf. «Während die Staatsführer freiern Spielraum ihrer Gewalt wünschen, verab-
scheut das Volk Willkühr und fordert feste Schranken gesetzlicher Ordnung. *Jene*
äussern unverholen ihre Scheu vor Preßfreiheit und vor allgemeiner Belehrung
von Vaterlandsdingen; das Volk aber verlangt Öffentlichkeit und Aufklärung.
Jene wünschen Gehorsam in schweigendem Vertrauen; das Volk will gehorchen,
aber mit unverbundenen Augen.»[6]

Die Helvetische Gesellschaft müsse das Band zwischen den Schweizern, den
Regionen, den Sprachen und Religionen neu knüpfen. Ein Rezept dazu hatte
Zschokke nicht. Er beschränkte sich auf die Empfehlung, Informationen über alles auszutauschen, was in der Schweiz im vergangenen Jahr an Gutem und Lo-
benswertem geschehen sei, damit es grössere Verbreitung fände. Auf diese Weise
könnten aktuelle Fragen und liberale Gedanken in die Versammlung eingebracht
werden. «Feiert *hier* Muth und Weisheit vaterländischer Gesetzgeber, welche die
Kleinodien aller Eidsgenossen sicher zu stellen wußten; gesetzliche Freiheit im
Innern gegen Willkühr und Herrensucht, Unabhängigkeit der Nation von aussen
gegen fremde Anmaßungen und Einflüsse, und Volksbildung gegen Verfinsterer-
Plane[!] schirmen.»[7]

Nach Karl Morell, dem Geschichtsschreiber der Helvetischen Gesellschaft,
war Zschokkes Vorschlag entscheidend für die Entwicklung dieser Vereinigung
in den kommenden Jahren: «Mit diesem Beschlusse ging die helvetische Gesellschaft ihrer Umwandlung aus einem patriotischen Freundeskreise in einen politischen Verein mit praktischer Tendenz mit raschem Schritte entgegen».[8]

Eigentlich hatte Zschokke nichts anderes angeregt, als was er selbst ständig tat und wozu er seinen Schweizerboten benutzte: auf gesellschaftliche und politische Fragen aufmerksam machen und Lösungen anbieten. Indem Errungenschaften, Mängel und Bedürfnisse dargestellt wurden, sollte gesamtschweizerisch ein Lernprozess in Gang kommen.

Zschokkes Ansatz war zutiefst liberal und den föderalistischen Schweizer Verhältnissen angepasst: Er setzte auf Innovationskraft und Erfindungsgeist der Bürger und nicht auf einen Reformdruck von oben. Sein Ziel war es, in einer Ideenbörse Lösungsmodelle vorzustellen und Veränderungen zu propagieren. Wenn die Leute erst überzeugt waren, dass Neuerungen ihnen Vorteile brachten, würden sie sich schon aus egoistischen Gründen Reformen öffnen. Davon war Zschokke überzeugt.

Eine Zeitung hatte in dieser Hinsicht nur einen begrenzten Nutzen. Geschriebenes Papier war geduldig und wurde mit einem gewissen Misstrauen in die Hand genommen. Die Leser sollten die Anstösse aufnehmen, die der Schweizerbote ihnen gab. Wir haben im vorangegangenen Kapitel aber gesehen, dass es schon schwierig war, das Publikum – etwa die Bauernschaft – mit Ratschlägen zu erreichen, geschweige denn, es zu Änderungen in seinem angestammten Verhalten zu bewegen.

Es gab nun aber Fragen, die sofort und aktiv angegangen werden mussten. Die Jahrzehnte vor und nach der Jahrhundertwende brachten zahlreiche neue Probleme und technische Lösungen dafür. Eine Fülle von Innovationen stand bevor, und es galt, den Anschluss an die Zukunft nicht zu verpassen. Zschokke, dem Neuen gegenüber stets offen, brannte darauf umzusetzen, was er als sinnvoll und richtig erkannt hatte. Er sprudelte über von Ideen, die zu realisieren er allein nicht in der Lage war.

Mit vereinten Kräften sollte es möglich sein, sich den Herausforderungen der Zeit zu stellen. Dazu brauchte es Menschen, die wie er an den Fortschritt glaubten und bereit waren, ihre Kräfte dafür zu investieren. Da Zschokke dieser Impuls in der Helvetischen Gesellschaft fehlte, suchte er sich eine Gelegenheit, um wenigstens in seiner näheren Umgebung seine Überzeugungen zu verwirklichen.

Eine solche Möglichkeit existierte im Aargau noch nicht. Vieles, ja fast alles, was uns heute als selbstverständlich scheint, galt es noch zu erforschen und zu entwickeln. Man befand sich in einer Epoche der Beschleunigung, wirtschaftlich, technologisch, aber auch sozial und politisch. Meist tritt uns Pioniertum in der Naturwissenschaft, Technik und Wirtschaft hervor. Die Mechaniker begannen damals, englische Webstühle zu studieren, die sie Schraube um Schraube auseinander nahmen, nachbauten, verbesserten und so den Grund legten zur schweizerischen Werkzeug- und Maschinenindustrie.

Man darf nicht übersehen, dass es in einer sich schnell verändernden Welt allenthalben Handlungsbedarf gibt. Technologische und wissenschaftliche Umbrüche können nur dann vollzogen und gesellschaftlich integriert werden, wenn der Mensch innerlich zu folgen vermag. Dazu braucht es jene Pioniere, die sich den Herausforderungen stellen und das Neue anderen vermitteln. Zschokke gehörte zu den Pionieren auf diesem Gebiet, und mit seinem starken Hang fürs Praktische und Pädagogische war er einer der tatkräftigsten und innovativsten unter ihnen.

Geselligkeit im Aargau

Der Aargau war um 1803 in vielerlei Hinsicht Brachland. Es fehlte ein geistiges Zentrum, ein gemeinsamer Wille, eine grosse Idee. Aus Gegensätzen zusammengewürfelt, drohte der Kanton bei der ersten Gelegenheit auseinander zu driften, wenn die zentrifugalen die zentripetalen Kräfte überwogen. Das Bürgertum sollte die Klammer werden, die das Ganze zusammenhielt. Aber zunächst existierte es als gemeinsame und gemeinschaftsbildende Kraft kaum. Wenn Geselligkeit das Mittel war, um das Bürgertum zu formieren und den Einzelnen zum Bürger zu machen, wie Manfred Hettling meint,[9] so musste die Grundlage dazu erst geschaffen werden.

Einige der grossen nationalen Vereine und wichtige Feste des 19. Jahrhunderts gingen vom Aargau aus: Der schweizerische Turnverein wurde 1832 und der schweizerische Sängerverein zehn Jahre später hier gegründet, und in Aarau fand 1824 auch das erste eidgenössische Freischiessen statt.[10] In diesen Festen konnten die Bürger als Souverän sich selbst feiern.[11] Aber bevor es etwas zu feiern gab, musste es erkämpft und erworben werden.

Der gemeine Bürger hatte zunächst wenig zu bestellen und nicht viel zu sagen; kaum wurde er nach seiner Meinung gefragt. Er besass keine Stimme, und die Möglichkeit, politischen Einfluss auszuüben, blieb ihm versagt. Es sei denn, er gehörte einer bevorzugten Familie an, konnte sich ein Amt ergattern oder organisierte sich in einer Zunft. 1798 brachte eine Wende, aber zugleich so viel Wirrnis, dass der bürgerliche Durchbruch nach dem Fall der Helvetischen Republik wieder in weite Ferne rückte.

Die revolutionären Losungen Gleichheit, Freiheit und Brüderlichkeit wurden gestrichen und vielerorts durch Privilegien ersetzt. Die alten Untertanenverhältnisse konnten nicht wiedereingeführt werden, aber die meisten Menschen auf dem Land waren wirtschaftlich, sozial, bildungsmässig und auch politisch weithin vernachlässigt. Ein Umschwung im Sinne eines selbstbewussten Bürgertums, das sich selbst bestimmte und sich seine eigenen Gesetze und Regeln gab, stand noch aus. Demokratie war nur auf Umwegen und nach zähem Ringen um die Macht zu erreichen.

Eine Schlüsselrolle im Kanton Aargau spielte dabei die Gesellschaft für vaterländische Kultur, die harmlos als ein Debattierklub weniger engagierter Männer begann. Sie mischte sich in immer mehr Bereiche ein und bekam eine solche

Ausstrahlung und Bedeutung, dass der Aargau dank ihr den Übernamen «Kulturkanton» erhielt. Ihr erstaunlicher Aufstieg ist nur aus den Eigenarten des Aargaus und ihrer Gründer zu verstehen.

Dieses Kapitel erzählt den Anfang der Geschichte der Gesellschaft für vaterländische Kultur und Zschokkes Anteil daran. Es würde jeden Rahmen sprengen, hier alle ihre Aktivitäten und die Gesamtleistung zu würdigen. Zwei Persönlichkeiten, die eng mit ihr verbunden waren, haben dies bereits getan: Emil Zschokke (1861) und Rudolf Wernly (1912), beide Pfarrer von Aarau.[12]

Am Beginn der Gesellschaft für vaterländische Kultur stand die Gründung einer Freimaurerloge. Logen waren im 18. Jahrhundert Sammelbecken aufklärerischer Bewegungen. Sie stellten der Unmoral im öffentlichen Leben während des Ancien Régime die neuen Werte des Bürgertums entgegen, waren also eine Protestbewegung der Bürger gegen die herrschende Klasse.[13] Spätestens mit der Französischen Revolution geriet die Freimaurerei ins Fahrwasser der Politik und des Sektierertums. Sie wurde zu einem Machtfaktor und strebte Ziele an, die nicht mehr im Wesen der Freimaurerei standen. Die meisten Logen in der Schweiz wurden eingestellt, und erst allmählich entstanden sie in Bern, Basel und Zürich neu.

Aarau, das sich mit seinen 2 271 Einwohnern im Jahr 1803 als neue Hauptstadt sah, wollte sich eine eigene Loge geben. Dass es dazu kam, wird von Zschokke in seiner Autobiografie «Eine Selbstschau» als eine Art Zufall dargestellt. Als er im Jahr 1810 nach Freiburg im Breisgau unterwegs war, «machte ich die Reise in Gesellschaft einiger Herren aus Aargau, welche in dortiger Freimaurerloge die Weihe des Meistergrades empfangen wollten. Unterwegs ward vielerlei über Maurerthum geplaudert; denn jene wußten, daß ich längst einer der Geweihten war. In Freiburg half auch kein Sträuben; ich mußte der feierlichen Aufnahme meiner Reisegefährten beiwohnen, obwohl ich, seit Frankfurt an der Oder, nie wieder eine Loge besucht, ja sogar alle darin üblichen Bräuche vollkommen vergessen hatte.»[14]

Zschokke war in Frankfurt an der Oder, während seines Studiums und später als Privatdozent für Philosophie und Theologie, ein bekennender Republikaner und Vertreter der Ideale der Französischen Revolution, was seiner Karriere in der preussischen Monarchie nicht gerade förderlich war. Folgerichtig trat er 1792 einer Freimaurerloge bei und wurde drei Jahre später zum Meister geweiht. Den jungen Zschokke zog die verschworene Gemeinschaft mit ihren utopischen Visionen, der Vorstellung von Gleichheit, Toleranz und Humanität und ihren moralischen Prinzipien magnetisch an. Einige seiner frühen Romane sind stark freimaurerisch geprägt.[15]

Die fünf «Herren aus Aargau», welche 1810 die Aarauer Loge stifteten, waren noch jung, im Durchschnitt 33 Jahre, Zschokke mit 39 Jahren der älteste und erfahrenste Stifter. Nur zwei von ihnen waren gebürtige Schweizer; die drei Übrigen kamen aus verschiedenen Teilen Deutschlands und aus Mähren. Vier waren höhere Beamte, der fünfte, Friedrich Heldmann, wie Zschokke bereits Freimaurer im Meistergrad, war Lehrer an der damals noch privaten Kantonsschule. Dies bedeutete, dass man keinesfalls in Opposition zum Staat stand, ja dass man sich behutsam bewegen musste, um nicht in Loyalitätskonflikt mit ihm zu geraten. Die Aarauer Loge sah sich deswegen als eine rein private Angelegenheit.

In der ersten Sitzung umriss Zschokke, was von einem Freimaurer verlangt wurde. «Wer mit uns arbeiten will, bewähre sich durch Seelenstärke ... Des Maurers Schmuk ist nicht Reichthum, nicht Rang, nicht Schönheit; aber Kraft, Bescheidenheit und guter Ruf.»[16] Die Selbstveredelung, aber auch eine vorbildliche Haltung im Privaten und in der Öffentlichkeit waren die Kriterien, nach denen jeder Freimaurer sich prüfen und ausrichten sollte. Die dreimal drei Verpflichtungen, von Zschokke entworfen und formuliert, verlangten höchste Moralität von jedem Logenbruder:

1. Wir fordern von ihm als Haupt oder Glied einer Familie, daß er erscheine
   a) als ein guter Hausvater, der in Hinsicht seiner Vermögensumstände Vertrauen verdient.
   b) als ein weiser Vorgesezter, der die Seinen mit Liebe leitet.
   c) als unvermählt, keusch, als Ehemann, treu und zärtlich.

Zeichen der Freimaurerloge zur Brudertreue in Aarau, wie es heute noch im Briefkopf und für Druckschriften benutzt wird. Das Logenarchiv bewahrt Urkunden aus der Anfangszeit, Briefe und Gegenstände auch von Zschokke, der als Mitgründer verehrt wird.

2. Wir fordern von ihm als Glied eines Staates, daß er erscheine:
a) als Bürger, gehorsam den Gesezen des Landes
b) als Beamteter, oder in seinen Berufsgeschäften der Vortrefflichste in seiner Sache, soweit die Kräfte gehen
c) als Genosse einer Kirchenparthey, ein Muster der Religiosität für die Profanen.

3. Wir fordern von ihm als Glied des Maurerthums:
a) Verschwiegenheit über die Sache des Ordens
b) Uneigennüzigkeit bey allem was er im Orden thut
c) Treue den Brüdern.[17]

Nur mit dieser untadeligen Einstellung konnte sich Zschokke ein geselliges Zusammensein unter Freimaurern vorstellen. Was er so festlegte, sollte – selbstverständlich ohne den dritten Punkt – für die ganze Elite der hervorragenden Bürger gelten, die ein Vorbild für das ganze Volk bilden musste. Diese Prinzipien machte Zschokke auch für sein eigenes Leben zur Richtschnur. Sie bildeten für ihn die moralische Grundlage, damit das Bürgertum für sich in Anspruch nehmen konnte, das Volk zu repräsentieren und die politische Macht zu tragen. Diese in jedem Einzelnen zu verankernden Eigenschaften sollten sein Handeln lenken, ohne dass eine übergeordnete Instanz mit Vorschriften oder Strafen notwendig war. Das Bürgertum sollte seine Kräfte und Werte autonom, das heisst aus seinem Innern entwickeln und zur eigenen Überzeugung machen. Hier war Zschokke ganz Anhänger der Ideen einer zivilen Gesellschaft in der Vorgabe von Jean-Jacques Rousseau.

Zschokke war sich klar, dass hohe moralische Werte im Bürgertum erst vereinzelt bestanden; sie waren erst noch zu schaffen. Das Freimaurertum konnte hier einen Beitrag leisten, Vorbild und Muster sein. Aber wenn die Loge eine Bildungsstätte für den neuen Menschen war, konnte sie nicht zugleich nach aussen tätig sein. Die Loge schulte die Elite der künftigen bürgerlichen Gesellschaft, aber man konnte nicht zuwarten, bis die Brüder, aus dem Lehrlingsstand herausgewachsen, nach der Phase des In-sich-Gehens in die zweite des Um-sich-Schauens gelangen würden.

Eine zündende Idee

In der denkwürdigen Logensitzung vom 14. Dezember 1810, einen Monat nach dem ersten Treffen, regten Zschokke und der junge Offizier Johann Nepomuk von Schmiel an, eine neue Gesellschaft zu gründen, um «Gutes und Nüzliches ... nach unsern Kräften und Verhältnissen» zu bewirken. «Dieser Vorschlag – gleichsam aus der Seele der versammelten Brüder selbst gegriffen – wurde von allen mit dem verdienten Beyfalle aufgenommen, und einer derselben von den übrigen ersucht, die Konstitution einer solchen Gesellschaft zu unternehmen, und den Entwurf wo möglich schon bey der nächsten Zusammenkunft, den versammelten Brüdern mitzutheilen.»[18]

Zschokke und Schmiel beeindruckten die drei Mitbrüder so sehr, dass die Freimaurer beschlossen, zweigleisig zu fahren: sich auf die wöchentliche Logentätigkeit zu konzentrieren und zugleich einen neuen Verein vorzubereiten. Eine Woche darauf lag ein konkreter Entwurf für die zu gründende Organisation und ein zugkräftiger Name vor: Gesellschaft für vaterländische Kultur im Kanton Aargau. Die kurze Frist zeigt, dass Schmiel und Zschokke die Angelegenheit schon länger angebahnt hatten, und es ist nicht ganz auszuschliessen, dass Zschokke die Loge nur deshalb gründen half, um Männer und eine Plattform für diese ganz anderen Aktivitäten zu finden.

Die neue Gesellschaft sollte sich mit der Verbesserung der Lage der Bevölkerung befassen, sich «thätig für das Wohl unserer Mitbürger verwenden». In der Einsicht, dass es schon aus materiellen Gründen den wenigsten Menschen vergönnt war, sich in einer Loge heranzubilden, und dass widrige ökonomische Verhältnisse die Kräfte des Menschen lähmten, rief Schmiel aus: «Man löse diese Fesseln durch Beförderung seines physischen und moralischen Wohls, daß er sich frey fühle vom Drange der Sorgen und Kümmernis, so wird alles, *freyer* seinen Geist ansprechen, alles Edle desto leichter Zutritt in seine Seele finden.»[19]

Er liess es nicht bei dieser schönen Absicht bewenden, sondern überlegte sich, wie das Ziel eines von ökonomischen Sorgen befreiten Menschen zu erreichen wäre. Eine Revolution kam nicht in Frage; man wollte den Weg der Reformen beschreiten. Zuerst sollten die materiellen und moralischen Grundlagen des Lebens im Aargau erforscht werden.

«Die Gegenstände, mit welchen die Gesellschaft sich beschäftigt, sind unbestimmt, indem dieselbe nichts ausser Acht läßt, was nur immer Auffindung, Verbesserung, Erweiterung eines Kunst- oder Erwerbszweiges, oder moralische Vervollkommnung betrift[!]; alles in näherem Bezug auf die Bürger des Kantons Aargau.

Zu den vorzüglichsten Gegenständen ihrer Forschung und Bemühung zählt sie indessen: Oekonomie im ausgedehntesten Sinne; Kunst und Gewerb; Landbau in weitester Beziehung; Manufakturarbeiten aller Art; Viehzucht aller Gattung; Polizey in allen Zweigen; Geschichte und die dahin einschlagenden Fächer; Statistik und Geographie; Naturkunde in ihrem weiten Felde; p.»[20]

Das war ein weites Feld; Schmiel breitete alles aus, was zu bearbeiten im Kanton Aargau notwendig schien, nicht, was den versammelten fünf Männern möglich war. Man erwog, für die verschiedenen Gebiete, deren die Gesellschaft für vaterländische Kultur sich annehmen sollte, eine Klasse oder Abteilung zu bilden, in denen Spezialisten sich in ihrem Lieblingsfach tummeln könnten. Jede Klasse sollte einen eigenen Vorsteher haben. Vernünftigerweise kam man aber überein, diesen Plan aufzuschieben, da er «bey dem Mangel an tauglichen Subjekten für die verschiedenen Fächer, *für den ersten Augenblik* nicht in seinem ganzen Umfange auszuführen sey».[21]

Die Gesellschaft für vaterländische Kultur

Der Name «Gesellschaft für vaterländische Kultur» war keine Erfindung von Schmiel. In Preussen existierte bereits eine «Schlesische Gesellschaft für vaterländische Kultur», deren Satzung eben im Druck erschienen war. Sie bestand aus einer physikalischen, medizinischen, pädagogischen, entomologischen und einer Sektion für Altertum und Kunst. Karl Lessing, ein Bruder des Dichters Gotthold Ephraim, hatte sie mitbegründet, und 1822 wurde Goethe zum Ehrenmitglied ernannt. Er sagte zum Präsidenten, dem Sohn von Charlotte von Stein: «Mir ist kein gemeinnütziger Verein bekannt, wo mit solcher Ausdauer und mit solchem Erfolge so mannigfaltige Zwecke verfolgt werden, wie es wirklich in der Schlesischen Gesellschaft für vaterländische Cultur stattfindet.»[22] Dasselbe hätte er auch von der Aargauer Kulturgesellschaft sagen können, hätte er sie gekannt.

Als Vorlage für das Aargauer Modell diente aber auch die ökonomische Gesellschaft Graubündens. 1778 als Gesellschaft landwirtschaftlicher Freunde gegründet, ging sie nach einigen Jahren ein und wurde 1803 als neue ökonomische Gesellschaft wiedereröffnet. Johann Baptist von Tscharner wurde beauftragt, die Reorganisation an die Hand zu nehmen, hatte aber wenig Erfolg. Von ihm hatte Zschokke den Vorschlag zu einer revidierten Verfassung erhalten.[23] Die ökonomische Gesellschaft Graubündens wollte hauptsächlich zu einer Belebung von Landwirtschaft und Gewerbe beitragen. Ihre Untersuchungen und Vorträge wurden in der Zeitschrift «Der neue Sammler» veröffentlicht.[24] Sonst hörte man wenig von ihr.

Im Aargau konnte man sich nicht auf 30 Jahre Erfahrungen mit ökonomischen Gesellschaften stützen. Zwar existierte seit 1759 in Bern eine ökonomische Gesellschaft, aber auf die wollte man aus verschiedenen Gründen nicht zurückgreifen. Man beschloss, das Bündner Konzept zu modifizieren und stufenweise zu realisieren. Zuerst musste die Gründung vorbereitet werden. Man hielt nach geeigneten Mitgliedern Ausschau. Sie sollten «aus den besten und fähigsten Köpfen des ganzen Kantons» rekrutiert werden, ohne Rücksicht darauf, ob sie Freimaurer waren oder nicht. Als Präsident wurde Schmiel bestimmt.

Die Logenprotokolle zeigen, dass die Aargauer Freimaurer die Organisation der Kulturgesellschaft minutiös planten. Die Heimlichkeit, mit der sie die Gründung vorantrieben, und die Nähe zum Freimaurertum führten später zu allerlei

Gerüchten und dazu, dass die Kulturgesellschaft mit starken Vorurteilen zu kämpfen hatte.[25] «Eine Vereinigung allein zu menschenfreundlichen Zwecken erschien damals noch so unglaublich, daß man dahinter nur das Verdächtigste und Schlimmste wittern konnte: gottlose Freimaurerei oder gar höllische Goldmacherkünste in persönlichem Umgange mit dem Schwarzen.»[26]

Taufe in angeregter Runde

Die erste Sitzung der Kulturgesellschaft fand mit neun Anwesenden am 2. März 1811 in entspannter Atmosphäre im Gasthaus zum Goldenen Ochsen in Aarau statt. Sie diente dazu, sich anzuwärmen und kennen zu lernen. Von den vielen Überlegungen, die in der Freimaurerloge angestellt wurden, war noch wenig zu spüren. Zschokke, ein gewandter und eloquenter Causeur und Conferencier, der auch in der Loge das Amt des Redners innehatte, leitete die Versammlung. Hier der Anfang des Protokolls:[27]

«Von einigen Freunden der wahren geselligen Unterhaltung, rührte der schöne Gedanken her, freundschaftliche Zusammenkünfte unter Männern zu veranlaßen, die einem freimüthigen, ungezwungenen Verkehr sich gerne hingeben, und, was in den sonst gewöhnlichen Spiel- und Trink-Gesellschaften eben so selten sich findet als geübt werden kann, Vergnügen und Befriedigung für Geist und Herz, in wechselseitigem gefälligen Austausch von Ansichten, Gedanken und Erfahrungen über das ganze Gebiet menschlichen Wißens und Handelns zu finden gewohnt sind.

Wie zu erwarten war, so fand auch der diesfällige Antrag aller Orten den geneigtesten Eingang, und der zahlreiche Besuch der heutigen ersten Versammlung, leistete die erfreulichste Gewähr für das bleibende Intereße der Theilnehmer, an einer für beßere Genüße gestifteten Gesellschaft.

Herr Zschokke hatte es übernommen, die Versammlung von der Veranlaßung und von der Absicht der Stiftung dieser Gesellschaft näher zu unterrichten; und nach seiner geendigten herzlichen Anrede, unterhielt er die Gesellschaft auf das Angenehmste, durch die Mittheilung eines Bruchstückes von Montaigne's Tagebuch einer Reise durch einen Theil der Schweiz, Deutschland und Italien, welches er von Herrn von Kotzebue für die Erheiterungen erhalten hatte. Dieses in den 1580er Jahren geschriebene Tagebuch, berührt auch den hiesigen Kanton, und ist in Hinsicht der Zeitentfernung in vieler Hinsicht auf das was *ist,* und was *war,* merkwürdig.»[28]

Leider ist das ursprüngliche Mitgliederverzeichnis verloren gegangen; man kann aber vermuten, dass in der ersten Sitzung hauptsächlich die Stifter aus der Freimaurerloge teilnahmen. Acht weitere Männer, unter ihnen zwei Regierungsräte und Zschokkes Schwiegervater Pfarrer Nüsperli, waren noch vor der Gründung zum Mitmachen eingeladen worden. Aus einem etwas späteren Verzeichnis geht hervor, dass der Kulturgesellschaft im Mai 1811 bereits 24 Mitglieder angehörten, darunter fünf von neun Regierungsräten und der Staatsschreiber.[29] Ende des Jahres waren es 51 Mitglieder, davon 17 auswärtige. In den ersten Jahren rekrutierten sie sich fast ausschliesslich aus Juristen, höheren Beamten, Pfarrern und Ärzten.[30] Es waren Personen, die Schlüsselpositionen im öffentlichen Leben des Kantons innehatten.

Eine wirksame Gesellschaft nach dem Plan von Benjamin Franklin

Bewerben konnte man sich nicht; man wurde von einem bisherigen Mitglied vorgeschlagen, von der Versammlung gewählt und konnte dann zusagen oder ablehnen. Die Aufnahme erfolgte wie in der Freimaurerloge geheim, durch Ballotage oder Kugelung. Erhielt ein Kandidat zwei schwarze Kugeln, so war er abgelehnt. Jedem neuen Mitglied wurden drei Fragen vorgelegt, die es in der ersten Sitzung mit Ja zu beantworten hatte:

1. Glauben Sie, daß eine Gesellschaft, deren Zweck in der vielseitigen Kunde und in dem Streben zur Kultur des Vaterlandes besteht, unserm Kanton von wesentlichem Nutzen sein werde?
2. Wollen Sie nach Ihren Kräften, durch Ihre Erfahrung, Talente und Thätigkeit der hier versammelten Gesellschaft beistehen, alles zu befördern, was zur genauern Kenntniß und zur Kultur unsers Kantons gehört?
3. Sind Sie mit uns übereinstimmend, daß zur Fortdauer einer solchen Gesellschaft die strengste Sorgfalt bei der Aufnahme der Mitglieder, in Rücksicht ihrer Moralität, ihres guten Namens, ihrer Kenntniße und Thätigkeit erforderlich seie? und werden Sie uns dazu die Hand bieten?[31]

Nachdem sich einige Ungeschicklichkeiten bei der Wahl neuer Mitglieder ereignet hatten, kam noch eine vierte Frage dazu, die zu Stillschweigen über diese Prozedur verpflichtete.[32] Die Fragen griffen nicht so tief in die Persönlichkeit ein wie der dreimal dreifache Freimaurereid Zschokkes, aber auch hier wurde auf einen guten Leumund Wert gelegt.

Die Mitglieder trafen sich jeden Samstagabend um 17 Uhr im Gasthaus, zunächst im «Goldenen Ochsen», später im «Schwert». Sobald die Witterung es er-

laubte, wurde ein Sommerlokal bezogen; im Mai 1811 war dies Zschokkes Land-
haus im Schachen. Im Juli 1812 mietete man für die kühlere Jahreszeit die zweite
Etage von Zschokkes Wohnhaus Rain 18. Eine Trennwand wurde herausgerissen,
damit ein genügend grosser Raum entstand.[33] Hier blieb die Gesellschaft für
vaterländische Kultur und vermutlich auch die Freimaurerloge zur Brudertreue
während vieler Jahre, so dass Zschokkes älteste Söhne in engem Kontakt mit den
beiden innovativen Organisationen aufwuchsen. Theodor Zschokke, Arzt und
Naturwissenschafter, trat 1828 in die Loge ein und war von 1858 bis kurz vor seinem Tod Meister vom Stuhl. Pfarrer Emil Zschokke, schon als Jugendlicher in die
Gesellschaft für vaterländische Kultur eingeführt, amtete schon früh als Sekretär,
tat sich dann in der Bezirksgesellschaft Kulm hervor und übernahm im Todesjahr
seines Vaters das Präsidium der Gesamtgesellschaft.

Was diese Männer – Frauen hatten zu jener Zeit kaum Zugang zu geselligen
Versammlungen – bewog, ihre Freizeit für die Gesellschaft für vaterländische
Kultur zu opfern, lässt sich aus den Aktivitäten und den Protokollen der Sitzungen zeigen, die uns von 1811 an mehr oder weniger vollständig vorliegen. Zuerst
beschränkte man sich darauf, Vorträge anzuhören.

In der dritten Versammlung ergriff Kantonsschulrektor Ernst August Evers
als erster Nichtfreimaurer, der sich bemerkbar machte, das Wort. Er entwickelte
die Idee einer «wirksamen Gesellschaft» nach einem Entwurf des Amerikaners
Benjamin Franklin.[34] Man schien nur darauf gewartet zu haben. Da bisher noch
kaum konkret davon die Rede gewesen war, was die Gesellschaft für vaterländische Kultur bezweckte, wurde ein Komitee mit Evers, Zschokke und Schmiel und
zwei weiteren Mitgliedern zusammengestellt. Es sollte Franklins Vorstellungen mit
den früheren Überlegungen in der Freimaurerloge vergleichen. Beim nächsten
Mal trug Zschokke einen Verfassungsentwurf vor, der die beiden Konzepte miteinander verband und für die Gesellschaft für vaterländische Kultur richtungs-
weisend wurde.

Benjamin Franklin (1706–1790) war wie Zschokke vielseitig begabt und tätig
und weist auch sonst bemerkenswerte Parallelen mit ihm auf.[35] Seine Autobiografie lag seit 1792 auf Deutsch vor. Sie stellt sein Leben als Ergebnis plan-
mässiger Entscheidungen, als Folge einer moralischen Perfektionierung dar[36]
und machte den bisher hauptsächlich als Erfinder Bekannten mit einem Schlag
zum Vorbild der fortschrittlich denkenden Intellektuellen in Europa. Franklin
war das grosse Beispiel eines Aufklärers und Humanisten, bewundert wegen seines unerschrockenen Kampfs für die Freiheit und Unabhängigkeit Amerikas, wegen seines Einsatzes für Volksbildung und das Wohl der Menschen.

1743 verbreitete Franklin einen «Vorschlag zur Förderung nützlichen Wis-
sens unter den englischen Kolonien in Amerika» (Proposal for Promoting Useful
Knowledge among the British Plantations in America), was zur Gründung der
«American Philosophical Society» führte. Ziel war eine Vereinigung talentierter
Männer, die sich auf dem Korrespondenzweg oder bei monatlichen Treffen über

Porträt-Ensemble dreier Geistesgrössen mit Zschokke, Benjamin Franklin und Johann Gottfried Seume. Das Porträt von Zschokke geht auf eine Zeichnung seines Sohns Alexander zurück, die 1842 für «Eine Selbstschau» benutzt wurde.[37]

neue Erfindungen und Entdeckungen in der Pflanzen- und Tierwelt, Geografie und Geologie, Chemie, Mechanik, in Gewerbe, Handwerk oder Handel austauschten. Berichtet werden sollte ferner über alle philosophischen Untersuchungen, die Licht in die Natur der Dinge brachten, die Gewalt des Menschen über die Materie vermehrten und die Lebensqualität erhöhten.[38]

Es war ein gross angelegter Entwurf eines den Kontinent, ja die ganze Welt umspannenden Netzes gelehrter Männer, die gleichzeitig Späher und Verbreiter neuer Errungenschaften auf allen erdenklichen Gebieten sein sollten. Es war eine frühe Vision eines Worldwide Web, das nur an den begrenzten personellen und Kommunikationsmitteln scheiterte.

Zschokke selbst hatte etwas Ähnliches in kleinerem Rahmen auch schon versucht. Im Dezember 1798 gründete er im Auftrag der helvetischen Regierung in Luzern eine «litterarische Gesellschaft» mit Filialen in Zürich, Basel, Schwyz und Winterthur. Die «litterarische Gesellschaft» sollte die vaterländische Gesinnung fördern, «im Gegensatze des Kantonsgeistes, des oligarchischen Föderalismus und der Anarchie», das Volk über seine wichtigsten Angelegenheiten aufklären und beitragen zur «Aufmunterung der Wissenschaften, des Kunstfleisses und nüzlicher Gewerbe aller Art im Vaterlande.»[39]

Solange die helvetische Regierung in Luzern residierte, hatte die «litterarische Gesellschaft» Erfolg. Als Zschokke nach Stans geschickt wurde und die Regierung nach Bern umzog, stellte sie ihre Tätigkeit ein.

Auch Benjamin Franklin hatte mehrere Anläufe gebraucht. Bereits 1727 hatte er in Philadelphia mit einigen Handwerkern einen auf Pennsylvania beschränkten «Club for mutual Improvement», auch «Junto» genannt, gegründet.[40] Interessant ist, dass den Aufzunehmenden ebenfalls vier Fragen vorgelegt wurden, die sie mit Ja oder Nein zu beantworten hatten. Johann Gottfried Herder übersetzte die Fragen ins Deutsche, um sie 1791 in Weimar als Grundlage für den dortigen Freitagsclub zu benutzen. Durch seine «Briefe zur Beförderung der Humanität» wurden sie weiterum bekannt.[41]

Allerlei Diskussionsgegenstände

24 «stehende» Fragen wurden zu Beginn jeder Sitzung des «Junto» gestellt und beantwortet. Sie sollten den Sinn für das Wesentliche schärfen. Ausserdem musste jedes Mitglied abwechselnd eine oder mehr Fragestellungen zu einem Thema der Moral, Politik oder Naturphilosophie aufwerfen, die daraufhin im Junto diskutiert wurde.

Diese letzte Idee befruchtete die Diskussion der Gesellschaft für vaterländische Kultur, denn nachdem Zschokke seinen Verfassungsentwurf vorgestellt hatte, wurde beschlossen, «daß jedes Mitglied Fragen über ihm beliebige Gegenstände aufwerfen, und dem Herrn Geschäftsbesorger zusenden solle, welcher sodann die Mühe über sich nimmt, diese ihm zugekommenen Fragen in die Fächer, in die sie annähernd einschlagen, zu ordnen, und auf diese Weise der nächsten Versammlung, ohne Benennung der Einsender, vorzulegen.»[42] Mit dem Geschäftsbesorger war der Präsident der Gesellschaft gemeint.

Die erste Frage, die aufgeworfen und sogleich diskutiert wurde, war für das Fortbestehen der Gesellschaft für vaterländische Kultur zentral: «In welchem Verhältniß steht unsere Gesellschaft zur Regierung?» Man kam darin überein: «So lange die Gesellschaft nicht in praktische Anwendung ihrer Beschlüße trete, nicht im mindesten eingreife, in das *was außer ihr* wirklich besteht, kurz so lange sie ohne Wirkung *nach Außen* sich blos mit und für sich selbst unterhalte, Vorarbeiten mache, Materialien sammle, damit sie der Erreichung ihrer Zwecke einst desto sicherer seie: so lange müße sie sich außer aller Relation mit der Regierung, und in *dem* Verhältniß gegen dieselbe ansehen, wie jede Gesellschaft, die sich zu ihrem Vergnügen versammelt.»[43]

Man wollte sich also vorerst mit dem Einholen von Informationen zufrieden geben, ohne sie politisch oder propagandistisch auszuwerten, und es bei Diskussionen und Beschlüssen bewenden lassen. So vermied man es, mit einem Staat, der vielleicht eifersüchtig seine Pfründe und seine Macht bewachte, in Konflikt zu geraten. Diese selbstauferlegte Einschränkung, die den Zweck hatte, die Harmlosigkeit der neuen Gesellschaft zu bekräftigen, liess sich so nicht einhalten.

Solange der Staat sich auf einige Kernbereiche der Verwaltung, Polizei und Jurisdiktion beschränkte, war er auf die Eigeninitiative der Bürger angewiesen, die vieles übernahmen, was zu leisten er nicht imstande war. Umgekehrt musste die Gesellschaft für vaterländische Kultur ihre Anstrengungen mit der Regierung koordinieren, damit keine Doppelspurigkeiten entstanden. Die Mitgliedschaft der vielen Regierungsräte und höherer Beamten erlaubte die Abstimmung der Tätigkeiten aber ohne weiteres.

Die Gesellschaft für vaterländische Kultur wurde im Lauf der Jahrzehnte gleichwohl zu einer Art Staat im Staat, der subsidiär dort tätig wurde, wohin der Arm der Regierung nicht reichte. Es liess sich nicht vermeiden, dass mit der Zeit ein Konkurrenzverhältnis entstand, wenn einer der beiden seinen Wirkbereich ausdehnte, was hauptsächlich im Bildungswesen geschah. Von solchen Konflikten muss noch die Rede sein.

Zunächst aber entsprach die Gesellschaft für vaterländische Kultur dem Bedürfnis einflussreicher Männer, miteinander über Partei- und sonstige Grenzen hinweg in ein ungezwungenes Gespräch zu kommen, Erfahrungen auszutauschen und herauszufinden, wo der Schuh drückte und welche Probleme im Aargau sich stellten, die gemeinschaftlich angegangen werden mussten.

Die Gesellschaft wird aktiv

In der gleichen Sitzung, in der das Verhältnis zur Regierung zur Sprache kam, wurden vier weitere Fragen aufgeworfen, die zeigen, dass die Gesellschaft für vaterländische Kultur nicht die Absicht hatte, elitär aufzutreten und sich von der Bevölkerung abzuschotten. So überlegte man die Herausgabe einer Publikation, um die Anliegen dem Volk bekannt zu machen, eine Aktion der Public Relation, die man bis zu einem Zeitpunkt verschob, «wo die Gesellschaft die Anwendung eines Volksblattes zu ihrem Zwecke nöthig erachten werde».[44]

Weiter diskutierte man die Fragen: «Sind die Vortheile oder Nachteile überwiegend, wenn dem Landvolk die Gerichtsordnungen und Landesgesetz-Sammlungen in seiner Muttersprache in die Hände gegeben werden?» «Hat die Nähe großer Landstraßen auf die Moralität der Dorfbewohner, einen eben so günstigen Einfluß, als gewöhnlich auf ihren ökonomischen Verkehr?» Und: «Ist in der neuen Gesangslehre von Nägeli und Pfeifer ein vorzügliches Mittel zur Volkskultur gegeben? Wenn dieses ist, in wie fern könnte dieses Mittel in diesem Kanton in Kraft gesetzt werden, wie könnte insbesondere die Gesellschaft dazu beitragen?»[45] Die Frage zum Gesangsunterricht nach der Methode Pestalozzis wurde als Einzige nicht aus dem Stegreif beantwortet, sondern Rektor Evers und Professor Heldmann, den beiden Lehrern der Kantonsschule, zur näheren Untersuchung übergeben.

Die eingetroffenen Fragen wurden durchnummeriert in ein Verzeichnis aufgenommen und mit dem Datum und einer Notiz wie «abgethan», «verlesen», «berathen», «Commission» versehen, damit die Übersicht gewahrt wurde.[46]

Nicht alle Fragen liessen sich schnell beantworten. Einige tauchten häufiger auf, wie die nach den Ursachen des Kretinismus oder nach der Entstehung, Prävention und Behandlung von Taubstummheit. Es gab in allen Gemeinden Debile, in einigen wie Suhr, Othmarsingen und Kulm extrem viele, die nicht von den bildungsfähigen Taubstummen unterschieden wurden, sondern im Normalfall dahinvegetierten. Wer sich damit befasste, spürte die Hilflosigkeit, hier eine überzeugende Auskunft zu geben. Man musste Informationen einholen, sah aber ein, dass es damit nicht getan war. Ein Eingreifen, eine Anstrengung war gefordert, da diese unglücklichen Menschen durch das grobmaschige Netz der sozialen und Bildungsinstitutionen fielen. Aber wie sollte dies angestellt werden? Vom Staat war hier keine Unterstützung zu erwarten. Eigeninitiative war gefordert, aber es verging über ein Vierteljahrhundert, bis Zschokkes Projekt einer Taubstummenanstalt realisiert werden konnte.[47]

Eine andere, sehr früh schon gestellte Frage, oder vielmehr Anregung, betraf die Errichtung einer Sparkasse. Ihre Aufgabe wurde von Zschokke im Schweizerboten so umrissen: «Mancher Handwerksmann, mancher Dienstbote, mancher Taglöhner sogar, hätte wohl bisweilen ein paar Batzen oder Franken übrig, die er für Zeiten der Noth sparen möchte. Aber wo soll er sie mit Sicherheit anbringen, daß sie ihm aufgehoben werden, oder wohl gar Zins tragen? So kleine Summen nimmt keiner gern in Zins. Das Geld liegt da. Man sieht dies und das, und möchte es haben; man geht am Wirthshaus vorbei, und das Geld fängt einem an im Sack zu brennen. Kurz, das Geld geht wieder drauf, man weiß nicht, wo, und wie? und kömmt die Zeit der Noth, wo man es brauchen könnte, so ist nichts mehr daheim. Es ist schwer sparen!»[48]

Bei der Diskussion «kam die ganze Menge der beinahe unübersteiglich scheinenden Hindernße zum Vorschein». Man ersuchte Zschokke, Schmiel und Postdirektor Daniel Dolder, Erkundigungen über die Organisation der in Zürich, Bern und Basel bestehenden Institutionen einzuholen, «besonders auch in Hinsicht der innern Rechnungs-Manipulation dieser Etablißements».[49] Nachdem dies geschehen war, wurden die Statuten ausgearbeitet und als Prospekt gedruckt. Die Angelegenheit wurde zügig vorangetrieben, und am 1. Mai 1812 konnte die «Zinstragende Ersparnißkasse für die Einwohner des Kantons Aargau» eröffnet werden.[50] Die angesehensten Männer leisteten für das einbezahlte Geld, das zu 4% verzinst wurde, eine Bürgschaft, darunter als einer der Ersten Zschokke mit

Eisenbeschlagene Truhe für Wertschriften der zinstragenden Ersparniskasse aus dem Jahr 1829. Die Inschrift auf der Innenseite des Deckels: «Gott gebe Glück. Dank den Stiftern guter Werke.» weist auf die Gemeinnützigkeit dieser ersten Aargauer Bank hin.[51]

400 Franken. Er legte für seine drei Söhne auch gleich ein Sparkonto an. Andere taten es ihm nach.

Die Einlagen kamen «von Personen aller Klassen zu Gunsten von Kindern, Taufpathen, Vogtsanvertraute u. dgl., größtentheils aber von Dienstboten und Handwerkern, welche ihre Sparpfennige hier niedergelegt haben».[52] Die starke Ausweitung der Sparguthaben zeigt, dass die Ersparniskasse schon bald das Vertrauen weiter Bevölkerungsschichten erworben hatte. Die Idee, das Sparen unter die Leute zu bringen, blieb auch später im Vordergrund. Als ich selbst vor über 50 Jahren in Aarau geboren wurde, erhielt ich von meinem Vater einen Sparbatzen von fünf Franken, der von der Aargauischen Ersparniskasse verdoppelt wurde.

Die Ersparniskasse ist eine der erfolgreichsten Gründungen der Kulturgesellschaft. Sie besteht in der Neuen Aargauer Bank fort, die zu Ehren Zschokkes vor einigen Jahren seine Statue in ihrer Schalterhalle am neu gestalteten Hauptsitz in Aarau aufstellte. Sie begann klein, als sozialpolitische Massnahme, um das Sparen in Kreisen zu verbreiten, in denen diese Art der Zukunftssicherung bisher nicht in Gebrauch war. Auch hier wurde der Idee der Nachhaltigkeit Rechnung getragen.

Die Kulturgesellschaft bestellte einen Kassier, einen Kapitalverwalter und einen Kontrolleur, behielt die Oberleitung und Aufsicht und nahm den jährlichen Geschäftsbericht ab. Der Kassier erhielt, nebenbei bemerkt, erst von 1826 an eine kleine Entschädigung. Die eigentliche Leitung trug die «Klasse für Gewerbe und Wohlstand», in der neben Zschokke und dem Buchhändler Sauerländer Kaufleute, Juristen und Beamte, der katholische Pfarrer von Aarau und ein Arzt sassen. Erst 1909 trennte sich die Ersparniskasse von der Gesellschaft für vaterländische Kultur.

Fünf Halme mit sinkenden Ähren

Schon bald nach der Gründung der Kulturgesellschaft wurde der alte Plan wieder aufgenommen, für die verschiedenen Tätigkeiten Klassen oder Abteilungen zu bilden. Die Dreiteilung im Entwurf der ökonomischen Gesellschaft Graubündens – Landwirtschaft und Viehzucht, Industrie und Gewerbe, Handel und Bankwesen – musste ausgeweitet werden, da sie zu sehr auf das Erwerbsleben und die speziellen Bündner Verhältnisse zugeschnitten war. Es fehlten den Aargauer Gründern die Bereiche Wissenschaften und Gemeinnützigkeit, für die es etwa in Zürich, Bern oder Basel eigene Institutionen gab: Akademien und gemeinnützige oder Hilfsgesellschaften. Im Aargau sollte dies alles von einer einzigen Gesellschaft abgedeckt werden.

Die fünf Klassen, die sich im Verlauf des ersten Jahres formierten, waren

1. die staatswirtschaftliche oder staatswissenschaftliche Klasse,
2. die historische Klasse,
3. die naturhistorische Klasse,
4. die ökonomische oder landwirtschaftliche Klasse,
5. die Klasse für Gewerbe und Wohlstand.

Dazu gesellte sich die «Hülfsgesellschaft für Aarau und Umgebung», die bereits Anfang Oktober 1811 als erste Institution der Kulturgesellschaft entstand. Sie nahm sich gezielt der Bedürftigen an und ergänzte die Arbeit der staatlichen Armenkommission. In ihr nahmen auch Vertreter des Stadtrats von Aarau Einsitz, und es braucht kaum erwähnt zu werden, dass auch hier Heinrich Zschokke bei der Gründung eine wesentliche Rolle spielte.

Jedes Bittgesuch wurde gründlich geprüft, damit jedem Notleidenden die Unterstützung gegeben werden konnte, die er am dringendsten brauchte: Lebensmittel, Kleidung, Brennholz, Schulmaterial und so weiter. Mit der Vergabe von Geld war man zurückhaltend, da man verhindern wollte, dass es seinem Zweck entfremdet und für Alkohol verwendet würde. Die Hilfe trug stark paternalistische Züge; sie sollte nicht nur individuell, sondern auch gesellschaftlich nützlich sein. Sie überbrückte die unmittelbare Not und half den Betroffenen, wieder auf die Beine zu kommen, wollte aber auch erzieherisch wirken. Sie wollte die Suche nach einer Lösung zur Selbsthilfe ermöglichen und der sozialen Entwurzelung durch Armut, der weit verbreiteten Bettelei und Landstreicherei, der Verwahrlosung der Kinder von Armen entgegenwirken. Deshalb wurden die so Unterstützten von einem Mitglied der Hülfsgesellschaft persönlich betreut.

Mit ihrer karitativen Seite hat die aargauische Kulturgesellschaft übrigens bis heute Bestand. Angeschlossen an die Schweizerische Gemeinnützige Gesellschaft wirkt sie vor allem im Stillen fort. Die andere, die ökonomische und wissenschaftliche Seite und ihre frühere Dynamik sind ihr im Lauf der Zeit verloren gegangen.

In ihrer Pionierzeit befasste sich die Kulturgesellschaft mit allem, was irgendwie von öffentlichem Interesse war, und zwar in Theorie und Praxis. Die Statuten, zum ersten Mal im Juli 1814 gedruckt, sahen vor: «Der Zweck der Gesellschaft ist Beförderung alles dessen, was zur genauern Kenntniß der Geschichte, Natur und Staatskräfte, so wie zur Erhebung der Wissenschaft, Kunst und des Wohlstandes im Vaterlande führt, in so fern solches von Privatmännern geschehen kann.»[53] Ausgeschlossen blieb, «was allein Geschäft öffentlicher Behörden ist».[54]

Jede der fünf Klassen übernahm die Fragestellungen und Aufgaben, die in ihren Themenbereich fielen, oder umgekehrt: Die Aufgabenbereiche der fünf Klassen wurden so definiert, dass alle Fragen, die einem Mitglied in den Sinn kamen, einer von ihnen zugeteilt werden konnten. Jedes Mitglied der Kulturgesellschaft war zugleich einer Klasse zugeteilt, was eine passive oder zweckfreie Mitgliedschaft ausschloss. Andererseits konnte jedes Mitglied in beliebig vielen Klassen mitarbeiten.

Die Regel sah vor, dass jede Klasse sich einmal monatlich oder häufiger traf. Einmal im Monat berichtete ein Sprecher im Plenum über die Verhandlungen, so dass die Mitglieder stets über den Fortgang aller Klassen im Bild waren. Für Zschokke hätte es dieser Berichte nicht bedurft, da er sich bei allen Klassen eingeschrieben hatte und bei fast keiner Sitzung fehlte. Was seine Frau Nanny über diese häufige Abwesenheit sagte, wissen wir nicht. Es ist zu vermuten, dass er sie vorher nicht gefragt hatte. Er bestand auf einer klaren Rollenverteilung: Der Mann tummelte sich im öffentlichen Leben; die Frau regierte über den Privatbereich, den Haushalt.

Die Zusammenkünfte fanden, wie schon erwähnt, in Zschokkes Haus Rain 18 statt. Zschokke brauchte also nur das Stockwerk zu wechseln. Sonst besuchte er kaum abendliche Zerstreuungen; im Café oder Wirtshaus, dem Treffpunkt der meisten Männer, sah man ihn selten oder nie.[55] Im gleichen Haus versammelte sich, wie es scheint, auch die Freimaurerloge zur Brudertreue, in der Zschokke aber seit März 1812 nicht mehr mitwirkte. Über die Gründe für seine lebenslange freimaurerische Haltung, auch ohne einer Loge anzugehören, gibt er in «Eine Selbstschau» Auskunft.[56]

Es ist angebracht, die verschiedenen Klassen mit ein paar Worten zu charakterisieren. Sie brachten es innerhalb der Kulturgesellschaft zu einiger Selbstän-

Zschokkes Wohnhaus Rain 18 in Aarau (rechts, mit dem Balken für den Lastenaufzug unter dem Giebel), wo sich im zweiten Stock die Gesellschaft für vaterländische Kultur versammelte.[57]

digkeit, ohne dass sie den Bezug zu ihrer Mutter verloren. Die Kulturgesellschaft benutzte als Signet fünf Halme mit sinkenden Ähren, das Symbol der fünf tätigen und Früchte bringenden Klassen. Das entsprechende Siegel wurde zugleich von der Ersparniskasse benutzt.[58]

Die bekanntesten beiden Klassen sind auch jene, in denen sich Zschokke am stärksten engagierte: die naturhistorische Klasse, im Oktober 1811 gegründet, verselbständigte sich 1839 zur naturforschenden Gesellschaft des Kantons Aargau. Die historische Klasse entstand im Dezember 1811, war aber nur zehn Jahre lang aktiv. Wiederbeatmungsversuche hatten wenig Erfolg. Es gibt einen Brief des 75-jährigen Zschokke von 1846, in dem er sich erfreut über die Verjüngung der historischen Klasse zeigte: «Ich rechne mirs zur Ehre, ein altes Mitglied gewesen zu seyn, und ein neues werden zu können. Nur bitt' ich wegen der Unannehmlichkeit nächtlicher Winter- und Wasserfahrten, um Nachsicht wegen einsweilen noch seltner Erscheinung Ihres ergebensten H. Zschokkes.»[59] Erst 1859 entstand die Historische Gesellschaft für den Aargau, die mit Wohlwollen dieses Buch begleitet. Über beide Klassen wird gesondert die Rede sein.

Die fünf Ähren symbolisierten die Gesellschaft für vaterländische Kultur im Kanton Aargau mit ihren fünf Klassen. Ursprüngliches Siegel, das auch für die zinstragende Ersparniskasse Verwendung fand.[60]

Arbeits- und Fabrikschulen und statistische Daten

Die Klasse für Gewerbe und Wohlstand, die sich laut Statuten des Land- und Wasserbaus, der Fabriken, Handwerken, der gemeinnützigen und Armenanstalten annehmen sollte, haben wir schon erwähnt. Ausser der Ersparniskasse richtete sie 1812 eine Arbeitsschule für arme Einsassenmädchen (unter Einsassen verstand man Zugezogene ohne Bürgerrecht), später im ganzen Kanton Nähschulen und für die jungen Handwerker Sonntagsschulen ein. Dies geschah teils zusammen mit der Hülfsgesellschaft. Sie initiierte auch Fabrikschulen, um den Kindern, die frühzeitig aus der Schule genommen wurden, um in einer Fabrik zu arbeiten, wenigstens eine rudimentäre Weiterbildung zu ermöglichen. 1835 wurde ein entsprechender Paragraf ins aargauische Schulgesetz aufgenommen, und auch die Nähschulen wurden Teil des Schulangebots.[61]

Vor 1835 gab es vor allem auf dem Land kaum Sekundarschulen oder irgendeine Möglichkeit für Lehrlinge, sich theoretische Kenntnisse anzueignen. Wie bei der Mädchenfortbildung ging es der Kulturgesellschaft auch bei den Sonntagsschulen darum, Schulen dorthin zu bringen, wo sich die Kinder befanden, also nicht bloss auf die Städte zu konzentrieren. Der Staat war dazu noch nicht imstande, und die Dörfer waren schon für die Finanzierung der Primarschulen oft zu arm. Die Initiative solcher Schulen, mit geringen Mitteln errichtet, ging meist von den Bezirken aus, wo sich Filialen der Kulturgesellschaft gebildet hatten. Früh schon ging es in der Klasse für Gewerbe und Wohlstand auch um den Taubstummenunterricht. Ein Pfarrer aus Gansingen machte 1811 einen ersten Vorstoss.[62]

Auf der zweiten Schiene, der Förderung des Gewerbes, rührte sich in der Klasse für Gewerbe und Wohlstand wenig, vermutlich weil sich kaum Praktiker, Unternehmer oder Handwerker an den Diskussionen beteiligten. Immerhin richtete man ein Augenmerk auf die Tuchfabrikation und die Strohflechterei, zwei typische Aargauer Industrien, und sammelte in der ganzen Schweiz Tuchproben. Die Aufforderung zum Einsenden dieser Muster wurde im Schweizerboten veröffentlicht. Auch die gesundheitlichen Folgen des Webens in feuchten Kellern beschäftigte die Kulturgesellschaft; Zschokke brachte diese Frage im Januar 1828 ein. Sie wurde der naturhistorischen Klasse zugewiesen, die um vieles aktiver war als die Klasse für Gewerbe und Wohlstand. Diese hatte mit ihrer Ersparniskasse so viel zu tun, dass ihr wenig Zeit für anderes blieb.

Am wenigsten machte die staatswissenschaftliche Klasse von sich reden, die sich die Beschaffung statistischer Daten zum Ziel setzte, «eine Sammlung von Angaben und Thatsachen, Tabellen, Karten u. s. w., welche über den wechselnden Zustand der Gesetzgebung, Polizei, Kriegsverfassung, Finanz- und Staatswirthschaft, Topographie, Bevölkerung, Fabrikation, Erzeugnisse, Handel u. s. w., der Eidsgenossenschaft überhaupt und des Kantons Aargau insbesondere, licht gewähren».[63]

Seit der französische Finanzminister Jacques Necker die Zahlen des Staatshaushalts veröffentlicht und damit zum Sturz Ludwigs XVI. beigetragen hatte, war man sich der Macht solcher Zahlen bewusst. Zahlen standen für wirtschaftlichen Erfolg, entschieden über Gewinn und Verlust, über Krieg und Frieden. Das Jonglieren damit begann modern zu werden. Aber woher sollten sie stammen? Es gab ja noch keine statistischen Ämter, und der Aargau war bei der Datenerhebung noch besonders rückständig.

Immerhin gab es schon Statistiken: zur Bevölkerungsgrösse, über Schulen und Schulkinder, Armengüter oder eingegangene Bussen. Andere holte die staatswissenschaftliche Klasse selbst ein, indem sie den Bezirksamtmännern, Gemeinden oder Pfarrern Fragebogen verschickte, etwa zu den Taubstummen und Blinden, zur Ursache und Bekämpfung der Teuerung von 1816/17 oder zu der in der Folge davon verstärkten Auswanderung nach Russland und Übersee. Sie wurden in Tabellenform in den Verhandlungsblättern der Kulturgesellschaft veröffentlicht, die ab 1816 zu erscheinen begannen. An den Umfragen beteiligte sich auch die Gesellschaft für Gewerbe und Wohlstand. Die brisanten Zahlen über die Staatsverschuldung dagegen waren zu geheim, um sie bekannt zu machen. Ob aus den Zahlenreihen irgendwelche Schlüsse gezogen wurden, ist schwer zu sagen. Für den Wirtschafts- und Sozialhistoriker sind sie jedenfalls eine interessante Quelle.

Der wichtigste Beitrag der staatswissenschaftlichen Klasse war die Vorbereitung des Helvetischen Almanachs für das Jahr 1816, der von Zschokke ausgearbeitet wurde. Dieses bei Orell Füssli & Co. in Zürich erschienene Werk enthielt eine 200 Seiten starke «Topographisch-statistische Beschreibung des Cantons

Aargau» und war damit die erste Gesamtschau des Aargaus für ein grösseres Publikum.[64] Begleitet wurde der Almanach von einem Aufsatz Zschokkes über die Salzquellen im Sulztal, von sechs Kupferstichen, die romantische Landschaftsansichten zeigten, und von zwei Stichen mit den Trachten des Fricktaler Bauers und der Fricktaler Bäuerin. Erst 1844 wurde dieses Werk durch ein noch umfassenderes des Aargauer Bibliothekars Franz Xaver Bronner abgelöst. Auch hier also, und hier besonders, leistete die Kulturgesellschaft Pionierarbeit.

Verbesserung der Landwirtschaft in allen ihren Zweigen

Während sich die staatswissenschaftliche Klasse mit Zahlenmaterial herumschlug, konzentrierte sich die ökonomische oder, wie sie sich bald einmal nannte, landwirtschaftliche Klasse auf «die Verbesserung der Landwirthschaft in allen ihren Zweigen». Nach ihren Statuten ergriff sie dabei folgende Mittel:

Sie trachtet zu dem Ende zu genauer Kenntniß der Landwirthschaft des Kantons zu gelangen und die in einzelnen Theilen herrschende Unkunde und schädlichen Vorurtheile zu vermindern.

Sich in Kenntniß zu setzen von den Verbesserungen der Landwirthschaft anderer Gegenden; diese Verbesserungen durch Versuche von erfahrnen Landwirthen prüfen zu lassen; oder selbst zu prüfen, in wiefern sie für Boden, Klima und anderweitige Umstände unsers Kantons passend sind.

Jedem Landwirth unsers Kantons, der in seinen landwirtschaftlichen Verhältnissen über irgend einen Gegenstand Rath und Belehrung wünscht, Auskunft zu verschaffen.

Und endlich die bewährtesten und nützlichsten Erfahrungen zur Verbesserung der Landwirthschaft soviel als möglich in allen Gemeinden unsers Kantons bekannt zu machen.»[65]

In dieser Klasse kamen noch am ehesten die Ziele der ökonomischen Gesellschaften des 18. Jahrhunderts zum Tragen. Sie war kein Erfolg, weil sie einen Austausch mit Landwirten voraussetzte, der ja auch im Fall des Schweizerboten nicht zustande kam. Die Kulturgesellschaft war eine intellektuelle Erfindung, in der die reformorientierten Städter dominierten. Welcher Bauer hätte auch monatlich nach Aarau reisen können, um den Sitzungen der Kulturgesellschaft beizuwohnen? Die Mitglieder erkannten dies auch, deshalb versuchten sie die landwirtschaftliche Klasse um ausserordentliche Mitglieder aufzustocken, die in den verschiedenen Bezirken rekrutiert wurden. Aber auch die setzten sich aus Beamten und Pfarrern zusammen.[66] Zu ihnen gesellten sich einige adlige Gutsbesitzer wie May von Rued und Oberst Ludwig Effinger von Wildegg, die von den landwirtschaftlichen Fragestellungen angesprochen wurden. Sie zogen sich aber erschreckt zurück, als die Kulturgesellschaft 1814 einen patriotischen, antibernischen Kurs einschlug.[67]

In Ermangelung von Mitgliedern aus dem aktiven Bauernstand beschäftigte sich die landwirtschaftliche Klasse mit anderen Fragen: «Sie suchte sich über Zustand und Vortheile der Schaf- und Bienenzucht, so wie der Obstbaumzucht im Kanton, nähere Kunde zu verschaffen; sie forschte nach den Ursachen der Vermoosung des Surthales, und entwarf einen Plan zur Austrocknung des Staffelbacher Mooses; sie stellte Versuche an mit dem Anbau einer neuen Art Erdäpfel und mit der Einführung fremdartiger Gewächse, unter welche vielleicht noch in diesem Jahr die Okrapflanze gehören wird, ein Surrogat des Kaffee's, das Hr. Hassler aus Amerika der Gesellschaft zu übersenden versprochen hat. Sie prüfte einige der Fellenbergischen Ackerbaumaschinen und arbeitet noch an einer Sammlung von Erfahrungen über das Gelingen und Misslingen der Ärnten im Kanton, über Assekuranz für Hagelschaden, und, vereint mit der Klasse für Gewerb und Wohlstand, über die gegenwärtig ergiebigsten und nachahmungswertesten Industriezweige des Kantons.»[68]

Die Frage eines Ersatzstoffs für den wegen der Kontinentalsperre Napoleons nicht mehr erhältlichen Kaffee war wichtiger für die Konsumenten als für die Landwirte.

Jahresversammlung im Zeichen des Patriotismus

Das erste jährliche Treffen aller Mitglieder der Kulturgesellschaft fand im Mai 1814 in Schinznach Bad statt, an jenem Ort, wo sich auch die Helvetische Gesellschaft zu versammeln pflegte. Es war ein festlicher Anlass, an dem die Tätigkeiten des vergangenen Jahrs rekapituliert wurden. Gemeinsam wurde das von Zschokke gedichtete «Aargauer-Lied» gesungen und damit die Geschlossenheit und Einheit des Kantons demonstriert. Es galt, Flagge zu zeigen, den Wehrwillen und die Opferbereitschaft der Bürger zu betonen. Die dritte Strophe lautete:

> Drei Sterne weh'n in unsern Fahnen;
> Sie deuten unser höchstes Gut:
> Die Freiheitsliebe unsrer Ahnen,
> In Noth und Tode Glaubensmuth,
> Und, sehen wir unsrer Kinder Blüh'n,
> Der Hoffnung tröstendes Immergrün.

So sollte der Aargau auf Patriotismus eingestimmt werden. Die Kulturgesellschaft hatte den Schritt in die Öffentlichkeit getan. Man kam überein, die Statuten zu drucken und damit jedermann zugänglich zu machen.

Ansicht von Bad Schinznach. Beliebter Kurort; Versammlungsort für die jährlichen Treffen der Helvetischen Gesellschaft und der Gesellschaft für vaterländische Kultur.[69]

Weil es so schön war, und auch aus politischen Gründen, traf man sich im September 1814 ein zweites Mal und wiederum in Schinznach Bad. Der Schweizerbote schrieb: «Das Beisammensein so vieler vaterländisch gesinnter Männer des Aargau's erhob das Gemüth eines Jeden. Bei Tische ward unter Gesang und Gläserklang mancher herzliche und feierliche Wunsch ausgesprochen, für Aargau's Freiheit und Ehre; für den Bruderkanton Waadt; für Zürich; für Basel; für aller Eidsgenossen Eintracht; für die Fahnen der fünf aargauischen Kompagnien, welche jetzt dies- und jenseits des Gotthard um Ruhe und Wohlfahrt der Eidsgenossenschaft im Felde stehn; für das Heil *Alexanders, Franzens* und *Friedrich Wilhelms*. – Die in die Armenbüchse gefallenen Almosen, 106 Fr. 4 Btz. 5 Rp., wurden zur Unterstützung einer armen Waise des Frickthals geweiht.»[70]

Diese Darstellung verschleiert etwas den eminent politischen Aspekt des Treffens. Den Herrschern von Russland, Österreich und Preussen prostete man deshalb zu, weil man am Wiener Kongress von ihnen ein für das Weiterbestehen der Kantone Aargau und Waadt günstiges Urteil erhoffte. Zschokke hatte dazu eine eigene Schrift verfasst, und auch die Kulturgesellschaft tat sich zur Bewahrung der Unabhängigkeit des Aargaus hervor.

Inwendig vergoldeter Trinkpokal aus Ahornholz, welcher der Gesellschaft für vaterländische Kultur 1817 vom Aargauer Staatsschreiber geschenkt wurde. Eingeschnitzt ist das Zeichen der Gesellschaft (die fünf Ähren) und das Kantonswappen.[71]

Bezirksgesellschaften

Ausser den in Aarau wohnhaften gab es auswärtige Mitglieder, die nur auf dem Korrespondenzweg mit der Kulturgesellschaft in Verbindung standen. Angesichts der unzureichenden Verkehrsverhältnisse war es vielen Auswärtigen nicht möglich, nach den Sitzungen gleichentags nach Hause zu kommen. Um sie stärker einzubinden und zu Aktivitäten anzuregen, wurde an der Herbsttagung 1814 in Schinznach beschlossen, in allen Bezirken Zweigkulturgesellschaften zu errichten. Schon bisher hatten sich, etwa in Brugg, Mitglieder mehr oder weniger regelmässig getroffen, aber jetzt wurde die Sache institutionalisiert. Für jeden Bezirk wurde ein Präsident bestimmt, und nach und nach traten tatsächlich diese Tochtergesellschaften in Erscheinung.

Die bisherige Kulturgesellschaft wurde jetzt zur Bezirksgesellschaft Aarau, zum leitenden Ausschuss und zur Koordinationsstelle der Gesamtgesellschaft. Die Verhandlungsprotokolle wurden im Doppel geschrieben, damit ein Exemplar unter den Bezirksgesellschaften zirkulieren konnte. Das erwies sich als zu mühselig, und 1816 entschied man sich für eine interne Publikation, die wöchentlich in einem Umfang von 16 Seiten gedruckt und versandt wurde und die Verhandlungen der Bezirksgesellschaften im Auszug wiedergab. Die Verhandlungsblätter enthalten wertvolle und nützliche Informationen, auch Referate und

Untersuchungen mit Statistiken und Tabellen. Die Auflage belief sich bald auf 400 Exemplare, so dass ausser den Bezirksgesellschaften und Einzelmitgliedern auch Aussenstehende mit den begehrten Verhandlungsblättern beliefert werden konnten.

Es lohnt sich, diese Verhandlungsblätter durchzulesen, die leider nur während zehn Jahren erschienen. Darin finden sich unter anderem Zschokkes Vorträge «Über einige Erscheinungen des Blitzes»,[72] «Über einige ungewöhnliche Lufterscheinungen»[73] oder eine «Anleitung zu zweckmäßiger Anordnung und richtiger Beurtheilung der Blitzableiter», die bei Sauerländer auch als Sonderdruck erschien.[74] Darin legte Zschokke von seiner grossen Leidenschaft, der Beobachtung atmosphärischer Phänomene, die in seinem Vortrag «Die farbigen Schatten, ihr Entstehen und Gesetz» gipfelte, Zeugnis ab. Mit den «farbigen Schatten» konkurrierte er mit Goethes Farbenlehre, was dieser etwas mürrisch zur Kenntnis nahm.[75]

Ausserdem finden sich in den Verhandlungsblättern Notizen über Volksschauspiele in den Bezirken Muri und Bremgarten,[76] ein Rezept für «die rumfordische Suppe als die wohlfeilste und zugleich nahrhafte und gesunde Nahrung», für 100 Portionen[77] oder ein kleines Lexikon der jenischen Sprache.[78] Die staatswissenschaftliche Klasse der Kulturgesellschaft trug immer wieder statistische Zahlen bei, wie über die Taubstummen und Blinden im Aargau, die Auswanderung nach Russland und Amerika oder über die Anzahl Schulen und Schulkinder.

Die Bezirksgesellschaften wetteiferten mit interessanten Einsendungen wie jener aus Zurzach «über Bevölkerung und Gewerbe der in Oberendingen und Lengnau wohnenden schweizerischen Juden».[79] Auf diese Weise hatte Benjamin Franklins für die Vereinigten Staaten vorgeschlagenes flächendeckendes Informationsnetz wichtiger Untersuchungen und Erkenntnisse im Kanton Aargau seine Erfüllung gefunden. Anfragen gingen vom Ausschuss in Aarau an die Bezirke, und von dort kamen Anregungen zurück. So stellte die Bezirksgesellschaft Brugg Überlegungen für einen besseren Volkskalender an.[80] Er wurde einige Jahre später tatsächlich realisiert, aber nicht in Brugg, sondern in Aarau, unter der bewährten Leitung von Heinrich Zschokke.[81] Brugg hatte dafür das Verdienst, während neun Jahren geschichtliche Neujahrsblätter herauszugeben.

An die Bezirksgesellschaften gingen Aufrufe für Spendenaktionen, die an die Gemeinden weitergeleitet wurden, so dass der Ausschuss in Aarau im ganzen Kanton Geld für neue Institutionen oder zur Unterstützung von Kriegs- oder Katastrophengeschädigten sammeln konnte. Teilweise benutzte auch die Regierung diese Kanäle, da sie unkonventioneller und rascher funktionierten, als es von Staats wegen möglich war. Die jährlichen Versammlungen, die meist im Herbst in Schinznach stattfanden, dienten der Abstimmung der gemeinsamen Aktivitäten.

Das Potenzial, das in diesem System von Sitzungen, Verhandlungsblättern, Jahresversammlungen und Bezirksgesellschaften lag, wurde nicht vollständig genutzt. Die Vernetzung beschränkte sich auf den karitativen und wissenschaftlichen Austausch. Man scheute davor zurück, die Verbindungen auch politisch zu nutzen, die Menschen für politische Ziele zu mobilisieren. Zusammen mit dem Schweizerboten wären die Möglichkeiten zur Beeinflussung erheblich gewesen. So aber blieb die Kulturgesellschaft in ihrem Tun unauffällig. In dem Ausmass, wie sich das öffentliche Gespräch politisierte und polarisierte, sank ihr Einfluss, da sie sich einem gesellschaftspolitischen Diskurs standhaft verweigerte.

Die Bezirksgesellschaften waren nicht alle gleich langlebig. Ihre Aktivitäten standen und fielen mit der Initiative einzelner Männer. Wenn einer von ihnen starb oder wegzog, konnte dies bereits einen schweren Schlag für sie bedeuten. Dennoch versuchten sie sich wie die Aarauer Kulturgesellschaft nach Klassen zu organisieren. Wichtiger aber war, dass aus ihren Reihen ähnliche Institutionen entstanden wie in Aarau, etwa Sparkassen in den Bezirken Brugg, Kulm, Bremgarten und Muri, die von der «Zinstragenden Ersparnißkasse für die Einwohner des Kantons Aargau» unabhängig waren, oder im Bezirk Zofingen eine zweite Taubstummenanstalt.

Kurz vor seinem Tod wurde Heinrich Pestalozzi auf dem Neuhof als Mitglied der Brugger Gesellschaft aufgenommen. Er hielt dort im Oktober 1826 einen seiner letzten Vorträge: «Wie der Unterricht des Kindes von der Wiege an beginnend zu leiten sei und wie die Entwicklung der verschiedenen Kräfte desselben in gehörige Harmonie gebracht werden könne.»[82]

Trotz aller Aktivitäten der Bezirksgesellschaften ist nicht zu verkennen, dass der Aarauer Ausschuss dominierte und die Impulse, die von der Hauptstadt ausgingen, bei weitem stärker waren als jene in der Gegenrichtung. Dies änderte sich auch nicht, als die Gesellschaft für vaterländische Kultur für das Vereinsjahr 1838/39 den leitenden Ausschuss nach Lenzburg verlegte. Die Folge war statt einer Belebung eher eine Schwächung, da nun die Koordinationsaufgaben nicht mehr genügend wahrgenommen wurden. Auch musste das Verfügungsrecht über die im Bezirk Aargau gestifteten Institutionen neu geregelt werden.

Die historische Gesellschaft

In zwei Klassen tat sich Zschokke besonders hervor: in der historischen und in der naturhistorischen (naturwissenschaftlichen). Die historische Klasse, die bald auch «Gesellschaft für vaterländische Geschichte im Aargau» genannt wurde, um sich wenigstens im Titel unabhängig zu geben, hatte zum Ziel die «Geschichte im höchsten Sinne des Wortes, nicht nur Erforschung und Darstellung der ältern und jüngern Schicksale und Zustände des Vaterlandes, sondern auch jener tiefer liegenden Quellen der Schicksale, wodurch Völkerschaften wurden, was sie geworden sind, Sprache, Erziehung, Wissenschaft und Kunst des Schönen».[83]

Interessant ist, dass in der historischen Klasse auch Erziehungsfragen thematisiert wurden, und es ist deshalb nicht verwunderlich, dass sich hier vor allem die philologisch geschulten Beamten, Geistlichen und Lehrer der Kantonsschule tummelten. Es wäre aber ungerecht zu behaupten, dass man sich auf gelehrte Vorträge beschränkt hätte; ganz im Gegenteil. Man wollte Grundlagen für die historische Erforschung des Kantons schaffen.

Schon in einer der ersten Sitzungen wurde ein Antrag der Kulturgesellschaft behandelt, «ein Inventar der im Kanton vorhandenen merkwürdigen Manuskripte und Altertümer» aufzustellen, und ein Mitglied schlug vor: «Jedes Glied der Klasse wird sich angelegen sein lassen, auf allfälligen Reisen im Kanton, die Spuren noch vorhandner Alterthümer Roms und des Mittelalters besonders zu untersuchen.» Gleich wurden die Aufgaben verteilt: Der Erste sollte ein Verzeichnis alter Münzen, der Zweite eines von alten wichtigen Manuskripten anfertigen, ein Dritter einen Auszug der handschriftlichen Chronik der Stadt Aarau machen. «Es soll zu seiner Zeit darauf Bedacht genommen werden, daß der Theil der alten Kirche zu Königsfelden, welcher durch seine, der Zerstöhrung preisgegebnen Glasgemälde, als ein köstlicher Zeuge von Kunst und Geschmak des Mittelalters merkwürdig ist, vielleicht einst der schiklichste Alterthümer-Saal der Gesellschaft für vaterländische Kultur werden könne.»[84]

Damit wären die zehn Mitglieder der Klasse bereits ausgelastet gewesen. Aber es trafen weitere Fragen ein: zum Unterricht der Taubstummen, zum Sammeln von Dialektausdrücken, um das schweizerische Idiotikon von Pfarrer Stalder zu bereichern, zu Fabrikschulen, einer Geschichte der Juden in der Schweiz, die bis in die Gegenwart ergänzt werden sollte. Die historische Klasse ging auch einem Problem nach, das im Plenum der Kulturgesellschaft aufgeworfen worden war: Wie kam es, dass die religiösen Sekten und Schwärmereien so starken Zulauf erhielten?[85] Damit beschäftigte man sich über längere Zeit.

Man machte sich daran, die Handschriften der Zurlauben-Bibliothek zu ordnen und zu katalogisieren, wollte die Schodeler Chronik und jene von Tschudi herausgeben, erstellte Gutachten über archäologische Funde, sammelte Material für verschiedene Biografien und ein «Neujahrsblatt für die Aargauische Jugend» nach dem Muster von Zürich, Flugblätter und Broschüren zur neusten Geschichte und so weiter und so fort.

Dass die Klasse viel anriss, aber wenig vollendete und dabei die Kräfte verzettelte, trug wohl dazu bei, dass der Elan allmählich nachliess, die Sitzungen, die oft bis in den späten Abend gingen,[86] weniger häufig stattfanden und nach zehn Jahren ganz aufhörten. Immerhin hatte man noch das Neujahrsblatt für die Aargauische Jugend mit einem «Umriß der Geschichte des Aargaues», verfasst von Zschokke, und eine Sammlung neuer Kirchenlieder herausgegeben. Rektor Evers schrieb eine Biografie des verstorbenen Gründers der Kantonsschule Johann Rudolf Meyer. Aber insgesamt konnten die erfreulichen Ansätze nicht fortgeführt werden. Dazu fehlten die Basis und die Nachfolger.

Erst 1859 wurde von einer jungen Generation die Historische Gesellschaft des Kantons Aargau gegründet. Mit dabei waren auch die Söhne Zschokkes. Ein Ururenkel Zschokkes hat der Geschichte der Historischen Gesellschaft eine längere Schrift gewidmet.[87]

Die naturhistorische Gesellschaft

Heinrich Zschokke hatte mit Goethe gemeinsam, dass er sich neben seiner amtlichen Tätigkeit – zwar nicht als Minister und Geheimrat, sondern nur als Forst-, Kirchen-, Gross- und Schulrat – und neben der Schriftstellerei auch mit Naturwissenschaften befasste. Beide hielten sie viel von ihren wissenschaftlichen Erkenntnissen, die sie aus eigener Anschauung und philosophischen Überlegungen bezogen. Noch war nicht völlig klar, ob Naturphilosophie oder strenge Empirie den Durchbruch bringen würde. Zschokke entschied sich für eine Mischung von beidem.

Dazu gehörte das «Mesmerisieren», genannt nach dem Erfinder, dem österreichischen Arzt Franz Anton Mesmer. Man suchte ein Fluidum, auch Äther genannt, das alle Körper umfliesse und das Weltall durchdringe. Mit dem Magnetismus, der auf Gegenstände einwirkt, ohne sie zu berühren, glaubte man, diese Kraft gefunden zu haben. Mesmer entwickelte eine Therapieform, in der ein Arzt durch einen Magneten den ins Stocken geratenen Lebensstrom seiner Patienten zum Fliessen brachte. Ihm wurde vorgeworfen, in seinen mit Apparaturen bestückten Behandlungen den Faktor der Suggestion, der psychischen Beeinflussung des Patienten durch den Arzt, nicht zu berücksichtigen.[88]

Zschokke, ein überzeugter Mesmerianer, wollte die Anschuldigungen gegen Mesmer widerlegen, indem er Pflanzen mesmerisierte und den Einfluss auf ihr Wachstum beobachtete. Dies geschah im Rahmen der Arbeiten der naturhistorischen Klasse.[89] Das (positive) Ergebnis wurde in Zschokkes Zeitschrift «Miszellen für die neueste Weltkunde» abgedruckt.[90]

Ziel der naturhistorischen Klasse war ein dreifaches: die Erweiterung der eigenen Kenntnisse, der Erkenntnisse der Wissenschaft und das Wecken von Sinn und Liebe für die Naturkunde «im Vaterlande und zunächst im Kanton Aargau».[91] Die Verschiedenheit der Zweckbestimmungen der fünf Klassen zeigt, dass sie von innen heraus entstanden, auf die Bedürfnisse der Mitglieder zugeschnitten und nicht nach Richtlinien der Kulturgesellschaft festgelegt wurden.

Emil Zschokke hält als Themen der ersten beiden Jahre fest: «Analyse der Heilquellen in Baden durch Dr. Schmuziger. – Die Schlangenarten im Kantone von Helfer Wanger. – Vielerlei Versuche über Electricität und Galvanismus. – Meteorologische Beobachtungen … – Goldwäscherei in dem Sande der Aare mit der Ausbeute von circa 11 Batzen Taglohn für einen Arbeiter. – Anlegung einer mineralogischen Sammlung. Kanonikus Will in Rheinfelden schenkte dazu für

Anschaffung von Schränken zwei Souverain d'or. – Versuche mit dem Hygrometer. – Über thierischen Magnetismus und Ursachen des Kretinismus in der Schweiz.»[92]

In jener Zeit wurde der Grundstock für das Naturhistorische Museum gelegt. Zschokke steuerte als Einstand sein 21-bändiges Herbarium bei, später kamen Mineralien, versteinerte Pflanzen und ausgestopfte Tiere dazu: ein Krokodil vom Fluss Senegal, eine bisher unbekannte Schlange aus Buenos Aires, mehrere Vögel aus Spanien, ein Hai, die grosse Säge eines Sägezahnfisches und die obere Schale einer Meeresschildkröte.[93] Leider sind die Gegenstände im Fundus des Naturhistorischen Museums nicht mehr eindeutig ihren Donatoren zuzuordnen. Aber es könnte sein, dass das eine oder andere von Zschokkes Tieren im neuen Naturama in Aarau noch immer im Spiritus herumschwimmt oder den Besucher mit gefletschten Zähnen angrinst.

Zschokke war korrespondierender Sekretär der naturhistorischen Klasse von 1811 bis 1817, zugleich Vizepräsident und in diesem Amt auch 1823, 1824 und 1828 tätig. Präsident war er von 1818 bis 1819 und 1825 bis 1827. Später löste ihn sein ältester Sohn Theodor ab. Auch drei weitere Söhne wurden Mitglieder. Theodor schenkte dem Museum eine umfangreiche Mineralien- und sein Bruder Achilles

Vitrine «Altertümer» im Naturama in Aarau, dem früheren Naturhistorischen Museum, das auch von Zschokke und seinen Söhnen bestückt wurde.[94]

141

seine Käfersammlung. Die familiäre Leidenschaft für Naturwissenschaften ist nicht verwunderlich: In der «Blumenhalde» gab es neben einem physikalischen Labor auch ein Naturalienkabinett, dessen Bestand auf ausgedehnten Wanderungen und durch Geschenke von Freunden ständig ergänzt wurde. Immerhin wählten zwei Söhne den Arztberuf, zwei wurden Ingenieure, und auch die beiden Pfarrer hielten ihr Interesse an Pflanzen und Tieren wach.

Zschokke fühlte sich im Kreis seiner naturwissenschaftlich interessierten Freunde wohl, für den er alle möglichen Beobachtungen und Experimente anstellte und dem er seine Überlegungen mitteilen konnte. Er formulierte hier seine Ideen einer beseelten Natur. Dabei stellte er die Hypothese auf, das Leben könne spontan, aus sich heraus entstehen. Er postulierte Pflanzen und Tiere, die noch nicht existierten, obwohl sie im Plan der Natur vorgesehen seien. Der Zufall habe bisher gefehlt, der ihren Eintritt ins Leben erlaube. «Ließe sich von diesen Zufällen nicht der eine oder der andere durch Kunst herbeyführen?» Zwei Mitglieder, ein Fabrikant und ein Apotheker, wurden beauftragt, «ein neues Fabrikat zu erfinden und zu beobachten ob dadurch nicht neue Thiergattungen hervor gebracht werden können.»[95] Das Protokoll gibt nicht bekannt, ob ihnen dieser Frankenstein'sche Schöpfungsakt gelang.

Neben solchen eher skurrilen Überlegungen wurde in der naturhistorischen Klasse auch eher Handfestes behandelt, wie die Frage, «ob ein Huhn sein Ey von

Zschokkes «Utzschneider», ein Fernrohr aus der Werkstätte des Optikers Fraunhofer, das er von seinem Freund Utzschneider in München geschenkt erhielt und in einer Sitzung der naturhistorischen Klasse der Kulturgesellschaft demonstrierte. Heute Eigentum des Stadtmuseums Aarau.[96]

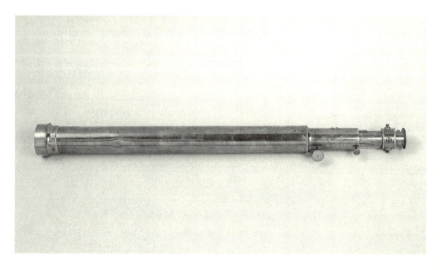

sich gäbe, wenn es in einer von allen Seiten wohl erleuchteten Aufsicht gesetzt würde u. Zuschauer hätte».[97] Diese Frage zumindest kann nach heutigen Erfahrungen mit Legebatteriehaltungen eindeutig beantwortet werden. Zschokke berichtete begeistert von Versuchen mit seinem Teleskop mit 126facher Linearvergrösserung, das er bei einem Besuch in München in den Werkstätten von Fraunhofer und Utzschneider geschenkt bekommen hatte.[98] Sein «Utzschneider», wie er das Fernrohr liebevoll nannte und für das er am liebsten ein Observatorium eingerichtet hätte, wurde in der Familie über Generationen hinweg in Ehren gehalten und ist seit einigen Jahren im Stadtmuseum Aarau zu bewundern.

Wetterstationen in ganz Europa

Das wichtigste Unternehmen der naturhistorischen Klasse hat ebenfalls Zschokke als Urheber. Seit langem beschäftigte er sich mit meteorologischen Beobachtungen und mass dreimal täglich Luftdruck, Temperatur, Niederschläge, Windrichtung, Nebel, Tau und die Himmelsbeschaffenheit. Die Ergebnisse veröffentlichte er in Tabellenform monatlich in seiner Zeitschrift «Miszellen für die neueste Weltkunde« und jährlich in einer «Übersicht über die meteorologischen Beobachtungen im Aargau».[99] Bereits 1808 äusserte er den Wunsch, ein Beobachtungsnetz über ganz Europa zu ziehen.[100]

Zielstrebig machte er sich daran, dieses Projekt im Rahmen der naturhistorischen Klasse durchzuführen. Er warf die Frage auf: «Welchen Nutzen für die Wissenschaft könnten barometrische Beobachtung mit gleichförmigen Instrumenten haben, die in verschiedenen Punkten der Schweiz gemacht würden, nach gleichen Vorschriften? – und wenn der Nutzen erwiesen wäre, wie ließe er sich am zwekmässigsten erreichen?»

Das Sitzungsprotokoll fährt fort: «[Johann Rudolf] Meyer war bereit, 6 von seinen gleichförmig bearbeiteten Barometern zur Verfügung zu stellen, worauf beschlossen wurde, diese in Florenz, auf dem [St.] Bernhard, in Urseren, in Thun, in Paris «und einen so tief wie möglich im Norden zu gleichförmigen Beobachtungen» aufzustellen. Zschokke sollte Alexander Humboldt ersuchen, einen dieser Barometer auf seine Expedition nach Tibet mitzunehmen. Er übernahm auch den Versand der Instrumente nach Florenz, Paris und auf den St. Bernhard.[101]

Offenbar war der Nutzen dieser Aktion jedermann so klar, dass nicht lange darüber diskutiert wurde. Zschokke, in der naturhistorischen Klasse für die Korrespondenz verantwortlich, warb beobachtungswillige Wissenschaftler in Weimar, Kiel, Pisa, Turin, Venedig und Neapel, aber auch im Engadin an. Das Ziel war es, «eine Kette meteorologischer Beobachtungs-Punkte im doppelten Querdurchschnitt von Europa zu ziehen»:[102] von Norwegen und vom Baltikum bis Süditalien und von London über Frankfurt, Prag, Lemberg bis zur asiatischen Grenze.

Es war ein gewaltiges Projekt, das von Aarau seinen Ausgang nahm, wenn es auch nicht in vollem Umfang gelang. Teils gingen die Briefe oder die Instrumente verloren, teils starben die für die Messungen eingesetzten Männer, ohne einen Nachfolger bestimmt zu haben, oder unterbrachen Kriege die Beobachtungsreihen. Nach über zwölfjährigen Bemühungen hielt die naturhistorische Klasse fest: «Herr Forstrath Zschokke stellte so gut wie möglich die erhaltenen Resultate zusammen, und übersandte diese Arbeit der meteorologischen Gesellschaft in London, deren Verhältniße und Verbindungen über die ganze Erde in diesem Fache etwas Schönes leisten könnten.»[103]

Es ist erstaunlich, wie ein solches Unternehmen ohne jegliche Unterstützung von aussen betrieben wurde, allein auf den Verdacht hin, dass es die exakten Wissenschaften bereichern könnte – von Wetterprognosen war damals noch keine Rede. An der Jahrestagung der «allgemeinen schweizerischen Gesellschaft für die gesamten Naturwissenschaften» 1823 in Aarau wurde eine Kommission mit renommierten Naturwissenschaftlern bestellt, um über die ganze Schweiz ein Netz von barometrischen Messstationen zu errichten. Auch Zschokke, Vizepräsident der Tagung, wurde in die Kommission gewählt.

Zschokke und später sein Sohn Theodor führten bis zu ihrem Tod tägliche Wetterbeobachtungen in Aarau durch; einige der Tabellen sind noch heute vorhanden. Die Aargauische naturforschende Gesellschaft übergab diese Aufgabe anderen, bis sie 1881 wieder von einem Zschokke, diesmal einem Enkel, übernommen wurde. Wenigstens in diesem Bereich wurde die Kontinuität gewahrt.

Schriftsteller und Historiker

Heinrich Zschokke als Schriftsteller? Wer in einer Buchhandlung einen Titel von Heinrich Zschokke sucht – irgendeinen –, wird selten fündig. Es gibt ihn zwar noch, aber er wird kaum noch verlangt. Hin und wieder werden Liebhaberausgaben herausgegeben, die belegen, was ohnehin klar ist: Zschokke ist ein Geheimtipp geworden.

Bibliotheken, die ein rigoroses Buchmanagement betreiben und entfernen, was in den letzten paar Jahren nicht ausgeliehen wurde, haben ihn aus ihren Regalen verbannt. Jüngeren Germanisten ist er kaum noch ein Begriff. Bibliophilen ist am ehesten Zschokkes historischer Reiseführer «Die klassischen Stellen der Schweiz und deren Hauptorte in Originalansichten dargestellt» von 1836 und 1838 bekannt, als Faksimiledruck neu aufgelegt 1976 – nicht der Texte, sondern der Stahlstiche wegen.

Am ehesten wird Zschokke mit Heinrich von Kleists Lustspiel «Der zerbrochene Krug» in Verbindung gebracht. Ein französischer Stich in Zschokkes Wohnung in Bern, «La cruche cassée», führte im Winter 1801/02 zu einem literarischen Wettbewerb zwischen Zschokke, Kleist und Ludwig Wieland, einem Sohn Christoph Martin Wielands.[1] Kleist schuf ein Drama und Zschokke eine Erzählung, die als Hörbuchkassette wieder greifbar ist. Germanistikstudenten, die sich bei ihren Abschlussexamina zu Kleist darüber befragen lassen, geraten dennoch regelmässig in Verlegenheit. Kleist ist beliebt, Zschokke kein Begriff.

Es ist eine Ironie des Schicksals, aber durchaus bezeichnend, dass weniger Zschokkes schriftstellerisches Schaffen als seine Ausstrahlung auf andere einen gewissen Ruf behalten hat. Peter von Matts neuster Führer zur Schweizer Literatur «Die tintenblauen Eidgenossen. Über die literarische und politische Schweiz» von 2001 erwähnt ihn en passant, nur im Zusammenhang mit der Kleist-Episode, als sei Zschokke nicht einer der politischsten Köpfe, über welche die deutschsprachige Literatur verfügte.

Ein Blick in alte Bibliothekskataloge belegt: Zschokke war einst präsent wie kaum ein anderer. Er stand in vielen Bücherschränken, wurde gern hervorgeholt und gelesen. «Der Vielgelesene» war ein häufiges Attribut Zschokkes. Das sagt nichts über seine Qualität, zeugt aber von einer Beliebtheit im Publikum, das sich seine Favoriten von einem Literaturkanon nicht nehmen lässt.

Am verbreitetsten waren Zschokkes «Stunden der Andacht» mit einer Gesamtauflage von gegen 150 000 Exemplaren, die Sammlung «Novellen und Dichtungen», die es zu Zschokkes Lebenszeit auf acht Auflagen mit 27 000 Exempla-

Le juge ou la cruche cassée. Französischer Kupferstich nach einem Gemälde von Jean Philibert Debucourt[2] in Zschokkes Wohnung in Bern. Der Richter sitzt gelangweilt mit dem Rücken zur Wand und übergeschlagenen Beinen; links die Kläger, rechts am Tisch der Schreiber.

ren brachte, und «Des Schweizerlands Geschichte für das Schweizervolk» mit sieben Auflagen und rund 40000 Exemplaren,[3] ungerechnet zahlreiche Raubdrucke und Übersetzungen.

Diese Zahlen sind für damalige und Schweizer Verhältnisse erstaunlich. Sie lassen sich teilweise damit erklären, dass Sauerländers Bücher sehr preiswert waren und der Hauptabsatz in Deutschland lag. Zum andern wurden Zschokkes Volksschriften und «Des Schweizerlands Geschichte» in grossem Umfang von öffentlichen und privaten Institutionen gekauft und gratis verteilt. Aber vor allem wurden sie mit Interesse gelesen.

Die gewaltigen Auflagen sind aber nicht Zschokkes Verdienst, sondern das seines rührigen, unermüdlichen Verlegers Sauerländer, der nichts unterliess, um seinen Starautor immer wieder ins Gespräch und in die Buchhandlungen zu bringen.

Ein rühriger Verleger

Mit gemischten Gefühlen reagierte Zschokke 1824 auf das Ansinnen Sauerländers, seine gesammelten Werke als «Ausgewählte Schriften» herauszugeben. «Herr Sauerländer hat den hors d'oeuvre Einfall gehabt, meine Op[era] omnia zu sammeln; alte faule Wäsche muß ich jetzt wieder waschen und bleichen. Ich habe mich lange gesträubt; er hielt das für Mädchen-Ziererei. Das ist's wahrlich nicht. Ich dachte, er würde sich in seinem Calcul garstig verrechnen und für den Einfall bestraft werden. Auch das ist nicht der Fall.»[4]

Seine Bedenken hatten mehrere Gründe. Zum einen erwartete Sauerländer von Zschokke, dass er auch seine «Jugendsünden, die ich lieber vergessen sehn mögte»,[5] durchsehen und in die gesammelten Schriften aufnehmen sollte: die Dramen und philosophischen Romane aus der Frankfurter Zeit und später. Zum andern hatte Zschokke nie den Eindruck, dass eines seiner Werke – es sei denn metaphysischer oder historischer Art – die Gegenwart überdauern könnte.

Sauerländer blieb hartnäckig: Er fand es 1824 an der Zeit, eine Gesamtschau von Zschokkes schriftstellerischem Schaffen zu veranstalten. Das meiste war in Zeitschriften erschienen und nicht mehr greifbar. Ohne Sauerländer wäre es dabei geblieben, und Zschokke, dem es kaum je in den Sinn kam, eines seiner frü-

Heinrich Remigius Sauerländer (1776–1847), Zschokkes Verleger, Gründer des Verlags Sauerländer in Aarau.[6]

heren Werke neu aufzulegen, hätte den Durchbruch zu einem der meistgelese-
nen (und meistverdienenden) Autoren deutscher Sprache nicht geschafft.

Geplant waren 24 Bände «im beliebten Taschenformat ... um sich an die ...
Ausgabe von Schillers, Klopstocks und Wielands Schriften anzureihen». Die
erste Abteilung sollte «die verschiedenen historischen, philosophischen und politischen Schriften, so wie jene zur Belehrung und Bildung des Volkes» aufnehmen, «jedoch nur mit strenger Auswahl dessen, was für Gegenwart und Zukunft
von einigem bleibenden Werth ist».[7] Die zweite Abteilung war für die Belletristik
reserviert.

Sogleich wurde ein Subskriptionsprospekt gedruckt, an alle Buchhandlungen geschickt und verschiedenen Zeitungen beigelegt oder inseriert. Den «ver-
ehrten Freunden der deutschen Literatur» teilte Sauerländer mit: «Es wird diese
schöne Sammlung jedem Besitzer unstreitig einen reichhaltigen Genuß gewähren, und in jeder Bibliothek eine Stelle verdienen, da der Hr. Verfasser mit seltener Gabe in allen seinen Geistesprodukten stets das Lehrreiche mit dem Ange-
nehmen und Geistreichen vereint darzustellen strebte, und dadurch vorzüglich
seinen Ruf als einen der ausgezeichneten Schriftsteller Deutschlands und der
Schweiz begründete.»[8]

Sauerländer verfolgte als Verleger eine ungewöhnliche Taktik: Er gab nur
Originalausgaben heraus, aber zu einem äusserst niedrigen Preis und ohne an der
Druckqualität Abstriche zu machen. Buchhandlungen köderte er mit Mengenra-
batten. Der Ladenpreis war knapp kalkuliert, und nur bei hoher Auflage schaute
ein Gewinn heraus. Zschokke wurde nicht nach der Bogenzahl, sondern der Ver-
kaufsauflage bezahlt. Schweizer Gepflogenheit war bisher, Bücher so teuer wie
möglich zu verkaufen, damit sie schon bei einer geringen Auflage ihre Kosten
einbrachten. Man wandte sich ausschliesslich an eine kaufkräftige Kundschaft.

Sauerländer wollte ein neues Publikumssegment erschliessen und auch weniger gut verdienende Leser erreichen. Von Zschokkes gesammelten Werken druckte er 4 000 Exemplare. Die ersten 2 500 Exemplare mussten die Unkosten decken;
ein Mehrverkauf war Gewinn, den er bereit war, mit Zschokke zu teilen. Zschokkes Honorar hing also vom Absatz ab und wurde erst ausbezahlt, als die Gelder
eingingen.

Bei anderen Verlagen war es unüblich, Autoren an Neuauflagen und einem
allfälligen Überschuss zu beteiligen. Zschokkes Erfolgswerk bei Orell, Füssli und
Co., «Alamontade der Galeeren-Sklav», erstmals 1803 erschienen, erlebte drei
weitere Auflagen, ohne dass Zschokke etwas davon erfuhr, geschweige denn einen einzigen Rappen Honorar erhielt. Aber als Sauerländer das Werk 1825 in die
«Ausgewählten Schriften» aufnehmen wollte, beharrten Orell, Füssli und Co. auf
ihren alten Rechten. Sauerländer, der einen bedingungslosen Kampf gegen den
weit verbreiteten Nachdruck führte, konnte nicht umhin, mit dem Zürcher Verlagshaus in Verhandlung zu treten.[9] Da spätestens merkte Zschokke, was er an
seinem Verleger hatte.

Die beifolgenden Probe=Abdrücke von H. Zschokke's sämmtlichen aus=
gewählten Schriften, auf halbweißem Papier, belieben Sie denjenigen
Literaturfreunden gefälligst zur Ansicht mitzutheilen, welche sich solche Ausgaben
anzuschaffen geneigt sind. Es wird besonders die historische Abtheilung mit
aller Sorgfalt und Vollständigkeit geliefert, und daher auch wohl an die fünf=
zehn Bände stark werden. Die ganze Sammlung soll vorläufig auf 24 Bände
festgesetzt bleiben, an die sich sodann die Bilder aus der Schweiz gleichsam
als Fortsetzung anreihen lassen, da sie bereits schon in ähnlichem Format
gedruckt erschienen sind.

Der Subscriptionspreis für 24 Bände ist 16 fl. oder 9 Thlr. 8 Gr. auf
weißem, und 12 fl. oder 7 Thlr. auf halbweißem Papier, folglich im wohlfeilsten Preis à 30 kr. pr. Bändchen. Der Termin ist dafür in der Schweiz
bis nach Neujahr, und in den entfernteren Gegenden Deutschlands bis nach der
Leipziger Jubilatemesse 1825 offen.

Der Druck hat bereits begonnen, und bis zur nächsten Messe werden
wenigstens die ersten drei bis vier Bändchen schon abgeliefert; dann folgen die
Lieferungen von sechs zu sechs Bändchen und von drei zu drei Monaten nach
einander. Ich erlaube mir daher, Ihnen dieses Unternehmen zur bestmöglichen
Mitwirkung zu empfehlen, und bitte die Zusicherung meiner vollkommensten
Hochachtung und Ergebenheit zu genehmigen.

Aarau, den 14. Dezember 1824.

H. R. Sauerländer.

Der Endesunterzeichnete subscribirt hiermit auf die sämmt=
lichen Schriften von H. Zschokke in 24 Bänden für
eine der nachstehend bezeichneten Ausgaben; entweder
auf halbweißem Papier à 12 fl. — oder:
auf ganz weißem Papier à 16 fl. — zahlbar
in zwei Terminen, zur Hälfte mit 6 fl., oder 8 fl., oder
durch Vorausbezahlung für das ganze Werk mit 10 fl. 48 kr.
netto, oder 4 Wbthlr. auf halbweißem Papier, oder 14 fl. 24 kr.
netto, oder 5 1/4 Wbthlr. und 3 1/2 Wb. auf ganz weißem Papier.

*Subskriptionsangebot Sauerländers auf Zschokkes «Ausgewählte Schriften» in 24 Bän-
den vom 14. Dezember 1824 mit einer Rückantwortkarte.*[10]

Die Rechnung schien für Sauerländer zunächst nicht aufzugehen. Der Vorverkauf der «Ausgewählten Schriften» lief schleppend an. Viele Buchhandlungen schickten die ihnen unbestellt («pro novitate») oder nach voraussichtlichem Bedarf («à condition») zugeschickten Exemplare wieder zurück. Sie warteten mit ihren Bestellungen aber nur ab, bis alle Bände vorlagen, danach fanden die «Ausgewählten Schriften» einen guten Absatz.

Sauerländer hatte die Idee, in vier Supplementbänden Zschokkes neuste historische Romane anzubieten, die man so wohlfeil als Zugabe bekam, und schliesslich wurden weitere zwölf Bände angefügt, so dass Zschokkes «Ausgewählte Schriften» schliesslich 40 Bände umfassten. Sobald der Verkauf richtig anlief, öffnete sich auch Zschokkes Geldhahn: Er erhielt über fünf Jahre verteilt ein Honorar von 10 000 Franken, die Sauerländer ihm für den restlosen Verkauf der Auflage, damals noch 24 Bände, versprochen hatte.[11]

Einzelne Bände der «Ausgewählten Schriften», für die Sauerländer ein besonderes Interesse voraussah, gab er als Einzelbände heraus. So konnte er den gleichen Bleisatz verwenden und erhebliche Kosten sparen. Dies betraf etwa «Des Schweizerlands Geschichte für das Schweizer Volk» als Band acht und neun der

Zschokkes «Ausgewählte Schriften» in 40 Bänden von 1825–1828. Sie enthielten bei weitem nicht alles, was er geschrieben hatte, aber sie nahmen auch die eben erschienenen historischen Werke auf und enthielten sein Porträt und als Einleitung eine autobiografische Skizze.[12]

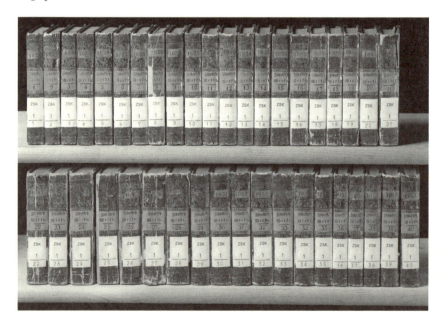

«Ausgewählten Schriften», von denen er bei dieser Gelegenheit zusätzliche 5 000 Exemplare druckte. Er musste nur das Titelblatt und die Seitenzahlen neu setzen lassen. Selbstredend erhielt Zschokke auch dafür ein Honorar.

Zschokkes historischer Roman «Addrich im Moos» erschien erstmals 1825 und 1826 in seiner Literaturzeitschrift «Erheiterungen». Bevor er dort abgeschlossen war, kam er in der Reihe «Bilder aus der Schweiz» und als Band 27 und 28 in den «Ausgewählten Schriften» heraus, so dass Sauerländer gleichzeitig drei verschiedene Abnehmergruppen mit 6 000 Exemplaren der interessanten Erzählung versorgte. Er hatte in diesem Fall einen guten Riecher bewiesen.

Es entging ihm nicht, dass die Zusammensetzung der «Ausgewählten Schriften» dem Absatz nicht förderlich war. Wer für Zschokkes historisches und politisches Werk Interesse hegte, mochte vielleicht seinem belletristischen Schaffen gleichgültig gegenüberstehen und umgekehrt. Vielleicht nahm der eine oder andere den langweiligen «Gebirgsförster» in Kauf, aber nur, weil die «Ausgewählten Schriften» insgesamt so preiswert waren und sich darin Rosinen wie «Addrich im Moos» oder der Bestseller «Des Schweizerlands Geschichte» befanden.

Kaum war die Gesamtauflage vergriffen, gab Sauerländer 1830 eine Sammlung «Ausgewählte historische Schriften» in 16 Bänden und eine weitere mit «Zschokkes Ausgewählten Dichtungen, Erzählungen und Novellen» als «zweite durchaus verbesserte Auflage» heraus. Von dieser veranstaltete er gleich zwei Ausgaben, die auf unterschiedliche Bedürfnisse abgestimmt waren: im Lexikonformat in einem Band (2 000 Exemplare) und in einer Taschenausgabe in 10 Bänden (3 000 Exemplare).

Es erwies sich rasch, dass die Erzeugnisse von Zschokkes leichter Muse stärker nachgefragt wurden als seine theoretischen Schriften. In der Folge erschien ungefähr alle zwei Jahre eine Neuausgabe seiner «Novellen und Dichtungen» in einer Auflage von meist 3 000 Exemplaren, rechtzeitig zu Weihnachten als beliebtes Buchgeschenk. Zschokke erhielt dafür über die Jahre verteilt rund 19 000 Franken, für die er nichts weiter zu tun brauchte, als die vorangehende Auflage auf Druckfehler zu überprüfen, damit sie als Vorlage für den Setzer dienen konnte.

Kampf dem Nachdruck

Der grösste Feind Sauerländers waren die Nachdrucker. Es gab noch kein Copyright. Sobald sich ein Titel Zschokkes auf dem Buchmarkt durchgesetzt hatte, schossen die Nachdrucke wie Pilze aus dem Boden.[13] Am meisten gefährdet waren die ohne Verfassernamen erscheinenden acht dicken Bände der «Stunden der Andacht zur Beförderung wahren Christenthums und häuslicher Gottesverehrung».

Sauerländer erwirkte zwar im Aargau ein Privileg, das heisst ein Verbot, auf dem Kantonsgebiet nicht autorisierte Ausgaben zu drucken oder zu verkaufen. Aber was nützte das, wenn sie überall sonst angeboten wurden? In Süddeutschland geschah dies ohne grosse Hemmungen und mit obrigkeitlicher Billigung. Man sah den Raubdruck als notwendige Massnahme gegen das übermächtige norddeutsche Verlagswesen, um das einheimische Gewerbe zu fördern und den Geldabfluss zu bremsen. Auch in der Schweiz gab es unter den Verlegern einige schwarze Schafe, die billige Nachdrucke von Erfolgswerken herstellten.

Sauerländer führte den Kampf für das Copyright seiner Bücher an vorderster Front und mit äusserster Konsequenz. In Rundschreiben appellierte er an alle Buchhandlungen und warnte vor den Folgen des unehrlichen Treibens, das die Verleger ruiniere und die Schriftsteller um ihr Brot bringe. Er machte Eingaben an die Schweizer Regierungen und deutschen Fürsten und half, einen Schutzverband deutscher Buchhändler zu gründen.[14]

Die Nachdrucker blieben ungerührt. Sie argumentierten, die Originalbücher seien zu teuer und so für viele unerschwinglich. Ihr Metier liege im Interesse der Leser und trage zu einer verbesserten Volksbildung bei. Das war, gerade Sauerländer gegenüber, heuchlerisch und verbrämte nur dürftig handfeste wirtschaft-

Zwei Raubdrucke von Zschokkes «Schweizerlandgeschichte» aus Reutlingen und aus Wien und Prag. Sie erschienen 1823, kurz nach der Originalausgabe, und enthielten sogar Sauerländers Werbung für das Werk.

liche Interessen. Im Städtchen Reutlingen zum Beispiel war der Nachdruck zu einem wichtigen Erwerbszweig geworden.

Sauerländer wandte sich in einer Flugschrift direkt an die Leserschaft. «Ich bin Buchdrucker, Verleger und Buchhändler, oder wie man will, Fabrikant und Handelsmann; die Wahl in meinen Unternehmungen richtet sich auf Gegenstände, wovon ich überzeugt bin, daß damit in der Welt Gutes gestiftet, oder Nützliches verbreitet, oder diese und jene Wissenschaft erweitert werden könne.»[15]

Er nehme sich eines Manuskripts an, investiere Geld für Papier, Druck und Honorar, bringe es auf den Markt und nach einer langen Durststrecke zum Erfolg, mache eine zweite, billigere Auflage, um das Werk noch mehr zu verbreiten. Da strecke ein Nachdrucker seine Hand danach aus, «besudelt nach verübtem Diebstahl noch mit namenloser Frechheit meine Ehre, behauptet keck, der Büchernachdruck sei eine erlaubte Handlung, und ich hätte das Publikum mit unersättlicher Habsucht gebrandschatzt und das Mark meiner Mitmenschen an mich gezogen!»[16]

Um das Gegenteil zu belegen, wies Sauerländer nach, wie viel ihn eine Neuauflage der «Stunden der Andacht» koste, wie gering sein Gewinn und wie gross der durch den Nachdruck verursachte Schaden sei. Es war ungewohnt, dass ein Verleger seine Kalkulation offen legte, aber Sauerländer wollte die Öffentlichkeit zum Verbündeten gewinnen. Seine Flugschrift ist ein für die Verlagsgeschichte einzigartiges Dokument, doch sie verfehlte ihr Hauptziel, Leser und Buchhändler aufzurütteln.

Da griff Sauerländer zum letzten Mittel: Er unterbot den Preis der Nachdrucker. Er halbierte den Preis für die dritte Auflage der «Stunden der Andacht» und noch einmal für die vierte Auflage. Das achtbändige Werk kostete statt 24 jetzt noch 5½ Gulden. Um auf seine Kosten zu kommen, musste Sauerländer die Auflagenzahl erhöhen; die hohe Druckqualität wollte er weiterhin beibehalten. Er ging mit dieser drastischen Preissenkung ein Risiko ein, das sich als sein bester verlegerischer Entscheid erwies: Die «Stunden der Andacht» wurden ihm förmlich aus der Hand gerissen.

Die Stunden der Andacht

Sauerländer konnte der Nachfrage nach den «Stunden der Andacht» kaum genügen; seine Druckpressen – damals noch von Hand bedient – waren unermüdlich im Einsatz. Jedes Jahr gab er eine neue Auflage heraus, in verschiedenen Formaten, auf gewöhnlichem und auf feinem Papier, einmal in grosser und einmal in kleiner Schrift, meist in acht, manchmal auch in vier oder zwei Bänden oder wie die Bibel zweispaltig in einem Band.

Eine bereinigte Ausgabe erschien für Katholiken, obwohl Papst Pius VII. das Werk auf die Liste der verbotenen Bücher gesetzt hatte. Ja, es kam sogar eine jüdische Version heraus, allerdings nicht bei Sauerländer. Einzelausgaben enthielten Teile des Werks für bestimmte Anlässe: ein «Andachtsbuch einer christlichen Familie», «Andachtsbuch für die erwachsene Jugend», «Gott in der Natur», «Der Christ und die Ewigkeit» und «Das Reich Jesu auf Erden».

Da 1825 zu den «Stunden der Andacht» noch Zschokkes «Ausgewählte Schriften» gedruckt wurden, war Sauerländers Betrieb vollständig ausgelastet. Er konnte keine weiteren Druckaufträge annehmen. Um von der Papierversorgung unabhängig zu sein, errichtete er eine eigene Papiermühle, zunächst am Stadtbach in Aarau, dann in Küttigen, wo das stattliche Gebäude heute noch von weitem sichtbar ist. Sauerländer wurde zu einem der grössten Arbeitgeber der Region. Als einer der Ersten kaufte er 1835 eine Schnellpresse, die einen rascheren und gleichmässigeren Druck erlaubte, aber noch mittels Schwungrad von Hand betrieben wurde.[17]

Die «Stunden der Andacht» waren mit Abstand das wichtigste Werk, das Sauerländer je verlegte, ein wahrer Goldesel, aber auch ein Ungetüm, mit 417 Betrachtungen in 8 Bänden auf gegen 6 660 Seiten. Die anderen Schriften Zschokkes oder die Lehrbücher für französische Sprache, die auch gut liefen, oder Johann

Sauerländer erbaute 1822–1823 in Küttigen in der Benker Klus eine dreistöckige Papierfabrik, um von Papierlieferanten unabhängig zu sein. Papier wurde damals ausschliesslich aus Lumpen (Hadern) hergestellt. Sauerländers Jahresproduktion betrug 2,5–3 Millionen Bogen Papier mit einem Gewicht von über 40 Tonnen.[18]

Peter Hebels alemannische Gedichte kamen bei weitem nicht an die schon erwähnte Auflagenzahl von 150 000 Exemplaren heran.

Die «Stunden der Andacht» begründeten Sauerländers Erfolg, trugen aber auch zu Zschokkes materiellem Wohlstand bei. Eine Schätzung ergibt, dass Zschokke dafür gegen 50 000 Franken Honorar erhielt. Ohne Sauerländers Geschäftstüchtigkeit und seinen grossen Einsatz gegen den Nachdruck hätte Zschokke wenig bis gar nichts erhalten. Die «Stunden der Andacht» wären das geblieben, als was sie begonnen hatten: eine kaum beachtete religiöse Wochenzeitschrift in acht Jahrgängen, die fast nur in der Schweiz vertrieben wurde.

Das ist die eine, die technische und kaufmännische Seite. Eine andere ist sozial- und kulturgeschichtlicher Art. Mit den «Stunden der Andacht» kam ein christliches Erbauungswerk in Umlauf, das von keiner offiziellen Kirche beeinflusst oder abgesegnet war. Es kam zum richtigen Zeitpunkt. Die Menschen, irritiert durch die Industrialisierung und den Verlust jahrhundertealter Traditionen, suchten nach Orientierung. Die Kirche, mit sich selbst und dogmatischen Fragen beschäftigt, reagierte nicht oder kaum auf die grossen gesellschaftlichen Veränderungen. Die «Stunden der Andacht» sprangen in diese Lücke.

Zschokke besass ein feines Sensorium für Dinge, welche die Menschen beschäftigten. Er hatte Theologie studiert und Phasen starken religiösen Zweifels durchlaufen. Immer wieder suchte er im Alltag und in der wissenschaftlichen Beschäftigung den Bezug zu Gott und den Beweis für das, was er als göttliche Natur oder göttliche Ordnung ansah.

Die «Stunden der Andacht» waren eine Antwort auf die eigenen Fragen und Verunsicherungen und die Verunsicherung seiner Zeit. Die Leser suchten und fanden in den «Stunden der Andacht» Trost, Rat und Erbauung. Auf der Grundlage eines mit der Vernunft und der Gegenwart im Einklang stehenden Glaubens äusserte Zschokke sich zu allen wichtigen Lebensfragen. Seine religiösen Betrachtungen wurden von den Lesern als Befreiung in bedrückenden Situationen und einer Sinnkrise empfunden. Es ist eigenartig, mit welcher Vertraulichkeit sich die Menschen, Männer und Frauen, in Briefen an ihn wandten und ihm ihre Seelennöte schilderten. Zschokke wurde zum Beichtvater und Tröster der Nation.

Die Wirkung und religionssoziologische Bedeutung der «Stunden der Andacht» muss noch untersucht werden.[19] Die «Stunden der Andacht» entstanden in einer Zeit der religiösen Erweckung, als allerlei Heilslehren kursierten und Bekennungsprediger grossen Zulauf fanden. Sie waren die Antwort eines Aufklärers auf den um sich greifenden Mystizismus und Irrationalismus.

Als die «Stunden der Andacht» längst ihren Siegeszug angetreten hatten, bildeten sich vorab in Norddeutschland in den 1840er-Jahren katholische und evangelische Freikirchen: die deutschkatholische Bewegung um Johannes Ronge und Johann Czerski und die Lichtfreunde um die Pastoren Leberecht Uhlich und Wilhelm Franz Sintenis. Die Lichtfreunde suchten den Kontakt zu Zschokke und

*Die «Stunden der Andacht», 4. Auflage von 1819 in acht Bänden, im ersten Band mit
einem Stich von Martin Esslinger nach einem Bild von Le Brun. Unter dem Titel befindet sich ein Vermerk auf das Nachdruckverbot in Württemberg, Baden, Hessen und in
zehn Schweizer Kantonen.*

scheinen sich an seinen Schriften orientiert zu haben. In den Schweizer Freikirchen sind solche Bezüge bisher nicht feststellbar.

Die schwarzen Brüder und andere Frühschriften

Zschokke ist, als Schriftsteller betrachtet, ein Phänomen. Als junger Mann war er
ein erfolgreicher Dramatiker, einer der meistaufgeführten im deutschen Sprachraum. Seine frühen Theaterstücke, Romane, Reisebeschreibungen und philosophischen Versuche – die «Jugendsünden» – fanden freilich keine Gnade mehr vor
seinem späteren kritischen Blick. Er war sich bewusst, dass sie zu sehr am Publi-
kumsgeschmack orientiert waren: Räuber- und Degenstücke mit mysteriösen Vorfällen, Geistererscheinungen, ruchlosen Verschwörungen, Verwechslungen, Spannung bis zum Ende, eine rührende Liebesgeschichte und eine rationale Auflösung.

Einige dieser Werke sind aber zu Unrecht nie mehr aufgelegt worden. «Die schwarzen Brüder, eine abentheuerliche Geschichte von M. I.R» (1793–1795) stellen einen frühen Science-Fiction-Roman dar, einen bürgerlichen Gesellschaftsentwurf, der an Johann Gottfried Schnabel und Louis-Sébastien Mercier erinnert. Zschokkes Helden reisen mit einem Ballon – Montgolfiers Experimente waren noch in aller Munde – und stranden im Jahr 2222. Luftgondeln bevölkern den Himmel. Man schüttelt den Kopf über die Vergangenheit, darüber, dass es einmal einen Adel gegeben hat; das Bürgertum hat sich durchgesetzt.

Die Religionen sind abgeschafft; stattdessen herrscht ein Skeptizismus, «Salomonismus» genannt, der nur noch glaubt, was die Vernunft als gewiss anerkennt, also nichts. Damit sind die Menschen «trostlose Atheisten [geworden], die nicht wissen, warum sie sich in dieser Welt herumplagen sollen, die verzweiflungsvoll hinausstarren in die Gegend jenseits des Grabes, wo es nur immer dunkler wird, je länger ihr Auge dort verweilt.»[20]

Zum Glück sind da noch die schwarzen Brüder, die einen Geheimbund gebildet haben, um die Menschheit vor dem Untergang zu retten. Sie wollen Glauben und Vernunft miteinander versöhnen. «Wer die Vernunft verehrt, ist heut zu Tag ein Christ, wer Christ seyn will, huldigt die Vernunft.»[21] Erst Glaube und Liebe, verbunden mit der Vernunft, lassen den Menschen sich vollenden.

Zschokkes Werk ist eine Initiation in die Welt der schwarzen Brüder und steht unter freimaurerischem Einfluss. Träume, bedeutsame Zeichen, Schicksalsfügungen spielen eine wichtige Rolle; sie führen den Helden Stufe um Stufe zu Erleuchtung und Wahrheit.

Das Werk «Salomonische Nächte» (1796) entstand unter dem Einfluss von Immanuel Kant, dessen Philosophie Zschokke auf eingängige Weise wiedergibt und interpretiert. Es ist ein brillant geschriebener wissenschaftlicher Anhang des jungen Philosophiedozenten zu den «Schwarzen Brüdern». Zschokke machte in Zürich Furore, als er 1795 einer gelehrten Gesellschaft wahrscheinlich aus diesem Manuskript vorlas. Er wurde danach von den Zürchern als ein «wahres philosophisches Genie» bewundert.[22]

Ebenfalls am Anfang seines Schweizer Aufenthalts entstand eine Reiseschilderung mit dem missverständlichen Titel «Die Wallfahrt nach Paris» (1796–1797). Der zweite Band ist ganz der Schweiz gewidmet und enthält unter anderem Zschokkes Beobachtungen in Zürich und Bern, eine Wanderung von Stäfa durchs Glarnerland auf den Tödi und Ausführungen zu Johann Caspar Lavater und zum Stäfner Aufstand von 1795. Es ist eine echte Rarität, nur noch in wenigen Exemplaren vorhanden und kaum mehr bekannt.

Die

Wallfahrt nach Paris

Die Burg Valangin von der Nordseite.

Zweiter Theil

1797.

Titelblatt des zweiten Bandes von Zschokkes Reiseschilderung «Die Wallfahrt nach Paris» von 1797, das seinem ersten Schweizer Aufenthalt gewidmet ist. Das Medaillon zeigt die Burg Valangin im Neuenburger Jura.

Über die neun Dramen Zschokkes lässt man wohl am besten den Schleier des Vergessens fallen. Zu seiner Zeit aber war Zschokke gleichbedeutend mit Kotzebue, Iffland und Schiller und vor 1800 einer der meistaufgeführten Autoren auf deutschen Bühnen. Dass er auch später noch gern gespielt wurde, zeigt der Spielplan des Nationaltheaters Mannheim von 1804 bis 1832. Zschokke gelangte in dieser Zeit 33 Mal zur Aufführung, nicht einberechnet seine Übersetzungen und Adaptionen von Molières Lustspielen, von denen vor allem «Der Geizige» häufig aufgeführt wurde.[23]

Für unser Thema, Zschokke im Aargau, sind diese Hinweise insofern bedeutsam, als man daraus erkennt, dass er nicht als Unbekannter in die Schweiz kam – ganz im Gegenteil. Er war ein gefeierter Dramenschreiber, von dem man nicht recht wusste, wieso er sein einträgliches Handwerk an den Nagel hängte und sich in eine Provinz verkroch, wo kein stehendes Theater bestand und wo nur hie und da wandernde Theatertruppen sehr unterschiedlicher Qualität zu Besuch kamen.

Seinem bekanntesten Drama «Abällino, der grosse Bandit» von 1795[24] lag eine Erzählung mit dem gleichen Titel zugrunde, die, fünf Jahre vor Vulpius' Rinaldo Rinaldini erschienen, als erster deutschsprachiger Räuberroman gilt.[25] Der Inhalt: Der junge venezianische Edelmann Flodoard soll den berüchtigten Meuchelmörder und Verschwörer Abällino verhaften. Als Prämie winkte ihm die Hand der Tochter des Dogen. Inmitten einer erlauchten Gesellschaft verwandelt Flodoard sich selbst in den blutrünstigen Abällino, um seinerseits die anwesenden Mitverschworenen zu entlarven. «Wie von einem Sturmwind fortgerissen flog alt und iung erschrocken zurük nach den Wänden. Allen klopfte hoch das Herz; keinen aber mehr, als den Verschwornen, die mit höllenangst [!] der Erscheinung Abaellinos entgegenharrten.»[26]

Das Spektakel, das angesichts des aktuellen Terrors unter Robespierre in Frankreich die tiefsten Gefühle aufjagte, wurde überall in Deutschland gegeben. Selbst Goethe führte es in Weimar auf. Er stellte in seinen Tag- und Jahresheften von 1795 sachlich fest: «‹Abällino› ward den Schillerischen Stücken ziemlich gleichgestellt.»

Wir besitzen eine makabre Beschreibung einer sehr viel späteren Aufführung aus Aarau, die 1820 im Theaterhaus Tuchlaube stattfand. Ihr kam zugute (oder auch nicht), dass sich im gleichen Gebäude eine Schlachterei befand, so dass sich die verbrecherische Geschichte des Abällino im oberen Stock mit dem Schicksal des armen Opfertiers unten verband. Der junge Kantonsschullehrer Ernst Münch schilderte das Finale so:

«Die rechte Seite des Parterre hörte die Klagetöne des Opfers nicht, wohl aber die linke Seite, welche der Thüre näher saß. Während nun der Held auf dem Proscenium gräßlich brüllte, und die Leidenschaften –

um mit Hamlet zu reden – in Fetzen zerriß, somit Abällino in ästhetischer Hinsicht abgeschlachtet wurde, gab der Direktor der Metzelbank dem Thiere in wörtlicher Bedeutung den Fang. Dies Zusammentreffen beider Katastrophen – es war gerade der Höhepunkt des Tragischen, welcher dargestellt werden sollte – hatte für die äußerste Linke natürlich einen unendlich komischen Eindruck, und sie brach in das furchtbarste Gelächter aus, während die Rechte in Thränen schwamm und vor Rührung fast vergehen wollte. Da aber die Veranlassung solcher Verschiedenheit der Gefühlsäußerung letzterer unbekannt blieb, so sah sie nicht ohne Befremden und Empfindlichkeit auf die rohen Parodisten ihres Seelenschmerzes hinüber, bis bei dem Steigen der Jammertöne von unten, das Räthsel endlich sich löste, und eine Heiterkeit beide Extreme ergriff und besänftigte.»[27]

Es war dies eine Anekdote nach Zschokkes Gusto, der makabre Inszenierungen liebte und seinem Abällino selbst nicht viel Gnade widerfahren liess. Es sei «das flüchtige Werk eines geselligen Muthwillens», «das zusammenhangslose, grobgeschnitzte Marionettenbild», dem er sich «mit einer Art schamhaften Verdrusses» nähere, schrieb er 1828, arbeitete aber gleichwohl an einer Neubearbeitung, in der er sein altes Stück in ordentliche Jamben flocht.[28]

Novellen und Dichtungen

Die meisten von Zschokkes Dichtungen waren Gelegenheitskinder. Von einer Idee, einer lebhaften Fantasie erfasst, griff er zur Feder und warf spontan eine Novelle aufs Blatt. Die besten von ihnen sind einem witzigen Einfall entsprungen und in einem Zug hingeschrieben. Oft gerät die Hauptperson, ein braver Bürger, in eine haarsträubende Situation, der er nur entgeht, um in das nächste, noch aberwitzigere Abenteuer hineinzustolpern. Die Mischung von Fantastischem und Realistischem gibt diesen Novellen ihr eigenartiges Gepräge.

In «Das Abentheuer der Neujahrsnacht» (1818) tauscht der Sohn eines Nachtwächters in der königlichen Residenz die Kleidung mit einem maskierten Unbekannten, der sich als Erbprinz Johann entpuppt. Während der Prinz die Gelegenheit ergreift, den Stundenruf mit Spottversen zu würzen, gerät der Bürgersohn in ein heilloses Durcheinander, als er während des Sylvesterballs im Schloss gezwungen ist, prinzliche Entscheidungen zu fällen. Beide werden verhaftet, doch zum Schluss wird alles gut. Der Nachtwächtersohn wird für den üblen Scherz mit einer Geldbörse belohnt, als Gärtner des Prinzen angestellt und kann jetzt sein Röschen heiraten, das in jener Nacht aus Versehen den Prinzen küsste.

In «Die Nacht von Brczwezmcisl» (1813) verschlägt es einen jungen preussischen Beamten in ein polnisches Dorf, dessen Namen er nicht aussprechen kann und dessen Sprache er nicht versteht. Die erste Person, der er begegnet, streckt ihm die Zunge heraus. Ein Beamter schnauzt ihn an. Dann wird er zur alten Starostei geführt, wo ihn sein Studienfreund erwartet – ermordet in einem Sarg. Wohl oder übel bezieht er in dem Haus Quartier. In der Nacht schreckt er von Stimmen und schlagenden Türen auf, will fliehen, stolpert über den Sarg, worauf die Leiche aufsteht und sich neben ihn ins Bett legt.

Bei Tageslicht lösen sich zwar die Ungereimtheiten der Spuknacht auf, aber der junge Beamte, der von sich sagt: «Ich glaube an keine Gespenster; des Nachts aber fürchte ich sie», verfällt in ein hitziges Fieber. Zu seinem Glück wird er versetzt. Nur mit Schaudern denkt er an sein Abenteuer zurück. «Doch erzähle ich's gern; theils mag es Manchen vergnügen, theils Manchen belehren. Es ist nicht gut, daß man das fürchtet, was man doch nicht glaubt.»

Glanzlichter in Zschokkes Erzählungen sind Situationskomik, knorrige Nebenfiguren und feine Dialoge. Man merkt, dass er ursprünglich vom Theater kommt. Mit Sorgfalt stellt er ein Ensemble von Figuren zusammen, das er temperamentvoll reden und agieren lässt. Immer wieder fügt sich eine Überraschung, ein neuer Blickpunkt ein. Es erstaunt kaum, dass viele Novellen Zschokkes Stoff zu Operetten und Opern lieferten. Allein «Das Abentheuer der Neujahrsnacht» erlebte acht verschiedene Dramatisierungen.[29]

Szene aus Zschokkes Humoreske «Max Stolprian» in einer bibliophilen Ausgabe. Der Held will um Jungfer Bärbeli werben und hat sich gerade den Angstschweiss mit einem tintenbeschmierten Taschentuch abgewischt, nachdem er zuvor seine Suppe über das Kleid der Angebeteten ausgekippt hat.[30]

Neben diesen leichtgewichtigen Erzählungen, zu denen auch «Der zerbrochene Krug» zählt, gibt es andere, in denen Zschokke ein Problem behandelt. Oft verpackt er politische oder weltanschauliche Fragen in eine Novelle. Religiöse Intoleranz, Herrscherwillkür, Standesdünkel, soziale Missstände, allerlei Ungerechtigkeiten und die Verfolgung Unschuldiger sind besonders häufige Themen, die Zschokke teils in der Gegenwart, teils in historischem Gewand darstellt.

Während in den rein unterhaltenden Erzählungen der Zufall eine wichtige Rolle spielt und der geheimnisvolle Fremde sich häufig als reicher Prinz, Lord oder einflussreicher Minister entpuppt, der kraft seines Einflusses oder Geldes eine Wende zum Guten herbeiführt, ist dies in der engagierten Prosa weniger der Fall. Zschokke vermeidet es, grundsätzliche Probleme in trivialer Manier durch das Eingreifen in ein Privatschicksal zu verharmlosen. Er achtet aber darauf zu zeigen, wie der Einzelne trotz der ihm widerfahrenen Unbill bestehen kann. Die Lebenshilfe und Belehrung spielt in diesen Novellen eine wichtige Rolle.

Es gibt in Zschokkes Novellen verschiedene Wege, um unerträglichen Verhältnissen zu entrinnen. Der eine ist, einen Schicksalsschlag auf sich zu nehmen und dennoch zur inneren Ruhe zu kommen (Alamontade der Galeeren-Sklav, 1803; Blätter aus dem Tagebuch des armen Pfarr-Vikars von Wiltshire, 1819), ein zweiter, der Welt den Rücken zu kehren und sich in die Einsamkeit zurückzuziehen (Kriegerische Abenteuer eines Friedfertigen, 1811; Der Millionär erster Teil, 1815) oder nach Amerika auszuwandern, um in der Freiheit noch einmal von vorne anzufangen (Die Prinzessin von Wolfenbüttel, 1804).

Nachteilig an diesen Lösungen ist, dass die Welt so bleibt, wie sie war. Da Zschokke aber an die Gestaltbarkeit der Gesellschaft glaubt, bietet er auch Utopien an. Er verlegt sie nicht wie in seinen Jugendwerken ins Nirgendwo oder ins Jahr 2222, sondern verankert sie im Hier und Jetzt. In seinen grossen Volksschriften zeichnet er vorbildliche Menschen, die in ihrer Umgebung, ihrem Wirkungsbereich tätig werden. Sie machen, indem sie mikrokosmisch Veränderungen vornehmen, durch ihr Beispiel anderen Mut (Das Goldmacherdorf. Eine anmuthige und wahrhafte Geschichte vom aufrichtigen und wohlerfahrnen Schweizerboten, 1817; Die Branntweinpest. Eine Trauergeschichte zur Warnung und Lehre für Reich und Arm, Alt und Jung, 1837; Meister Jordan, oder Handwerk hat goldenen Boden. Ein Feierabend-Büchlein für Lehrlinge, verständige Gesellen und Meister, 1845).

Interessanterweise gehört die Rebellion, die Revolution nicht zu den von Zschokke vorgeschlagenen Lösungswegen. Revolutionen und Kriege kommen, wenigstens in seinen Erzählungen, nur als naturereignishafte Schicksalsschläge vor. Tief greifende Umwälzungen werden durch Einsicht und Eingriffe von oben oder durch friedlichen Zusammenschluss von unten zustande gebracht. Zschokke misstraute gewaltsamen Veränderungen, da sie mehr zerstörten als aufbauten und er selbst erlebt hatte, wie sie Mächte und Gegenkräfte hervorriefen, die das Gutgewollte ins Gegenteil verkehrten.

Eros, oder die Liebe der Männer

Zschokkes «Gebrauchsprosa» ist routiniert geschrieben, aber zuweilen schwerfällig. Er wusste zwar auch hier durch geschickte Figurenwahl, Dialoge und kleine Handlungssequenzen Abwechslung zu erzeugen und mit geheimnisvollen Ereignissen und süsslichen Liebesszenen die (damaligen) Leserinnen und Leser zu gewinnen. Aber die aufklärerische Tendenz ist vorherrschend. Belehrungen und allgemeine Erörterungen, auch wenn Zschokke sie einer handelnden Person oder einem Personenkreis in den Mund legt, bremsen den Erzählfluss stark.

Die Erzählung «Der Eros, oder über die Liebe» (1821) ist eine einzige Unterredung, in der einige Freunde über Homosexualität und Todesstrafe diskutieren. Wie der Schweizer Schriftsteller Pirmin Meier, der diese Erzählung zum Angelpunkt eines seiner jüngsten Romane gemacht hat,[31] eindrücklich belegt, liegt hier eine wirkliche Begebenheit zugrunde: die Hinrichtung eines Langenthaler Advokaten am 30. September 1817, der aus Eifersucht seinen jungen Geliebten getötet hatte.

Die Darstellung beruht ebenfalls auf einer tatsächlichen Begegnung: In Zschokkes Haus trafen sich einige Jahre nach der Hinrichtung der Arzt und Naturphilosoph Troxler und der Glarner Putzmacher Heinrich Hössli, der es zu seiner Aufgabe gemacht hatte, die Homosexualität zu rehabilitieren. Ihr Gespräch wird in Zschokkes Erzählung so kontrovers wiedergegeben, wie es vermutlich verlaufen ist. Die sprechenden Personen sind, obwohl unter verändertem Namen, eindeutig als Troxler, Hössli und Zschokke zu identifizieren.

Die Bearbeitung eines so brisanten, ja totgeschwiegenen Themas in einer Erzählung war ein mutiger Schritt, auch wenn Zschokke die Homosexualität auf eine allgemeine Ebene hebt, über Liebe, Leidenschaften und die menschliche Psyche überhaupt diskutieren lässt und einer offenen Stellungnahme ausweicht.

Weder er noch Sauerländer hatten übrigens Bedenken, «Eros» in die «Novellen und Dichtungen» und die «Gesammelten Werke» aufzunehmen. Erst in der Mertens'schen Ausgabe von 1863 wurde die Erzählung weggelassen.[32] Auch in der letzten deutschsprachigen Gesamtausgabe von Zschokkes Werken von 1910, ediert von Hans Bodmer, ist sie nicht enthalten.[33] Ob dies aus Zensur- oder aus ästhetischen Gründen geschah, ist nicht mehr festzustellen. «Eros» hat ja mit dem, was man unter einer Erzählung definitionsgemäss versteht, nicht mehr viel gemein; es ist eher ein Essay mit verteilten Rollen.

Selbstverständlich fiel schon den Zeitgenossen die Schwerfälligkeit mancher Erzählungen Zschokkes auf. Karl Viktor von Bonstetten, der die Entstehung der «Ausgewählten Schriften» kommentierend begleitete, schlug brieflich vor, die theoretischen Exkurse der besseren Lesbarkeit halber zu kürzen.[34] Dass er dies ausgerechnet bei einer von Zschokkes zentralen Volksschriften tat, dem Gold-macherdorf, spricht für seine literarästhetische Kompetenz, aber nicht für ein Verständnis der auktorialen Absichten. Aber Zschokke wollte die «trockenen Ab-handlungen», wie Bonstetten sie nannte, ohnehin nicht weglassen, da Belehrun-gen und Erklärungen den Schlüssel zu seinen moralischen Werken darstellten. In «Eine Selbstschau» beschrieb er sein Ideal so:

«Für mich lag nun einmal die höchste Würde des Schriftstellerthums in Anregen des Hochmenschlichen, des Sinnes für Wahrheit, Menschenrecht, und Geistesveredlung der Zeitgenossen. Dafür mußten selbst die dichterischen, einer leichten Unterhaltung gewidmeten Gebilde, dienen, in die ich meine Erfahrun-gen und Ansichten hüllte, wie der Arzneihändler seine Pillen in Goldschaum, der Zucker. Bloße Gaukelspiele des Witzes, Bambocciaden und Luftsprünge der Einbildungskraft, wieviel sie der sogenannten poetischen Höhe und Tiefe haben mögen, genügten mir nie; und noch heute nicht. Was nicht auf eine oder andre Art den Menschengeist emporlüpft, trägt nicht das reine Gepräge des Schönen; ist nur Seiltänzerei der Fantasie, gleich derjenigen, die der Markt auf der ge-spannten Schnur zeigt, wo man zwar mit Ergötzen oder Verwunderung, mit Ge-lächter oder Grausen, eine Weile zusieht, aber endlich mit nüchternem Mißbeha-gen, oder gleichgültig, von dannen geht. Wahrhaft Schönes läßt einen langen Nachhall des Wohllauts in der Seele zurück.»[35]

Hätte Zschokke konsequent dieses Ziel verfolgt und nur pädagogische Prosa verfasst, dann wären seine «Novellen und Dichtungen» nicht von einer ganzen Generation verschlungen worden, hätten nicht elf Auflagen erreicht, die Sauer-länders kluge Werbung, aber auch ihr Unterhaltungswert ihnen verschaffte. Zschokke konnte seine moralische Absicht nicht gar so streng verfolgt haben, wie er in seiner sehr moralisch gefärbten Autobiografie behauptete. An einer ande-ren Stelle erklärte er nämlich, das belletristische Schreiben «gewährte ihm, ne-ben Erholung und Belustigung an flüchtigen Phantasiebildern, den Vortheil, von der Verketzerungswuth einer alleinseligmachenden Staatsparteischaft dieser Ta-ge unangefochten zu bleiben».[36]

Um den Lesern die Orientierung zu erleichtern, wurden Zschokkes Erzäh-lungen für die fünfte Auflage der «Novellen und Dichtungen» von 1841 in fünf Kategorien eingeteilt: Philosophierenderes, Lebensweisheit, Historischeres, Po-litscheres, bloss Erheiternderes. Schon der Komparativ weist darauf hin, dass es Zschokke mit dieser Einteilung unbehaglich war. Er antwortete Sauerländer, der mit dem Vorschlag an ihn herangetreten war: «Auf den mir von dir mitge-theilten Brief, mein Guter und Lieber, wegen Folgenreihe der Novellen, hier in-liegend ein Vorschlag dazu. Ich habe dazu nur eine Art Classification, nach der *Tendenz* der Erzählungen gemacht. Es scheint mir überhaupt wunderlich, in sol-chem Pele-Mele von Einfällen und Launen Ernsteres vom Fröhlicherm zu schei-den.»[37]

Erheiterungen

Die weitaus meisten der rund 60 Novellen Zschokkes und alle, die zwischen 1811 und 1827 entstanden, erschienen zuerst in Zeitschriften, vor allem in der Literaturzeitschrift «Erheiterungen. Eine Monatschrift für gebildete Leser». Diese erreichte unter Zschokkes Redaktion 17 Jahrgänge und wurde dann unter einem anderen Titel bei Sauerländers Bruder in Frankfurt am Main fortgesetzt.

Titelblatt von Zschokkes Literaturzeitschrift «Erheiterungen», 1. Jahrgang von 1811.
Hier veröffentlichte Zschokke seine meisten Erzählungen, teils unter eigenem Namen,
teils unter dem Pseudonym Leo Weber.

Es war Zschokkes literarisch produktivste Zeit, in der er jährlich zwei bis drei kürzere oder längere Novellen schrieb. Ursprünglich hatte Zschokke die «Erheiterungen» gemeinsam mit einigen Freunden führen wollen – auch Jean Paul hatte er angefragt –, die aber schon bald wieder absprangen.

Den Leser erwartete eine Mischung von Erzählungen, Gedichten, Anekdoten und Betrachtungen, die in der Qualität sehr unterschiedlich, meist eher unterdurchschnittlich waren. Man findet nur wenig bekannte Namen; es war höchstens die zweite Garnitur der deutschen Schriftsteller beteiligt. Erwähnenswert ist vielleicht, dass knapp ein Dutzend Frauen Beiträge lieferten. Vielleicht waren es auch mehr, die sich mit einem Pseudonym oder Anonym schützten.

Die Auflage für die «Erheiterungen» musste nach zehn Jahren von 1 250 auf 1 000 Exemplare gesenkt werden; sie fanden aber auch dann nur einen harzigen Absatz. Einer der wenigen Lichtblicke in dieser Zeitschrift waren Zschokkes Erzählungen. Auch grössere Werke erschienen hier zum ersten Mal, so seine grossen historischen Romane.

Zschokke schrieb jeweils schon an der nächsten Folge, während ein Heft erschien, und da er dies ausserordentlich zügig tat, machte es ihm nie Mühe, für die nächste Nummer rechtzeitig die Fortsetzung zu liefern. Schon 1805 hatte er für die Zeitschrift «Isis» einen Roman in Fortsetzungen verfasst[38] und wurde so zum Vorläufer von Eugène Sue, der 1842 mit «Les Mystères de Paris» den ersten französischen Fortsetzungsroman im Feuilleton einer Tageszeitung veröffentlichte.

Sauerländer bat ihn, seinen «Addrich im Moos» doch ja nicht zu früh zu beenden, sondern ihn über das Semesterende hinauszuziehen, damit die Leser Anlass hätten, ihr Abonnement zu erneuern.[39] Auch das war eine moderne Überlegung, die aber den Niedergang der «Erheiterungen» nicht mehr aufhalten konnte.

Bei den meisten Novellen, die Zschokke für die «Erheiterungen» verfasste, richtete er sich an ein vollständig anderes Publikum als etwa mit dem Schweizerboten. Das betraf nicht nur die soziale Schicht, die gehobene Mittelklasse, sondern auch das Land. Sie spielten zur Hauptsache in deutschen Fürstentümern und Königreichen, und auch die Titulierungen sind dem angepasst. Dies zeigt, dass die «Erheiterungen» nicht für ein Schweizer Publikum, sondern als Exportprodukt vorab für Deutschland und Österreich bestimmt waren. 1825 gingen 310 Exemplare an die Auslieferung in Leipzig, 116 nach Frankfurt am Main, und nur 142 blieben in der Schweiz.

Es wird oft gesagt, dass Zschokke ein Vielschreiber war und die Qualität darunter gelitten habe. Dann wird manchmal im gleichen Atemzug hinzugefügt, dass er vor allem fürs Geld geschrieben habe, was so allgemein nicht stimmt. Es mag für die frühen Dramen und Erzählungen noch am ehesten zutreffen; für die Jahre, da er die «Erheiterungen» herausgab, lässt es sich nicht belegen. Sein Arbeitseinsatz war, gemessen am Honorar, sehr gross. 1825 betrugen seine Einkünfte an den «Erheiterungen» 1 065 Franken. Davon ging ein Drittel für die (niedrigen) Honorare an die Mitarbeiter ab.

Korrekter, als zu sagen, Zschokke habe für Geld geschrieben, ist die Aussage, dass er von seinem Schreiben lebte. Das konnte er aber mit seinen Novellen erst, als Sauerländer sie in Buchform herausgab und ihm alle paar Jahre mit einer neuen Auflage eine hübsche Geldsumme übersandte.

Es scheint wichtigere Beweggründe als Geld gegeben zu haben, dass Zschokke zwischen 1811 und 1827 so viele Erzählungen verfasste. Zum einen musste er seine Zeitschrift füllen, zum andern suchte er einen Ausgleich zu seinen vielen prosaischen Geschäften. Er warb um die Gunst der literarischen Welt in den Zentren Deutschlands, und es schmeichelte ihm offensichtlich, dass er auch dort ein gefragter und gern gelesener Autor war.

Das Ende der «Erheiterungen» wurde von einer unerwarteten Seite eingeläutet. Der damalige oberste Zensor des Kantons Aargau nutzte die Gelegenheit, gegen die ihm verhasste liberale Presse von Sauerländer und Zschokke vorzugehen. Er nahm auch die belletristischen Schriften unter die Lupe und wurde fündig. 1827 finden sich in den «Erheiterungen» zwei grössere Zensurlücken. In einer Satire «Über berühmte Esel» wurde einer von 22 Eseln nicht genehmigt, und in einem Bericht aus dem Greyerzerland strich er eine Stelle über die Freiburger Bischöfe.[40] Das traf die «Erheiterungen», die mit deutschen Literaturzeitschriften in Konkurrenz standen, empfindlich. Kein Leser in Berlin oder Leipzig hatte Verständnis dafür, dass ihm bei seiner Lektüre eine leere Stelle entgegengähnte.

In der letzten Nummer der «Erheiterungen», bevor Sauerländer die Herausgabe zu seinem Bruder nach Frankfurt verlegte, stand zu lesen: «Die *Erheiterungen,* im Jahr 1811 begonnen, hören nun mit Ende 1827 auf, da Herr Zschokke sich für die Herausgabe derselben nun nicht mehr geneigt findet. Heiterkeit – Erheiterung – und – Zensur sind völlig unvereinbare Dinge, und das eine oder andere muss weichen oder aufhören.»[41]

Politische Aufsätze

Mit dem Erfolgsausweis von Zschokkes «Ausgewählten Schriften» gelangte Sauerländer 1825 an den Geheimrat von Goethe, von dem man wusste, dass er eine neue Gesamtausgabe seiner eigenen Werke plante. Er schickte ihm die ersten Bände der Zschokke-Ausgabe, bot ihm seinen Verlag an und wies hauptsächlich auf den günstigen Preis hin.[42] Goethe ging zwar nicht auf sein Angebot ein, aber sein Interesse an Zschokke war (erneut) geweckt. Er las während einiger Tage konzentriert in den «Ausgewählten Schriften» und notierte zum Schluss: «Zschokke's vierten Band gelesen. Die umgreifenden Wirkungen des Liberalismus in seiner empirischen Gestalt mit Vorliebe, doch Mäßigung geschildert.»[43]

Es ist kaum anzunehmen, dass Goethe die Zeitschriften «Miszellen für die neueste Weltkunde» (1807–1813) und «Überlieferungen zur Geschichte unserer Zeit» (1817–1823) kannte, aus denen die Aufsätze hauptsächlich stammten. Umso wichtiger war es, diese in Buchform aufzulegen und den Lesern zum ersten Mal oder erneut ins Bewusstsein zu rufen. Nur jene fanden Aufnahme, welche den Zeittest bestanden hatten und noch nicht veraltet waren. Das traf, hauptsächlich aus den «Überlieferungen», auf erstaunlich viele Beiträge zu.

Zschokke bemühte sich, Geschehnisse in einem übergeordneten Zusammenhang zu zeigen, sie geschichtsphilosophisch einzuordnen. Dies galt auch für den Aufsatz, den Goethe mit seiner oben zitierten Bemerkung gemeint haben muss: «Die Sorge der edlern Menschheit für ihre Würde in unsern Tagen».[44]

Darin beschrieb Zschokke einige der bedeutendsten gemeinnützigen Vereine der Welt, deren wichtigster Zweck das Tätigsein «im Gefühl des ewigen Rechts und der unverletzbaren Würde der Menschheit» sei. Geselligkeit in dieser Form sei ein Ausdruck der Zivilisation. Zschokke legte kurz dar, wie sich die Menschheit in einer Stufenfolge von den Wilden und Barbaren zu jenem gesitteten Zustand entwickle, in dem die Sklaverei abgeschafft sei.

Toleranz und Humanität, Fortschritt und Liberalismus waren Ideen, denen Zschokke sich in seiner Zeitschrift «Überlieferungen zur Geschichte unserer Zeit» verschrieb.[45] Indem er die Gegenwart schilderte, gab er eine Vision der Zukunft. Gekonnt verknüpfte er politische Ereignisse mit allgemeinen Betrachtungen, die dem Bürger und dem Politiker als Richtungszeiger dienen sollten. Dabei flocht er Forderungen nach Pressefreiheit, Verfassungen und mehr Volksrechten in seine Betrachtungen ein.

Brief von Johann Wolfgang von Goethe an Zschokke vom 28. März 1826 (nach Diktat). Darin bedankt er sich für Zschokkes Aufsatz «Die farbigen Schatten».[46]

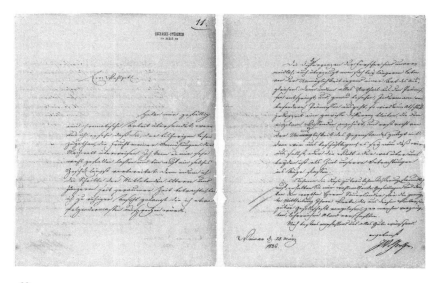

Um die Bedeutung dieser Zeitschrift und von Zschokkes Aufsätzen zu erkennen, muss man sie historisch einordnen. Der Sturz Napoleons, der Wiener Kongress und die Jahre danach hatten einen politischen Umschwung gebracht. Europa stand im Bann der Restauration, und es herrschte Kalter Krieg. Forderungen nach mehr Demokratie wurden als Bedrohung für die Regierungen und die bestehende Ordnung betrachtet und polizeilich verfolgt. Allenthalben witterte man Demagogen am Werk. Die Presse wurde weitgehend gleichgeschaltet, Schweizer Studenten, die im Ausland freiheitliche Ansichten äusserten, verhaftet und ausgewiesen. Ein Exodus deutscher Professoren setzte ein.

Die föderalistische Struktur der Schweiz erlaubte es, politischen Flüchtlingen Schutz zu gewähren. Besonders der Aargau, Basel, Graubünden, die Waadt und Genf taten sich darin hervor. In dieser Situation erfüllten Sauerländer und Zschokke eine wichtige Funktion. Die «Aarauer Zeitung» und die «Überlieferungen zur Geschichte unserer Zeit» gaben den liberalen Kräften im deutschen Sprachraum einen Zusammenhalt. Sie bildeten ein Forum, das viele dankbar benutzten, um ihre Gedanken zu äussern.

Die Zeitschriften aus dem Haus Sauerländer fanden mit ihrer liberalen Gesinnung nicht nur in der Schweiz, sondern in ganz Europa Beachtung. Zschokkes Gedanken wurden überall diskutiert und kommentiert. Alle Blicke richteten sich nach Aarau, und man staunte über das Wunder, dass fernab vom Weltgeschehen sich eine freie Presse mit so grosser Ausstrahlung halten konnte.

Zschokke wagte es, in seinem Aufsatz «Die Wirren des Jahrhunderts und des Jahres» seine Ansichten zur Gestaltung Europas vorzutragen. Er stellte die Ziele der Herrscher und die Wünsche der Bevölkerung dar, nicht um einen Gegensatz herzustellen, sondern um die Gemeinsamkeiten hervorzuheben. Aber schon die Überschrift «Was die Völker wollen» wurde ihm übel genommen. Die deutsche Zeitschrift «Der Staatsmann», die von Fürst Metternich unterstützt wurde, ereiferte sich:

«Wenn die Völker etwas wollten, so wäre das Wollen selbst schon vom Übel, denn wohlgeartete Kinder wollen nichts, oder vielmehr nur das, was die Ältern ihnen gestatten oder als Wünschbares zeigen. Wenn die Völker einen sogenannten Willen haben, so ist es ein Vorwurf für die Regenten. ... Wenn das Volk, wenn die Völker wirklich wollen könnten, was diese Dolmetscher ihres eignen Verfalls und ihres eignen Unverstandes behaupten, so wäre es eine heilige, unabweisbare Aufforderung an alle Einsichtsvollern und Bessern, alle Wünsche des Volkes zu verachten, ja nicht bloss zu verachten, sondern um Gott, also auch der Menschheit willen das Gegentheil zu thun.»[47] Nur schon die Frage nach dem Volkswillen sei «der Grund- und Eckstein des ganzen Baues der Demagogie».[48]

Das Inseldasein des Aargaus mit seiner freiheitlichen Presse war nicht von langer Dauer. Die fremden Gesandten begannen zu agitieren; der eidgenössische Vorort verlangte Massnahmen, warnte und drohte. Unter dem wachsenden Druck der Grossmächte mussten zuerst die «Aarauer Zeitung», dann auch die

«Überlieferungen zur Geschichte unserer Zeit» aufgeben. Auch der Schweizerbote blieb nicht ungefährdet. Der Aargau drohte publizistisch in den Zustand der Nichtexistenz zurückzufallen.

Dem Entscheid Sauerländers, Zschokkes politische Aufsätze wenige Jahre darauf in den «Ausgewählten Schriften» neu aufzulegen, kam deshalb eine besondere Bedeutung zu. Er markierte das Weiterleben des freien Wortes in einer Zeit, da es überall sonst unterdrückt wurde.

Im Aargau ein Jakobinernest

Viele hatten die «Überlieferungen zur Geschichte unserer Zeit» aus Angst vor Verdächtigungen in der letzten Zeit nicht mehr in die Hand genommen; Lesegesellschaften hatten sie nicht mehr aufgelegt. In Österreich waren sie verboten worden. Zwischen zwei Buchdeckeln liessen sich Zschokkes Aufsätze unbefangener lesen als in seiner Zeitschrift. Man brauchte nicht zu argwöhnen, es könnte ein versteckter Aufruf zu einer Volkserhebung oder ein Signal zum Sturz von Regierungen sein. Dieser Argwohn bestand nämlich durchaus. Er bezog sich auf Zschokke, Sauerländer und den ganzen Aargau. Bald in Aarau, bald in Brugg, bald in Aarburg wurde eine revolutionäre Zelle vermutet, wo düstere Gestalten Umsturzpläne hegten und Fürstenmorde vorbereiteten. Die Polizeihofstelle in Wien sandte Spione aus, und Kaiser Franz liess sich von seinem Polizeiminister über die neusten Erkenntnisse von den revolutionären Bewegungen unterrichten.[49]

Liest man die Spionageberichte über den Aargau, so fragt man sich, wie jemand diese haarsträubenden Schilderungen ernst nehmen konnte. Harmlose Treffen wurden zu revolutionären Vereinigungen aufgebauscht, und biedere Aarauer Bürger gerieten in den zweifelhaften Ruf, Mitglieder einer weit verzweigten Verschwörung zu sein, zur «Achse des Bösen» zu gehören, wie es in unserer Zeit heisst. Aber es ist uns ja nicht ganz unvertraut, wie Hysterie, geschürt von Fundamentalisten, plötzlich überschwappt und den klaren Verstand vernebelt.

Als schärfster Hetzer tat sich der Berner Professor Karl Ludwig Haller hervor, der mit seinem Werk «Restauration der Staatswissenschaft» dem Zeitalter seinen Namen gab. Er intrigierte an den ausländischen Höfen gegen die liberale Schweiz. Im Aargau sah er eine revolutionäre Regierung am Werk, in Aarau ein Zentrum der Carbonari,[50] von dem aus Verschwörungen in der Schweiz und Deutschland betrieben wurden.

Anführer seien Zschokke, «ein unermüdlicher Zeitungsschreiber für die revolutionäre Sache, der in bezug auf die Fruchtbarkeit seiner Feder, die Mannigfaltigkeit der Formen und Arten, die Gewandtheit und Perfidie seines Stiles vielleicht Voltaire nichts nachgibt», und Sauerländer, «dessen Druckerei ein wahres Arsenal des Jakobinismus ist und täglich neue Bücher, Broschüren und Zeitungen in revolutionärem Sinn produziert».[51]

Die Laurenzenvorstadt Nr. 61 in Aarau, bis 1837 Sitz des Verlagshauses Sauerländer, von Norden her gesehen, mit Druckerei und Magazin, wo sich laut Karl Ludwig von Haller ein gefährliches «Arsenal des Jakobinismus» befand.[52]

Spione, die als Kaufleute oder einfache Reisende herumschlichen und sich als Revolutionäre oder Freimaurer tarnten, um Zugang zu geheimen Vereinigungen zu finden, kamen zum gleichen Ergebnis. Wie hätten sie dies auch nicht tun sollen, da doch die ganze reaktionäre Clique unter einer Decke steckte und sich die Spione bei Haller und Konsorten in Bern abstimmten, wenn sie ihre Mission antraten? Wie so oft lieferten die Spione genau das, was man von ihnen erwartete, und zwar aus durchaus handfesten Gründen: Ohne Enthüllungen war keine Belobigung und kein saftiges Honorar zu erwarten. Einer der Spione, nur unter den Initialen St. Fr. bekannt und offensichtlich von Haller inspiriert, berichtete:

«Arau scheint in Anbetracht des Freyheitsschwindels vor allen merkwürdig zu seyn. Der famose Herausgeber und Verleger der Arauer Zeitung Sauerländer ist derjenige der sich mit Verbreitung revoluzionärer Schriften hauptsächlich befasst. Der Schriftsteller Tschokke dessen Verleger ebenfalls Sauerländer ist, giebt auch dort seine *Überlieferungen* zur Geschichte unserer Zeit heraus. Ich hatte Gelegenheit daselbst die Lesezirkel und auch die Loge genannt Brudertreue zu besuchen. Überall beschäftigt man sich mit der Vorlesung politischer Ereignisse, was die Revoluzion in Neapel betrift, so habe ich wohl gar Niemanden gefunden, der sie nicht gut geheissen, und den Napollitanern ein Lob gesprochen hätte.»53

Lesegesellschaften und Freimaurerlogen, die Erziehungsanstalten von Pestalozzi und Fellenberg, Studentenverbindungen, Treffen von Fremden, Ausflüge zu Gedenkstätten Wilhelm Tells, ja auch Turnübungen wurden ausspioniert und denunziert. Es fand eine eigentliche Hexenjagd statt, um «Schlupfwinkel gefährlicher Sekten und revolutionärer Umtriebe»54 aufzustöbern und zu bekämpfen.

Auch Baron Wilhelm von Eichendorff, Bruder des Dichters Josef von Eichendorff, wurde losgeschickt, um im Aargau herumzuforschen. Er war für diese verdeckte Operation nicht geeignet oder zu ehrlich, denn er fand keinen Eintritt in eine geheime Gesellschaft. Immerhin lieferte er Listen von reisenden Fremden.55 Die fehlten in fast keinem Bericht; sie stammten aus den Gästebüchern der Hotels, vermutlich von bestochenen Angestellten.

In diesem aufgeheizten Klima ist es nicht verwunderlich, dass kaum jemand mehr öffentlich eine abweichende Meinung zu vertreten wagte. Selbst die Loge zur Brudertreue stellte 1820 ihre Tätigkeit ein. Der freiheitliche Kanton Aargau griff wieder zum Mittel der Pressezensur. Man wollte dem Ausland keinen Vorwand zu einer militärischen Intervention geben, wie sie über das revolutionäre Spanien oder Süditalien hereingebrochen war.

Zschokke wartete bis Ende 1823, dann gab er seine politische Publizistik auf. Dem Winterthurer Schriftsteller Ulrich Hegner, der sich längst von der Politik verabschiedet hatte, teilte er mit: «Nun ich meine Überlieferungen geendet habe, will ich es machen wie Freund Hegner und die harmlosesten Märchen schreiben für die Erheiterungen.»56

An Paul Usteri schrieb er nach Zürich: «Wenn wir vorsichtig eine Lampe auslöschen, damit uns nicht die Fenster eingeworfen werden, sind darum die ewigen Lichter des Himmels nicht ausgelöscht. ... Wir Schweizer können nicht genug thun, um unsre Theilnahmelosigkeit an den neusten Tagshändeln zu bezeichnen, dafür aber in unserm Innern uns fester aufzustellen für jeden möglichen Fall.»57

Des Schweizerlands Geschichte für das Schweizervolk

Während in Europa ein politischer Sturm toste, blieb es in der Schweiz und im Aargau vergleichsweise windstill. Viele Intellektuelle, Publizisten und Künstler löschten die Lichter, die auf sie aufmerksam machten, und zogen sich in die private Idylle zurück. Man hat für diese Zeit einen Begriff gefunden, der die Stimmung treffend zum Ausdruck bringt: Biedermeier.

Zschokke wandte sich aber nicht etwa der harmlosen Muse, sondern historischen Themen zu. Die Stoffe holte er aus der Schweizer Geschichte. Er schrieb die drei Erzählungen «Der Freihof von Aarau», «Addrich im Moos» und «Flüchtling im Jura» und eine Geschichte der Schweiz, von der schon mehrfach die Rede war, «Des Schweizerlands Geschichten für das Schweizervolk». Der Titel zeigt schon des Autors Absicht, ein Volksbuch zu schreiben. Er formte die umfangreichen, ja sperrigen Werke seiner Vorgänger – Johannes von Müller und Leonhard Meister – in einen lesbaren Text von 300 Buchseiten um. Es suchte und erschloss nicht neue Quellen, sondern machte aus dem Vorhandenen etwas Neues: Durch die Verwendung gestalterischer Mittel schrieb er ein lebendiges, abwechslungsreiches, farbiges Geschichtsbuch, ohne den Sinn für das Wesentliche, den roten Faden zu verlieren.

Nicht Fürsten oder Adelsgeschlechter, sondern das Volk ist Hauptperson in Zschokkes Schweizerlandsgeschichte. In ihm sollten Leserinnen und Leser sich wiederfinden. Um diese Identifikation besser zu erreichen, griff Zschokke zu Kniffen, die ihn unter Historikern anrüchig machten: Er hielt sich zwar einigermassen an Überlieferungen und Tatsachen, gewichtete sie aber nach eigenem Ermessen, ergänzte sie um Lokalkolorit, Aussagen über Motive, Meinungen und Gefühle (obwohl er die ja gar nicht kannte) und erfand kleinere Dialoge und Selbstgespräche.

Er gab charakterliche Einschätzungen, zog Schlussfolgerungen aus einem Verhalten oder Geschehnis und scheute sich auch nicht vor moralischen Wertungen. All dies geschah, um den Leser in die Geschichte hineinzuführen, ihn Stellung beziehen zu lassen, aber auch, um die Geschichte transparent, einleuchtend und begreifbar zu machen. Er zog das Material heran, das zur Verfügung stand: Chroniken, Sagen, Anekdoten, zeitgenössische Abbildungen, und liess sich von seiner Intuition leiten, um die Spreu vom Weizen zu trennen. Ebenso wichtig wie die äussere Wahrheit war für ihn die innere Stimmigkeit.

Einem Freund gegenüber sprach er einmal von den zwei Möglichkeiten, das Vergangene zu schildern, «entweder, wie sich dasselbe in der eigenthümlichen Gemüthsart des Erzählenden abspiegelt, oder wie es ganz ungefärbt in der Aussenwelt dasteht, und vom kalten Gedächtniß aufgenommen wird. In jener Art sind alle Volkssagen, in dieser die trockenen Jahrbücher der Mönche entsprungen, beides rohe Anfänge und Erstlingsversuche geschichtlicher Kunst. Dort steht der Erzähler gleich mächtig von seinen eigenen Urbildern und den fremden Ereignissen ergriffen, selbstthätig; hier blos in verständig ordnender Betrachtung der Erscheinungen, und scheu vor Selbsttäuschung.»[58]

Was man bei Zschokkes Vorgängern kaum spürte, wurde bei ihm deutlich: Er nahm Anteil an den Menschen und ihrem Schicksal. Er lobte, warnte, mahnte, wies Irrtümer nach, und indem er Vergangenes darstellte, zeigte er auch den Weg in eine bessere Zukunft. Geschichte war für ihn zugleich ein gesellschaftlicher Entwurf, eine Perspektive für das Kommende.

Dahinter liegt ein Geschichtsmodell, wie es nach Reinhart Koselleck gegen Ende des 18. Jahrhunderts aufkam: Die Vorstellung, dass Geschichte Fortschreiten sei, kein Kreislauf, sondern Progression.[59] Der Fortschritt lag nach Zschokke aber in einer Wandlung und Weiterentwicklung des Individuums in einer sich verändernden Gesellschaft: die kontinuierliche Befreiung des Menschen aus Fesseln, die ihm zunächst Halt gaben, ihn aber später in seiner Entfaltung hemmten. Die frühere Ordnung, die alten Glaubensvorstellungen, Institutionen und traditionellen Lebensweisen mussten dem Neuen, dem Zeitgeist weichen.

Zschokkes Schweizergeschichte war eine Vergegenwärtigung der gemeinsamen grossen Vergangenheit, des Verlusts ihrer Grösse durch die zunehmende Entzweiung im Volk und des Todesstosses, den die Eidgenossenschaft im Jahr 1798 durch die französischen Armeen erfuhr.

«So endete der alte Bund der Eidsgenossen. Vierhundert und neunzig Jahre lang war er bestanden; in vierundsiebzig Tagen zertrümmert. Er fiel, einer Auflösung nahe, doch keiner so schmählichen werth. Sein Kampf gegen Frankreichs welteroberende Heeresmacht glich dem Kampf des sterbenden Greises, der mit erstarrender Faust noch das Schwert nimmt, nicht mehr um den letzten Funken des Lebens, sondern nur noch die Ehre zu verwahren.

Sag' an, o Schweizermann, was hat deine hohen Felsenwälle niedrig, die undurchdringbaren Bergschluchten offen, die weiten Seen, die reissenden Ströme durchgänglich, die Waffen der Zeughäuser stumpf und die Geldsummen der Städte unfruchtbar gemacht? – Lernet, ihr Gewarnten!»[60]

Zschokkes Geschichtsbild war ein bürgerlicher Entwurf. Die Gründerväter der Eidgenossenschaft hatten Eigenschaften besessen, die sie stark machten: Mut, einen lebendigen Freiheitssinn, Zusammenhalt und Einigkeit. Diese Eigenschaften hatten im Lauf der Jahrhunderte Kleinmut und Egoismus Platz gemacht. Die Freiheit der Urväter kam nicht von selbst zurück; sie musste erkämpft werden. Dies ging nur durch engen Zusammenschluss der Bürger, die das alte Joch abschütteln und jedem die Zähne zeigen mussten, der sie wieder darunter zu bringen versuchte.

«Der furchtbarste Widersacher der Freiheit und Unabhängigkeit, wenn er kommt, wird aus unserer eigenen Mitte hervortreten», warnte Zschokke. Aber auch die Hilfe kam von innen: «Recht und Gerechtigkeit ist gewaltiger, denn alle Gewalt; und jedes Hauses Glückseligkeit steht nur sicher unter dem Gesetz der Freiheit; und die Freiheit Aller ist nur geborgen durch Unabhängigkeit des Schweizerbundes. Die Selbständigkeit des Schweizerbundes aber ruht nicht fest auf Pergamentbriefen kaiserlicher und königlicher Zusicherungen, sondern allein auf einem eisernen Grund, der da ist unser Schwert.»[61]

Dies war eine Warnung ans Ausland, sich einem entschlossenen Schweizer Volk nicht entgegenzustellen, wenn es denn erst einmal entschlossen auftrat. Aber zunächst war es ein Appell an die Schweizer zu Einigkeit gegen innen und Festigkeit gegen aussen. Nur ein freiheitlicher Geist und der Einbezug des Volks in politische Entscheidungen konnte diese Haltung erzeugen. Dazu brauchte es nach Zschokke die Abschaffung der Zensur und die Öffentlichkeit der Parlamentsverhandlungen. Sauerländer wagte es (noch) nicht, dieses Schlusswort im Schweizerboten zu veröffentlichen, obwohl dort in Fortsetzungen von 1820 bis 1822 das ganze Werk erschienen war.[62]

Das Buch fand sogleich Resonanz. Endlich war eine moderne, in liberaler Gesinnung verfasste Schweizergeschichte erschienen, gut geschrieben, preiswert, die nur darauf wartete, jedem Bürger in die Hand gedrückt zu werden. Die Liberalen bejubelten das Ereignis, erkannten das Potenzial, das in dem Buch steckte, und sahen gern über einige historische Ungenauigkeiten und biblisch-gestelzte, altertümelnde Redewendungen hinweg. Philipp Albert Stapfer, der mit Zschokke durchaus nicht immer übereinstimmte, schrieb aus Paris:

«Ich las oder verschlang sogleich Ihre herrliche patriotisch-historische Darstellung, ein treues, festgezeichnetes, Verstand und Gemüt gleich stark fesselndes Gemälde, das in Haltung, Tonfarbe und Umrissen den richtigen Blick des Historikers, seinen Takt, seinen vaterländischen Sinn auf beynahe jeder Seite beurkundet und den Leser bald heilsam und tief ergreift, bald liebevoll anspricht. *Macte virtute tua!*[63] Es ist ein vorzügliches Kunstwerk und ein recht patriotisches Erzeugnis. Möge es recht bald in Schulen und Lesezirkeln, in Städten und Hütten eines der kräftigsten Surrogate für unserer geträumte, von Freund und Feind befehdete Einheit werden! Sie haben mit unverwandtem Auge auf diesen Zweck den Stoff gesichtet und die passenden Züge hervorgehoben; mit Glück sind Sie auch bey mancher Klippe vorbeygesegelt, die nur dem Kundigeren sichtbar ist.»[64]

Im Aargau wurde Zschokkes Schweizerlandsgeschichte mehr oder weniger vorbehaltlos anerkannt und diente an verschiedenen Schulen als Lehrmittel. Im Kanton Basel kaufte die Gemeinnützige Gesellschaft 300 Exemplare auf, um sie an Gemeinderäte und Lehrer zu verteilen. Im Kanton Bern war das Buch zwar erhältlich, aber die Werbung dafür verboten. Erst 1832, nachdem die konservative Regierung abgedankt hatte, wurde der Wert des Buchs anerkannt. Der Erziehungsrat bestellte gleich 1200 Exemplare, um sie an Schulen abzugeben.[65]

In Luzern, angespült von einer restaurativen Welle, wurde der Erziehungsrat nach einem Protest der Geistlichkeit zurückgepfiffen, als er das Buch in die Lesebibliothek der Lehrer stellte. Man fürchtete um den katholischen Glauben, obwohl Zschokke sich bemüht hatte, kirchenpolitische Fragen behutsam zu behandeln. Schlimmer noch war wohl, dass darin das Alte in Zweifel gezogen und die Gesellschaft als veränderbar betrachtet wurde.

Von den Historiografen, die sich auf den wissenschaftlichen Wert abstützen, wird Zschokkes Schweizerlandsgeschichte eher geringschätzig abgehandelt. Aber es war ein Werk von ausserordentlicher Fruchtbarkeit, aus der Absicht entsprungen, den geistigen Wehrwillen des Schweizer Volks zu mobilisieren. Es hat seinen Zweck offenbar erreicht, denn Generationen wurden von diesem Geschichtsbild geprägt, bis zum Zweiten Weltkrieg, und manchmal hat man den Eindruck, in einigen Köpfen bis zur Gegenwart. Das Erstaunliche: Ein Preusse hat dieses Bild in die Köpfe der Schweizer gebracht.

Addrich im Moos

Gleichsam als Ableger seiner Schweizerlandsgeschichte entstanden drei historische Erzählungen, in denen Zschokke seinen Stoff freier gestalten konnte, als es ihm in einem Geschichtsbuch möglich war: Der Flüchtling im Jura (1822/23), Der Freihof von Aarau (1823/24) und Addrich im Moos (1825/26). Sie erschienen zuerst in Fortsetzungen in der literarischen Zeitschrift «Erheiterungen», wo viele potenzielle Leser sie nicht zu Gesicht bekamen. Deshalb veröffentlichte Sauerländer sie in der eigens dafür geschaffenen Buchreihe «Bilder aus der Schweiz» 1824 bis 1826 noch einmal. Zschokke wurde dafür mit Walter Scott verglichen.

Der schottische Schriftsteller Walter Scott fand mit seinen historischen Romanen seit Anfang der 1820er-Jahre in Deutschland grossen Anklang und übte massgeblichen Einfluss auf die europäische Romantik aus. Zschokke, der sonst kaum literarische Werke las – «ich kann das Gezierte, Manirirte, Lakirte nicht ausstehen in den kunstgerechten Figuren»[66] –, war von James F. Cooper und Walter Scott sehr angetan.

Die Literaturgeschichte tat sich bisher etwas schwer mit Zschokkes historischen Romanen. Zwar sei er «in der Wahl der Stoffe glücklich gewesen, indem er interessante Abschnitte aus der Schweizergeschichte zur Grundlage» genommen habe, aber es habe ihm «das Talent zu großen Schöpfungen» gefehlt, meinte der Germanist Heinrich Kurz, der Zschokke noch persönlich kannte.[67] Kurz, wie viele andere Literaturhistoriker, ging von einer Ästhetik zeitloser Kunstwerke aus, die man auf Zschokke in der Tat nicht anwenden darf. Zschokkes Talent war anderer Natur. Auch wenn er ein historisches Motiv aufgriff, rückte er ganz nahe an das Geschehen und die Abläufe seiner Zeit. Friedrich Sengle kommt Zschokke in seiner Literaturgeschichte des Biedermeiers näher, wenn er ihn «zu den elementaren Erzähltalenten, denen der Romanästhetizismus im Zeitalter Flauberts nicht gerecht werden konnte», zählt.[68]

«Addrich im Moos» spielt während des grossen schweizerischen Bauernkriegs von 1653. Auslöser dieses Aufstands war eine Geldabwertung, welche die Wirtschaftskrise nach dem Ende des Dreissigjährigen Kriegs verschärfte, und die Härte, mit der rückständige Abgaben und Zinsen eingetrieben wurden.[69] Als sie sahen, dass Bittgesuche vergeblich waren, erhoben sich die Bauern in Luzern, Bern und Solothurn gegen die Obrigkeit, verlangten finanzielle Erleichterung und

Wiederherstellung alter Rechte und Freiheiten. Sie hielten unbewilligte Landsgemeinden ab, zogen bewaffnet vor die Städte Luzern und Bern und wurden von Truppen der eidgenössischen Tagsatzung geschlagen. Die Anführer wurden hingerichtet.

Dies wird von Zschokke in einem bunten Bilderbogen erzählt, wobei er beide Seiten zu Wort kommen lässt. Wo sein Herz schlug, zeigt sich an den wichtigsten Personen, die alle für die Sache des Landvolks kämpfen. Die Anliegen des Volks stellt er als berechtigt dar: Durch den Hochmut und Starrsinn der Obrigkeit, die rücksichtslos mit ihren Untertanen umgeht, wird es zur Rebellion gereizt, durch ihre Härte und Grausamkeit zur Verzweiflung getrieben.

Eine Zwischenfigur ist der Spielmann und Spruchmacher Heinrich Wirri von Aarau, eine drollige, furchtsame Gestalt, die den Leser ins Geschehen einführt und in widrige Situationen gerät, ohne um ein Sprichwort verlegen zu sein. Wirri sorgt dafür, dass der Leser sich entspannt und zum Lachen gereizt wird.

Zschokke stellte schon in der Schweizerlandsgeschichte den Bauernkrieg kurz dar,[70] jetzt breitete er ihn auf 300 Seiten aus. Es war ihm keineswegs darum zu tun, die Vorfälle von 1653 exakt nachzuzeichnen; er wollte das Schicksal und die Stimmung der Menschen in einer tragischen Zeit der schweizerischen Vergangenheit einfangen. Die historisch verbürgten Geschehnisse und Charaktere traten in den Hintergrund, während Zschokke sich der Zeichnung einzelner erfundener Figuren und ihres Schicksals annahm.

Die Hauptorte der Handlung verlegte er in den Aargau und um Aarau herum. Bevor er seinen Roman begann, nahm er mit seiner Frau einen Lokalaugenschein. Eine Reiseerinnerung von Nanny Zschokke aus dem Jahr 1824 gibt darüber eine knappe Auskunft: «[Den] 31ten August machte ich eine kleine Reise von 3 Tagen mit Heinrich, wohl die Genußvollste obschon mir gar nicht wohl war, ich war in Hoffnung zum Alfred.[71] Nach Langenthal Ursenbach [Lücke] Zell Wollhausen Knutwil durchs Schöftland, und Ruderthal; den herlichen Bergweg neben dem Schloß Rud vorbei nach Kulm, Teufenthal auf die Bampf über Liebegg nach Gränichen wo wir die berühmten gebaknen Forellen aßen.»[72]

Damit sind zwei Hauptschauplätze situiert: das Schloss Rued, Sitz der Berner Obrigkeit, und das Haus des Volksanführers Addrich im Moos auf der Bampf, inmitten von Tannenwäldern «oberhalb Teufenthal, unweit Äsch, in einer Bergschlucht ..., die man Moos nannte».

Die Düsterkeit des Orts findet sich im Hausherrn wieder: Gross und breitschultrig, mit einem gewaltigen Kopf, ist in seinem Gesicht «ein Ausdruck von Finsterniß, Härte und Wildheit, der durch die hervorstehenden Backenknochen, durch den zottigen Knebelbart unter der weit vorspringenden Nase, durch die breiten, recht zum Zermalmen geschaffenen Kinnladen nicht wenig gehoben wurde. Am schreckhaftesten blieben aber die unter buschigen Augenbrauen hervorstierenden großen Augen, welche durch einen scharlachrothen Ring wirklich bohrende Blicke sandten.»

Addrich ist der eigentliche Anführer des Bauernaufstands, eine tragische Figur mit prometheischem Charakter. Er hat alles verloren, was ihm etwas bedeutete: seinen Bruder, seine Tochter, die im Sterben liegt und ihm wie eine Kassandra Unheil prophezeit, seinen Glauben. Er ist ein von Gott verlassener Mensch, ein Gezeichneter, in dessen Händen alles Gute sich zum Schlechten verkehrt. Sogar das Geld, das er den Armen gebe, sagt man, schimmle in seinen Händen. In seiner Verlorenheit und Überheblichkeit kennt er keine Grenzen: «So bin ich, wo nichts Höheres ist, der Gott und heiliger als alles Dasein.»

Er schont sich nicht und treibt auch die Bauern unerbittlich an, für ihr Recht und die Gerechtigkeit zu kämpfen: «Lasset die Trommeln rühren, die Fahnen lüpfen; gehet, schlaget, sieget oder fallet. Bietet die Angehörigen und Leibeigenen aller Kantone auf; es gilt die Freiheit oder Knechtschaft Aller. Stürzet Verwirrung aus von einem Ende des Landes zum andern. Je größer Schrecken und Lähmung der Städte, je leichter deren Niederlage. Nichts bleibe auf der alten Stelle. Pflüget den verraseten Acker tüchtig; aber erst wenn die Schollen *umgekehrt* liegen, egget frische Saat ein. Was *dann* werden kann, wird werden! ... Das Recht geht mit dem Sieger, das Unrecht mit dem Besiegten! ... Es gilt *Freiheit* des Volkes vom Lemanersee bis zum Rhein; frei von Leibeigenschaft, frei von Willkür des Stadtstolzes soll der Landmann sein; von Geburt nicht geringer, als der Schultheiß, und nicht ärmer an Recht. ... Unnatur und Unrecht vertilgen, das ist *Natur* und das ist *Recht*. Dafür geh' ich mit euch zum Sieg oder Schaffot, dafür ist beides ehrenreich vor Welt und Gott.»[73]

Fabian, sein Begleiter, kämpft an Addrichs Seite, weil dieser ihm Epiphanie, die Tochter seines Bruders, zur Frau versprochen hat. Obwohl ihm das Schicksal genauso hart mitspielt wie Addrich, sucht er das Leben und die Liebe statt den Tod, hat sein Auge den Sinn für die Schönheit der Natur nicht verloren, will nicht in Krieg und Verderben untergehen. Er warnt Addrich, sich mit den Aufrührern gemein zu machen.

«Kennst du das Volk, das jetzt am rührigsten bei der Hand ist? Ich hab' es gesehen. Die Ehrenleute, die stillen, fleißigen Eigenthümer schütteln zu euerm Unterfangen den Kopf, oder lassen ihn betrübt hangen. Aber die Lumpen, welche von der Hand in den Mund leben, die Ausgehauseten und Verganteten, die guten Wirthshauskunden, die mehr Kupfer auf der Nase als im Sack haben; abgedankte Soldaten, die aus fremdem Kriegssold lüderlicher heimkommen, als sie gegangen waren; die Würfel- und Kartenmänner mit zerrissenen Hosen, alle, die wohlfeil gewinnen möchten, heben das Haupt steif und trotzig empor; und Kerls, denen man sonst in guter Gesellschaft das ungewaschene Maul verbot, führen jetzt das große Wort.»[74]

«Addrich im Moos» ist ein Roman um die Verblendung von Menschen, die in ihrer Fehleinschätzung und Selbstüberhebung nicht mehr die göttliche Ordnung der Natur erkennen, sondern, indem sie ihr strikt zuwiderhandeln, in ihrem Vorhaben scheitern müssen. Auf der einen Seite die anmassende Obrigkeit mit

Die Anführer des Bauernaufstands halten Rat; im Vordergrund der erregte Addrich.
Aus einer Ausgabe des «Addrich im Moos» von 1873 mit Zeichnungen von Hans Weiss-brod.[75]

ihrem Hochmut, ihrer Hartherzigkeit und Blindheit gegenüber den Bedürfnissen des Volks, auf der anderen Seite Desperados und Herumtreiber, die nur auf Plünderung, Rache und Zerstörung aus sind, und Addrich, der blind für die Schönheit des Lebens ist.[76]

Zschokke war kein Freund von Putschs und Revolutionen. Dies zeigt auch der Schluss des Bauernaufstands von 1653 in «Des Schweizerlands Geschichte für das Schweizervolk», wo er die Wertung gab: «Das war der Ausgang des Aufruhrs. Was gesetzlos aufgeht, muß gesetzlos verderben.»[77]

Das Ende des Romans ist anders als in der Schweizerlandsgeschichte. Das junge Paar findet sich, auch der tot geglaubte Bruder Addrichs taucht wieder auf. Addrich erträgt in Zschokkes Version das Glück des jungen Paars und sein eigenes Glück nicht mehr. Er hat mit dem Leben abgeschlossen, irrt im Nebel davon und stürzt in einen Abgrund. Auch hier hat der Frevel seine Strafe gefunden. Die Schlussszene gehört aber nicht ihm, sondern dem Leben und der Liebe: «In diesem Augenblick zerriß der graue Nebel um sie her, wie ein Vorhang des Himmels, und schlang sich goldgesäumt um die Scheitel der Berge. Die Sonne mit blendender Pracht überstrahlte die schroffen Felsen und grünen Gebüsche der hohen Einöde; und von jedem Halm blitzte, in wechselnden Schimmern, ein flüssiger Diamant am reinen Morgenlicht. Wie liebende Seelen, die sich nach dem Tod des Leibes im Elysium begegnen, standen Fabian und Epiphanie, einander umfangend, still bewundernd, mit stummer Zärtlichkeit um Liebe fragend.»[78]

«Addrich im Moos» ist eine Erzählung mit ganz unterschiedlichen Lesarten. Zunächst einmal handelt es sich um einen historischen Roman, der den Bauernkrieg von 1653 nacherzählt. Für Helmut Heissenbüttel ist Zschokke damit zum Begründer des deutschsprachigen vaterländischen Romans geworden.[79] Zweitens ist es eine geschichtsphilosophische Studie an einem historischen Fallbeispiel. Auf diesen Punkt kann hier nicht eingegangen werden.

Drittens werden Menschenschicksale geschildert. Symbolhaft geht es um die Conditio humana, das Verhältnis des Menschen zu sich und seiner Zeit, die Orientierung zu Gott und zur Natur. Fabian ist als Addrichs Doppelgänger angelegt, der für die Zukunft steht und das Leben, während Addrich Vergangenheit und Krieg verbildlicht. Fabian löst sich vom Düsteren, drängt zum Licht; der verkümmerte Addrich weicht in den Nebel zurück und stirbt. Sinnträchtig ist hier auch der Name Epiphanie, der ja ursprünglich die Erscheinung Gottes bedeutet.

Viertens schilderte Zschokke in einem historischen Kleid zeitgenössische Themen. Man erinnere sich: 1824 wurde auf massiven internationalen und nationalen Druck im Aargau die Zensur eingeführt. Zschokke gab seine politische Zeitschrift «Überlieferungen zur Geschichte unserer Zeit» auf, um sich, wie er behaup-

Schlussszene des «Addrich im Moos» in der Interpretation von Hans Weissbrod. Hinten das Liebespaar Fabian und Epiphanie. Im Vordergrund: Addrich (rechts) schlägt die Hand seines wiedergefundenen Bruders aus.[80]

tete, ausschliesslich Märchen zu schreiben. Im Vorwort zu «Addrich im Moos», einer Widmung an seinen Freund und Hausarzt Dr. Schmutziger, äusserte er:

«Ich habe lange bei mir erwogen, ob ich eine Fibel, oder Rechentabelle, oder dergleichen zur Beförderung der öffentlichen Wohlfahrt verfassen solle. Ich ließ es, wie Du siehst, bei einem Märchen bewenden, was einen heilsamen Gedankenstillstand noch mehr zu befördern im Stande sein mag, als eine Schrift obiger Art, die bei Kindern und Alten nur gefährliches Nachdenken wecken möchte. *Gedankenstillstände* sind wahre *Waffenstillstände* der Menschheit; denn eben Gedanken sind die furchtbarsten aller Waffen, die den Frieden auf Erden von jeher am tiefsten verwundet und ihn zuletzt unter dem Monde fast zur Unmöglichkeit gemacht haben. Ein gutes Märchen muß den Schlaf befördern; und der Schlaf ist Gedankenfriede, folglich das höchste Gut des menschlichen Geschlechts.»[81]

Ein unschuldiges Märchen ist «Addrich im Moos» gewiss nicht; die ganze Vorrede ist ironisch gemeint, in deutlicher Ablehnung der Biedermeieridylle, zu der viele Schriftstellerkollegen Zuflucht nahmen. Zschokke griff mit dem Bauernkrieg ein Thema auf, das sehr aktuell war: Wie 1653 die Berner und Luzerner Herren, war in der Restaurationszeit auch die Aargauer Regierung zu selbstsicher, ja selbstherrlich geworden. Sie klammerte sich an die Macht, unfähig und nicht bereit, eine Auseinandersetzung über ihre Politik zu erlauben. Das war nach Zschokkes Ansicht gefährlich: Am Volk vorbei zu regieren bedeutete, den Kontakt mit ihm und seinen Bedürfnissen zu verlieren.

Zschokke besass, wie schon erwähnt, ein feines Sensorium für die Regungen im Volk. Durch die vielen Leserbriefe, die den Schweizerboten erreichten, kannte er die Meinung seiner Pappenheimer genau. Sein «Addrich im Moos» kann als eine Warnung an die Schweizer Regierungen gelesen werden, es in ihrer Arroganz nicht zu weit zu treiben. Es ist nicht anzunehmen, dass die Warnung verstanden wurde. Gerade ihre scheinbar unangefochtene Position machte die Angesprochenen in der Periode der Restauration immun gegen Kritik.

Fast könnte man meinen, Zschokke habe den Freiämtersturm vom Dezember 1830 vorausgesehen,[82] als er seinen «Addrich im Moos» schrieb. Hatte der Marsch der Freiämter nach Aarau nicht Parallelen zum Marsch der Bauern nach Luzern und Bern zwei Jahrhunderte vorher? In beiden Fällen lehnte sich eine unzufriedene Bevölkerung gegen ihre Obrigkeit auf, bewaffnete sich und konnte, einmal entfesselt, nicht mehr gebändigt werden.

Ein Literat, meint man normalerweise, habe keinen oder kaum Einfluss auf die politische Entwicklung. Zschokke vertrat mindestens nach aussen auch diese Ansicht. In seinem Aufsatz «Vom Geist des deutschen Volks im Anfang des 19. Jahrhunderts» verteidigte er die Schriftsteller gegen den Vorwurf, sie steckten hinter der Unrast, dem «Treiben und Sehnen des Volks». Die Ursachen lägen tiefer; die Schriftsteller brächten dem Volk seine Bedürfnisse und seine Verhältnisse nur ins Bewusstsein.[83]

Im Unterschied zur Regierung scheint «Addrich im Moos» vom gewöhnlichen Volk sehr wohl auf die aktuellen Verhältnisse hin gelesen und gedeutet worden zu sein. Man brauchte bloss die Symbolik, den Liebeskitsch und die historische Seite wegzulassen, und schon hatte man die politische Dimension vor sich. Dann stiess man auf Kernsätze Addrichs wie jenes stolze Wort an den Schlossherrn von Rued: «Eure Selbstsucht, ihr Herren, eure Herrschgier hat das Volk in den Abgrund der Rechtslosigkeit gestürzt und aus Schweizern dumme Sklaven gemacht ... Diese Menschen alle hier, erlaubt es, ihr Herren und Götter der Erde, möchten gern wieder Menschen sein, und zwar einen Gott im Himmel haben, aber nicht zweihundert auf dem Berner Rathhause.»[84]

Der Anführer des Freiämtersturms von 1830, Heinrich Fischer, führte der Sage nach bei seinem Marsch nach Aarau «Addrich im Moos» im Gepäck mit; man traf ihn unterwegs bei der Lektüre an.[85] Es würde zum Charakter des «Bauernkönigs» von 1830 passen, wenn er in Addrich einen geistig Verwandten gesehen hätte. Wir werden im folgenden Kapitel, das Zschokkes Ausflüge in die Politik beschreibt, noch einmal darauf zurückkommen.

1915 druckte das «Aargauer Tagblatt» den «Addrich im Moos» noch einmal als Fortsetzungsroman ab. In der Einleitung hiess es: «Vor zwanzig und mehr Jahren gehörte diese Geschichte zur Lieblingslektüre in unserer Heimat und ging oft wie ein heimlicher Schatz von Hand zu Hand. Heute ist sie eher etwas in Vergessenheit geraten.»[86] Diese Perle der vaterländischen Literatur im Aargau darf nicht wieder vergessen werden.

Ausflüge in die Politik

Eigentlich hatte Heinrich Zschokke die Politik satt, als er mit 30 Jahren in den Aargau kam. Er verkroch sich in einem abgeschiedenen Winkel vor dem Getümmel der vergangenen Jahre, in denen er nie zur Ruhe gekommen war. In Malans in Graubünden verzichtete er auf ein Landgut, das Johann Baptist von Tscharner für ihn kaufen wollte. Hier hätte er zwar das Bürgerrecht besessen, aber die Politik hätte ihn, den ehemaligen Kämpfer für den Anschluss Graubündens an die Helvetik, unweigerlich eingeholt. In Bern sah sich sein Freund Heinrich von Kleist nach einer Bleibe um, aber hier befand sich die helvetische Regierung. Der schweizerische Landammann Aloys von Reding drängte Zschokke zu einer diplomatischen Mission und liess ihn, als er sich weigerte, wieder in den Staatsdienst zu treten, durch Geheimpolizisten bespitzeln, aus Argwohn, er konspiriere mit der Opposition.[1]

Schloss Biberstein, seit 1553 bernischer Besitz, fiel als Staatsdomäne an den Aargau. Durch Vermittlung von Johann Rudolf Meyer Vater konnte Zschokke es 1802 mieten. In der Nachbarschaft lernte er seine zukünftige Frau kennen, die älteste Tochter des Pfarrers Nüsperli in Kirchberg. 1807 zog die junge Familie nach Aarau um.[2]

183

Zschokke zog sich in die einzige Gegend zurück, wo er ein unbeschriebenes Blatt war und ihn, wie er hoffte, die Politik unbehelligt liess: in den Aargau. Aber eine solche Ruhezone gab es in der Schweiz damals nicht. Napoleon zog seine Truppen zurück, der Stecklikrieg brach aus, die helvetische Regierung wich nach Lausanne aus, und Zschokke flüchtete in den Schwarzwald. Dieses Ereignis bestätigte ihn weiter in seinem Verlangen, sich aus der Politik herauszuhalten. Auf Schloss Biberstein, dieser unberührten Idylle in der Nähe von Aarau, schien der Wunsch in Erfüllung zu gehen.

Er wollte, nach einem Sprichwort Ciceros, ganz in würdiger Musse, den Musen und Freunden leben.[3] Aber die Musse lag ihm nicht, und um sich von der Politik zu verabschieden, war es für den rastlos tätigen Preussen noch zu früh. So zog er sich zwar wie einst Cicero aus Rom aus dem Zentrum der Politik zurück, um über sie nachzudenken und seinen Kommentar dazu abzugeben. Statt Politiker wurde er politischer Publizist.

Es ist eine bekannte Tatsache: Wer sich nicht mehr aktiv an der Politik beteiligt, kann sich ungestraft ein Urteil erlauben. Wenn es um die grösseren Zusammenhänge ging, gefiel sich Zschokke als *elder statesman* und als Staatsphilosoph. Er schmeichelte sich, den politischen Durchblick zu besitzen, da er doch die Griechen und Römer und die Bibel und auch das aktuelle politische Geschehen kannte. Er hoffte, um politischen Rat gebeten zu werden, und da dies nicht geschah, gab er ihn ungefragt. Das geeignetste Medium dafür war und ist die Publizistik.

Bewunderung für Napoleon

Zschokke spezialisierte sich auf Fragen der internationalen Politik, die man, wie er meinte, aus der ruhigen Schweiz am unbefangensten beobachten könne. Am europäischen Horizont war ein neuer Stern aufgegangen. Er hiess Bonaparte, war französischer Konsul und würde sich bald zum Kaiser Napoleon I. krönen lassen. Mit grosser Anteilnahme verfolgte Zschokke seinen Aufstieg und lobte seine Taten. Napoleon war Zschokkes Held, der Vollstrecker der Ideen der Französischen Revolution. Zschokke sah es als seine Aufgabe, Napoleons Handlungen und Entscheide einem breiten Publikum zu erklären und gegen Angriffe zu verteidigen. War Napoleon nicht ein Volksbeglücker? Er, der die Segnungen der Zivilisation in die hinterste Ecke Europas brachte, Aristokratien hinwegfegte (auch wenn er sie durch eine eigene ersetzte). Er, der alte Vorrechte abschaffte und die Menschen mit einem bürgerlichen Gesetzbuch, dem Code Napoléon, beglückte, vor dem alle Bürger gleich waren?

Als selbst ernannter Mediator hatte Napoleon die Schweiz befriedet: Er diktierte ihr 1803 eine Verfassung und sorgte dafür, dass die seit fünf Jahren dauernden Bürgerkriege und Krisen ein Ende nahmen. Die Schweiz wurde, wie Philipp

Karikatur «Die politische Schaukel». Napoleon spielte die Schweizer gegeneinander aus und sorgte so dafür, dass die Eidgenossenschaft politisch nie stark wurde. Hier der Tausch des Wallis, das er als militärisches Aufmarschgebiet benötigte, gegen das österreichische Fricktal. 1803 kam das Fricktal definitiv zum Aargau.[4]

Albert Stapfer richtig feststellte, als politische Kraft annulliert, aber im Innern, kantonal und auf der Ebene der Gemeinden, stand dem friedlichen Aufbau nichts im Weg. Für den Aargau wichtig: Er schuf den Kanton in seiner heutigen Ausdehnung.

Zschokkes Bewunderung für Napoleon nahm seltsame Blüten an, wenn er dessen Eroberungszüge verteidigte, und als er damit fortfuhr, ihn als grossen Reformator, ja als Messias der Völker zu feiern, als den meisten längst klar war, dass er als rücksichtsloser Machtpolitiker handelte, jede Opposition unterdrückte und allerdings seine Absichten propagandistisch geschickt verwischte.[5]

Nach Napoleons Verschwinden von der Weltgeschichte 1814 auf die Insel Elba, nach seiner hunderttägigen Wiederkehr 1815 endgültig, wachte Zschokke jäh auf, und statt weiter von einem reformierten neuen Europa unter der Hegemonie Frankreichs zu träumen, wandte er sich dem politischen Geschehen in der Schweiz zu. Wie 1801 in Malmaison und 1803 in Paris wurde jetzt in Wien das Schicksal der Schweiz bestimmt, aber nicht durch einen einzelnen Mann, sondern durch die Grossmächte Österreich, Preussen, Russland und England. Der Kongress tanzte seit 1814. Derweilen versammelte sich in Zürich die lange Tagsatzung, so genannt, weil sie nicht auseinander ging, bis nicht ein Bundesvertrag abgeschlossen war.

Die Selbständigkeit des Aargaus

Dank diplomatischem Geschick und hervorragenden Anwälten wie den beiden Aargauern Philipp Albert Stapfer und Albrecht Rengger und dem Waadtländer Frédéric César de Laharpe – alles gute Bekannte Zschokkes – gelang es den neuen Kantonen von 1803 im Jahr 1814, ihre Unabhängigkeit zu bewahren.[6] Zschokke half nach Kräften publizistisch mit, den Aargau als selbständigen Kanton am Leben zu erhalten. Wir haben dies bereits im Kapitel über den Schweizerboten gesehen.[7]

Er schrieb zwei wichtige Aufsätze. Die «Denkschrift über das politische Verhältnis der Schweiz zu Deutschland, Frankreich und sich selber» war vorwiegend für die Diplomaten in Wien bestimmt, während sich die Ausführungen «Von der Freiheit und den Rechten der Kantone Bern, Aargau und Waadt» an die Schweiz richteten. Vor allem die zweite Schrift fand grosse Beachtung. Sie wurde auf Veranlassung der Kulturgesellschaft in 1 000 Exemplaren gedruckt und verbreitet,[8] die damit die Möglichkeit, die sie besass, die Aargauer Bevölkerung auch politisch zu beeinflussen, für einmal ohne Zaudern einsetzte.

Schon eine Woche später musste von diesem Aufsatz, der die Gründe nennt, weshalb Bern auf den Aargau keine Ansprüche erheben durfte, eine zweite Auflage gemacht werden. Zschokke hatte ihn als Vortrag konzipiert, und seine Wirkung entfaltet sich noch stärker beim Hören als beim Lesen. Er überzeugte durch Sachlichkeit der Argumente und eine geschliffene Rhetorik.

«Obgleich bisher nicht Sitte war, verehrte Herren! von politischen Dingen in diesem freundschaftlichen Kreise zu reden, dessen Zweck nur stille Beförderung des Gemeinnützigen und der Ehre unsers heimathlichen Kantons war, hat doch die grosse Angelegenheit des Tages nun für alles andre die Aufmerksamkeit verschlungen. So sei denn auch mir erlaubt, als Bürger dieses Kantons, von dem zu reden, was sich wohl geziemt Gedank' und Wort jedes Schweizers zu seyn. Und dringt meine Stimme gleich nicht über diesen geliebten Kreis von Freunden hinaus zu den Thronen und Völkern, kann sie doch auch nützlich werden unter uns, wenn sie nur eines einzigen Bürgers Kummer beruhigt, oder Hoffnungen belebt.»[9]

Der Berner Bär will die Waadt und den Aargau zurück, wird aber vom russischen Kosak (Zar Alexander) zurückgedrängt. Karikatur von 1814, vermutlich von David Hess.[10]

Es überrascht nicht, dass der Grosse Rat des Kantons Aargau in Anbetracht seiner entschlossenen Verteidigung des Aargaus im Jahr 1815 Zschokke zu seinem Mitglied wählte.

Zschokkes Wahl in den Grossen Rat des Kantons Aargau

Die Aargauer Verfassung von 1814 stand im Zeichen der Restauration. Sie verschaffte der Zentralgewalt eine starke Position, die ihr ermöglichte, Bedrohungen von innen oder aussen sofort entschieden entgegenzutreten. Die Bedeutung der Volkssouveränität wurde entsprechend gering veranschlagt. Das Hauptgewicht lag bei der Regierung, dem Kleinen Rat, der mit seiner Amtszeit von zwölf Jahren und seiner Erneuerung durch das Parlament praktisch nicht abgewählt werden konnte. Der Grosse Rat wurde ebenfalls auf zwölf Jahre gewählt und alle vier Jahre um ein Drittel erneuert. Die Wahl wurde durch einen hohen Zensus, einen Vermögensausweis, erschwert. Das Volk bestimmte in Kreisversammlungen nur 48 der 150 Mitglieder direkt, die übrigen wurden vom Grossen Rat oder von einem Wahlkollegium gewählt, das sich aus dem Kleinen und dem Grossen Rat und Mitgliedern des Appellationsgerichts zusammensetzte.

Zschokkes Wahl in den Grossen Rat war unspektakulär: Nachdem er im gleichen Jahr schon einmal aufgestellt worden war, rückte er im Dezember 1815 für

187

ein verstorbenes Mitglied nach und wurde ein halbes Jahr später vereidigt, als er sich über ein schuldenfreies Vermögen in der Höhe von 15 000 Franken (zwölf Jahresgehälter eines höheren Beamten) ausgewiesen hatte.

Es wirkt wie ein Hohn, wenn die Verfassung festlegte, der Grosse Rat übe die höchste Gewalt im Kanton aus. Davon war keine Rede. Er versammelte sich einmal im Jahr zu seiner ordentlichen Session und ging nach einigen Sitzungen wieder auseinander. Seine Hauptaufgabe bestand in der Annahme oder Verwerfung von Gesetzen und Dekreten, die der Kleine Rat ihm vorlegte. Sie abzuändern oder gar selbst einen Gesetzesvorschlag zu machen, lag ausserhalb der Kompetenz des Grossen Rats. Wenn der Kleine Rat den Grossen Rat ganz umgehen wollte, brauchte er nur seine Beschlüsse auf dem Verordnungsweg zu fassen. Diesen Weg ging er beispielsweise im Fall der Pressezensur, die nie vors Parlament gelangte.

Der Kleine Rat musste jährlich einen Rechenschaftsbericht und eine Staatsrechnung einreichen, die im Grossen Rat beraten wurden. Zur Vorbereitung dieses Geschäfts bestimmte der Grosse Rat eine Kommission, um ein Gutachten zu erstellen. Dieses enthielt Empfehlungen, die an den Kleinen Rat überwiesen wurden. Hier bestand eine Möglichkeit, Kritik an den Amtshandlungen zu äussern, die aber unverbindlich blieb. Da die Ratsverhandlungen vertraulich waren, erreichte eine solche Kritik die Öffentlichkeit kaum. Eine schärfere Massnahme, Druck auf die Regierung auszuüben, war, Gesetze nicht zu genehmigen oder neue Steuern zu verweigern.

Die Regierung sass eindeutig am längeren Hebel. Eine regierungskritische Linie wurde dadurch erschwert, dass die 13 Mitglieder des Kleinen Rats ebenfalls im Grossen Rat sassen; die Sitzungen wurden zudem vom Amtsbürgermeister geleitet, der beiden Räten vorstand. Es brauchte eine starke Persönlichkeit, um dieser geballten Macht gegenüberzutreten. Es war fast unmöglich, mit einer oppositionellen Haltung durchzudringen, da die meisten Grossräte beamtet waren und kaum Lust hatten, mit der Regierung Streit anzuzetteln. Etwas pointiert ausgedrückt: Der Grosse Rat bestand hauptsächlich aus Hinterbänklern, die kaum von sich reden machten – bis Heinrich Zschokke kam.

Kritik an der Regierung

Zschokke wurde zwei Tage nach seiner Vereidigung in die Kommission zur Untersuchung der Staatsrechnung und des Jahresberichts gewählt, und Jahr für Jahr wurde die Wahl erneuert. Wenn der Kleine Rat seine Rechenschaftspflicht bisher auf die leichte Schulter genommen und das übliche Lob erwartet hatte, «daß Er für seine treue vaterländische Sorge und Mühwaltung den ungetheilten Beifall und Dank des Großen Raths verdient habe»,[11] so war es vorhand damit aus.

Rathaus in Aarau, seit 1803 Sitz der Aargauer Regierung, des Grossen Rats und des Appellationsgerichts (Obergerichts).[12]

Zwar unterstellte niemand der Regierung, dass sie nicht das Wohl des Vaterlandes im Auge gehabt oder es an Einsatz hätte fehlen lassen – in ihren Reihen sassen ehrbare, geachtete Männer –, wohl aber, dass sie nicht alle Informationen herausrückte und sich nicht gern in die Karten schauen liess. Dem Grossen Rat standen für die Beurteilung der Regierungstätigkeit keine anderen Informationen zur Verfügung als jene, die er vom Kleinen Rat freiwillig erhielt. Deshalb verlangte er, dass Rechenschaft und Staatsrechnung umfassend und vollständig sein sollten. Gewünscht wurde unter anderem, dass «am Ende einer solchen Rechnung ein komparatives Tableau beigefügt werde, wo die ordentlichen, und außerordentlichen Ausgaben und Einnahmen wohl gesöndert und unterschieden, aufgeführt sind, um die schnellere Übersicht des Finanzzustandes zu erleichtern».[13]

Die Regierung konnte die Empfehlungen des Grossen Rats ignorieren, riskierte aber, dass im Jahr darauf eine weitere Empfehlung, eine neue Rüge die alte bestätigte. Dies setzte eine gewisse Kontinuität und Beharrlichkeit der Kommission voraus, die dadurch gegeben war, dass immer etwa die gleichen Leute darin sassen. Man ging davon aus, dass steter Tropfen den Stein höhle, und so kamen jedes Jahr ähnliche Empfehlungen in den Bericht, bis der Kleine Rat es an der Zeit fand einzulenken.

Zschokke verschärfte die Gangart, prangerte Schwachstellen deutlicher als bisher an und vermochte auch seine Kollegen von seinen Ansichten zu überzeugen. So machte die bisherige Harmonie zwischen dem Grossen Rat und der Regierung einem gesunden Misstrauen Platz. Das war dringend notwendig, damit der verfassungsmässige Auftrag, die Arbeit des Kleinen Rats zu kontrollieren, erfüllt werden konnte.

Es ist klar, dass Zschokke sich mit seinen Forderungen nicht nur Freunde machte. Aber schliesslich hatten John Locke und Montesquieu das Prinzip der Gewaltentrennung ja nicht zur Richtschnur staatlichen Handelns erklärt, damit es in einem etwas verschlafenen Kanton, wo enge persönliche Beziehungen zwischen den staatlichen Gewalten gang und gäbe waren, ausgehebelt wurde. Es begann ein frischerer, schärferer Wind in der Aargauer Politik zu blasen.

Im Jahr 1820 kam es zu einem ersten Eklat. Der Kleine Rat verlangte eine ausserordentliche Vermögenssteuer von 150 000 Franken, um ein hohes Staatsdefizit zu tilgen. Die Ursachen für das Defizit lagen in Kosten aus dem vergangenen Krieg der Alliierten gegen Napoleon, der auch die Schweiz in Mitleidenschaft gezogen hatte, und in Schulden gegenüber dem Ausland und anderen Kantonen. Alles in allem hatte der Kanton in den Jahren 1813 bis 1820 gegen 2,5 Millionen Franken ausserordentliche Ausgaben.[14]

Ein erstes Steuerdekret wurde vom Grossen Rat verworfen, worauf der Kleine Rat die Summe halbierte. Aber auch dies wurde verweigert, bis bestimmte Forderungen, die schon längst angemeldet worden waren, erfüllt seien. Namentlich wurde ein Budget, ein Staatsinventar und eine frühzeitigere Rechnungsablegung verlangt.

Forderung nach Sparsamkeit

Zschokke war unzufrieden. Nach seiner Auffassung sollte ein Staat die laufenden Ausgaben über indirekte Steuern und über Einkünfte aus Domänen und Regalien decken.[15] Wenn aber eine Vermögenssteuer notwendig war, sollte er alle Zahlen offen legen und den Grossen Rat nicht auf Geheimhaltung verpflichten. Das Volk hatte ein Recht darauf zu wissen, wofür es zur Kasse gebeten wurde. Er führte aus: «Fordern wir eine Steuer: so mag das Volk unser Deficit kennen, mag es erfahren, warum dies Deficit da sei. Das Volk soll so gut bei uns, als in Monarchien wissen, wofür es zahlt. Geld fordern, ohne Gründe zu geben, hat den Schein des Despotismus.»[16]

Der Anlass für eine grundsätzliche Abrechnung mit Regierungsmängeln schien gekommen. Zschokke beanstandete in dem von ihm verfassten Bericht: «Noch jede Ihrer frühern Commissionen, wenn sie in das wunderbar täuschende Halbdunkel des Labyrinthes unsrer Staatsrechnungen eintrat, empfand ein unheimliches Grauen. Auch wir konnten uns desselben keineswegs erwehren. Wir wollen nicht die Klagen früherer Commissionen über das Unlogische der Rubriken ordentlicher, ausserordentlicher und ganz ausserordentlicher Einnahmen und Ausgaben wiederholen, wo oft Dinge für ausserordentlich gegeben werden, die doch ganz ordentlich alle Jahre wiedererscheinen müssen; nicht die Klagen über bald zu weit getriebne Specialität in Ausführung von Einnahmen und Ausgaben, bald zu weit getriebne Allgemeinheit, z. B. wenn unter der Rubrik: *Religionsübung* sogar Sigristen und Posaunisten mit ihrer geringen Besoldung hervortreten, während unter der Rubrik: *öffentlicher Unterricht* sich selbst die ansehnlichen Staatsbeiträge zur Kantonsschule, zu den Realschulen u. s. w. unter den bescheidnen Titel: Verschiedenes verlieren.»[17]

Dann folgte die Kritik auf 20 Seiten in Folio knüppeldick: «Die Commission wendet sich, indem sie blos unläugbare Thatsachen aufstellte, mit Trauer von diesen ab, und sie darf nicht verhelen, *daß die Organisation unsers Finanzwesens in grosser Verwirrung* sei; daß unsre *Finanzen im Verfall seien;* daß es Zeit sei, zur Rettung unser Kantons Hand anzulegen.»[18]

Schon früher hatte Zschokke der Regierung mangelnden Sparsinn vorgeworfen und ihren Hang zu luxuriösen Bauten gerügt. Auch wenn es nur um kleinere Summen gehe, warnte er: «Ein erkünstelter aüsserer Prunk zaubert ... die verschwindende Popularität nicht zurük und blendet die öffentliche Meinung heutigen Tages nicht mehr. Im unserm Freistaat mus jedes Glied der Regirung zugleich durch Tugend, Geist und gemeinnützigen Sinn, wie durch bescheidene Bürgerlichkeit, ohne Aufopferung der amtlichen Würde, Mann des Volkes sein – auf anderm Wege ist er es nicht.»[19] Einsparungen empfahl der selbst äusserst anspruchslos lebende Kommissionsredner auch bei den Personalkosten, Kutschenfahrten und der Bewirtung von Gästen.[20]

Eine weitere Klage Zschokkes war die geringe Kompetenz des Grossen Rats. «Der Große Rath, als die souveräne, oder *höchste Gewalt* (wie er in der mediationsmäßigen und in der bestehenden Verfaßung genannt wird,) ist seiner Natur nach *ohne* Verantwortung. Aber dieser höchsten Gewalt ist der Kleine Rath verantwortlich und ihm Rechenschaft schuldig. Der Große und Kleine Rath sind folglich keine einander gleichstehende Behörden, sondern der Kleine Rath ist dem Großen, seiner Natur nach, untergeordnet.»[21]

Für seine Machtfülle konnte der Kleine Rat zwar nichts, aber er stellte sie auch nie in Frage. Die Regierung hatte schon früher auf eine Kritik mit der spitzen Bemerkung reagiert: «Tadeln ist leichter dann beßer machen.»[22] Jetzt geriet sie über der dauernden Nörgelei und den internen Reibereien zwischen ihrem konservativen und liberalen Flügel in Not.

Zwei liberale Mitglieder gaben den Austritt, darunter der erfahrene und integre Albrecht Rengger, der Vater der Aargauer Verfassung von 1814. Eine Zeit lang wurde erwogen, Zschokke in die Regierung zu holen, damit er es besser machen könne. Amtsbürgermeister Fetzer fragte in Zürich nach der Vakanz durch den Abgang Renggers: «Was würde man dazu sagen, wenn – Zschokke sein Nachfolger werden sollte?»[23] Doch dann wurde der Gedanke verworfen. Sollte man etwa den Bock zum Gärtner machen?

Die Retourkutsche auf Zschokkes Vorwurf fehlender Sparsamkeit liess übrigens nicht lange auf sich warten. Die Regierung kürzte sein Gehalt als Oberforst- und Bergwerksinspektor «wegen verminderten Geschäften im Bergwesen» von 1 200 auf 1 000 Franken.[24] Daraufhin reichte Zschokke seine Entlassung ein, da er offenbar das Vertrauen der Regierung verloren habe. Die Regierung krebste zurück, bezeugte ihm vollste Zufriedenheit mit seiner Tätigkeit und gab ihm sein altes Gehalt wieder.[25] In Zschokkes Erinnerung spielte sich die Angelegenheit so ab: Er habe sich anerboten, schrieb er in «Eine Selbstschau», gratis zu arbeiten, falls die Regierungsräte auf ein Viertel ihres eigenen Gehalts verzichteten.[26] «Vermuthlich schien ihnen solche Großmuth übertrieben», fügte er ironisch bei. «Sie änderten den Sinn und ließen jedem, so auch mir, den ungeschmälerten kleinen Gehalt.»[27]

Ein Maulkorb für den Aargau

Die Regierung spürte, dass sie nicht zu weit gehen und es sich mit Zschokke verscherzen konnte, solange dieser den Schweizerboten und damit die öffentliche Meinung in der Hand hatte. Ihm seine Zeitung zu schliessen, riskierte man nicht. Es wäre auch eine politische Dummheit gewesen, da dies in der ganzen Schweiz – nur etwa ein Viertel der Abonnenten wohnte im Aargau – einen Aufruhr verursacht hätte.

Ausserdem vertrat Zschokke im Schweizerboten den Standpunkt des Aargaus und wenigstens in der ersten Zeit auch meist jenen der Regierung. Er unterschied klar zwischen seiner Kritik als Mitglied des Grossen Rats, die er für angemessen und gerechtfertigt hielt, und seiner Haltung in der Öffentlichkeit, wo es auch um die Interessen des Kantons gegen aussen ging. Ganz traute man dem agilen Preussen nicht. Man schaute ihm auf die Finger und fing an, zunächst den Schweizerboten besser zu überwachen.

Im April 1823 wurde der Schweizerbote der staatlichen Aufsicht unterstellt. Anlass gab der damalige Vorort Bern, der im Schweizerboten einen Artikel gefunden hatte, welcher die ausländischen Mächte beleidige.[28] Es nützte Zschokke nichts, dass er sich entschuldigte, einen Widerruf anbot und versprach, in Zukunft vorsichtiger zu sein. Das patrizische Bern bearbeitete die anderen Kantone, ihre öffentlichen Blätter an die Kandare zu nehmen. Der aargauische Kleine Rat reagierte zunächst selbstbewusst und lehnte das Ansinnen mit Rückgrat ab.[29] Als aber im Juli die eidgenössische Tagsatzung ihr berüchtigtes Pressekonklusum verabschiedete, gab es kein Ausweichen mehr.

Das am 14. Juli 1823 verabschiedete Konklusum (einstimmiger Beschluss aller Kantone) brachte die Verpflichtung, Massregeln zu ergreifen, damit «in den Zeitungen, Tagblättern, Flug- und Zeitschriften bei Berührung auswärtiger Angelegenheiten alles dasjenige sorgfältig ausgewichen werde, was die schuldige Achtung gegen befreundete Mächte verletzen, oder denselben Veranlassung zu begründeten Beschwerden geben könnte». Ein zweiter Punkt war gravierender; er bedeutete die Einführung der Pressezensur in jenen Kantonen, die noch keine besassen, denn es wurde verlangt, dass «bei diesen Vorkehren nicht allein auf Bestrafung von Widerhandlungen, sondern vornämlich auf Verhütung hingezielt werde».[30]

Die Aargauer Regierung erliess am 18. August 1823 eine Verordnung über die Beschränkung der Pressefreiheit, in der eine Vorzensur für alle Periodika und Flugblätter eingeführt wurde. Die Verordnung musste zweimal ergänzt werden, da sie sich als ungenügend erwies. Sie verlangte, dass dem Amtsbürgermeister, zugleich Präsident der diplomatischen Kommission, vor dem endgültigen Druck die Druckbögen zur Korrektur zugestellt werden sollten. «Findet die Aufsichtsbehörde Stellen darin, welche die Besorgniß dadurch zu veranlassender Klagen erregen, so warnt sie unter Angabe der Gründe, und sie lässt sich die Änderungen, so daraufhin vorgenommen werden, nochmahls vorweisen.»[31]

Begnügte sich die Aargauer Regierung zunächst noch mit Ermahnungen oder Warnungen, so führte sie am 10. Mai 1824 eine förmliche Zensur ein, die eine Beschlagnahme der beanstandeten Schrift, Geldbussen und Gefängnisstrafen vorsah.[32] Veranlassung war wiederum Zschokke, der einen Aufsatz, dem zuerst im Schweizerboten die Veröffentlichung verweigert worden war, trotz aller Mahnungen als Sonderdruck herausgegeben hatte.[33]

Nicht dass die Regierung die Pressezensur auf äusseren Druck wieder einführte, weckte Zschokkes Zorn, sondern die Art, wie sie vorging: auf dem Verordnungsweg und am Grossen Rat vorbei. So wich sie seiner Stellungnahme und einer politischen Diskussion aus.

Der Aufsatz, den die Regierung als Vorwand nahm, hatte Zschokkes Meinung nach überhaupt nichts Anstössiges und war nur für die Schweiz bestimmt. Er hiess in der endgültigen Fassung «Betrachtung einer grossen Angelegenheit des eidsgenössischen Vaterlandes» und trat für eine starke Bundesgewalt mit einem permanenten siebenköpfigen Bundesrat statt dem alle Jahre wechselnden Vorort und einer Tagsatzung ein.[34]

Diese Ansicht hielt die diplomatische Kommission als Vertreterin des offiziellen Aargaus ihren Miteidgenossen nicht für zumutbar oder, wie es in der Zensurverordnung hiess, für einen Verstoss «gegen die Religion und Sittlichkeit, oder die öffentliche Ordnung, oder gegen die befreundeten Mächten, und bestehenden Staatsverfassungen und Regierungen gebührende Achtung».[35]

Seit der Einführung der Zensur protestierte der Grosse Rat fast jedes Jahr dagegen, in der einzig möglichen Weise, bei der Abnahme des Rechenschaftsberichts. Die Regierung stellte sich zunächst taub. Dann gab sie vor, sie wende die Zensur gezwungenermassen an, weil das Pressekonklusum es so verlange. Wieso denn, wurde nachgefragt, auch Angelegenheiten des Inlands zensiert würden, wenn das Konklusum, durch die Intervention der Grossmächte zustande gekommen, sich doch auf das Auslandsgeschehen beschränke?

Probedruck von Zschokkes «Flüchtige Gedanken von einer großen Angelegenheit des eidsgenössischen Vaterlandes» im Schweizerboten Nr. 3, 15.1.1824, mit Korrekturen Zschokkes für den Setzer. Die Ausgabe wurde von der Aargauer Zensur unterdrückt.[36]

194

Der Grosse Rat beharrte darauf, dass die Unterdrückung der Pressefreiheit als Ausnahme und in Bezug auf das Ausland zu betrachten sei, «daß in allem übrigen aber die Censur ohne seine Einwilligung und ohne gesezliche Autorisation bestehe». Die Zensur müsse entweder abgeschafft oder in ein vom Grossen Rat zu bewilligendes Gesetz überführt werden.[37]

Der Kleine Rat antwortete, man betrachte das Zensorenamt selbst als unangenehm und als unwillkommenen Machtzuwachs. Ein Zensurgesetz, das die Verbotsgründe klar definiere, sei «eine für jetzt unausführbare Aufgabe». Man könne nicht gesetzlich regeln, was begründete Beschwerden des Auslands oder einer Schweizer Regierung verhindern solle. Es sei nun einmal schwierig, zum Voraus abzuschätzen, wann die Religion oder die eidgenössische Regierung oder die Ehre eines Stands oder von Individuen verletzt sein könnte.[38]

Dies bedeutete eine Fortsetzung der Willkür und des Graubereichs, der Herausgebern und Druckern von Zeitungen nie gestattete vorauszusehen, wann ein Artikel den Bereich des Erlaubten überschritt und vom Dienst habenden Zensor gestrichen oder beschnitten wurde. Unter solchen Umständen war das Zeitungsgeschäft ausserordentlich schwierig, wie die häufigen und massiven Beschwerden gegen den Schweizerboten und die Zensurlücken zeigen.[39]

Die Kommunikation zwischen Legislative und Exekutive war in dieser Angelegenheit unbefriedigend. Die Regierung antwortete dem Grossen Rat nicht postwendend, sondern erst im Jahr darauf in ihrer nächsten Rechenschaftsablegung und erst noch ausweichend, und der Grosse Rat musste seine neuerlichen Rügen oder Forderungen in Empfehlungen zum nächsten Rechenschaftsbericht verpacken. Solange der Tagsatzungsbeschluss bestand, war die Regierung zu keiner Praxisänderung bereit. Im Dezember 1828 nahm Zschokke als Berichterstatter der Rechenschaftsprüfungs-Kommission noch einmal unmissverständlich Stellung:

«Die bisher bestandne Censur, nicht nur bei uns, sondern in gesammter Eidsgenossenschaft, hat einerseits ihre eigne Zweklosigkeit und Ohnmacht beurkundet, anderseits dem Ansehn der Regirungen, welche sie behaupten wollten, mehr geschadet, als genützt. Die desfalls sonst bestandnen Tagsatzungsbeschlüsse sind in sich selbst zerfallen und die Kantone sind wieder Herrn ihres ursprünglichen Rechtes. ... Hochdero Commission enthält sich, tiefer in Behandlung dieses Gegenstandes einzutreten, überzeugt, die Regirung werde, im Gefühl des Rechts und ihrer Würde, den oft ausgesprochnen Wunsch und Willen des grossen Rathes nicht fernerhin unbeachtet lassen wollen.»[40]

Im nächsten Jahr stimmte die Gesandtschaft des Aargaus in der eidgenössischen Tagsatzung für die Aufhebung des Pressekonklusums, und als dies erfolgt war, nahm auch die Aargauer Regierung am 7. Dezember 1829 die Zensur zurück, dieses Mal vollständig und für immer. Zuvor noch hatte sie dem Grossen Rat ein Pressegesetz vorgelegt, das sie aber zurückzog, noch bevor es zur Beratung kam.

«Man dankte nicht einmal dafür, sondern *lachte,* weil man das Dekret des kleinen Raths nicht für ein Werk der Weisheit, sondern der Angst hielt», kom-

Der Denker-Club. Nachdenken über die Pressefreiheit mit umgebundenem Maulkorb. Darüber die stumme Frage: Wie lange möchte uns das Denken wohl noch erlaubt bleiben?[41]

mentierte Zschokke die Aufhebung der Zensur.[42] Damit begann eine neue Periode der Öffentlichkeit der Politik und der Öffnung des Pressewesens. Das Aargauer Volk und das Parlament waren nie mehr bereit, sich die so schwer erkämpfte Pressefreiheit nehmen zu lassen – bis heute nicht.

Zunehmender Meinungsgegensatz

Stand Anfang der 1820er-Jahre noch nicht eindeutig fest, wie Zschokke sich letztlich entscheiden würde, für eine Unterstützung oder Opposition der Regierung, so traten die Gegensätze zwischen den Reformern im Parlament und den Bremsern in der Regierung immer schärfer hervor. Symptomatisch war Zschokkes Verhältnis zum mächtigsten Aargauer Politiker, dem Bürgermeister Johannes Herzog.[43] Zschokke gewann ihn 1823 noch als Paten seines zehnten Sohnes Achilles, aber bald schon wurden die beiden zu erbitterten Kontrahenten.

1828 äusserte sich Herzog als Vertreter des Aargaus an der Tagsatzung ausweichend zur Pressefreiheit. In einigen liberalen Blättern wurde dies als Zeichen seiner reaktionären Haltung gewertet. In einem Leserbrief im Schweizerboten verteidigte er sich gegen die Behauptung, er sei ein Feind der Pressefreiheit: «Mein mehr als dreißigjähriges öffentliches Geschäftsleben beurkundet meine Ehrfurcht für diese wesentliche Garantie der bürgerlichen Freiheiten.»[44]

Johannes Herzog von Effingen (1773–1840), Aargauer Grossindustrieller und Politiker in Uniform mit zwei seiner Orden. Trotz seines Namens war er kein Adliger, sondern stammte aus kleinen Verhältnissen im Dörfchen Effingen am Bözberg. 1807 wurde er in den Kleinen Rat gewählt. Darin blieb er bis 1830, von 1819 an jedes zweite Jahr als Amtsbürgermeister (Regierungspräsident).[45]

Darauf gab der Schweizerbote den Wortlaut von Herzogs Votum aus einer Mitschrift wieder. Er hatte die Tagsatzungsbeschlüsse von 1823 als «damals sehr wohlthätig, ja sogar höchst nothwendig» verteidigt. Zschokke mokierte sich: «Durch die Erklärung des Hrn. Herzog ist inzwischen so viel gewonnen, daß derselbe sich als ein *Gönner der Preßfreiheit* deklarirt, mit welcher die Zensur unverträglich ist.»[46] Das hatte Herzog nie gesagt, sondern sich für die Bekämpfung des Pressemissbrauchs ausgesprochen, «daß ich meine Stimme stets dagegen erheben, und es so lange thun werde, als ich berufen bin, an der Leitung der öffentlichen Angelegenheiten meines Vaterlandes Theil zu nehmen».[47]

Damit trat der Krieg zwischen der liberalen Öffentlichkeit und der Regierung, der längst schwelte, offen zutage. Herzog, als langjähriges Mitglied der diplomatischen Kommission zuständig für die Beschwerden gegen die Presse, bekam die ganze Breitseite der Empörung zu spüren.

Ins gleiche Jahr fiel die Bistumsangelegenheit.[48] Der Grosse Rat lehnte nach elfstündiger Debatte das mit dem Papst ausgehandelte Konkordat ab und desavouierte damit den Kleinen Rat, der es mitunterzeichnet und zur Annahme empfohlen hatte. Es sah vor, dass der Aargau zum Bistum Basel geschlagen wurde. Während der ganzen Sitzungsdauer sollen laut Herzog einige hundert mit Stöcken und Knüppeln bewaffnete Landleute das Ratsgebäude belagert und lautstark eine Verwerfung des Konkordats gefordert haben.[49] So erzwang erstmals der Druck der Strasse eine Entscheidung. Das zweite Mal war während des Freiämtersturms im Dezember 1830.

Als Herzog an der Tagsatzung 1829 in Bern mit dem Ausspruch zitiert wurde: «Dankbar erinnert sich auch der Aargauer der Zeiten, wo er enge mit dieser Bundesstadt zusammenhing»,[50] wurde dies so interpretiert, als habe der alt-liberale Unternehmer-Politiker, der in freundschaftlichem Umgang mit den angesehensten Berner Regierungsmitgliedern stand, nun vollends seine Ideale und den Aargau verraten. Die Messer wurden für den künftigen Gang gewetzt.

Selbstbewusste Rede eines Grossrats

In einem ausführlichen «Commissional-Bericht an den grossen Rath über die Rechenschaft des kleinen Rathes vom Jahr 1827/1828», dessen Vorlesung über eine Stunde in Anspruch nahm, beschwor Zschokke im Dezember 1828 die Einheit des Kantons und stellte den Fortschritt der 25 Jahre seit der Kantonsgründung dar.

> «Es war am 19 Horn. 1803, da der Kanton Aargau, als selbständiger Freistaat, kraft der Vermittelungsurkunde, in den eidsgenössischen Bundesverein trat. Das erste Vierteljahrhundert vom politischen Leben unsrer kleinen Republik ist verflossen; und der flüchtigste Rükblik auf das, was Land und Volk vor 25 Jahren waren, und was sie izt schon geworden sind, muß das Gemüth jedes Aargauers mit einer frohen Rührung, mit steigender Erwartung von der Zukunft, und mit Dank gegen Gott erfüllen.
>
> Grössere und kleinere Bruchstükke von verschiedenen Herrschaftsgebieten, kaum durch einige Landstrassen nothdürftig mit einander verbunden, wurden vor 25 Jahren unter dem Namen des Kantons Aargau, als ein politisches Eigenganze[s] vereinigt. Die Bewohner dieser Bruchstükke, von einander durch ungleiche Sitten, Intressen, Gesetze und Glaubensbekenntnisse getrennt, kannten sich einander kaum; oder, was noch schlimmer war, brachten einen alt-ererbten Nachbar-Groll mit in das neu einzurichtende Hauswesen des Staats. Seit Jahrhunderten an ihre alten Herrschaften gewöhnt, fühlten sie mehr Anhänglichkeit für diese, als für ihre selbstgewählten Obrigkeiten. Seit Jahrhunderten nur mit dem

Zustand der Unterthänigkeit vertraut, kannten sie den Werth der Freiheit nicht. Die Masse des Volks, bei elender Schulbildung, lebte in tiefer Unwissenheit, und hob daher den Gedanken selten über Werkstatt und Pflug hinaus. Einige Ärzte, einige Geistliche, ein Paar Fabrikanten hatten sich das Denken vorbehalten, und bildeten eine Art Mittelstand. Wie anders steht dies Volk heut, im Jahr 1828, da! Die Landestheile sind zusammengewachsen. Die Aargaüer alle betrachten sich, als Glieder und Brüder *einer* Familie. Katholiken und Evangelischreformirte, treu ihrem Glauben, stehen mit gleicher Treue zu ihrem gemeinsamen Vaterlande. Sie ehren ihre Obrigkeiten, aber sehen in ihnen nicht gebietende Erbherrn, sondern Mitbürger, deren öffentliche Handlungen der Beurtheilung unterliegen. Der Pomp von Titulaturen und Feierlichkeiten blendet keinen mehr. Die verbesserte Jugendbildung in der Schule hat das eigne Urtheil geschärft, das Vorurtheil gemindert, und den allgemeinern Wohlstand befördert. Handel, Gewerbe, Künstlerwerkstätten und Fabriken aller Art ringen, auch unter unfreundlichen Zeitverhältnissen, wetteifernd um den Vorzug, selbst mit dem Auslande. Es wird in der grossen Familie ein schöner Gemeingeist immer reger, der sonst ganz unbekannt war. Wie kräftig offenbarte sich dieser schon im J. 1814, da man für Selbstständigkeit zu den Waffen griff; oder im Beistand unglüklicher Landestheile; oder bei der allgemeinen Zufriedenheit bei Abtragung der Landesschulden; oder im Erbarmen gegen die für Freiheit und Glauben kämpfenden Grichen! Wie erfreulich offenbarte sich dieser Gemeingeist wieder in einzelnen Verhältnissen zum Besten des Vaterlandes, in den geselligen Zusammentritten der Geistlichen, der Ärzte, der Officiere, der Naturforscher des Aargaus für Kunst und Wissenschaft, in den durch alle Bezirke gehenden Verbindungen für vaterländische Cultur, in Schullehrer- Musik- und Gesangsvereinen.

In diesen Verwandlungen des Aargau's erkennen wir die Wunderkraft der Freiheit. Aber auch, und eben wieder durch diese Kraft, haben Vaterlandssinn und Weisheit des gesezgebenden grossen Rathes, wie des vollziehenden kleinen Rathes nachdruksam mitgewirkt. Ein Netz von Landstrassen durch den ganzen Kanton erleichtert den vielseitigen Verkehr. Eine Reihe vortrefflicher Anstalten schirmt die öffentliche Sicherheit, tröstet die Armuth, bildet die Jugend aus, gewährt Gerechtigkeitspflege, regelt und leitet die Kräfte, und schüzt gegen fremden Eingriff die Rechte des Staats.

Mögen dereinst, wenn unsrer die Meisten in den Gräbern schlafen, und andre auf unsern Plätzen sitzen, die da am Ende des zweiten Vierteljahrhunderts leben, einen noch zufriedeneren Blik in die Vergangenheit zurükwerfen. Denn, wir Alle wissen es, es bleibt noch Vieles zu leisten übrig.»[51]

Es war eine stolze Rede. Man beachte, dass das initiative Bürgertum gerühmt, die Weisheit der Regierung aber nur am Rand erwähnt wurde. Im Vordergrund stand das Volk und seine Leistung.

Verstärkte Gemeindepolitik und weniger Bürokratie

Während Zschokke in der weiteren Rede die Rechenschaftsablegung der Regierung beurteilte und kommentierte, kam er auf die Vernachlässigung der Kommunen zu sprechen. Der Verfall kleiner Gemeinden wie Lengnau, Niederzeihen und Thalheim sei als öffentliches Unglück für den Staat zu betrachten.

«Wesen, Stärke und Ansehn unsers ganzen Staates beruhn in unserer Gemeindseinrichtung. Von den Gemeinden aus, gehn, unmittelbar oder mittelbar, die Wahlen der höchsten Behörden und niedrigsten Beamten. – Alle Gesetze und Anordnungen erhalten ihre lezte Vollziehung durch die Gemeindsvorsteher. – Der Staat ist für seine allgemeinen Bedürfnisse zwar mit ansehnlichen Einkünften ausgestattet, die über eine halbe Million Franken betragen; aber wo diese nicht zureichen, müssen die Gemeinden das Fehlende selbst bestreiten. – Daher wird für die Wahlen in Gemeinds- und Urversammlungen eine höhere sittliche und geistige Volksbildung, – für die Vollstreckung der Gesetze und Anordnungen Einsicht und Kraft der Ortsvorsteher, – und, für die Hülfsleistungen durch Abgaben, Wohlstand der Gemeinden unumgänglich nothwendig.»[52]

Zschokke entwarf das Konzept einer Politik, welche die Gemeinden fördern sollte, und kritisierte schonungslos die Bürokratie.

«Man kann es nicht laügnen: der Geschäftsgang in unsrer Republik ist träg und schwerfällig, und grade dadurch auch kostspielig für den Staat, und nachtheilig für Gemeinden und Particularen.[53] Ein unbedeutender Gegenstand muß zuweilen einen ganzen Kreis von Protocollen und Behörden durchlaufen, eh' er erledigt werden kann. Dadurch werden ohne Noth die Arbeiten der Behörden, die Menge der Scripturen, die Anzahl der mit Besoldung Angestellten verdoppelt. Monate und Jahre verlaufen über Beendigung eines Geschäfts, und die zu spät geleistete Hülfe hat, wenn sie endlich nach langem Sollicitiren erscheint, nicht selten den besten Theil ihres Werths verloren. Der Grund des Übels liegt in der gesezlichen Organisation des kleinen Raths, wie sie izt besteht. Ob der allgemeine Geschäftsgang nicht vereinfacht, dadurch schneller und wohlfeiler gemacht werden könne? – Diese Frage wäre allerdings der Aufmerksamkeit der Regirung nicht unwürdig, weil ihre richtige Lösung vielen Gebrechen ein Ende geben und der Wohlfahrt des Landes bedeutend aufhelfen würde.»[54]

Dann prangerte Zschokke Mängel im Polizei- und Justizwesen an, die zwar in der Rechenschaftsablegung der Regierung nicht erwähnt würden, sehr wohl aber in der Realität vorkämen, Anmassung und Willkür. Zschokkes Ausführungen waren nicht an die Regierung gerichtet, sondern an den Grossen Rat. Er hielt

Der Politikus nach dem allerneuesten Schnitt. Abkonterfeit und humorvoll beschrieben von Zschokke wird «der weltberühmte Staatsmann Ankenbalz», ein Hohlkopf, der sich beim Lesen des Schweizerboten mit der Kerze seinen Staatshut anzündet.[55]

eine programmatische Rede, wollte die Politiker aufrütteln, ihnen die Notwendigkeit von Veränderungen vor Augen führen.

Zschokke hatte die Zeichen der Zeit erkannt: Es gärte im Schweizerland; die Liberalen verlangten Reformen, durchgreifende und nicht nur «Pflästerlipolitik». Allenthalben begann man, über neue Kantonsverfassungen zu diskutieren, zunächst hinter vorgehaltener Hand, dann immer offener und deutlicher.

Sendschreiben des Altseckelmeisters Fuchs zu Hühnerstätten

Was jetzt folgte, glich eine Farce, einer schlechten Posse, die den Sturz der Aargauer Regierung herbeiführte. Als Auftakt wurde Zschokke gezwungen, den anonymen Verfasser eines Artikels im Schweizerboten preiszugeben. Dass es sich dabei um einen angesehenen liberalen Luzerner Politiker und Juristen handelte, tat nichts zur Sache. Einmal mehr ging es um die Vorgehensweise, ums Prinzip. Es schien, als wolle der Kleine Rat Zschokkes Vorwurf staatlicher Willkür vor aller Öffentlichkeit mit einem Beispiel belegen.

Der Stand Schwyz trat mit einem Rechtshilfegesuch an den Aargau, um die Nennung des Einsenders eines Artikels über einen Streitfall mit dem Kloster Einsiedeln zu erwirken. Da Zschokke sich weigerte, Mitarbeiter ohne Gerichtsbeschluss bekannt zu geben, klagte die Regierung vor Bezirksgericht, das Zschokke mangels gesetzlicher Grundlage Recht gab. Die Regierung zog den Fall vor Obergericht, und dieses entschied in ihrem Sinn, ohne Zschokke vorher anzuhören oder einen Verteidiger zuzulassen. Damit wurde deutlich, wie sehr Justiz und Exekutive miteinander verbandelt waren.

Aus Protest gab Zschokke seine Ämter als Oberforst- und Berginspektor und als reformierter Kirchenrat (ein Regierungsamt) zurück. Nur das Grossratsmandat, als vom Volk verliehen, behielt er bei.[56] Der Kleine Rat beschloss, «in einem angemeßenen Schreiben … die irrige Darstellung der Sache auf eine kräftige Weise zu widerlegen»,[57] liess Zschokke aber unter Verdankung seiner langjährigen Verdienste ohne weiteres ziehen.[58] So ging ein Vierteljahrhundert Tätigkeit als Leiter der Staatsforste wegen eines Zensurakts zu Ende. Zschokke anerbot sich, die noch laufenden Amtsgeschäfte zu erledigen, was ihm huldvoll gewährt wurde.

Je mehr Zschokkes Kredit in Regierungskreisen sank, desto mehr stieg sein Ansehen im Grossen Rat. Für das Volk, das von dem, was hinter den geschlossenen Türen der Ratssäle geschah, nur gerüchteweise vernahm, bekam Zschokke eine geradezu mythische Bedeutung. Ob er wollte oder nicht – im schicksalsträchtigen Jahr 1830 wurde er eine der Leitfiguren des Freiämtersturms.

Man las nach der Verurteilung Zschokkes den Schweizerboten jetzt mit anderen Augen. Wie war der Artikel «Über Bildung oder Zusammensetzung des Magistrats in Freistaaten» zu lesen? War der Satz: «In einer Republik, wo die Regierung aus dem Volke hervorgeht, ist vor Allem nöthig, daß der Magistrat frei gewählt, und daß die Wahl periodisch erneuert werde»,[59] nicht etwa als versteckter Aufruf zur Rebellion zu interpretieren? Vielleicht war es auch eine Warnung an die Regierung, ihrer Sache nicht allzu sicher zu sein. Jedenfalls nahm Zschokke in seinem Schweizerboten mit der Anprangerung von Missständen und der Forderung nach Reformen kein Blatt mehr vor den Mund, auch wenn der Aargau selten beim Namen genannt wurde.

Ihn störte es, dass die Regierungsmitglieder, auf zwölf Jahre gewählt, praktisch eine Lebensstellung innehatten und dass sich Seilschaften bildeten, die sich zu Amt und Würden verhalfen und andere, fähigere Männer ausschlossen. In seiner Satire «Sendschreiben des Altseckelmeisters Fuchs zu Hühnerstätten, an den neugewählten Gemeindsrath Wolf auf dem Schafberg» kritisierte Zschokke unverhohlen Nepotismus und lange Amtsdauer der Regierung und Beamten. Altseckelmeister Fuchs riet in einem fiktiven Brief seinem Gevatter Wolf, wie er mit den Schafen, also dem Volk, umspringen solle:

Zschokke störte sich daran, dass Dorfpolitiker sich zu ihrer Gemeinderatssitzung im Wirtshaus versammelten, wie dies mangels öffentlicher Gebäude vielerorts üblich war. In seiner Satire «Sendschreiben des Altseckelmeisters Fuchs zu Hühnerstätten» prangerte er die korrupte Dorfpolitik an.[60]

«Sorge vor Allem aus für *Stabilität der Regierung, das heißt, für bleibenden Bestand der Mitglieder im Amt.* Denn nichts ist verderblicher für das gemeine Wesen, als häufiger Wechsel der Beamteten. Drum biete Hand, daß unter den Vorstehern *Alles verwandt mit einander* sei, Vetter, Schwäger u. dgl., die, wenn sie abtreten, wieder ihren Vettern, Brüdern, Schwiegersöhnen, Platz machen. Die Bande der Natur sind doch die dauerhaftesten, und eben darum im Staats- und Gemeindsrath die natürlichsten. Da herrscht dann mehr *holde Eintracht;* Einer schaut dem Andern nicht so scharf auf den Bissen, den er ins Maul steckt.»[61]

Der Marsch nach Aarau

Zschokkes Leitmotiv im Schweizerboten war seit 1828 eine neue, liberalere Verfassung. Sie sollte die alte, 1814 und 1815 von den Umständen aufgezwungene, ablösen. Dass neue Kantonsverfassungen vom Volk gewünscht wurden und dass sie kommen mussten, war für Zschokke zweifelsfrei; es war nur die Frage, wie: gewaltsam oder auf friedlichem Weg.

In seinem Artikel «Über Verfassungs-Veränderungen in der Eidsgenossenschaft» schrieb er, Veränderungen lägen in der Natur und in der sittlichen Ordnung der Dinge. Verfassungsänderungen könnten entweder auf dem Weg der Reformation oder der Revolution vor sich gehen. «Der letztere Weg ist verwerflich, und wirklich tragen auch die Völker eine solche Abneigung vor demselben, daß, wie die Weltgeschichte lehrt, jedesmal eine Revolution nur da eintrat, wo eine nothwendige Reform hartnäckig verweigert wurde.»[62]

Die Hindernisse waren juristischer und politischer Natur. Eine Verfassungsinitiative bestand im Aargau genauso wenig wie eine Gesetzesinitiative. Beides stand nur dem Kleinen Rat zu, der aber keinen Grund sah, die Sache in die Hand zu nehmen. Die Regierung sperrte sich auch dann noch, als der Ruf immer lauter wurde. Zschokkes Freund Karl Viktor von Bonstetten charakterisierte das Phänomen der Beharrung so: «Die Lebensart unserer Magistraten, die blos in der Rathsstube leben und sterben, macht alles Vorwärtsgehen unmöglich … Ihr Gedankenkreis zieht sich mit jedem Tag enger zusammen; zuletzt bleibt nur das Gerippe.»[63]

Im Juli 1830 fand in Paris eine Revolution statt; der Bourbonenkönig Karl X. wurde gestürzt und durch den Bürgerkönig Louis-Philippe von Orleans ersetzt. Der bald 80-jährige Bonstetten jubelte von Genf aus: «Zschokke, Zschokke! sind wir Alle nicht ein Klafter höher gewachsen, als wir vor vierzehn Tagen waren? Ist nicht der *letzte Julius* der Anfang einer neuen großen Epoche der Menschheit?»[64] Zschokke entgegnete: «Mir ward bei der Sache kalt und heiß durch einander … In der Schweiz machten die Ereignisse sonderbare Wirkungen. Meistens überall Jubel; Umkehren der Wetterhähne, ärgerliche und bedenkliche Gesichter der Regierenden.»[65]

Es wird immer wieder behauptet, die Julirevolution in Frankreich habe in der Schweiz schockartige Wellen ausgelöst und starke demokratisch-liberale Impulse bewirkt. Doch richtig liess sich dies bisher nicht belegen. Es gärte schon vorher; die Forderungen waren schon da, wurden jetzt aber bestimmter geäussert. Die Situation in der Schweiz war von derjenigen Frankreichs zu verschieden, als dass unmittelbare Impulse empfangen wurden. Der Wunsch nach Verfassungsreformen etwa wurde in der Schweiz noch lange nicht mit einer Putschdrohung verbunden.

Andererseits war der Umsturz im westlichen Nachbarland ein Ereignis, das weit vom Epizentrum entfernt noch Erschütterungen verursachte. Wie würde es sich auf die Schweiz auswirken? Wenn feste Throne fielen – was würde dann mit einer kleinen Kantonsregierung geschehen? Wie sollte man sich gegen eine Revolution im eigenen Haus wappnen? Angst machte sich breit vor einem Mob, der alles kurz und klein schlagen könnte, und Frohlocken beim kleinen Mann, der die Macht des Volks walten sah. Würden es die Regierungen jetzt noch wagen, entschlossen geäusserte Forderungen zu ignorieren?

Zschokke, besorgt über die künftige Entwicklung, versuchte im Schweizerboten zu beruhigen: «Diejenigen, welche Austilgung des Schlechten in unsern Verfassungen fordern, haben es schon längst vor der französischen Wunderwoche gefordert. Es sind nicht Leute des Pöbels, sondern einsichtsvolle, meistens wohlhabende Männer, die Alle, oder größtenteils, Ämter bekleiden und Augenzeugen der Mängel sind. Sie wünschen das Gute auf gesetzlichem Wege vollbracht … Aber Revolution, d. i. gewaltsamen Umsturz der Dinge, verlangen sie nicht; und noch weniger ist die große, schwere Masse unsers Volks dazu gelustig, obwohl es heutigen Tages nicht überall mehr blind und taubstumm ist, wie ehedem.»[66]

Im Oktober 1830 trafen sich in Lenzburg einige Männer, die klar die Forderung nach einer Verfassungsänderung stellten. Zschokke nahm an diesem Treffen nicht teil,[67] brachte aber im Schweizerboten wohlwollende Berichte darüber. Er appellierte an Besonnenheit und wies den Weg, auf dem es weitergehen solle: «im gegenseitigen Verständniß der Regierungen und des Volks über dessen Wünsche, auf stillem gesetzlichem Wege».[68] Aber die Aargauer Regierung rührte sich noch immer nicht. Es stand eine Erneuerungswahl in den Grossen Rat bevor, und die wollte sie zuerst abwarten.

Zschokke schrieb den Aufsatz «Der Kanton Aargau neben den andern», den er im Schweizerboten veröffentlichte und bei Sauerländer als Sonderdruck in 1 500 Exemplaren erscheinen liess.[69] Darin legte er noch einmal die Anliegen der Lenzburger Versammlung dar und bezeichnete den Aargau als konstitutionelle Monarchie, als eine verfassungsmässige Oligarchie. Die Machtfülle des Kleinen Rats gelte es zu beschränken.

Zur gleichen Zeit fand in Wohlenschwil – dem Ort der Schlachtstätte von 1653 – eine Volksversammlung mit gegen 4 000 Bürgern statt. Die Stimmung war nicht mehr so gelassen wie in Lenzburg. Misstrauen gegen die Regierung griff um sich. Es wurde behauptet, sie wolle mit der Durchführung der vorgesehenen Grossratswahl die Verfassungsänderung verschleppen.[70] Fast die Hälfte der Wahlkreise weigerte sich, die Wahlen vorzunehmen, darunter das gesamte Freiamt. «In den Bezirken an der Reuß bewaffnete sich das Volk, um nicht gezwungen werden zu können; ja es drohte, nach Aarau aufzubrechen, um die Regierung zu nöthigen, ihren großen Rath vor den Kreiswahlen einzuberufen. In mehrern Gemeinden pflanzte man sogar Freiheitsbäume auf.»[71] In Aarau wurde vorsorglich eine Bürgerwache organisiert.

Jetzt eilte es der Regierung plötzlich. Sie berief den Grossen Rat zu einer ausserordentlichen Sitzung ein. Zum grossen Erstaunen war sie jetzt bereit, einen noch zu wählenden Verfassungsrat mit der Ausarbeitung einer neuen Verfassung zu beauftragen. Nun beging der Grosse Rat den nächsten verhängnisvollen Fehler und goss damit Öl ins halbwegs eingedämmte Feuer. Er wollte sich das Recht zugestehen, den vom Verfassungsrat aufgestellten Verfassungsentwurf abzuändern, bevor er dem Volk unterbreitet wurde.[72]

Zschokke legte gegen den Beschluss Verwahrung ein.[73] Er war durch die Leserbriefe, mit denen sein Schweizerbote zu jener Zeit förmlich überschwemmt wurde, bestens mit der Lage im Land vertraut. Das Freiamt, das sich geweigert

«General» Heinrich Fischer kommandiert den Auszug der Freiämter. Wandbild aus Heinrich Fischers Gasthof zum Schwanen in Merenschwand, der im Hintergrund zu sehen ist.[74]

hatte, seine Grossräte zu wählen, befürchtete, durch den Beschluss in seinen Volksrechten beschnitten zu werden, falls es, ohne Vertreter im Grossen Rat, nicht bis zuletzt über die Verfassung mitentscheiden konnte.[75]

Kurz darauf überstürzten sich die Ereignisse: Aus dem Freiamt marschierten gegen 6 000 bewaffnete Männer nach Aarau, um energisch die Einsetzung eines Verfassungsrats mit allen Vollmachten zu fordern. An ihrer Spitze stand Heinrich Fischer von Merenschwand, der in sich das Talent des Volksführers entdeckte, aber wohl mehr durch Zufall als Ehrgeiz zu dieser Rolle gelangt war. Er war ein eher unsicherer Mensch, leutselig, gutherzig und leicht erregbar, mit einem Hang zur Schwermut. Er sah sich vom Schicksal zu seiner Aufgabe bestimmt, in die er sich nun fügen musste, als Vollzieher des Volkswillens und der Volksrechte. Er trug, wie wir gesehen haben, Zschokkes «Addrich im Moos», den historischen Roman um den Bauernaufstand von 1653, im Gepäck.[76]

Über die einzelnen Szenen des Freiämtersturms gibt es lebendige Schilderungen von Augenzeugen, die zu lesen sich lohnt. Eine davon schrieb Zschokkes siebenter Sohn Julius, damals gerade 14 Jahre alt. Er berichtete über Vorfälle, wie sie sich in Aarau abspielten.[77] Die Aufständischen tanzten der Aargauer Regierung auf der Nase herum, und wem es noch nicht deutlich war, konnte nun nicht mehr darüber hinwegsehen: Mit der Ehrfurcht vor den Herren Räten war es vorbei. Die bisherige Ordnung hatte sich überlebt, die alte Garde ausgedient. Es war nur noch eine Frage der Zeit, bis Herzog, der ungekrönte König des Aargaus, seinen Sessel räumte.

Die Aargauer Regierung war nicht etwa schlecht oder unbeliebt – im Gegenteil. Sie galt in der Restaurationszeit als eine der liberalsten der Schweiz. Aber sie hatte die Entwicklung der letzten Jahren vernachlässigt, und sie besass ein gravierendes Kommunikationsproblem. Da sie es nicht für nötig befand, ihre Tätigkeit publik zu machen, ihre Entscheide zu begründen oder gar zur Diskussion zu stellen, geriet sie in den Ruf, selbstherrlich zu sein und am Volk vorbei zu politisieren. Sie war gewohnt, sich einzig auf ihre Autorität abzustützen.

Gerüchte brodelten, je weiter man sich vom Machtzentrum entfernte. Proklamationen und Aufrufe an das Volk konnten den Schaden, den die Regierung durch ihr ungeschicktes Verhalten verschuldet hatte, nicht wieder gutmachen.

Spiessrutenlaufen

Zschokkes Zeitungsartikel und Flugschrift über die Vorfälle wurden in der hintersten Ecke des Landes gelesen, und durch seine Verwahrung im Grossen Rat hatte er die Wertschätzung des kleinen Mannes gewonnen. In Aarau gab man ihm gar die Mitschuld am Aufruhr, dafür, dass Sturmglocken und Geschrei die Luft erfüllten, eine Volksarmee und ihre Anführer mit Bajonetten und Gewehren in die Stadt einzogen und sich die Freiämter wie die Herren aufführten.

War nicht genau das eingetroffen, was Zschokke vor langer Zeit in einer Bilderserie im Schweizerboten unter dem Titel «Verkehrte Welt» beschrieben hatte: «Der Baur den Herrn vor sich citirt, / Denn Fastnacht wird all Tag geführt.»?[78] Zschokkes Kommentar dazu setzt so ein: «Der Bauer citirt vermuthlich den Herrn vor sich, weil der Herr die Zinse nicht richtig an den reichen, runden, dicken Bauer abträgt. Man sieht, der Bauer im Lehnstuhl, mit der Brille auf der Nase und dem großen Buche vor sich, giebt dem magern Herrn einen so harten Bescheid, daß dieser darob höchlich entsetzt ist.»

Die Regierung wies im Grossen Rat «auf die geheimen Anstifter, Treiber und Hetzer dieser unglücklichen Volksbewegungen und auf die Urheber und Verbreiter jener aufrührerischen Schriften» hin, «wodurch man gesucht hatte, den gesunden Sinn eines guten ruhigen Volkes zu vergiften und ihm Mißtrauen gegen das Gesetz und die rechtmäßige Obrigkeit einzuflößen».[79] Diese Aussage liess sich auch auf Zschokke anwenden. Jedenfalls war er der Prügelknabe, an dem sich die Wut über die erlittene Schmach ausleben konnte.

Zschokke liess sich nach aussen hin wenig davon beeindrucken, dass er von der Aarauer Bürger- und Beamtenschaft gemieden und mit anonymen Drohbrie-

«Der Baur den Herrn vor sich citirt, / Denn Fastnacht wird all Tag geführt.» Ein qualitativ schlechter Holzschnitt aus dem Zyklus «Verkehrte Welt» im Schweizerboten.[80]

Der Baur den Herrn vor sich citirt,
Denn Fastnacht wird all Tag geführt.

fen belästigt wurde. Aber für seine Familie glich jeder Gang über die Aarebrücke in die Altstadt einem Spiessrutenlaufen. Am schlimmsten musste es dem siebenjährigen Achilles Zschokke vorkommen, der zu jener Zeit die Botendienste von der «Blumenhalde» in die Stadt verrichtete. Als einer der wenigen Bekannten blieb Sauerländer, zu dem fast täglich Manuskripte unterwegs waren, gleichmässig freundlich.[81]

Einer neuen Verfassung entgegen

Das Interesse der Bevölkerung galt nun dem Verfassungsrat, der gleichmässig aus allen aargauischen Bezirken zusammengesetzt war. Präsident war der unbestrittene Führer des Freiämtersturms, Heinrich Fischer, Vizepräsident Zschokke. Die meisten Verfassungsräte waren Juristen und Beamte. Bezeichnenderweise kam aus dem Kreis Merenschwand im Bezirk Muri, dem Zentrum des Aufstands, eine volkstümlichere Besetzung: ein Wirt, ein Müller und ein Lehrer.

Die Sitzungen waren öffentlich. Damit konnte erstmals in der Geschichte des Aargaus jedermann (und jede Frau) den Verhandlungen des gewählten Rats folgen. Wer keinen Platz fand, las die von Sauerländer gedruckten Mitschriften. Sie erschienen in ausführlicher Form kurz nach der Sitzung und wurden zum Vorbild für die künftige Berichterstattung des Grossen Rats.[82]

Der Unterschied zu den offiziellen Protokollen war enorm: Diese erschöpften sich in der Aufzählung der Traktanden, Wahlen und Beschlüsse; viel Raum beanspruchte die an den Anfang jeder Sitzung gestellte Liste der Abwesenden. In den Verhandlungsberichten hingegen erfuhr man von den *Anwesenden* und was sie beitrugen. Ihre Voten wurden im Wortlaut oder paraphrasiert wiedergegeben, und so vermittelte sich dem Leser eine Tiefenstruktur der Verhandlungen.

Zur Enttäuschung vieler Bürger, die ungeduldig auf eine neue Verfassung warteten, wählte der Verfassungsrat in der zweiten Sitzung vorerst einige Kommissionen und vertagte sich, bis diese ihre Arbeit erledigt hatten. Zschokke wurde in den Ausschuss für Bittschriften gewählt. Man wollte die Wünsche des Volks in die Verfassung einfliessen lassen, und wer wäre geeigneter dazu gewesen als er?

Die Mitwirkung der Bevölkerung an einer neuen Verfassung war ein Novum in der Geschichte des Aargaus. Im Kantonsblatt wurde ein Aufruf erlassen, «Vorschläge und Wünsche zur Verbesserung der Verfassung» einzureichen. Es gehe um das Gesamtwohl des Kantons und nicht um Vorteile für einzelne Bezirke und Kreise; «alle örtlichen und Privatinteressen müssen weit in den Hintergrund gestellt werden».[83]

Die über 200 Petitionen, die rechtzeitig eintrafen, wurden von Zschokke in Gruppen eingeteilt: solche, die sich mit der Neuordnung der Bezirke und Wahlkreise befassten, solche, die Gesetzeswünsche, und solche, die Verfassungsangelegenheiten betrafen. Die Verfassungsvorschläge fasste Zschokke so zusammen:

«Man will ein Grundgesez des Landes, mehr zu Gunsten des *Volks,* als der *Beamten.* Man fordert daher allgemein durchgreifende *Trennung der obersten Gewalten;* und, mit Anerkennung der Landesherrlichkeit des Volks, die Majestät des gesezgebenden Rathes, als seines unmittelbaren Stellvertreters, allen andern obern Behörden gegenüber. Man fordert allgemein, daß Staatsdiener wahrhafte Diener des Staats, nicht Herren desselben seyn, und die öffentlichen Stellen nicht unter ihren Verwandten, Freunde und Schmeichler vertheilen dürfen. Man fordert *bürgerlichere* Obrigkeiten; unpartheiischere, minder kostspielige und schnellere Rechtspflege; Sparsamkeit im Staatshaushalt; Erleichterung der bisherigen Volkslasten durch Mässigung der öffentlichen Ausgaben, und gleichere Vertheilung der Besteurungen auf jedes Vermögen im Lande.»[84]

Das waren Forderungen, die Zschokke im Schweizerboten schon längst aufgestellt hatte. Sie lagen in der Luft und entsprachen dem Misstrauen, das der Regierung entgegengebracht wurde. Man wollte sich nicht mehr nur regieren lassen, sondern selbst Einfluss nehmen, die Macht der Mächtigen begrenzen und kontrollieren. Der Grosse Rat sollte aufgewertet werden und für den Bürger diese Aufgabe übernehmen.

Brüskierung Zschokkes

Die eingegangenen Bittschriften hatten noch keinen Einfluss auf den *ersten* Entwurf der neuen Verfassung, der parallel zur Arbeit der Petitionskommission entstand. Am Tag der Wiedereinberufung des Verfassungsrats trug Zschokke seinen Bericht über die Bittschriften vor, und sogleich ging man an die Beratung der von der anderen Kommission entworfenen Verfassung.

Bereits in der dritten Sitzung trat Zschokke unter Protest aus dem Verfassungsrat aus. Er war nicht einverstanden mit einem Vorschlag, der am Vortag beraten und gutgeheissen worden war. Darin wurde allen Geistlichen und nicht in der Schweiz geborenen Männern der Zugang zu Staatsämtern verwehrt.

Dies schloss die Fricktaler aus, die noch vor der Gründung des Kantons österreichische Staatsbürger gewesen waren, aber auch die schon längst integrierten Deutschen wie Zschokke, Sauerländer und Schmiel. Bürgermeister Herzog beklagte die Illiberalität dieses Beschlusses. Er und weitere 43 Delegierte distanzierten sich davon, indem sie ihre Gegnerschaft zu Protokoll gaben.[85]

Kaspar Leonz Bruggisser, einer der Wortführer des Freiämtersturms, «einer der Radikalsten unter den Radikalen»,[86] war Befürworter des betreffenden Artikels. Er appellierte an fremdenfeindliche und antiklerikale Instinkte, indem er ausrief: «Wer die Freiheit will, will die Geistlichen nicht. Was die fremden Neubürger anlangt, nie werden sie ganz den Geist des Vaterlandes athmen; ihre Politik ist Barometerpolitik. Alle konstitutionellen Staaten sind besorglich gegen Zulassung von Fremden zu Staatsämtern, die sie nur dem Volleinheimischen anvertrauen.»[87] Nach einer anderen Mitschrift soll er gegen die eingebürgerten Fremden gesagt haben: «Sie sind Schnepfen, die herbeistreichen, so lange sie etwas zu schnappen haben. Der Fremde bleibt bei uns immer ein fremde Pflanze; er hat kein Interesse an unserm Land.»[88]

Zschokkes Rücktritt bestürzte die Versammlung. Man schlug vor, den Artikel abzuändern, obwohl Dr. Bruggisser hämisch einwandte: «Man scheint sich heute einer Gefühlsschwäche und einer Art Mitleid zu überlassen. Die Politik schließt aber die Bewegungen des Herzens aus.»[89] Herzog war aus prinzipiellen Gründen ebenfalls dagegen, aus Rücksicht auf Zschokke die schon beschlossene Verfassung abzuändern. «Wenn Unbilden den Rücktritt veranlassen müßten, auch ich könnte nicht länger im öffentlichen Leben verbleiben.»

Herzog zeigte eine dickere Haut als Zschokke. Die Ranküne und die Intrigen im Verfassungsrat trafen nämlich auch ihn. Man nahm in die Verfassung einen Passus auf, der Beamten verbot, «Titel, Orden, Besoldungen und Pensionen von fremden Mächten» anzunehmen, widrigenfalls sie ihren Dienst zu quittieren hatten. Nun wusste jedermann, dass Herzog Ritter und Kommandeur der Ehrenlegion war, den Königlichen Orden der württembergischen Krone und das Komturkreuz besass und für seine Verdienste um Württemberg mit dem Titel eines Geheimen Hofrats belohnt worden war.[90] Wenn man ihn auch nicht nachträglich aus dem Amt drängen konnte, gab man ihm doch einen Schuss vor den Bug, den er sehr wohl verstand. Als Herzog noch im gleichen Jahr 1831 ehrenvoll als Regierungsmitglied bestätigt wurde, lehnte er die Wahl ab. Seine Rolle war fortan in der Opposition.

Zschokke liess sich nicht mehr bewegen, in den Verfassungsrat zurückzukehren. Er war erbittert und gekränkt. In einer öffentlichen «Erklärung an meine Freunde» bezog er im Schweizerboten Stellung gegen Verleumdungen, von denen er seit Anfang des Jahres verfolgt werde. «Man sagt, ich schmeichle und werbe um die Gunst des Volks, vielleicht Ehrenstellen und einträgliche Ämter zu gewinnen. – Ein Irrthum. Nie hab' ich um eine Stelle geworben. Diejenigen Ämter, welche ich noch, und seit Jahren unbesoldet, bekleide, leg' ich nicht nur in *wenigen Wochen* freiwillig ab, sondern ich werde sogar in Zukunft *keinerlei* Amt mehr annehmen.»[91]

Tatsächlich trat er von den restlichen Ämtern zurück, die er 1829 behalten oder seither wiederbekommen hatte: als Mitglied des reformierten Kirchenrats, Suppleant des Appellationsgerichts,[92] als Mitglied der kantonalen Bibliothekskommission und der Kantonsschuldirektion, als Präsident der Direktion der Gewerbeschule Aarau und als Mitglied der Schulpflege der Stadt Aarau. Man hatte ihn reichlich mit solchen meist unbezahlten Ehrenämtern versehen, die er mit grossem Pflichtbewusstsein und Sachkenntnis ausfüllte. Spuren davon sind in den Akten im Staats- und im Stadtarchiv von Aarau allenthalben zu finden.

Die Aargauer Verfassung von 1831[93] wurde mit deutlichem Mehr angenommen. Die Stadt Aarau stimmte gegen den Trend und lehnte sie mit 318 gegen 104

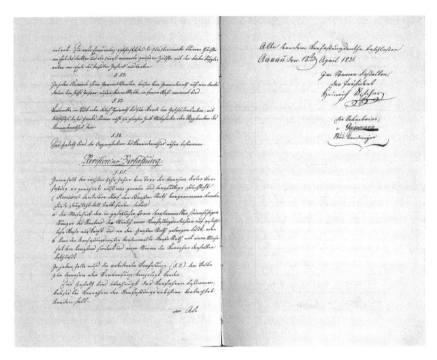

Die letzten beiden Seiten der handgeschriebenen Aargauer Staatsverfassung von 1831 mit der Unterschrift des Verfassungsratsprasidenten Heinrich Fischer.[94]

Stimmen massiv ab.[95] Hier war der Sitz der Regierung und der Beamtenschaft, die mit der neuen Verfassung einen empfindlichen Machtverlust erlitten.

Als ein Zeichen der Zeit und Symbol für die Entmachtung der Aarauer Elite kann betrachtet werden, dass der Regierungspräsident fortan nicht mehr Amtsbürgermeister, sondern Landammann hiess. Zschokke wurde im Mai 1831 erneut in den Grossen Rat gewählt. Wieder nahm er diese Wahl an, weil sie ihm vom Volk verliehen wurde, diesmal vom Wahlkreis Othmarsingen, der die Verfassung ohne Gegenstimme angenommen hatte.

«Überhaupt weht ein freier Geist in der Versammlung»

In den folgenden zehn Jahren konzentrierte sich Zschokkes politische Arbeit auf den Grossen Rat, dessen neue Zusammensetzung ihm gefiel: «Nicht nur sind die meisten von den gebildetern und kenntnißreichern Gliedern des vorigen in diesen wieder aufgenommen, sondern es sind viele achtungswerthe Männer dazu getreten, die man vorher gar nicht kannte; noch andere, die vormals im großen

212

Rathe stumm waren, haben Sprache empfangen. Überhaupt weht ein freier Geist in der Versammlung.»[96] Allerdings merke man die rednerische Unbeholfenheit mancher Mitglieder; ein Sprecher sei eben noch kein guter Redner.

Herzog hatte sich zwar nicht mehr in die Regierung wählen lassen, blieb aber im Grossen Rat. Ihm zur Seite stand als Gesinnungsfreund der Brugger Kantonsschullehrer Rudolf Rauchenstein, während die Gruppe der Fortschrittlichen um junge Männer wie Oberrichter Karl Rudolf Tanner, den Philosophen Ignaz Paul Vital Troxler und Seminardirektor Augustin Keller verstärkt wurde. Erstmals bildete sich im Rat so etwas wie eine Parteienlandschaft heraus, wo vordem eher regionale und Interessensgegensätze zum Zug gekommen waren. Der einst verschlafene Rat war jetzt öffentlich und wurde eloquent. Es wurden öfters Reden gehalten, die, vom rhetorischen Feuerwerk her, ein ganz erstaunliches Niveau hatten. Dies bestätigte zehn Jahre später der Ostfriese Carl Siedhof, der 1843 Aarau besuchte:

«Was mich, der ich als Bewohner des deutschen Nordens an so Etwas nicht gewöhnt war, am meisten überraschte, war die große Beredsamkeit, welche diejenigen, welche eben sprachen, auszeichnete. Es waren dies zum Theil schlichte Landleute, nicht bloß Solche, die studirt hatten. Alle sprachen frei aus dem Stegreife nach kurzen Bleistiftnotizen, welche sie sich, während ihre Collegen sprachen, machten. Aller Reden waren wohlgeordnet und flossen ununterbrochen in einem gleichmäßigen Strome dahin; die der meisten waren mit allen Blumen der Redekunst geschmückt, voll Kraft und Feuer. Bisweilen jedoch waren die *hochgeachteten Herren* – dies ist die solenne Anrede der Großräthe – ziemlich unruhig, so daß der Präsident mit seiner Klingel Stille gebieten mußte.»[97]

Siedhofs Darstellung muss in einem Punkt berichtigt werden: Die grossen Redner waren selten schlichte Landleute, sondern akademisch gebildet, als Richter oder auf politischem Parkett bewandert. Oratorische Naturtalente gab es auch im Aargau selten.

Vielleicht lag es auch ein Stück weit am Sitzungsraum, wenn die Parlamentarier freier atmen und sprechen konnten. Im Dezember 1823 hatte Zschokke geklagt, dem Grossrat stehe kein anständiges Gebäude zur Verfügung. Er tage seit 20 Jahren in einem «langen, finstern, engen Saale, in welchem über hundert Personen zusammengedrängt, sich oft gegenseitig nicht verstehen, zuweilen nicht sehen können». Bald atme man verdorbene Luft ein, bald sei man der Zugluft ausgesetzt.[98] Die Sitzungen fanden noch im alten Rathaus statt, wo der Grosse Rat mit Regierung, Verwaltung und Appellationsgericht zusammengepfercht war.

1819 bezog der Kleine Rat seine neue Residenz in der oberen Vorstadt. Für den Grossen Rat blieb bis zu den Vorstössen Zschokkes und anderer Ratsmitglieder alles beim Alten. Im Sommer 1824 wurde das Projekt eines neuen Grossratsgebäudes vorgelegt, das im oberen Stock auch die Kantonsbibliothek beherbergen sollte. Am 14. Dezember 1829 fand die Eröffnungssitzung mit einem historischen Rückblick von Bürgermeister Herzog statt.

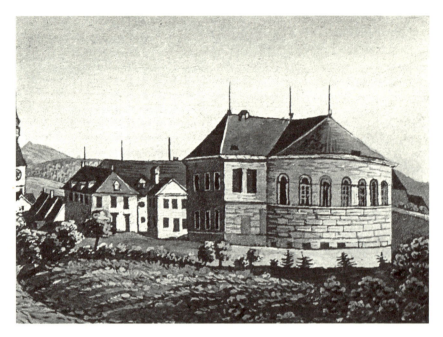

Das 1829 fertig gestellte Grossratsgebäude vor dem Regierungsgebäude in Aarau. Es besticht durch seinen grosszügigen halbrunden Vorbau mit dem Sitzungssaal.[99]

Der Grosse Rat war nun tatsächlich die oberste Gewalt im Kanton, während die Kompetenzen der Regierung massiv beschnitten wurden. Der Kleine Rat wurde zu einer reinen Vollzugs- und Verwaltungsbehörde,[100] zum Exekutivgehilfen des Parlaments. Dessen wichtigste Aufgabe neben der Oberaufsicht der Behörden war die Schaffung eines zeitgemässen, an die neue Verfassung angepassten Gesetzeswerkes. Jedes Mitglied konnte jetzt ein Gesetz vorschlagen, und wenn der Grosse Rat zustimmte, musste der Kleine Rat es ausarbeiten und in der nächsten Sitzung vorlegen.

Rededuelle …

Mit neuer Verfassung und ausgewechselter Regierung übernahm der Aargau in den kommenden Jahren eine Vorreiterrolle in der liberalen Bewegung der Schweiz. Statt sich wie bisher zu ducken und damit zufrieden zu sein, wenn er nur unbehelligt gelassen wurde, begann er seine Stimme zu erheben. Dass man hier auf Zschokke keineswegs verzichten konnte, war selbstverständlich.

Die Verfassung von 1831 begann mit den Sätzen: «Der Aargau ist ein auf der Souveränität des Volkes beruhender Freistaat mit repräsentativer Verfassung. Er bildet einen unzertrennlichen Bestandteil des schweizerischen Bundesstaates.»[101] Der erste Satz gab keine Veranlassung zur Diskussion, wohl aber der Ausdruck «Bundesstaat» am Schluss des zweiten. Dies war eine Vorwegnahme der Zukunft, denn die Eidgenossenschaft bestand aus einem lockeren Staatenbund mit 22 Kantonen. Der Ausdruck «Bundesstaat» sollte Richtung und Ziel des Aargaus für die eidgenössische Politik bestimmen. Während im Aargau die Regierungsmacht entscheidend eingeschränkt wurde, sollte sie auf Bundesebene gestärkt werden, entsprechend Zschokkes Aufsatz «Betrachtung einer grossen Angelegenheit des eidsgenössischen Vaterlandes» von 1824.[102]

Die Revision des Bundesvertrags von 1815 war noch viel verzwickter zu lösen als neue Verfassungen für die Kantone.[103] Im Juli 1832 wurde in der Tagsatzung beschlossen, sich damit zu befassen. Ein halbes Jahr später lag ein Entwurf vor, der von einer Kommission des aargauischen Grossen Rats mit Zschokke als Berichterstatter begutachtet wurde. Troxler, einer der Väter der schweizerischen Bundesverfassung von 1848 und durch Zschokke für den Aargau gewonnen, entwickelte am 28. Februar 1833 in einem langen Votum seine Ideen dazu.[104]

Eine Woche später entfaltete Troxler seine aus den USA übernommene Idee eines Parlaments mit zwei Kammern,[105] die allerdings auf unfruchtbaren Boden fiel, da der Aargau vor allem an einer besseren Repräsentation des eigenen Kantons interessiert war. Auch Zschokke hielt sich an den sehr gemässigten Entwurf des Genfers Pellegrino Rossi und ging nicht auf Troxlers Visionen ein; berechtigterweise, denn etwas anderes stand bei der Instruktion der Gesandten für die nächste Tagsatzung gar nicht zur Debatte.

Mit Troxler, der im November 1832 in den Grossen Rat nachgerückt war, gewannen die Sitzungen an Gehalt, aber auch an politischer Schärfe. Das Parlament wurde zum Übungsfeld für eine ganze Reihe hervorragender Staatsmänner, die in dieser freien Atmosphäre ihre erste politische Schulung genossen. Dies ist mit ein Verdienst des politischen Systems von 1831 – und vielleicht auch etwas Glück, das dem Tüchtigen zusteht.

Für Troxler, Augustin Keller, Tanner, Herzog, Dr. Bruggisser, Rauchenstein und andere war der Grosse Rat die Arena, in der sie ihre grosse rhetorische Begabung demonstrierten. Teils waren es Rededuelle, die sie zu Höchstleistungen anstachelten, teils ein Thema, auf das sie emotional ansprangen, nicht immer jenes, wo sie besonders kompetent waren. Troxler tat sich vor allen anderen hervor.

Er konnte bei der Beratung der Stempelabgabe eine halbe Stunde lang gegen die Abgabe auf Zeitungen sprechen, welche die Freiheit und Aufklärung hemme, und den Antrag stellen, diese barbarische Steuer abzuschaffen.[106] Auch Zschokke äusserte sich zur Stempelabgabe, aber viel kürzer und aus finanzpolitischer Sicht.[107] Er wusste, dass eine grundsätzliche Debatte zu diesem Thema im Grossen Rat nichts brachte.

Troxler sprach gern und gut: für die Bundesrevision, in der Kirchenpolitik gegen die Weiterführung der Badener Beschlüsse, wo wahre Redeschlachten mit

Repliken und Dupliken abgehalten wurden,[108] für die Unterstützung der Polen-
flüchtlinge,[109] in der Basler oder der Schwyzer Angelegenheit oder wegen des
Fährpreises über die Aare, wo er protestierte, dass er wegen seines regen Pendel-
verkehrs zu viel bezahlen müsse[110] – er hatte sich am anderen Ufer der Aare ein
Haus gekauft.

Solche Einwürfe belebten die Sitzungen, nahmen aber auch viel Zeit in
Anspruch, die in dem Laienparlament für Wertvolleres gebraucht worden wäre.
Ausserdem brachten sie nicht viel ein, da die meisten seiner 199 Kollegen, soweit
sie anwesend waren, nach ganz anderen Kriterien entschieden als nach der ora-
torischen Brillanz eines Nachfolgers von Cicero oder Demosthenes.

Wenn man Zschokke unter den Hauptrednern jener Zeit vergeblich sucht,
dann weil er nicht gern vor tauben Ohren redete. Er brachte seine Bemerkungen
und Einwände dort an, wo er sie für fruchtbar hielt. So nahm er häufig Stellung
bei Fragen der Demokratie, Vorgängen inner- und ausserhalb des Rats, aber auch
bei Details verschiedener Art. Qualität, Effizienz und Integrität der Verwaltung
waren ihm ein besonderes Anliegen. Seine Vorschläge, Anträge und Bemerkungen waren konstruktiv, sachbezogen, selten grundsätzlich.

Auch in der Debatte des Organisationsgesetzes für die staatlichen Behörden
und Räte nach Annahme der Verfassung brachte er sich immer wieder ein.
Zschokke wies auf den bürokratischen Geschäftsgang hin: die schleppenden Ver-
fahren, die vielen Schreibereien zwischen den Amtsstellen: «Ein Paar Klafter
Holz für eine arme Schule erforderten oft 8–12 Briefe.»[111] Auch die Inkompetenz
von Regierungsmitgliedern prangerte er an: «Ich erinnere nur daran, wie eines
derselben sogar die Größe unsrer Staatsschulden wegläugnete, als die Rechen-
schaftskommission des ehemaligen großen Raths dieselben zuerst aufdeckte. Und
der sie läugnete, war – der Präsident des Finanzrathes.»[112] Das liege am Kollegi-
alsystem der Regierung, wo alle über alles Bescheid wissen müssten: «Zehn Genie's zusammen in Wirksamkeit machen miteinander einen Dummkopf aus und
leisten noch nicht, was ein Mann von gesundem Menschenverstand.»

Er stellte den Antrag, die Geschäfte des Kleinen Rats nicht wie seit 1815 unter Kommissionen, sondern an einzelne Mitglieder zu verteilen, von denen jedes
für seinen Geschäftskreis allein verantwortlich wäre, und las seinen Entwurf vor,
der sieben Departemente mit einem Präsidenten an der Spitze vorsah. Herzog
pflichtete ihm im Prinzip bei. Er habe das Departementalsystem nie abgelehnt,
da es schneller sei und die Verantwortlichkeiten klarer regle als Kommissionen.
«Aber ist denn die Schnelligkeit der einzige Maßstab, nach welchem die Ge-
schäftsführung überhaupt eingerichtet werden soll? Haben wir auch so viel Männer, die im Stande sind, über jedes ihnen vorgelegte Geschäft sogleich und
schnell zu entscheiden?»[113]

Der Grosse Rat hatte nicht den Mut zu solchen Neuerungen, und so blieb es
bei den alten, wenn auch nicht immer bewährten Kommissionen und Räten für
das Innere, Militär, Finanzen, Schulen, Kirche, Sanität und so weiter, in denen

bis zu sieben Mitglieder sassen, wovon eines oder mehrere aus dem Kleinen Rat, das zugleich den Vorsitz führte.

... und Alltagsprobleme

Zschokke hatte sich als sicherer Wegleiter durch allerlei Fährnisse im Grossen Rat bewährt, und so wurde er auch in Zukunft zugezogen, wenn es Knacknüsse zu lösen, die Stabilität und Unabhängigkeit des Grossen Rats zu verteidigen galt. Er sass weiterhin in der Kommission zur Prüfung der Staatsrechnung, betreute zahlreiche Gesetze und wurde einige Male in die zeitraubende Petitionskommission gewählt, welche die Gesuche aus der Bevölkerung begutachtete. Damit war Zschokke, ja war das Parlament überhaupt an die Grenze seiner Leistungsfähigkeit angelangt. Wie sollte man alle diese Dinge in einem Milizsystem bewältigen, das auf freiwilligen, unbezahlten Leistungen beruhte?

Es galt zu beweisen, dass die neuen Vollmachten für den Grossen Rat berechtigt waren und er funktionsfähig blieb. Dies war freilich etwas schwierig zu erreichen, wenn, wie es in den ersten Jahren öfters geschah, das erforderliche Quorum nicht erreicht war und die Verhandlungen entweder abgebrochen wurden oder gar nicht aufgenommen werden konnten. Um beraten zu können, war die Anwesenheit von 134 der 200 Grossräte erforderlich. Wenn diese Zahl nicht erreicht wurde, musste die Sitzung vertagt werden, oder es wurden Eilboten ausgesandt und das Plenum wartete, bis einige der Säumigen eingetroffen waren und die Verhandlung fortgesetzt werden konnte. Der gute Ruf des Rats stand in Gefahr. Zschokke warnte:

«Durch Schuld seiner pflichtvergessenen Mitglieder erregte er den gerechten Unwillen des ganzen Volkes, dessen Kummer wir im Privatleben, in öffentlichen Blättern und in sechs verschiednen Addressen an den grossen Rath, von mehrern hundert Unterschriften begleitet, vernommen haben.» Wichtige Gesetze seien so verschleppt, pflichtgetreue Männer «in dieser Versammlung entmutigt und auf unverantwortliche Weise zu ganz vergeblichen Opfern von Zeit- und Geldaufwand gezwungen» worden. «Wahrlich, die Feinde unsrer Staatsverfassung, die Feinde der öffentlichen Wohlfahrt und Freiheit des Volkes hätten kein besseres Mittel ersinnen können, um das neuaufblühende Leben unsers Freistaates im eignen Herzen desselben zu zerstöhren, als Männer in diesen gesezgebenden Rath zu wählen, denen weder die eigne noch des Aargau's Ehre theuer ist, und bei denen sich hoch über alle Intressen des Vaterlandes das eigne persönliche Intresse stellt.»[114]

Eine solche Schelte brachte nichts; das wusste auch Zschokke. Jemand hatte vorgeschlagen, die erforderliche Zahl der Grossräte auf 101 herabzusetzen. Zschokke riet von diesem Schritt ab, da er den Schlendrian noch verstärke und 51 der 200 Volksvertreter bereits eine Mehrheit ausmachen würden. «Das Volk findet nur in einer zahlreichen Stellvertretung eine Garantie seiner Rechte. Bei einer geringen Zahl anwesender Repräsentanten könnte leicht geschehn, daß eher die Absichten und Wünsche einer politischen Parthei als Wille und Wunsch des Gesammtvolks berüksichtigt würden, in dessen Namen und für dessen Intressen wir hier stehn.»[115]

Man einigte sich nach einer heftigen Debatte auf eine Reiseentschädigung für die Auswärtigen, für Logis und Essen. Die Einführung von Sitzungsgeldern hatten die Verfassungsgeber unterbunden, weil dadurch Leute, die aus finanziellen Gründen nach einem Grossratssessel strebten, sich in den Vordergrund drängen könnten. So puritanisch waren die politischen Sitten damals!

Auf eidgenössischem Parkett

Zschokke tat sich auch bei Diskussionen um eidgenössische Fragen hervor, und so wurde er regelmässig in die Kommission zum Entwurf der Tagsatzungs-Instruktionen und zur Untersuchung der Gesandtschaftsberichte gewählt. Es war nur eine Frage der Zeit, bis man ihn in die Gesandtschaft selbst wählen würde. Diese Position blieb normalerweise höheren Beamten, hauptberuflichen Politikern und Richtern vorbehalten, aber als erfahrenen Politiker konnte man Zschokke mittlerweile wohl auch bezeichnen. Seine diplomatischen Sporen für den Aargau hatte er schon 1811 abverdient, als er in der Rechtssache des Klosters Sion (im Schwarzwald) mit dem Grossherzogtum Baden verhandelte.

1833 wurde Zschokke neben dem Rheinfelder Juristen und Gerichtsschreiber Joseph Anton Fetzer zum zweiten Ehrengesandten seines Kantons an die Tagsatzung in Zürich geschickt. Er entfaltete sogleich eine emsige Tätigkeit. Aufgabe des zweiten Gesandten war es unter anderem, die Berichte über den Gang und die Geschäfte der Tagsatzung zu verfassen, die in diesem Jahr von Anfang Juli bis Mitte Oktober dauerte.

Da Fetzer über einen Monat abwesend war, trug Zschokke die Hauptlast auch der übrigen Geschäfte. Das bedeutete: Teilnahme an 58 Sitzungen und Sondersitzungen, 62 eigenhändig geschriebene Berichte an den Kleinen und Grossen Rat, nebst einem ausführlichen Schlussbericht. Sie zeichnen sich durch Zurückhaltung und Neutralität in der Wertung aus, wenn auch der für Zschokke typische Hang zur farbigen Darstellung, zu Ausschmückung, Interpretation und rhetorischen Floskeln zuweilen durchbricht.[116] Er konnte nie ganz verbergen, dass er, neben allen anderen Aktivitäten, auch ein Schriftsteller war.

Jeder Gesandte handelte nach den Instruktionen, wie sie ihm von seinem Heimatkanton mitgegeben worden waren, nach dem Ermessensspielraum, den man ihm zugestand. Das bedeutete, dass er nicht von sich aus Entscheidungen treffen konnte. Wenn eine Wendung oder neue Ereignisse eintraten, musste er erst wieder daheim um Anweisungen bitten. Dazu war im Aargau eine Sondersitzung

Versammlung der eidgenössischen Tagsatzung im Berner Ratsaal. Die Vertreter der Stände sitzen in Hufeisenform. Ganz hinten auf einem thronähnlichen Sessel der Berner Schultheiss, der die Versammlung leitet. An den Wänden und im Vordergrund Zuhörer und Pressevertreter. Man beachte die ausladenden Ehrendegen der Gesandten, die zur Schonung des Parketts mit einer Kappe versehen waren.[117]

des Grossen Rats einzuberufen. So passierte es, dass wichtige Beschlüsse nicht gefasst werden konnten oder keine Mehrheit fanden, weil die Gesandten nicht mit den nötigen Vollmachten versehen waren.

Zschokke merkte bald, dass wesentliche Fragen in inoffiziellen Treffen besprochen wurden, und er bemühte sich rege um Kontakte mit den anderen Gesandten. Zwei Anliegen verfolgte er mit besonderem Eifer: die Revision des Bundesvertrags von 1815 und mehr Öffentlichkeit für die Tagsatzung nach dem Muster des Aargauer Grossen Rats.

Bei einem vertraulichen Gespräch berieten die Gesandten der liberalen Kantone ihre Vorgehensweise, da die fünf Vertreter des konservativen «Sarnerbunds»[118] jede Änderung des Bundesvertrags von 1815 sabotierten. Wie sollte aber eine Mehrheit zustande kommen, wenn selbst die liberalen Kantone uneins waren? Zschokke schlug vor, die Instruktionen aller Kantone zu vergleichen und die anstössigsten Artikel im Entwurf zu mildern oder wegzulassen. Darauf meinte der Zürcher Vertreter, wenn dabei nichts besseres als der Vertrag von 1815 herauskomme, solle man die Sache ganz bleiben lassen.[119] Zschokke konnte mit dem Ergebnis nicht zufrieden sein, meinte aber, er habe immerhin den Geist und die Privatansichten der verschiedenen Gesandten kennen gelernt.

Mehr war auch in der Frage der Öffentlichkeit nicht zu erreichen: 2½ Kantone hatten ihren Gesandten keine Instruktionen mitgegeben, und so kam kein Beschluss für die Zulassung des Publikums zu den Verhandlungen zustande. Aber so ging es häufig bei einigermassen kontroversen Geschäften: Sie wurden Jahr für Jahr traktandiert, bis irgendwann eine Mehrheit erreicht wurde – bei der Rücknahme des Pressekonklusums von 1823 hatte es volle sechs Jahre gedauert.

Wichtig für Zschokkes Aufenthalt in Zürich waren neue Bekanntschaften, die er in Aarau nicht so leicht hätte schliessen können. Ausser den wichtigsten Schweizer Politikern und ausländischen Gesandten traf er den deutschen Schriftsteller Ludwig Börne und Prinz Louis Napoleon, den späteren französischen Kaiser, der ihn danach mehrmals in der «Blumenhalde» besuchte.[120] Diese Begegnungen hielt er in seinem Notizbüchlein fest.[121] Über seine Aufenthalte in der Fremde sind wir auch aus seinen tagebuchähnlichen Briefen an seine Frau informiert, in denen sein Heimweh und sein Interesse an den Geschehnissen zu Hause sichtbar werden.

Zurück in Aarau erhielt er im Grossen Rat für seine Leistung nicht nur Lob, sondern musste auch Tadel einstecken. Die Kommission, die mit der Untersuchung der Gesandtschaftsberichte betraut war, hob zwar hervor, «daß die Herren Ehrengesandten durch ihre muthvolle Entschloßenheit bei der gefahrvollen Lage des Vaterlandes, durch ihren ausharrenden treuen Pflichteifer in den schwierigsten Umständen, durch Besonnenheit und bewiesene Geschiklichkeit, mit welcher sie die ihnen ertheilten wichtigen Aufträge erfüllt, sich gerechte Ansprüche auf den Dank des Grossen Raths erworben haben». Andererseits wurde gerügt, dass einige Angaben und Aktenbeilagen fehlten oder nicht leicht zu finden waren. Es war das berühmte Haar in der Suppe.

Schwerer wog der Vorwurf an die Gesandten, sie hätten es in einigen Fällen versäumt, Instruktionen einzuholen. Wie hätten sie das aber tun sollen, wenn rasche Entscheide anstanden? Der Kleine Rat hätte den Grossen Rat, der für die Instruktionen zuständig war, aus der Sommerpause zu einer ausserordentlichen Sitzung einberufen müssen. Der Mehrheit der Untersuchungskommission leuchtete diese Unmöglichkeit ein. Aber die Minderheit mit Troxler an der Spitze sah sich in den Verhandlungen über die neue Bundesverfassung zu wenig einbezogen, und so holte Troxler dies im Grossen Rat in aller Breite nach.[122] Ihn wurmte wohl, dass er nicht an Zschokkes Stelle nach Zürich berufen worden war und, als er als Privatmann trotzdem hinreiste, abblitzte.[123] Aber er hätte als Gesandter auch nicht mehr erreicht als Zschokke; für seine Gedanken war es anderthalb Jahrzehnte zu früh.

Als Zschokke 1834 und 1837 erneut Gesandter der ordentlichen Tagsatzung wurde, hatte er schon mehr Routine. Das merkt man schon seinen Berichten an, die präziser und sachlicher wirken, aber auch kürzer sind. Der Reiz des Neuen war vorbei, und er langweilte sich, kam sich untätig vor, fand die schönste Jahreszeit vergeudet und sehnte sich mehr denn je nach Hause, obwohl seine Frau und seine Söhne ihn abwechslungsweise besuchten.

1834 war es besonders schlimm. Im Frühling und im Herbst hatte er im Auftrag der Regierung die Benediktinerabtei Muri und die Frauenklöster Hermetschwil und Gnadenthal zu inventarisieren. Man suchte einen Vorwand, um die Klöster unter staatliche Administration zu stellen, und das ging am einfachsten, wenn nachgewiesen wurde, sie seien schlecht verwaltet und würden ihrer Pflicht zur Rechnungsablegung nicht genügen. Der Abt des Klosters Muri beanstandete, Zschokke dehne seine Untersuchung auf das Naturalienkabinett und die Klosterbibliothek aus. Zschokke beschwerte sich bei der Regierung, der Abt sei störrisch und verzögere die Untersuchung.[124]

Vom Juli bis September 1834 fand in Luzern die Tagsatzung statt, zu der Zschokke wiederum die meisten Tagesberichte verfasste. Er bemühte sich erneut um die Revision der Bundesverfassung und lud die diesem Gedanken freundlich gesinnten Gesandten zu einer Besprechung ein, «um bei der grossen Ungleichheit der Instructionen, wenigstens zu verhüten, daß es nicht schon in der ersten Sitzung unmöglich würde, irgend einen Schluß zu fassen und eine vorarbeitende Commission zu bilden.»[125]

In seinem Schlussbericht meinte er zu den insgesamt 31 Sitzungen: «Dies Ergebnis, – *wem* in dieser Versammlung wäre es unbekannt? – war gering, und we-

Das mächtige Benediktinerkloster Muri, mit Grossrats-Beschluss von 1841 aufgehoben. Ansicht von Nordosten, Lithografie von Heinrich Triner, um 1868.[126]

der des dafür gemachten Aufwandes von Zeit, noch der Kosten werth.»[127] Einen Erfolg gab es dennoch zu feiern: Bereits in der zweiten Sitzung wurde mit deutlichem Mehr beschlossen, die Verhandlungen dem Publikum zugänglich zu machen.

Nanny hatte ihren Mann über ein halbes Jahr entbehrt und musste mit ihrer sechsjährigen Tochter Cölestine, den fünf minderjährigen Buben und dem zwanzigjährigen epileptischen Antonin allein zu Rande kommen. Sonst lösten sich die Eltern in der Betreuung und im Unterricht der Kinder ab; nur gerade der damals Älteste, Julius, ging in die öffentliche Schule. So gut er es vermochte, unterstützte Zschokke seine Frau brieflich. Zur Entschädigung kaufte er ihr zum Geburtstag eine Uhr im Wert von über sechs Tagesdiäten als Gesandter.[128]

Noch einmal liess er sich 1837 in die Tagsatzung wählen, zusammen mit jenem Dr. Bruggisser, der 1831 nichts von eingebürgerten Schweizern in Beamtenstellen wissen wollte. Mittlerweile hatte sein Urteil sich gemildert.[129] Zschokke liess sich nur aufstellen, weil Friedrich Frey-Herosé, der nachmalige erste Bundesrat der Schweiz, der schon gewählt war, die Annahme verweigerte und Gefahr bestand, dass angesichts der vorgerückten Zeit ein Konservativer nachrücken könnte.

Zschokke war sich klar, dass er ein Opfer brachte, und er machte dies auch deutlich: «Ich bringe aber dieses Opfer nicht dem Kanton, da ich schon weiß, dass ich in Luzern dem Kanton nichts werde nützen können, sondern ich bringe es Ihnen, H[ochgeachtete] Herren! damit Sie nach Hause können. Ich erkläre also, dass ich die Wahl annehme, ohne Ihnen aber dafür zu danken.»[130] Der Schreiber fügte in Klammern hinzu: «Allgemeiner Beifall unter der Versammlung.»

Die Möglichkeit einer neuen Bundesverfassung wurde auch diesmal beraten, aber die Ansprüche waren bescheidener geworden. Zschokke berichtete nach Aarau: «… man darf es als einen Sieg der civilisirten Kantone betrachten, daß die Revisionsfrage nicht aus Traktandum und Abschied gefallen ist.»[131]

Wie immer lebte Zschokke sehr sparsam und legte von den 16 Franken Taggeld, das ihm zur Verfügung stand, einen grossen Teil zurück. Dieses Mal kaufte er seiner Nanny einen schwarzen Regenschirm aus Taffent (Taft), wie sie es wünschte mit einem modischen Knopf statt des üblichen Hakens. Er schwor ihr: «Ich gehe gewis nicht wieder an eine Tagsatzung»,[132] und hielt eisern daran fest, auch als er 1838 als zweiter Gesandter wiederum am meisten Stimmen erhielt.

Die Kirchenfrage als Prüfstein der Demokratie

Sein Aufenthalt im Kloster Muri war für Zschokke ein Schlüsselerlebnis. Obwohl er mit Zuvorkommenheit aufgenommen wurde und mit dem Abt und anderen Klostergeistlichen einen vertrauten Umgang pflegte,[133] wurde er in seinen Vorurteilen gegen Klöster und Mönchsorden bestätigt. In seinen Augen waren sie Fossile einer längst vergangenen Epoche, nicht reformfähig und demzufolge auch nicht überlebensberechtigt.

Nach seiner Auffassung sollte sich die Kirche auf seelsorgerische Fragen beschränken und sich im Übrigen dem Staat unterordnen. Mit seinem Freund, dem Generalvikar Ignaz Heinrich von Wessenberg, stand er im Austausch über kirchenpolitische Fragen.[134] Obwohl Zschokke lutheranisch und Wessenberg katholisch war, waren sie sich in manchen Punkten einig, so in der Frage der Priesterausbildung und einer umfassenden Volksbildung. Zschokke hätte sich gewünscht, dass der weltoffene, gebildete Wessenberg Bischof eines noch zu schaffenden Bistums Schweiz würde. Stattdessen wurde der reformfreudige Wessenberg vom Papst entmachtet und die Schweiz in mehrere Bistümer aufgeteilt.

Zschokke trat publizistisch und politisch gegen das Bistumskonkordat ein. Mit Wohlwollen vernahm er, dass sich im Januar 1834 in Baden Delegierte aus einigen katholischen Kantonen und aus Kantonen mit starken katholischen Minderheiten trafen und ein Schweizer Bistum und das Recht des Staates forderten, gegen nicht genehme kirchliche Erlasse Einspruch zu erheben. Die Priester sollten mit einem Eid auf den Staat verpflichtet werden.

Papst Gregor XVI. warf seinen Bannstrahl auf die Badener Beschlüsse, worauf die Aargauer Regierung die Bekanntmachung der Verurteilungsbulle verbot. Der Kanton Aargau steuerte auf einen Konflikt zu, der das labile Gebilde mit seinen verschiedenen Regionen und Religionen erschütterte und einer Zerreissprobe aussetzte. War der Aargau 1814 von aussen bedroht gewesen, so erfolgte die neue Bedrohung nun von innen.

Als sich die meisten katholischen Geistlichen weigerten, einen Treueeid zu leisten, wurde das Freiamt mit Truppen besetzt. Das Kloster Muri galt als eines der Zentren des Aufruhrs und der Aufhetzung der Bevölkerung mit staatsfeindlichen Gedanken. Nach Auffassung der Väter der Verfassung von 1831 konnte ein Mensch nicht zweierlei Herren Diener sein. Da nur die weltliche Macht vom Volk bestimmt und gewählt wurde, musste die Kirche sich ihr und nicht dem Papst jenseits der Alpen unterordnen. Zschokke achtete darauf, dass solche Gedanken im Schweizerboten immer wieder zu Wort kamen, dass sie aber von Katholiken, am besten von katholischen Priestern, ausgingen.

Die Liberalen zielten darauf ab, die Klöster vom Staat verwalten zu lassen. Nicht nur die politische Unzuverlässigkeit, auch das grosse Klostergut motivierte sie zu diesem Schritt. Begründet wurde er damit, dass das Klostervermögen eine zu geringe Rendite abwerfe, also schlecht verwaltet sei und dem Staat zu wenig Steuereinnahmen einbringe. Zschokke näherte sich dem Problem von einer anderen, volkspädagogischen Seite. In einer langen Rede nahm er zur Klosterfrage Stellung, «weil ich im Laufe dieses Jahres Gelegenheit hatte, das Volk im Freienamte näher kennen zu lernen».[135]

Die Bevölkerung lebe «in großer Unwissenheit, in Armuth und in Rohheit». Je näher man geografisch einem Kloster komme, desto sichtbarer werde die Armut, Rohheit und Unselbständigkeit der Bevölkerung. Dies sei eine Folge der Almosentätigkeit durch die Klöster. Wenn die Abtei Muri täglich eine Armensuppe ausgebe, gewöhne sich das Volk daran, mit wenig Arbeit gut leben zu können, und strenge sich nicht mehr an. Die Wohlfahrt des Klosters und sein Einfluss raube den Menschen ihre Denkfähigkeit. Es mache das Laster, die Bettelei, zu einem Broterwerb. «Ein solches Volk ist zu allem fähig, weil es nicht Verstand genug hat, alles richtig zu beurtheilen.»

Den Beleg für diese Deutung der Vorgänge fand Zschokke darin, dass das aufgebrachte Freiämter Volk, das im Dezember 1830 gegen Aarau gezogen war, nun gegen die Grundsätze kämpfe, die es damals erstritten habe. «Dieses thut es nun, um (wie gesagt wird), seinen geistlichen Obern zu gefallen.» Es waren schwere Beschuldigungen, die auf einen fruchtbaren Boden fielen. Allein schon der Umstand, dass die katholische Kirche sich staatlichen Massnahmen hartnäckig widersetzte, war vielen ein Dorn im Auge und musste bestraft werden. Die gleichen Politiker, die 1830 den Freiämtersturm unterstützt oder zumindest begrüsst hatten, waren jetzt nicht mehr bereit, Widerstand gegen den Staat in irgendeiner Form zu dulden.

Eduard Vischer spricht in diesem Zusammenhang von «Methoden des aufgeklärten Despotismus».[136] Es war allerdings noch keineswegs entschieden, wer die Oberhand behalten würde: die vom Volk beschlossene neue Verfassung oder oppositionelle Kräfte, die das Rad der Zeit gern zurückgedreht hätten. Noch herrschte in weiten Teilen Europas die Restauration. In Spanien hatte man 1823 erlebt, wie eine liberale Verfassung von Monarchie, Aristokratie und Kirche mit ausländischer Intervention umgestossen wurde.

Solche Umstürze befürchtete man lange auch in der Schweiz. Im Aargau, wo die Situation durch das Verhältnis der reformierten und katholischen Kantonsteile und durch die Spannungen zwischen den alten und neuen Kräften einigermassen labil schien, setzte man auf einen starken Staat, der notfalls auch militärisch eingriff und demokratische Prinzipien ausser Kraft setzte. Die Gegner der neuen Ordnung waren erkannt. Zschokke nannte sie im Grossen Rat: «Es sind Patrizier, Mönche und ehemalige Staatsmänner, die fürchten, an ihrem Interesse zu verlieren.»[137] Ausgerechnet jene Politiker, die ihren Aufstieg dem Freiämtersturm verdankten, waren nun die schärfsten Verfechter einer harten Politik gegen Unruhen im Freiamt.

Aufhebung der Klöster

1839 stand im Aargau eine Revision der Verfassung bevor, die laut Verfassung von 1831 spätestens alle zehn Jahre stattfinden musste. Beide Lager rüsteten zum Kampf. Was heute zu einem stark polarisierenden, heftig geführten Abstimmungskampf gehört: Flugschriften, Versammlungen und Reden mit aggressivem

Inhalt und persönlichen Verunglimpfungen, war damals im Aargau noch wenig bekannt.

Interessant war die Umkehr der Verhältnisse von 1830: Die Radikalen stützten die Regierung, während Konservative mehr Demokratie und Selbstbestimmung forderten. Die Reformierten sollten in katholische Schul- und Kirchenverhältnisse nicht mehr dreinreden können und umgekehrt.[138] Die Radikalen dagegen wollten das Gleichgewicht zwischen den beiden Konfessionen im Grossen und Kleinen Rat aufheben und eine Vertretung nach Volkswillen und -stärke einführen.

Eine erste Verfassungsvorlage, die es beiden Lagern recht machen wollte, wurde vernichtend abgelehnt; eine zweite, die eher den liberalen Erwartungen entsprach, angenommen. Dies war vor allem für die oppositionellen Katholiken eine herbe Enttäuschung.[139] Im Freiamt formierte sich Protest gegen die neue Verfassung. Obwohl alles in gesetzlichen Bahnen verlief, befürchtete die Regierung ein zweites Dezember 1830 und ordnete die Verhaftung von Wortführern des Widerstands an. Darauf kam es in Muri und Bremgarten zu Tumulten. Die Gefangenen wurden befreit und Beamte misshandelt. In Aarau jagten sich die Gerüchte, Nachrichten und Dementi. Zschokke rapportierte täglich, ja stündlich seinem Freund, Regierungsrat Fetscherin, nach Bern, da man nicht wusste, ob man militärische Unterstützung brauchte.[140]

Szene von der Tagsatzung 1841 in Bern: Eine Kommission prüft die Aargauer Kloster-aufhebung, indem jeder Gesandte nach seinen Instruktionen Wasser in ein Sieb giesst. Links der Berner Bär (der Gesandte Neuhaus) Arm in Arm mit dem Standesweibel, die Denkschrift der Aargauer Regierung zur Klosteraufhebung in der rechten Hand, dem Stier (Sarnerbund) eine lange Nase machend. Rechts Mönche, Nonnen und Priester mit Tierköpfen. Der Esel sucht die Bundesurkunde von 1815, die den Klosterbestand garantiert, vor dem Umkippen zu schützen.[141]

Der Grosse Rat wurde zu einer ausserordentlichen Sitzung einberufen und landete einen Theatercoup. Im Widerspruch zur Bundesurkunde von 1815 und zu allen Garantien hob er am 13. Januar 1841 die acht Aargauer Klöster, in denen die Mehrheit seiner Mitglieder das Zentrum des Widerstands und die Wurzel allen Übels erblickte, auf. Damit trug der Aargau eine Krise in die Eidgenossenschaft, welche die Politik der nächsten Jahre beherrschen sollte.[142]

Während sich im Aargau die Lage schnell wieder beruhigte, wurde der Kanton zum Anführer einer radikalen Bewegung, der später auch Bern und andere folgten, mit dem offenen Ziel, die infolge der Ereignisse im Aargau in Luzern entstandene konservative Regierung zu stürzen. Dies führte zum Sonderbund, zum Sonderbundskrieg und schliesslich zum Sieg der Liberalen. Auf diesem Sieg aber baute der Bundesstaat von 1848 auf, dessen Entstehung Zschokke vom Totenbett aus gerade noch erlebte.

Zschokkes Abschied von der Politik

Zschokke hatte ebenfalls gegen die Klöster gestimmt. Seine Stimme hatte Gewicht, seine Beredsamkeit, seine Persönlichkeit wirkten unter den noch Unentschlossenen. Man befinde sich im Krieg, sagte er, und die Kugeln, mit denen geschossen werde, seien im Kloster Muri gegossen worden. Wenn die Eidgenossenschaft den Bestand der Klöster garantieren wolle, so wolle sie den Feind des Aargaus schützen. «Wahrlich wird die Eidgenossenschaft für unsere Brust nicht den Dolch und somit den Tod garantiren wollen!»[143]

Zschokke äusserte sich nur noch zwei-, dreimal im Grossen Rat. Er sah vielleicht ein, dass die Amateure im Rat, jene Männer auch, die sich um Ausgleich und Versöhnung kümmerten, ausgedient hatten. Schneidige Juristen, junge Berufspolitiker waren gefragt, Parteienvertreter, die agierten, lobbyierten, Stimmung machten, Technokraten mit Sachwissen und Spezialisierung. Zschokkes Typus war überholt: der philosophierende Parlamentarier, dessen Gedanken sich auch noch in anderen Bahnen bewegten. Einer, der kein Scharfschütze und Vielredner war. Die grossen Debatten und Redeschlachten gingen ohne ihn weiter, und Zschokke zog sein Schiffchen in den ruhigen Hafen zurück.

Damit endete Zschokkes Ausflug in die Politik. Mit 58 Jahren trat er als Chef des Forstwesens zurück, mit 65 legte er die Redaktion des Schweizerboten in andere Hände, und mit 70 gab er seinen Rücktritt aus dem Grossen Rat bekannt. Fortan lebte er als Privatmann, Schriftsteller und eifriger Briefschreiber. Er bereitete den nächsten Überraschungscoup vor: das Erscheinen seiner Memoiren, die Rückschau auf ein gelebtes Leben, die mehr als nur eine Enthüllung brachte. Mit Genugtuung und Stolz blickte er auf die junge Generation der Aargauer Politiker: selbstbewusst, republikanisch und fortschrittlich. Sie waren seine Schüler.

1798 waren in der Schweiz die noch bestehenden Untertanengebiete aufgelöst und 1803 und 1814 nicht wieder eingeführt worden. Bei Wahlen oder der Besetzung politischer Ämter gab es prinzipiell keine ständischen Unterschiede mehr. In der Praxis existierten sie dennoch, etwa im Vermögenszensus – nur wer ein bestimmtes Vermögen besass, verfügte über das aktive oder passive Wahlrecht –, in der Bevorzugung bestimmter Familien, der städtischen Bürgerschaft oder der Zünfte in einzelnen Kantonen für Ämter und Regierungssitze. Im Aargau bestanden diese Privilegien bis auf einen abgestuften Vermögenszensus nicht.

In der Helvetik war es Zschokkes Aufgabe als Leiter des Büros für Nationalkultur gewesen, im Volk Gemeinsinn und Liebe zum Vaterland einzupflanzen. Dazu hatte er seinen Schweizerboten gegründet. Auch später vertrat er die Auffassung, dass es die Liebe des Volks brauche, damit ein Staat regierbar sei.

Es herrschte damals durchaus noch keine Übereinstimmung darüber, ob das Volk in der Politik mitreden sollte. Johannes Herzog von Effingen etwa, der bedeutende Aargauer Politiker, dessen Grossvater aus einfachsten Verhältnissen stammte, war nicht dieser Auffassung. Andere liberale Politiker wie Paul Usteri konnten sich ebenfalls nicht mit dem Gedanken befreunden, jeder, ob Städter oder Landbewohner, ob Bauer oder Knecht, solle politisch gleichberechtigt sein.

Man kann unter den Schweizer Liberalen der ersten Jahrhunderthälfte in dieser Hinsicht drei Generationen unterscheiden. Die alten Liberalen der Helvetik wie Usteri, Stapfer, Rengger oder Herzog bevorzugten die Auffassung einer Geisteselite. Sie sollte den Platz der alten Aristokraten, die noch durch ihre Geburt privilegiert waren, an der Spitze der Nation einnehmen. Die Bildungselite repräsentiere wegen ihrer geistigen Vorzüge das Volk, auch wenn sie als Regierung nicht direkt vom Volk gewählt worden war. Eine weitergehende oder gar direkte Demokratie sei nicht möglich, da das Volk nicht in der Lage sei, richtige politische Urteile zu fällen. Die Demokratie (Herrschaft des Volks) entarte schnell zu einer Ochlokratie (Herrschaft des Pöbels).

Die nächste Generation, zu der als prominentes Mitglied Zschokke zählte, war ebenfalls Anhänger einer Repräsentativdemokratie. Sie forderte Volkswahlen, eine saubere Gewaltentrennung und als Korrektiv zur Regierung einen Grossen Rat, in den das Volk unmittelbar Einsitz nahm. Dieser Grosse Rat und nicht die Regierung, so Zschokke, sei der eigentliche Repräsentant des Volks. Durch ein starkes Parlament, kürzere Amtszeiten, Volkswahlen, ein revidiertes Petitionsrecht, die Möglichkeit zu Verfassungsänderungen und so weiter sollte das Volk seine Meinung besser zur Geltung bringen. Wir haben gesehen, wie Zschokke und seine Gesinnungsgenossen ihre Ziele 1831 im Aargau tatsächlich durchsetzen konnten.

Zschokke war zunächst ebenfalls der Meinung, das Volk in seinem momentanen Zustand sei nicht zur Ausübung politischer Macht befähigt. Das lag aber nicht am Volk selbst, sondern an seiner Vernachlässigung durch den Staat, an einem Mangel an Volksaufklärung. Damit genügend befähigte Leute für das Parlament und die Gemeindeämter zur Verfügung waren, musste ein geistiger, sittlicher und politischer Bildungsprozess in Gang gesetzt werden.

Die dritte Generation, auch als Radikale bezeichnet, stellte noch mehr auf Volksrechte ab. Sie trat zu Beginn der Regeneration, also ab 1830, an die Öffentlichkeit und gewann in den 1840er-Jahren in Kantonen wie Bern, Baselland oder Aargau einen entscheidenden Einfluss. Es waren oftmals Schüler Zschokkes. Sie forderten entweder eine direkte Demokratie oder vermehrt Plebiszite, in denen der Willen des Volks zum Ausdruck kommen konnte. Ohne die Aufbauarbeit der zweiten Generation in publizistischer und politischer Hinsicht wären die Forderungen dieser Männer, die letztlich zum schweizerischen Bundesstaat von 1848 führten, aber wohl zum Scheitern verurteilt gewesen.

1848 zog die Schweiz mit den Vereinigten Staaten von Amerika gleich, dem ersten demokratischen Bundesstaat mit einem föderalistischen Aufbau, einer starken Regierung, einer klaren Gewaltentrennung und einem doppelten Parlament, in dem sowohl die Volkszahl wie die Einzelstaaten angemessen vertreten sind. Obwohl das amerikanische Modell als Vorbild stets dabei war (etwa bei Troxler), schlug die Schweiz zu seiner Realisierung ihren eigenen Weg ein.

Als Alexis de Tocqueville, ein Sprössling aus altem normannischen Adel, in den Jahren 1831 und 1832 Amerika besuchte, staunte er über das Funktionieren der Demokratie, die allen Menschen gleiche Rechte gab und sie an der politischen Macht teilnehmen liess. In seinem Werk «De la démocratie en Amérique» (deutsch: Über die Demokratie in Amerika) von 1835[144] entwarf er die für das restaurative Europa bestürzende Vision, die gleiche Demokratie, die über die Gesellschaft in Amerika herrsche, trete rasch auch in Europa ihre Herrschaft an.

Tocqueville sah in der amerikanischen Demokratie Erscheinungen, von denen er nicht wusste, ob er sie begrüssen oder fürchten sollte: die Öffentlichkeit der Meinung, die Allmacht der Mehrheit und die Gleichheit, das hiess für ihn auch die Nivellierung aller Menschen. Dass sich die Demokratie auch in Europa durchsetzen würde, war für Tocqueville klar, aber ob die Folge nicht eher eine Despotie als eine Demokratie sei, vermochte er nicht vorauszusagen. Es lag alles daran, wie das Volk mit der Macht umging: «Das Volk an der Regierung zu beteiligen ist schwierig, noch schwerer ist es, ihm die Erfahrung zu vermitteln und die Gefühle einzuflößen, die ihm zum guten Regieren fehlen.»[145]

Unbemerkt von Alexis de Tocqueville begann sich seine Vision in einem Winkel Europas, in der Schweiz, bereits zu vollziehen. Die Schweiz wurde zur blühenden Demokratie Europas, die mit ihrem föderalistischen Aufbau noch heute ein Vorbild für viele ist.

Volksbildung ist Volksbefreiung!

Bisher wurde gezeigt, wie Zschokke die Schweiz und insbesondere seine Heimat, den Aargau, geprägt und gestaltet hat. Wir sind von den Mitteln ausgegangen, die er dazu verwendete, und haben versucht, die Wirkungen seiner Tätigkeit aufzuzeigen: als Forstmann, als Gründer und Mitglied der Gesellschaft für vaterländische Kultur, als Schriftsteller und als Herausgeber des Schweizerboten und durch seine politischen Interventionen. In diesem Kapitel gehen wir anders vor und beginnen mit den Zielen, die Zschokke (und viele seiner Zeitgenossen) verfolgte, und werden dann zeigen, wie ihre Umsetzung die Gesellschaft grundlegend veränderte.

Der Aufklärer

Zschokkes geistige Wurzeln liegen im 18. Jahrhundert, im Zeitalter der Aufklärung. Aufklärung bedeutete eine radikal neue Sicht auf die Welt: die Ablösung des Glaubens durch die Vernunft, der Religion durch die Naturwissenschaften. Der Mensch wurde in den Mittelpunkt gestellt und im Menschen seine Vernunft. Die Aufklärung des Menschen war die Emanzipation der menschlichen Vernunft und des menschlichen Willens von Dogmen und Fremdbestimmung. Typisch für die Aufklärung war die Verwendung der Lichtmetapher. Aufklären bedeutete, Licht in eine Sache zu bringen, Wahrheit durch Klarheit des Geistes und vernünftige Argumente zu erzeugen. Im Englischen heisst Aufklärung *enlightment*; im Französischen spricht man vom 18. Jahrhundert als dem *siècle des lumières*.

Ideengeschichtlich wurde die Aufklärungsphilosophie gegen Ende des 18. Jahrhunderts als überragende Denkrichtung überwunden und ersetzt: in Deutschland durch die Empfindsamkeit, Sturm und Drang, den Idealismus und die Romantik. Politisch setzte Friedrich Wilhelm II. eine Zäsur, der 1786 den preussischen Thron bestieg und den aufgeklärten Absolutismus von Friedrich dem Grossen durch ein Religions- und Zensuredikt beendete. In Frankreich schien die Aufklärung in der Revolution von 1789 ihre Umsetzung in die Praxis zu bringen. Sie verlor jedoch in der Schreckensherrschaft seit 1792 ihre Ideale.

Zschokke blieb zeit seines Lebens ein überzeugter Vertreter der Aufklärung, der ihre Grundideen in den Liberalismus des 19. Jahrhunderts hinüberrettete. Er vertrat den Grundsatz, dass die Aufklärung ihr Ziel so lange nicht erreicht habe,

Die Aufklärung bringt Licht ins Dunkel, und die Welt wird neu kartografiert. Ein Zeichner hält getreu nach der Natur Einzelheiten einer Höhle im Kanton Solothurn fest. Das Bild weckt Erinnerungen an Platons Höhlengleichnis, das die Frage nach der Erkennbarkeit von Wahrheit stellt.[1]

als nicht alle Menschen – gemeint waren alle Männer – den Zugang zum Wissen und zur Wahrheit gefunden hätten.

Hier muss kurz auf den Punkt eingegangen werden, weshalb Frauen in diese Überlegungen nicht einbezogen wurden. Nicht weil sie (oder Kinder) nicht als vollwertige Menschen betrachtet wurden, sondern weil sie im damals patriarchalischen Gesellschaftsmodell, das auch Zschokke vertrat, durch ihren Mann oder Vater nach aussen vertreten werden sollten. Aufgabe der Frau war es, im Innenraum, also in der Familie, tätig zu sein und dort die Verantwortung zu tragen. Den Bürgerpflichten – Militärdienst, Teilnahme an Gemeindeversammlungen und so weiter – waren sie enthoben, mussten deshalb auch nicht besonders geschult und «aufgeklärt» werden. Es genügten Grundkenntnisse in Lesen, Schreiben und Rechnen und eine Weiterbildung in Haushaltsführung, Nähen und Stricken.

Kluge Frauen kamen nach Zschokkes Meinung allenfalls als Schriftstellerinnen in Frage und konnten als Ratgeberin über die Männer nach aussen wirken. In der Erzählung «Rückwirkungen, oder: Wer regiert denn?» (1822) zeigte Zschokke ironisch, wer hinter Entscheiden des französischen Königs Ludwig XV. über Krieg und Frieden stecken mochte: die Gesellschafterin einer Gräfin, die über einen Prinzen und die königliche Maitresse Madame de Pompadour für ihren Geliebten, einen Schreibgehilfen beim Buchhalter des Marineministeriums, ein Wort einlegte.

Insgesamt mag man Zschokkes Bild der Frau, das ihr eine allzu begrenzte Rolle zuwies, bedauern. Es entsprach einer Zeit, die sich auf die Emanzipation des Bürgers konzentrierte. Hier ging es um allgemeine Grundrechte, während Emanzipationsversuche von Frauen als Randerscheinung («Weiber in Männerkleidern») abgetan oder lächerlich gemacht wurden. Darauf kann dieses Buch weiter nicht eingehen. Wir werden uns im folgenden Kapitel aber mit der Rolle und Bedeutung von Nanny, Zschokkes Ehefrau, befassen.

Bereits seit Mitte des 18. Jahrhunderts existierte die Volksaufklärung als eine praktische Reform- und Erziehungsbewegung. Sie befasste sich speziell mit jenem Teil der Bevölkerung, der nicht zu den gebildeten oder gesitteten Ständen gehörte, also den Bauern, Dienstboten, Handwerkern, Gesellen, Tagelöhnern und so weiter. Das Gesellschaftsbild der deutschen Volksaufklärer war dabei durch ein ständisches Denken bestimmt; jeder Einzelne sollte in seinem eigenen Stand durch Erfüllung seiner Aufgaben zum gemeinsamen Besten beitragen. Darüber hinaus sollte er zum gebührenden Respekt und zum Einhalten der Pflichten auch gegenüber der Obrigkeit angehalten werden.[2]

Im letzten Punkt ging Zschokkes Vorstellung von Volksaufklärung wesentlich weiter. Sie war verbunden mit den speziellen Aufgaben und Pflichten der Bürger in einer schweizerischen Republik, die sich von jenen der Untertanen in Monarchien und Fürstentümern unterschied.

In einer Republik wie der Schweiz war das Volk letztlich der Souverän, auch wenn er durch die Regierung oder ein Parlament vertreten wurde. Ein Bürger konnte jederzeit in die Lage kommen, aktiv auf die Politik Einfluss zu nehmen, sei es durch Wahlen oder durch Abstimmungen, auf Gemeinde- oder Kantonsebene. Das erforderte aber nach Zschokke, dass ihm Zugang zu politischen Informationen gewährt und die Möglichkeit gegeben werden musste, eine eigene Meinung herauszubilden und zu vertreten. Vorgeschaltet werden musste die Aufklärung über politische Institutionen und Rechte, also das, was wir heutzutage mit staatsbürgerlichem Unterricht bezeichnen. Damit dieser erfolgreich verlaufen konnte, brauchte es Bildungsvoraussetzungen, die über das Buchstabieren, Auswendiglernen und das Schreiben des eigenen Namens hinausgingen.

Die Volksaufklärung hatte nach Zschokke also auch die Aufgabe, das Volk für die politische Partizipation vorzubereiten. Sie umfasste die Ausbildung und Erziehung der männlichen Bevölkerung zu mündigen, aktiven politischen Bürgern. Wenn das Volk noch nicht bereit oder imstande war, politische Vernunft zu zeigen, dann lag es nach seiner Meinung an der Kirche oder anderen Institutionen, die es in einem unaufgeklärten Zustand hielten. Es war Aufgabe des Staats und des aufgeklärten Bürgertums, die Fackel des Lichts dorthin zu tragen, wo es noch finster war, und dafür zu sorgen, dass das Volk seine Rechte wahrnehmen konnte.

Dieser Aufgabe verschrieb sich Zschokke, seit er sich im Aargau niederliess. Ihr ordnete er sein politisches, publizistisches und schriftstellerisches Schaffen unter. Wenn etwa in einer älteren Literaturgeschichte gesagt wird, dass sich «mit Zschokke … die in Deutschland längst verweste Aufklärung in der trockenen Luft der Schweiz mumienhaft gut erhalten» habe,[3] dann ist dies recht originell, wenn auch unfreundlich formuliert, zumal 1932, am Vorabend der Gleichschaltung der deutschen Dichter- und Denkernation durch den Nationalsozialismus.

Der Kritiker meint aber wohl vorerst, dass Zschokke mit dem damaligen literarischen Fortschritt, dem Idealismus und der politisch oftmals reaktionären Romantik, nicht Schritt gehalten habe. Zschokke schrieb, vorab in seiner pädagogischen Prosa, für das wenig lesegeübte Volk, das er dort abholte, wo es sich befand, um ihm eine republikanische Gesinnung und Lebensweisheiten zu vermitteln. Dass ihm dies misslungen sei, hat noch niemand behauptet.

Während in den angrenzenden Ländern der Einfluss der Volksaufklärung im 19. Jahrhundert «zunehmend durch restaurative Kräfte und neue geistige Orientierungen der Gebildeten zurückgedrängt» wurde,[4] erlebte sie in der Schweiz eine neue Blüte und bereitete die Demokratie vor, die 1848 in den Bundesstaat mündete. Sie wurde freilich nicht hauptsächlich durch Romane und Erzählungen, sondern durch Zeitungen, Broschüren, Flugschriften und Sachbücher vorangetrieben, deren sich die Literaturgeschichte als ästhetisch minderwertig nicht gern annimmt.

Volksaufklärung konnte sich nicht erst mit den Erwachsenen befassen; sie musste bei den Kindern anfangen. Hier stand die Förderung der Volksschulen im Mittelpunkt ihrer Forderungen. Mit dieser Forderung war Zschokke nicht allein. Befreundet mit Pestalozzi und angezogen von seinen Ideen, hatte er sich intensiv mit Schulfragen auseinander gesetzt.

Die erste helvetische Verfassung erklärte Aufklärung zum Ziel und postulierte ein allgemeines Recht auf Bildung. Mit diesem Rückenwind machte sich die helvetische Regierung an eine tief greifende Schulreform für die ganze Schweiz. Zur Aufgabe wurde erklärt, jeden Staatsbürger «bis auf denjenigen Grad der Einsicht und Fähigkeit» fortzubilden, «auf welchem er einerseits seine Menschenrechte und Bürgerpflichten genau kenne und auszuüben verstehe, andererseits in einem Beruf, der ihn seinen Mitbürgern nothwendig macht und ihm eine sichere Unterhaltsquelle eröffnet, mit Lust zur Arbeit ohne Schwierigkeiten fortkomme».[5]

Das auf die Französische Revolution und in Anlehnung an das Programm einer Nationalerziehung von Condorcet entstandene Bildungsideal[6] mochte vorderhand unausführbar sein, aber Zschokke sah keinen Grund, jemals dahinter zurückzugehen. Noch in der Helvetik entwarf er «Ideen zur Verbesserung des öffentlichen Unterrichts in der helvetischen Republik» mit einem ausgewogenen Erziehungssystem von der Primar- bis zur Hochschule, das allen republikanischen Ansprüchen genügen und zugleich realisierbar sein sollte.[7]

Zunächst einmal sollten die grossen Qualitätsunterschiede zwischen den Stadt- und den Landschulen aufgehoben werden. Dies setzte vereinheitlichte Lehrmittel und einen ebenbürtigen Unterricht voraus. Nun fanden die Schulen in der Stadt aber ganzjährig statt, während auf dem Land Winterschulen üblich waren. Zschokkes Vorschlag war originell: Auf dem Land sollten die Knaben weiterhin in Winterschulen unterrichtet werden, um im Sommer den Eltern als Arbeitskräfte zur Verfügung zu stehen. Aber die Schulpflicht sollte bis zum 20. Altersjahr verlängert werden.

Auch dem doppelten Anspruch eines staatsbürgerlichen und berufsorientierten Unterrichts versuchte er Rechnung zu tragen. Für die zu errichtenden städtischen Kantonsschulen sah er eine Art Gesamtschule mit Fachlehrern und Leistungsprinzip statt fester Klassen vor. Die Schüler sollten auf Grund ihrer Fähigkeiten und ihres Berufsziels betreut werden. Wichtig war der Geschichtsunterricht: Er sollte dem Schüler «die Begebenheiten seiner vaterländischen Vorwelt» näher bringen mit der Absicht, «unauslöschliche Liebe fürs Vaterland, für die Freiheit, für alles Grosse und Edle in seiner Brust zu entzünden». Es kann als sicher angenommen werden, dass Zschokke dafür das geeignete patriotische Geschichtsbuch zu schreiben bereit war.

Die Helvetischen Räte kamen nicht mehr dazu, ein Volksschulgesetz zu erlassen,[8] und wenn es zustande gekommen wäre, hätten die finanziellen Mittel und die politische Macht gefehlt, es durchzusetzen. Es blieb bei einzelnen Reformbestrebungen und den Verhältnissen, die in der Botschaft des Direktoriums an die Räte schon im November 1798 beschrieben wurden:

«Es ist nur zu bekannt, in welchem elenden Zustande sich die Volksschulen fast überall in Helvetien befinden. An vielen Orten sind gar keine Schulhäuser; an andern sind sie nicht hinreichend für die Bedürfnisse des Unterrichts oder höchst unbequem eingerichtet. Die Schulmeister sind schlecht besoldet. Es fehlt ihnen an den Kenntnissen und Fertigkeiten selbst, welche sie ihren Lehrlingen beibringen sollen. Die Lehrgegenstände reichen keineswegs an die Bedürfnisse des Menschen, der seine Würde fühlen, und des Bürgers, der seine Rechte kennen, seine Pflichten erfüllen soll. Die Lehrart ist verkehrt und vernunftwidrig; die Schulzucht bald zu streng, bald zu nachlässig und auf alle Fälle unzureichend. Die irregeleiteten Begriffe des Volks haben auch in diesem Theile der gesellschaftlichen Verhältnisse, unter dem Vorwande der Freiheit, Zügellosigkeit veranlasst, Frechheit erzeugt und Rohheit begünstigt.»[9]

Für den bernischen Aargau war dieses düstere Bild keineswegs übertrieben. Der Erziehungsrat meldete 1800 auf eine landesweite Untersuchung des Schulsystems (die Stapfersche Schulenquête), von 133 Lehrern könnten höchstens 20 ordentlich schreiben und 10 rechnen.[10] Die unbeholfenen Bemerkungen, welche die Lehrer zu den ihnen gestellten Fragen machten, sprechen für sich.[11] Unter solchen Umständen durfte man auch bei Kindern, die solche Landschulen durchliefen, keine gründlichen Fertigkeiten erwarten, abgesehen davon, dass der Schulbesuch nicht genügend kontrolliert wurde.

Immerhin wurde die Verbesserung des Schulwesens im Aargau nach dem Ende der Helvetik einigermassen energisch angepackt.[12] Bereits 1802 schickte man zwölf Lehrer zu Pestalozzi nach Burgdorf, damit sie in vier Monaten seine Methode kennen lernten und darauf anderen Lehrern weitergaben.[13] Im Mai 1805 wurde ein Schulgesetz erlassen, bei dem man den «Weg der Erfahrungen» einschlug, den die fortschrittliche fricktalisch-vorderösterreichische und die zürcherische Schulordnung beschritten hatten.[14]

Zschokke, der kein politisches Amt innehatte und ausserdem mit der Redaktion einer Forstordnung beschäftigt war, die gleichzeitig mit der neuen Schulordnung erschien, nahm in den ersten Jahren auf das Aargauer Schulwesen keinen Einfluss. Er veröffentlichte 1805 in seiner Zeitschrift «Isis» einen Bericht über die Dorfschule von Küttigen, wo die beiden Lehrer – Vater und Sohn, im Hauptberuf Bauern – seit zwei Jahren auf die Pestalozzi-Methode umgestellt hatten, wie es schien mit gutem Erfolg:

«Die Lehrart ist so einfach, daß jedes Kind, welches lesen kann, ohne alle andre pädagogische Talente, alle andre Kinder zu lehren im Stande ist. Diese beyden Bauern unterrichteten nicht besser und nicht schlechter, als Pestalozzi selbst. Die Kinder waren voll gespannter Aufmerksamkeit; wann eines fehlte, war es von allen andern sogleich bemerkt, selbst wenn es der Schulmeister unbemerkt

Die meisten Lehrer um 1800 gingen einem Zweitberuf nach. In den überfüllten, oft dunklen und feuchten Klassenzimmern mangelte es an Lehrmitteln und oft auch an Disziplin. Bild von Albert Anker.[15]

gelassen hätte. Der Alte sagte mir, dies sey beständig der Fall, und die Kinder ohne Ausnahme hätten seit zwei Jahren wahren Trieb zum Lernen; sie verrichteten jetzt freiwillig, wozu sie ehmals kaum der Stock gezwungen habe. – Besonders gefiel ihm die neue Lehrart in Rücksicht des Rechnen. ‹Die Buben lernen jetzt›, sagte er, ‹alle vier Species[16] in einem Winter. Sonst hatten sie vier und fünf Winter daran zu thun.›»[17]

Was hier unter anderem geschildert wird, ist der wechselseitige Unterricht, entwickelt von den Engländern Bell und Lancaster, der auch von Pestalozzi benutzt wurde. Er diente vor allem dazu, in Klassen mit über 100 Schülerinnen und Schülern – damals keine Seltenheit – einen erspriesslichen Unterricht durchzuführen. Die grösseren Kinder brachten den kleineren den Stoff bei.

Im Schweizerboten sprach Zschokke immer wieder ein Wort zum Schulwesen, was zeigt, wie wichtig ihm die Verbesserung der Schulen war. Gute Schulen und Lehrer, die sich Pestalozzi zum Vorbild nahmen, wurden hervorgehoben und Mängel beklagt. Im Jahrgang 1810 erschien in losen Folgen eine schweizerische Schulchronik, in der Schulen in verschiedenen Kantonen und Gemeinden vorgestellt wurden.

Zschokke griff auch zum Mittel der Satire, um rückständiges Denken blosszustellen. Er liess Hans Gregorius Haselstock, einen Zimmermann und Schulmeister in der Gemeinde B** im Kanton T**, sich an den Schweizerboten wen-

Schulalltag im 19. Jahrhundert in der satirischen Zeitung «Der Gukkasten» mit dem Titel: Tableau der Culturgeschichte. «Allhier erzieht man die Jugend / zu jeder Wißenschaft und Tugend; / auch bearbeitet man unartigen Kindern / den widerspenstigen Hintern. – / Und zieht daraus zur Noth / Sein tägliches, kärgliches Brot.»[18]

den:[19] «Alldieweilen und sintemalen ich aus deinem Wochenblatt wohl merke, dast du kein einfältiger, aber fast ein gescheuter Mann bist, so will ich auch einmal an dich schreiben thun, und dir meine Noth klagen.» Er unterrichte wie sein Vater, schrieb Haselstock, und war stolz, den «Herrn Pistulazzi» nicht zu kennen. Der alte Pfarrer ermutige ihn in seiner Schulführung: «Ich solle nur fest und unbeweglich beym Alten verbleiben – im alten Geleise fahre man am besten!» Der Stock sei das Fundament der Unterweisung und die wahre Seele des Fleisses. Seit 20 Jahren schlage er einen guten Hieb, «und will auch fernerhin die Nachkommenschaft unserer Gemeinde ehrbarlich zusammenhauen, wie sichs geziemt.» Verdächtig war ihm, dass Pistulazzi den Kindern das Denken beibringen wolle. «Nein, nein, bleibt mir mit dem Denken vom Halse! daraus wird nichts! – Ein Bauer muß nicht alles wissen und verstehn, das ist gut für *Gelehrte!* Sehet doch an den Ochs und den Esel, das Kalb und das Schwein – die lernen auch nicht denken, und werden doch mit der Zeit dick und fett!»

Über solche Ausführungen konnte wohl jeder Lehrer und jede Gemeinde lachen und sich sagen, dass es so schlimm bei ihm/ihr doch wieder nicht sei. Aber die Güte der Schulen hing nicht nur vom Willen und der Einsicht der Beteiligten ab. Darüber war Zschokke sich im Klaren. Seit 1816 sass er im Grossen Rat; am 1. Juni 1818 wurde er in eine Kommission gewählt, die den Entwurf zu einem neuen Primarschulgesetz begutachtete. Er schrieb einen Bericht von sieben Seiten, den er am 17. Juni 1818 dem Grossen Rat vortrug. Darin äusserte er ganz im Sinn der Bildungsidee der Helvetik und der Volksaufklärung:

«Nur der Verständige ist fähig seinen wahren Vorteil zu verstehen. Nur durch Bildung des jugendlichen Verstandes und Herzens in den Schulen, und mit Austrottung der rohen Unwissenheit, kann in allen Gemeinden der Wohlstand geäuffnet, die Landwirthschaft in allen Theilen verbessert, die Armuth vermindert, und Gehorsam und Ehrerbietung gegen die Vorgesetzten befördert werden, was leider izt noch nicht vom rohen, in halber Verwilderung aufgewachsenen Menschen immer erwartet werden kann. Darum ist Verbesserung der Volksschulen ein hohes Bedürfnis.»[20]

Mit diesen Worten stiess er im Grossen Rat auf keinen Widerspruch, zumal er der Schule geschickt auch die Disziplinierung der Kinder zuwies. Das Problem lag anderswo: Es fehlte an Geld, und es fehlten qualifizierte Lehrer. Doch «welcher verständige Mann wird sich ausschliesslich einem Berufe widmen, bei welchem er nicht gewis ist, einen mässigen Lebensunterhalt zu gewinnen? Ein guter Schullehrer ist wahrlich in jeder Gemeinde ein so hochwichtiger Mann, als ein guter Pfarrer. Wollen wir einen solchen für unsre Kinder, so sollen wir für seinen Unterhalt sorgen.»[21]

Der Gesetzesvorschlag sah eine erhebliche Erhöhung des minimalen Lehrergehalts von 70 auf jährlich 160 Franken vor. Nach all dem Gesagten müsste man annehmen, Zschokke hätte diese Verbesserung begrüsst. Das war aber nicht der Fall. Da er voraussah, dass ärmere Gemeinden das Geld nicht aufbringen konnten, schlug er eine Mindestbesoldung von nur 70 Franken vor, nebst freier Wohnung und einem Gemüsegarten. Das Gesetz ging an den Kleinen Rat zur Revision zurück.

Zschokkes Kürzungsvorschlag ist unverständlich, wenn man nicht weiss, dass er gegen hohe Staatsausgaben und direkte Steuern kämpfte. Es war ihm aber klar, dass Gemeinden, die ihre Lehrer nicht aus eigenen Mitteln bezahlen konnten, vom Staat unterstützt werden mussten. Deshalb sollte die Finanzierungsfrage gelöst werden, bevor man zu neuen Ausgaben schritt. Er begrüsste 1821 die Idee der Regierung, den Gemeinde-Schulfonds durch Heirats- und Bürgereinkaufsgebühren zu äufnen, da er darin auch einen pädagogischen Nebenzweck sah:

«Es ist billig, daß diejenigen, welche in den Stand der Ehe treten, schon bei der Verlobung an die Pflichten dieses Standes gegen ihre Nachkommen erinnert

237

werden. Der Verlobte, ist er jünger als fünf und zwanzig Jahr, zahlt 24 Fr., ist er im Antritt des 25ten Jahrs, zahlt 16 Fr. zum Schulfond seiner Heimath, wo er *Ortsbürger* ist. – Indem auf diese Weise zugleich der leichtfertigen Schliessung allzu früher Verehlichungen ein kleiner Zwang angelegt wird, ist auch derjenige, welcher ausser der Gemeinde wohnt, wo er Ortsbürger ist, noch verpflichtet, zum Besten seiner wahren Heimath beizutragen, gegen die er doch die ersten und bleibendsten Pflichten hat. Die andre Quelle der Einnahmen zum Schulfond besteht in der Hälfte der *Bürger-Einkaufsgelder*, welche Gelder bisher insgesammt zum Armenfond flossen.»[22]

Wenn es um Staatsausgaben ging, trat Zschokke gegen höhere Steuern und fürs Sparen ein, auch wenn es einen so vitalen Bereich wie das Lehrergehalt betraf. Noch 1835 schlug er bei der Neuauflage des Schulgesetzes vor, statt grosse Klassen zu teilen und damit die Anstellung zweier Lehrer notwendig zu machen, den wechselseitigen Unterricht einzuführen, um die Gemeinden finanziell zu entlasten.[23] Wenn auf diesem Thema hier so lange herumgeritten wird, so um zu zeigen, wie der Realpolitiker Zschokke dem Idealisten Zschokke ins Gehege geriet. Lieber wählte er den Weg der Privatinitiative, als dem Staat mehr Aufgaben und Kosten aufzubürden. Immerhin beharrte er darauf, dass der Kanton die Lehrerausbildung übernahm.

1820 nahm der Aargau einen neuen Anlauf zu einer Revision des Schulgesetzes, und wieder war Zschokke Berichterstatter der Kommission des Grossen Rats. Wiederum appellierte er mit hehren Zielen an seine Ratskollegen für eine «der allerwichtigsten Angelegenheiten des Vaterlandes, über die Sie, als Gesezgeber, sprechen können»:

«Denn ohne gute Erziehung und Geistesbildung unsrer Jugend sind grösserer Wohlstand, reinere Sitte, mächtigere Vaterlandsliebe in schweren Zeiten und ächte Religiosität in unserm Volke zweifelhaft. Wollen wir in den Gemeinden die Armuth vermindern, wollen wir die Ausschweifungen junger Leute, die leichtsinnig geschlossenen Ehen der Nichtshabenden vermindern, wollen wir unsern Kanton unter den Eidsgenossen und gegen das Ausland hochachtungswürdiger machen, wollen wir verhüten, daß die Freiheit des Aargau's nicht untersinke, daß unsre Kinder nicht in das Joch selbstverschuldeter Unterthanenschaft gerathen: so müssen wir dafür sorgen, daß das Schulwesen im ganzen Lande überall gut bestellt, und im Herzen aller Kinder früh sittliches Ehrgefühl, gottesfürchtiger Sinn, treue Liebe des Vaterlandes gewekt, der Verstand gebildet, und auch dem Ärmsten im Volke Tüchtigkeit zu etwas Nüzlichem erworben werde.»[24]

Diesmal empfahl Zschokke mit der Mehrheit der Kommission die Annahme des Gesetzes, zumal die Regierung sich, was das Lehrergehalt anging, der Knausrigkeit von Zschokke und anderen mit einem gut aargauischen Kompromiss annäherte: die Oberlehrer sollten 160 Franken jährlich erhalten, die Unterlehrer dagegen nur 100. Dennoch wurde der Vorschlag verworfen, und die Regierung musste in der Frage der Besoldung noch einmal etwas nachgeben, damit die Vorlage beim dritten Anlauf, am 21. Juni 1822, endlich verabschiedet werden konnte. Es hatte vier Jahre dazu gebraucht. Zschokke, der zweimal als Kommissionsberichterstatter amtete, hatte dabei keine rühmliche Rolle gespielt. Jedenfalls trug seine brillante Rhetorik nichts dazu bei, die Angelegenheit zu befördern.

Zschokke brachte sich im Grossen Rat auch zu anderen pädagogischen Fragen ein, meist im Zusammenhang mit der Rechenschaft der Regierung, lag aber oft etwas quer in der politischen Landschaft und war entsprechend erfolglos. So rügte er mehrfach die Aarauer Kantonsschule,[25] zu deren Donatoren er ebenfalls gehörte.[26]

«Mit Trauer blikt Hochdero Commission auf gegenwärtigen Zustand der *Kantonsschule* in Aarau. Kaum verdient sie noch den Namen einer höhern Lehranstalt des ganzen Kantons; sie ist gesunken; allenfalls noch fähig eine mangelhaft organisirte Gelehrtenschule zu heissen. Eben darum aber ist sie unzwekmässig für den Kanton geworden. Die grosse Summe von jährlichen 10 000 Fr. die ihr der Staat gewidmet hat, der heilige Sparpfennig so vieler Familien, durch welche diese weiland blühende, in und ausser der Schweiz berühmte Lehranstalt gestiftet wurde – sie sind eitel geworden. Wir bedürfen in unserm Freistaat einer mannigfaltigern Ausbildung unsrer Jünglinge, nicht zu Gelehrten allein, auch zu kenntnisvollen Geschäftsleuten, Fabrikanten, Kaufleuten, Landwirthen, Handwerkern, Künstlern.»[27]

Als Vater heranwachsender Söhne machte er sich Sorgen über die ungenügende Qualität und den mangelnden Zulauf und schlug vor, wenn schon ein katholisches Lyzeum nicht in Aussicht stehe, den katholischen Schülern Stipendien für den Besuch der Kantonsschule zu erteilen. Der Betrag für ein katholisches Gymnasium war nämlich 1813 schon bewilligt worden, und Geld, das für das Schulwesen da war, nicht auszugeben, störte Zschokke mindestens ebenso wie der umgekehrte Fall. Man spürt in den Grossratsakten überall, dass Zschokke mit dem Aargauer Schulsystem nicht glücklich war.

Idee einer neuen Fortbildungsschule

Für die Primarschulen setzte der Aargau sich vorbildhaft ein, aber die Einrichtung von Sekundar- oder Bezirksschulen, die per Dekret vom 7. Mai 1813 vorgesehen waren, kam nur harzig voran. Ihre Finanzierung war noch weniger gesichert als die der Gemeindeschulen. Sie hätten die Aufgabe übernehmen sollen, auf den Eintritt in die Kantonsschule vorzubereiten und jenen «Grad der Einsicht und Fähigkeit» zu vermitteln, der für Staatsbürger und Berufsausübende wichtig war. In manchen Kantonsgegenden bestand hier eine schmerzliche Lücke: In den Bezirken Rheinfelden, Bremgarten, Muri und Kulm gab es zehn Jahre nach dem Dekret noch keine Sekundarschulen. «Es ist mit Recht zu befürchten, daß leider die katholischen Gegenden unsers Kantons am meisten in wissenschaftlicher Ausbildung zurükbleiben und dermaleinst die Nachtheile dieser Selbstvernachlässigung schmerzlich erfahren müssen», meinte Zschokke.[28]

Auch die schon vorhandenen Sekundarschulen erfüllten ihren Zweck nur unzureichend. Aus den Lateinschulen der Städte hervorgegangen, unterstanden sie oft noch der Geistlichkeit und pflegten den alten Gedächtnisdrill. Pestalozzis Methoden hatten hier noch kaum Einzug gehalten, und fortschrittliche, aufklärererische Ideen waren nicht zu erwarten.[29]

Zschokke wollte nicht zuwarten und griff zur Selbsthilfe. Er brachte in der Gesellschaft für vaterländische Kultur die Idee ein, eine Schule für Jünglinge und junge Männer aus dem ganzen Kanton zu gründen, unabhängig und überkonfessionell, ohne Eintrittsexamen oder Kosten für die Schüler.[30] Wie bei Zschokke üblich, wurde zügig zur Ausführung geschritten.

Die Kantonsschule als Eliteschule

Man muss die Eigenarten und die Entwicklung der Kantonsschule in Aarau kennen, um Zschokkes Vorschlag zu verstehen.[31] Bereits während der Helvetik gegründet als ein zentrales Gymnasium für die ganze Schweiz, sollte die Kantonsschule nach dem Willen der helvetischen Führung den akademischen Nachwuchs heranbilden und das Schwergewicht auf Latein und Griechisch legen. Die Aarauer Bürger bevorzugten neue Sprachen und Realien, um ihre Söhne auch für gewerbliche und kaufmännische Berufe vorzubereiten. Da sie die finanziellen Mittel beisteuerten, hatten sie ein Wörtchen mitzureden.

Um die verschiedenen Wünsche unter einen Hut zu bringen, war das Angebot breit. Wie sollten sich aber die gewünschten 17 Fächer mit nur sieben Lehrern abdecken lassen, auch wenn noch drei Aarauer Naturwissenschaftler unbesoldet einsprangen? Es gab zwei Klassen für Handelsschüler, eine für Lateinschüler und eine für Schüler französischer Muttersprache. Diese Vielfalt konnte nicht beibehalten werden, zumal die Schüler sehr ungleiche Voraussetzungen mitbrachten und die Lehrerschaft einer starken Fluktuation unterlag.

Eine Neuorganisation der Kantonsschule war dringend erforderlich, auch wenn sie nicht so rigoros hätte erfolgen müssen, wie sie durch den neuen Direktor geschah. Ernst August Evers aus Braunschweig (1779–1823) kannte nur eine richtige Schulform, und das war das humanistische Gymnasium norddeutscher Prägung. Latein und Griechisch wurden mit zehn beziehungsweise acht Wochenstunden ausgebaut, die Realien beschnitten. Alles, was nach Evers den jugendlichen Verstand nicht zur Einsicht in das Wahre, Gute und Schöne brachte, sondern ihnen nur «Bedarfsklugheit» vermittelte, also die Naturwissenschaften und die praktischen Fächer, fristete fortan ein Randdasein. Er unterschied eine Schulbildung zum Menschsein von einer solchen zur Bestialität, die nur der Ausdehnung des physischen Wohlseins und nicht dem Streben nach Höherem diene.[32]

Zschokke äusserte sich zu jener Zeit nicht zur Kantonsschule; wir wissen also nicht, wie er sich zu Evers' Programm stellte. Aus den bereits zitierten Bemerkungen spricht vieles dafür, dass er angesichts der begrenzten finanziellen und personellen Mittel ebenfalls zu einer Beschränkung des Fächerangebots an der Kantonsschule neigte, damit jene Schüler, die eine Universität besuchen wollten, wenigstens dafür eine gründliche Ausbildung erhielten.

Andererseits erlebte Zschokke, wie zwei seiner Freunde – Franz Xaver Bronner und Martin Bartels – als Lehrer der Naturwissenschaften unter Evers den Schuldienst verliessen, um an der russischen Reformuniversität Kasan zu unterrichten. 1813 wurde die Kantonsschule verstaatlicht und vier Jahre später gründlich reorganisiert. Evers verlor seine weit reichenden Befugnisse und ging, Bronner kam zurück. Bei der Ausrichtung der Kantonsschule als Gelehrtenschule mit Anschluss an die Universität blieb es.

Was Zschokke störte, waren weniger Mängel an Evers' Konzept als die Lücken im aargauischen Schulsystem, das Fehlen einer Alternative für die höhere Bildung. Wenige waren mit der Kantonsschule ganz zufrieden, weder die Gründungsväter noch die Stadtbürger, auch nicht die Regierung. Sie brachte nicht das, was jeder sich erhofft hatte.

Anscheinend kam niemand auf die Idee, dass vielleicht noch eine zweite höhere Schule nötig wäre, welche die Kantonsschule entlasten und die Bedürfnisse decken könnte, die neben einer universitären Vorbereitung auch noch bestanden. Es ist denkbar, dass die Aargauer auf ihre Kantonsschule und die noch ausstehenden Bezirksschulen so fixiert waren, dass es einen Anstoss brauchte, um im Schulbereich etwas Neues in Gang zu setzen. Nicht einmal das katholische Lyzeum, das 1813 die erste politische Hürde genommen hatte und bewilligt worden war,[33] kam zustande.

Unbekümmert um alle möglichen Schwierigkeiten machte Zschokke sich daran, eine eigene Schule zu gründen, die den Staat nichts kosten sollte, keine gesetzlichen Hürden zu nehmen hatte, unkompliziert und schnell zu realisieren war. Am 22. März 1819 gab er in einer Sitzung der Gesellschaft für vaterländische Kultur bekannt, «daß einige in Aarau befindliche, in Ämtern stehende wissenschaftliche Männer» bereit seien, jungen Erwachsenen, «die eigentlich nicht Anspruch auf Gelehrsamkeit machen zu wollen gedenken, noch auswärtige Institute und Universitäten besuchen können», unentgeltlich Unterricht zu erteilen, damit sie jene Wissenschaften und Kenntnisse erhielten, die «auch dem Fabrikanten, dem Landwirth und jedem, der künftig mit Würden irgend eine Stelle im Staate bekleiden wird, nothwendig oder doch höchst vortheilhaft sind.»[34]

Er nannte diese Schule bürgerlichen Lehrverein, weil sie ein Zusammenschluss von Schülern und Lehrern sein sollte, getragen vom Bürgertum des Aargaus.

Der bürgerliche Lehrverein als private Alternative

Zschokkes Idee war die einer massgeschneiderten, den Bedürfnissen der Schüler und Eltern angepassten Schule mit wenigen, praktisch orientierten Fächern, mit minimaler Bürokratie bei grösstmöglicher Selbständigkeit und Selbstverantwortung der Lernenden. Ob es sich bei Zschokkes Initiative um eine völlig einzigartige Schule handelte oder ob er sich die politischen Institute in Zürich, Bern und das geplante Polytechnikum in Freiburg im Breisgau zu Vorbildern nahm,[35] bleibe dahingestellt. Es war eine spezielle Form der allgemeinen und beruflichen Weiterbildung.

Zschokke wandte sich im Namen des Aarauer Ausschusses der Gesellschaft für vaterländische Kultur in einem Zirkular an die Bezirkssektionen, um ihre Meinung einzuholen und für seinen Plan zu werben: «Sie werden ohne Zweifel darin mit uns einig sein, daß von der größern oder geringern Maße gebildeten Männern Wohlfahrt und Stellung unsers ganzen Kantons, und von der größern oder geringern Maße nützlicher Kenntniße, wie Straßenbau, Waßerbau, Zeichnung, Theorie, Mechanik u. s. w. der größere oder geringere Wohlstand der Familien abhängig ist. Vieles von diesem wird von unsern Schulen nicht oder doch nicht in dem Umfang gelehrt; und mancher Umstand verhindert, auch Wohlhabende, ihre erwachsenen Söhne zur gänzlichen Ausbildung auf auswärtige Anstalten zu schiken.»[36]

Man möge sich doch bei Eltern und jungen Männern umhören, was man davon halte, und bis Ende Juni Rückmeldung geben. Darauf erschien eine erste öffentliche Nachricht vom bürgerlichen Lehrverein, die ebenfalls vor allem unter den Mitgliedern der Gesellschaft für vaterländische Kultur gestreut und in ihren Verhandlungsblättern abgedruckt wurde:

«In unsern Tagen hat der Landwirth, der Handwerker, der Kauf- und Geschäftsmann, will er seinen Beruf recht treiben, oder will er, um mit andern gleichen Schritt zu halten, sein Gewerbe nur einigermaßen vervollkommnen, *mehr Bildung und Kenntniß nöthig, als ehemals von ihm verlangt wurde;* nicht einmal zu gedenken, daß bei der Verfassung unseres Freistaates jeder Bürger früher oder später in öffentliche Ämter gewählt oder berufen werden kann, in denen er, ohne einige Vorbildung, seine Pflichten in ihrem ganzen Umfang zu erfüllen nicht im Stande ist. Verständige Ältern fühlten dieses Bedürfniß schon seit geraumer Zeit für ihre herangewachsenen Söhne, ohne Mittel zu sehen, ihm abzuhelfen. Denn Familienverhältnisse erlauben es doch nicht Jedem, seinen Sohn für längere Zeit auf auswärtige Institute zu schicken, oder gar auf Universitäten. Auch ist's den Wenigsten darum zu thun, aus ihren Kindern eigentliche Gelehrte zu machen. In unserm Kanton selbst aber fehlt es bis jetzt noch an einem öffentlichen Institute, welches diese Lücke ausfüllt.

242

Dies hat einige Partikulare auf den Gedanken gebracht, das Fehlende durch *unentgeldlichen Privatunterricht* zu ersetzen und jedem jungen Mann, jedem dazu reifen Jüngling aus dem Kanton Aargau freien Zutritt dazu zu gestatten.

Der Zweck dieser Privatanstalt wird also darin bestehen, Jünglingen und jungen Männern unsers Vaterlandes, Gelegenheit zu verschaffen, auf die *unkostspieligste Weise* diejenigen Geschicklichkeiten und Kenntnisse zu erwerben, die ihnen für jeden Stand, Beruf und Erwerb nützlich, ja oft unentbehrlich sind.»[37]

Der Unterricht war auf das Wintersemester beschränkt, «theils um die Söhne nicht allzulange vom väterlichen Hause zu entfernen, theils weil der Beistand erwachsener Söhne den Eltern bei ländlichen Arbeiten, Reisen und Berufsgeschäften aller Art im Winter nicht so dringend ist, als während der Sommerzeit».[38] Die Schüler wurden in Familien möglichst günstig untergebracht. Das Schullokal befand sich in Zschokkes ehemaligem Wohnhaus Rain 18, im Versammlungsraum der Gesellschaft für vaterländische Kultur.

Damit war alles organisiert; jetzt brauchte man nur noch auf die Schüler zu warten. Bedingung waren das zurückgelegte 18. Altersjahr und einige Fertigkeit im Lesen, Schreiben und Rechnen. Damit wurden die Hürden bewusst tief gesetzt. Jeder Schüler sollte mindestens zwei Fächer aus einem breiten Angebot belegen, das rechtzeitig bekannt gegeben wurde.

Im ersten Semester schrieben sich 40 Männer aus zehn Bezirken im Alter von 19 bis 30 Jahren im bürgerlichen Lehrverein ein. Unterrichtet wurden an Nachmittagen die Fächer Schweizer Geschichte, Naturrecht und vaterländische Gesetze, Staatswirtschaft, Polizeiwissenschaft, Grundzüge des Strassen- und Wasserbaus mit Übungen, Mineralogie, Mechanik, Messkunst mit praktischen Anleitungen, Zeichnen und das Abfassen schriftlicher Aufsätze und mündlicher Vorträge.

Die Lehrer waren teils in Aarau wohnhafte Staatsbeamte, so der Forstinspektor, der kantonale Wasser- und Strassenbaumeister oder der Bezirksarzt, teils Professoren an der Kantonsschule wie Franz Xaver Bronner, der an der Kantonsschule Mathematik und Naturwissenschaften und am Lehrverein Mechanik, Statik, Hydraulik, Hydrostatik und Aerometrie unterrichtete, ferner Laien mit ausgezeichneten Kenntnissen wie Zschokke, Pfarrer Alois Vock, der Geschichte unterrichtete und Pfarrhelfer Andreas Wanger, dessen Leidenschaft die Mineralogie war.

An öffentlichen Schulen hätten diese Lehrer wohl kaum die Möglichkeit gehabt, ihr Spezialwissen weiterzugeben. Umgekehrt hätten die jungen Männer kaum Gelegenheit gefunden, von so erfahrenen Berufsleuten zu profitieren und so attraktive Themen auszuwählen.

Zschokke konnte am bürgerlichen Lehrverein seine Vielseitigkeit unter Beweis stellen. Er gab jedes Semester an zwei bis drei Nachmittagen Unterricht und meist in zentralen Fächern, für die sich gerade kein anderer Lehrer fand. Im Winter 1819/20 waren es Staatswirtschaftskunde und schriftliche und mündliche Vorträge, für die er gleich noch einen Leitfaden veröffentlichte.[39] Der Leitfaden, eigentlich eine Stoffzusammenfassung, zeigt, dass Zschokkes Vortrag gehaltvoll, abwechslungsreich und anregend gewesen sein muss.

Grosse persönliche Freiheiten

Die Zeit der Schüler war mit den von ihnen belegten Nachmittagslektionen nicht ausgefüllt. Die Morgenstunden wurden zum Ausarbeiten der Vorlesungsnotizen und zu selbständigem Arbeiten genutzt, wozu ihnen eine eigene Bibliothek zur Verfügung stand. Aus Theodor Zschokkes Nachlass haben sich so die Manuskripte von zwei Vorlesungen seines Vaters vom Wintersemester 1822/23 erhalten: über Naturrecht und über Staats- und Gemeindeverfassungslehre.[40] Als in einem Semester Pfarrer Vocks Kurs zur Schweizer Geschichte nicht zustande kam, wurde von Sauerländer Zschokkes eben erschienene Schweizerlandsgeschichte zur selbständigen Erarbeitung gratis abgegeben.

Jeder Schüler bekam einen Tutor, der seinen Fortschritt kontrollierte und Empfehlungen für weitere Studien gab. Wie dieses Tutorat aussah, schilderte der St. Galler Pädagoge Johann Jakob Wiget, 29, in einem Brief an seine Frau:

«Vor ungefähr 3 Wochen gab uns H. Zschokke die erste Aufgabe zu schriftlichen Aufsätzen, nämlich: jeder könnte das Thema selbst wählen, oder in Ermangelung eines solchen, soll jeder seine Lebensgeschichte schreiben. Da schilderte ich dann meine Bildungsgeschichte zum Schullehrer-Berufe. Nachdem er diese eingesehen hatte, ließ er mich zu ihm kommen, unterhielt sich mit mir über den Zweck meines Hierseins, u. erteilte mir Anleitung, wie ich Naturgeschichte u. politische Geographie selbst studieren soll. (Dies sind Gegenstände, die ich wünschte, aber am Lehrverein nicht gelehrt werden.) Zugleich riet er mir, die Lancastersche Schulmethodik zu studieren; er hatte mich dazu schon bei einem Lehrer empfohlen gehabt. Auch will er dafür sorgen, daß ich alle Schulen dieser Stadt besuchen u. die Lehrart beobachten kann. Er hat mich auch eingeladen, mit ihm eine Landschule zu besuchen (er ist Schulinspektor).»[41]

Es kam nicht selten vor, dass Gymnasiasten von der Kantonsschule einzelne Kurse am Lehrverein belegten und auch «Lehrvereinler» oder «Genossen», wie die Schüler des Lehrvereins genannt wurden, in der Kantonsschule hospitierten, um dort etwa Fremdsprachen oder Mathematik zu lernen. Die Lehrgänge waren also offen – ein Zeichen für das gute Klima, das einige Jahre zwischen den beiden Schulen herrschte.

Unterschiede zwischen den Schülern bestanden allerdings, allein schon als Folge des Alters. Einen 25-jährigen Genossen des Lehrvereins konnte man nicht gleich behandeln wie einen 15-jährigen Kantonsschüler. Man sprach ihn als Erwachsenen an, erlaubte ihm sogar den limitierten Wirtshausbesuch und ging auch sonst auf individuelle Bedürfnisse ein. Die Bestimmung lautete: «Kein Genosse soll vor 5 Uhr abends in ein Wirthshaus gehn, und länger als bis 9 Uhr Abends bleiben.»[42]

Zschokke versuchte seinen Schülern jenes Selbstbewusstsein und Selbstvertrauen einzuflössen, das ihnen als jungen Staatsbürgern zustand, die sich freiwillig einer Weiterbildung unterzogen. Dazu gehörte auch das öffentliche Debattieren in Gaststätten. Mit Wohlwollen verfolgte er die Bildung von studentischen Zusammenkünften und gemeinsame Aktivitäten wie Turnen oder Singen. 1824 bildete sich der Verein der «Zofingerfreunde», nach seinem Eingehen 1828 ein «Litterarischer Verein».[43]

Der katholische deutsche Publizist Joseph Görres, der Zschokke wegen seiner Allerweltsweisheit nicht riechen konnte,[44] schrieb 1820 über den Lehrverein nach Hause: «Auch haben sie eine Schule angelegt, worin sie Bauernbuben von 18–24 Jahren zusammentreiben, denen lesen sie nun Staatsrecht und Physik und Diplomatie und alles Mögliche, dass ihnen die Schädelnäthe auseinanderbrechen.»[45]

Das war boshaft und gallig. Da Görres erst kurze Zeit und zudem im Juni in Aarau weilte, hatte er noch keine Gelegenheit gehabt, sich ein eigenes Urteil zu bilden. Es gibt keinen Grund zur Annahme, dass die Schüler sich in der angeregten Lernathmosphäre des Lehrvereins überfordert und geplagt gefühlt hätten.

Einen Nachteil hatte der Lehrverein gegenüber der Kantonsschule. Obwohl man die Schüler ermunterte, mehrere aufeinander folgende Wintersemester zu belegen, war der Lehrgang einsemestrig und zeigte auch keine darüber hinausgehende Struktur. Es war alles auf Freiwilligkeit hin angelegt. Man konnte jedes Semester neu einsteigen. Bis Ende Oktober fand die Einschreibung statt, und im November begann der Unterricht.

Wenn zu wenig Schüler sich für einen Kurs eintrugen, konnte er nicht durchgeführt werden. Dies und offenbar auch eine ungenügende Rekrutierungsbasis auf dem Land führten dazu, dass die Teilnehmerzahl im zweiten Semester auf 32, dann auf 24 und weiter auf 21 sank. Es musste etwas geschehen, um diesen Schwund aufzuhalten, und Ignaz Paul Vital Troxler erwies sich als Retter in der Not.

Der Lehrverein und Troxler

Manchmal wird gesagt, der bürgerliche Lehrverein habe zwei Väter gehabt, Zschokke und Troxler, aber das stimmt so nicht. Zschokke konzipierte ihn 1819 mit einigen Freunden zusammen, ohne Troxler einzubeziehen, der noch in Luzern weilte. Er gestaltete das Konzept so, dass es flexibel genug war, um Neuerungen aufzunehmen. 1821 wurde Troxler als Professor für Philosophie und Ge-

Stundenplan des Lehrvereins vom Wintersemester 1828/29 in Zschokkes Handschrift. Zschokke erteilte am Montag und Mittwoch physikalische Erdbeschreibung, am Mittwoch und Samstag Forstwissenschaft und am Samstag deutsche Sprache. Troxler gab zweimal in der Woche von 9 bis 10 eine Stunde Anthropologie.[46]

schichte am Luzerner Lyzeum entlassen, und Zschokke gelang es, ihn 1823 als Lehrer und Direktor des Lehrvereins zu gewinnen. Das war ein bedeutender Erfolg, da Troxler als beliebter Denker und Lehrer bei freiheitlich gesinnten Bürgern einen hervorragenden Ruf besass.

Der Lehrverein wurde jetzt für Schüler aus der ganzen Schweiz geöffnet und ganzjährig durchgeführt, der Lehrplan um Philosophie, Philologie und Altertumskunde erweitert. Sein Name war nun «Lehrverein für eidgenössische Jünglinge». Von vermögenderen Eltern wurde ein Schulgeld von acht Franken verlangt, um den gesteigerten Kosten Herr zu werden. Mit Troxler kam nämlich eine Reihe neuer Lehrer an den Lehrverein. Die Praktiker, die zum Zeitvertreib unterrichteten, verschwanden nach und nach und machten professionellen Lehrkräften Platz, die durch Hilfslehrer (junge Studenten und Pfarramtskandidaten, die den Lehrverein schon als Schüler kannten) ergänzt wurden. Im Wintersemester 1823/24 waren fünf von zehn Lehrern deutsche Flüchtlinge. Nur einer soll erwähnt werden.

Friedrich List (1789–1846), ein bedeutender Nationalökonom und Eisenbahn-förderer, wurde 1817 ordentlicher Professor für Staatswirtschaft und Staatspraxis in Tübingen. 1822 wegen Ehrbeleidigung und Verleumdung von Regierung und Verwaltung zu Festungshaft verurteilt, floh er nach Strassburg und in die Schweiz. In Basel, wo er sich eine Professur erhoffte, wurde ihm ein längerer Aufenthalt verweigert, so dass er nach Aarau kam und im Lehrverein mindestens ein Semes-ter über Umrisse der Staatswirtschaft las.[47]

Das war wohl nicht mehr der gemütvolle, handfeste Vortrag, vermutlich mit neusten Beispielen aus der Aargauer Staatsrechnung gespickt, wie Zschokke ihn hielt. Aber auch die Schüler des Lehrvereins hatten sich gewandelt. Vielfach schrieben sie sich jetzt während mehrerer Semester ein und gedachten, nach dem Abschluss die Universität zu besuchen. Die Abgangszeugnisse des Lehrvereins wurden von den Hochschulen anerkannt.[48]

Damit erwuchs der Kantonsschule in Aarau durch den Lehrverein nach und nach ein Rivale, und diese Konkurrenz trübte das bisher gute Einvernehmen der beiden Schulen. Ausserdem besass Troxler einen reizbaren Charakter und verwi-ckelte sich dauernd in Streitereien mit der Kantonsschule, bei denen es sich teils um kleinliche Eifersüchtelei und Groll handelte, die schliesslich sogar in einen Zeitungskrieg ausarteten.[49]

Es ist denkbar, dass der versöhnlichere Zschokke, der seit 1824 in der Direk-tion der Kantonsschule sass, deshalb 1827 auch das Präsidium des Lehrvereins übernahm. Vorausgegangen war der Abbruch des Schüleraustausches. Offenbar hatten sich die disziplinarischen Probleme mit den liberal geführten Lehrverein-lern vermehrt.[50] Die liessen sich nicht wie die Kantonsschüler für eine Unbotmäs-sigkeit oder eine kleine Prügelei zu drei Tagen Karzer (Schularrest) verurteilen, wie es einem Sohn von Sauerländer passierte.[51] Die Lehrer der Kantonsschule waren dafür berüchtigt, nach alter Professorensitte streng und autoritär zu ihren Schülern zu sein.[52]

Troxler benutzte die jährlichen Anzeigen des Lehrvereins für hochfliegende programmatische Gedanken zum Erziehungswesen.[53] Seine Reizbarkeit kontras-tierte etwas mit diesen Zielen, in deren Vertreten er aber ebenfalls eine kämpfe-rische Natur bewies. In seinem Aufsatz «Über das Verhältnis von Realismus und Humanismus auf dem Boden der Schule» von 1823 etwa nahm er Ernst August Evers' schon erwähnte Streitschrift «Über die Schulbildung zur Bestialität» aufs Korn.[54]

Troxler meinte, dass die gelehrten Schulen mit Bürger- oder Realschulen in keinem Widerspruch stünden, da beide auf ein Brotstudium hinausliefen. «Das Studium der alten Sprachen begreift beim wirklichen Stande der Kultur nicht ge-nug Realien, um andere Wissenschaften vom Unterrichte auszuschließen; dage-gen kann aber auch der Mensch der ganzen Masse von Kenntnissen, deren er in höhern Wirkungskreisen bedarf, nur durch klassische Geistesbildung fähig wer-den. *Übung der Erkenntnißkräfte und Erweiterung der Kenntnisse* selbst stehen überdieß nicht nur [nicht] im Widerspruche unter sich, sondern bedingen sich wechselseitig.»

Am Schluss kam er auf das fehlende Strafwesen im Lehrverein zu sprechen und schrieb, die Schüler würden von inneren Beweggründen, durch Aufsicht und Vorbild der Lehrer, ihrer besseren Mitschüler und der Kostgeber geleitet. Schulgesetze als äussere Schranken brauche der Lehrverein deshalb nicht.

Nicht der Streit mit der Kantonsschule, sondern der plötzliche Wegzug Troxlers als Professor und Rektor der Universität Basel führte dazu, dass der Unterricht 1830 eingestellt wurde. Troxler hatte den Lehrverein nach seinen Vorstellungen umgemodelt; ohne ihn war dieses Konzept nicht mehr haltbar, und um es zu erneuern, fehlten Zschokke offenbar die Zeit und die Kraft.

Dazu kam, dass die Schülerzahl weiterhin rückläufig war. Andererseits wurden die Lehrgänge zugleich intensiviert, da es sich mittlerweile herumgesprochen hatte, dass man mit einer Empfehlung des Lehrvereins an eine Universität aufgenommen wurde, ohne Griechisch und Latein büffeln zu müssen. Mit Genugtuung stellte Zschokke im Jahresbericht der Gesellschaft für vaterländische Kultur von 1829 fest:

«Die Vorurtheile, welche sich ehemals gegen diese Anstalt erhoben, sind von selbst in ihr Nichts zurückgefallen, ohne daß man sich Mühe gab, sie in aller Form zu bekämpfen. Selbst die oft wiederholte Weissagung, diese Lehranstalt könne nicht lange bestehen, ist durch die Thatsache widerlegt. Auch im verflossenen Jahre studierten an derselben 20 bis 30 Jünglinge, alle von 18 bis 25 Jahren, aus den Kantonen Aargau, Solothurn, Luzern, Schaffhausen, St. Gallen, Graubünden, Glarus und Thurgau. Von diesen gingen etwa sechs auf deutsche Hochschulen, nach Freiburg, Heidelberg, Bonn, Berlin, auch zwei nach Straßburg ab; die übrigen aber studierten hier, um als Männer von Sachkenntniß und Geistesbildung ihren Kantonen als Gewerbsmänner, Ökonomen, Schullehrer, Forstmänner u. s. w., oder künftig auch als Beamte, Verwalter, Richter, Vorgesetzte u. s. w., mit Einsicht dienen zu können.»[55]

Ein anderer Umstand hatte schon vorher für den Lehrverein eine neue Lage geschaffen. Begüterte Aarauer Bürger hatten 1802 mit der Kantonsschule den Versuch unternommen, eine Schule für ihre Söhne zu gründen, mit Betonung der gewerblichen, neusprachlichen und kaufmännischen Fächer. 1804 scheiterten sie am neuhumanistischen Anspruch von Ernst August Evers. 1826 machten sie einen zweiten Anlauf und gründeten, wieder aus privaten Mitteln, eine Gewerbeschule und wählten den bewährten Zschokke zum Direktionspräsidenten.

Der Eintritt in die Gewerbeschule fand mit dem abgeschlossenen 15. Altersjahr, also nach Besuch der Fortbildungsschule (Bezirksschule), statt. Bei der Aufnahmeprüfung wurden beachtliche rechnerischen Fähigkeiten wie Ziehen der Quadrat- und Kubikwurzel, Anfangskenntnisse in Geografie, Naturwissenschaften und Geometrie verlangt, bedeutend mehr als im Lehrverein. Auf Anhieb meldeten sich 27 Schüler an; für das Wintersemester 1829/30, wo uns die Zahlen vorliegen, hospitierten neun von ihnen im Lehrverein.[56]

Jeder Semesterabschluss des Lehrvereins wurde von einer Feier mit Reden und Schülervorträgen begleitet; die letzte Feier vom Frühling 1830 war von Wehmut bestimmt. Nach Studentenmanier wurde Zschokke und Troxler ein Gedicht gebracht, fünf Strophen für jeden. Die Gedichte zeigen, wie beide Lehrer von ihren Schülern auf die gleiche Stufe gestellt, bewundert und verehrt wurden. Deshalb soll die erste und dritte Strophe auch nebeneinander gestellt und zitiert werden:

An Zschokke

Am Felsenstrom der Aar
Prangt herbstlich stolz ein Mann,
Der an des Lichts Altar
Viel Kerzen zündet an;
Und oft, wenn sich die hohen Sterne
Verbergen in der Wolken Ferne,
Mit seiner Flammen Widerschein
In Nacht und Völker blitzt hinein.

Ein Lehrer ernst und mild
Ragt von der Weisheit Sitz;
Mit heil'ger Wahrheit Schild
Scheucht er den Aberwitz.
Begeisterung hat er ergossen
In stille Reihen der Genossen,
Und zeigt mit gläubig heiterm Muth,
Was ewig wahr und schön und gut.

An Troxler

Was sollen wir dem Manne singen,
Dem Weisheit auf der Stirne wohnt,
Und sich erhebt mit Adlerschwingen
Bis wo der Weisen Weiser thront?
Was sollen wir dem Manne singen,
Der größer als nur Lehrer ist,
Den unter muthigem Vollbringen
Die That als ihren Helden grüßt?

Was sollen wir dem Manne bieten
Als unsrer Achtung würd'ges Pfand,
Der eines Lebens schönen Frieden
Geopfert für das Vaterland?
Was sollen wir dem Manne bieten,
Wenn schweigend sinnt das Vaterland,
Für alle ihm verwelkten Blüthen –
Wir, mit noch schwacher Jünglingshand?

Troxler wurde in seinen philosophischen Darlegungen nicht immer verstanden, aber da man darin eine unermessliche Tiefe sah, umso mehr verehrt. Seine kämpferische Natur kontrastierte mit der «Milde» von Zschokke. Beiden gemeinsam waren die Gradlinigkeit und Vertrauenswürdigkeit, ihr persönlicher Einsatz, die Zuneigung und Offenheit, ja Loyalität gegenüber der Jugend. Sie vermochten beide, sie für ihre Visionen zu begeistern und ihnen den Eindruck zu geben, dass sie an der Gestaltung der Zukunft mitbeteiligt waren. Die beiden Lehrer stellten mit ihrem Charisma, mit ihrer Ausstrahlung auf die Jugend an ihrer Schule ein unvergleichliches Gespann dar. Am ehesten könnte man sie mit dem Dioskurenpaar Bodmer und Breitinger vergleichen, das in der Mitte des 18. Jahrhunderts die Zürcher Jugend massgeblich beeinflusste.[57]

Mochte der 85-jährige Franz Xaver Bronner die Genossen des Lehrvereins auch als «Oberflächler» und «dünkelvolle Stümper» verhöhnen,[58] so hatten sie

Ignaz Paul Vital Troxler und Heinrich Zschokke, die beiden Leiter des Lehrvereins.

doch bei Zschokke und Troxler eine Lektion fürs Leben gelernt. Viele nahmen später verantwortungsvolle Positionen im Erziehungswesen und in der Politik ein. Fünf nachmalige Aargauer Regierungsräte waren Absolventen des Lehrvereins, eine Anzahl schweizerischer National- und Ständeräte, Seminardirektoren und Schulleiter.

Das Jahr 1830 brachte im Aargau einen Umschwung, der es nicht mehr möglich oder erforderlich machte, den Lehrverein, der während elf Jahren rund 200 Männer ausgebildet hatte, fortzusetzen. Er hatte seine Aufgabe am Vorabend der Regeneration erfüllt, junge Männer auf die kommende Zeit vorzubereiten, und ermöglichte vielen Menschen eine Weiterbildung, bevor andere Schulen und Ausbildungsstätte diese Aufgabe zu übernehmen imstande waren.

Man hat Zschokkes Schöpfung schon als eine Art Volkshochschule bezeichnet.[59] Eher könnte man von der ersten und einzigen Universität sprechen, die der Aargau je besessen hat, eine in Kleinformat.

Im Vorfeld des Schulgesetzes von 1835

Die neue Aargauer Verfassung vom 11. April 1831 enthielt in Paragraf 11 die Bestimmung: «Der Staat sorgt für die Vervollkommnung der Jugendbildung und des öffentlichen Unterrichts. Das Gesetz stellt die näheren Bestimmungen dafür auf.» Das tönte verheissungsvoll, nach einem Aufbruch auch im Erziehungsbereich.

250

Bis es zu einem «Gesetz über die Einrichtung des gesammten Schulwesens im Kanton Aargau» kam, verstrichen vier Jahre, und dann war es Zschokkes Verhandlungsgeschick zu verdanken, dass es innerhalb von wenigen Monaten verabschiedet wurde.

Wer sich für die Abläufe bis zum Zustandekommen des neuen Schulgesetzes interessiert, dem sei Fritz Meiers Buch «Sturmläuten für die Aargauer Schule» empfohlen. Es liest sich spannend wie ein Roman; die wichtigen Personen und Ereignisse werden uns plastisch vor Augen geführt.

Bereits am 12. Juli 1831 wurde im Grossen Rat eine Bittschrift von mehreren Schullehrern behandelt, «daß auch das Schulwesen im Geist der neuen Verfassung organisirt und in Übereinstimmung mit andern Behörden ... bei Verordnungen und Angelegenheiten über das Schulwesen Männer vom Fach zu Rathe gezogen werden möchten».[60] Zschokke sprach dafür, die Zuschrift dem Kleinen Rat für Vorschläge zu übergeben; sein Antrag wurde angenommen.

Der Kantonsschulrat stellte das regierungsrätliche Gremium in Erziehungsfragen dar. Er erhielt den Auftrag, einen Gesetzesvorschlag auszuarbeiten, kam aber vorerst nicht recht vom Fleck. Zuerst wurde eine umfassende Erhebung über den Zustand aller Schulen veranlasst, dann mussten die zahlreich eingehenden Petitionen und Vorschläge gesichtet und ausgewertet werden.

Auch die Direktion der Kantonsschule reichte einen Vorschlag ein, der sich den Forderungen nach mehr praxisbezogenen Fächern etwas öffnete. Zwar sei kaufmännisches Rechnen und Handelsgeografie zu speziell und daher unzulässig, dagegen könne den Realschülern der dritten Klasse «ein fortgesetzter Unterricht in der Arithmetik und steter Anwendung auf das bürgerliche Leben, und in der Geographie mit Berücksichtigung der Produktenkunde erteilt werden».[61]

Dem vorangegangen war ein Schlagabtausch im Grossen Rat über den Stellenwert der Kantonsschule. Der Radikale Dr. Bruggisser behauptete, dass «in der obersten Schule des Landes die Söhne des Landes im Gegensatz des Geistes der Verfassung erzogen werden».[62] Man solle der Kantonsschule die staatlichen Beiträge entziehen. Dagegen protestierte Professor Rudolf Rauchenstein: «Die Axt ist an den Baum gelegt, an den schönen grünen Baum, unter dessen Schatten schon eine ganze Generation zur Bildung, somit zur Freiheit und für das Vaterland erzogen worden ist. ... Schon seit bald einem Jahre ist die Kantonsschule, sind Lehrer, ihre Bestrebungen und Fähigkeiten, sind sogar die Schüler Zielscheibe des wütendsten Hasses und der Verfolgung.»[63]

Die gedruckten Verhandlungen geben die Stimmung im Grossen Rat nach diesem Votum wieder: «Heftiges Stampfen und Murren zur Linken. – Hr. Dr. Bruggisser verlangt das Wort. – Zur Ordnung!»[64]

Das waren keine guten Voraussetzungen für eine ruhige und sachliche Beratung des künftigen Schulgesetzes! Es zeigte die alte Kontroverse um die Kantonsschule, ob sie Real- oder Gelehrtenschule oder beides sein sollte, die weiter mottete. Ausserdem hatten zwei der Professoren, Rauchenstein und Rektor Abraham

Emanuel Fröhlich, begonnen, sich in die Politik einzumischen und publizistisch gegen den liberalen Schweizerboten zu betätigen.

Am 18. Dezember 1832 mahnte der Grosse Rat den Regierungsrat, endlich seinen Gesetzesvorschlag einzubringen. Die Regierung wandte sich einen Tag später an den Kantonsschulrat. Es lag aber noch kein Entwurf vor, sondern ein Kunterbunt an Konzepten und Zuschriften. Eine Kommission des Kantonsschulrats arbeitete im Januar 1833 einen Entwurf aus, der im Mai vom Regierungsrat behandelt wurde. Er beschloss, ihn zu drucken und zur Vernehmlassung an die Schulbehörden und «Lehrervereine, Gemeindräthe, Sittengerichte, Pfarrer, Lehrer und ausgezeichneten Schulmänner» zu schicken. Offenbar bestand die Absicht, das Gesetz auf demokratischem Weg entstehen zu lassen.

Auch Zschokke, den man als Experten für Erziehungsfragen nicht übergehen durfte, erhielt ein Exemplar. Er sandte dem Bezirksschulrat in Aarau «Einige Bemerkungen über den Vorschlag zur Einrichtung des Schulwesens» im Umfang von acht Seiten, geordnet nach den 248 Paragrafen des Entwurfs, versehen mit einem Begleitbrief:[65]

Aarau 14 Juny 33.

Hochgeachteter Herr Präsident,

Es ist mir erfreulich, daß das schon in vollkommener Form eines Gesetzesentwurfs abgedruckte Project einer Reform des Schulwesens, nicht, wie es gestaltet ist, schon dem gesezgebenden Rathe vorgelegt werden soll, sondern zuvor andern Kennern oder Freunden des Schulwesens zur Prüfung mitgetheilt wird.

Dankbar für Ihr gütiges Vertrauen, hab' ich die Ehre, Ihnen beiliegend auch meine Ansichten, freilich nur flüchtig skizzirt, mitzutheilen und der Prüfung zu unterwerfen. Sie sind wenigstens das Ergebnis längern Nachdenkens und reicher Beobachtungen und Erfahrungen.

Hätt' ich Zeit gehabt, würd' ich den Entwurf eines Schulgesetzes ganz nach jenen Ansichten redigirt haben, oder wenigstens die dafür lautsprechenden Gründe entwikkelt haben, was aber leichter durch mündlichen Vortrag zu leisten ist.

Hochachtungsvoll hab ich die Ehre zu seyn

Ihr ergebenster Diener Heinr. Zschokke

Zschokkes Meinung zur Kantonsschule: Sie sollte eine reine Gelehrtenschule für diejenigen sein, die eine Universität besuchen wollten. Für angehende Theologen sollte Hebräisch dazukommen. Statt sie in eine Realschule zu unterteilen, sollte der Staat Stipendien für Bedürftige zum Besuch der Gewerbeschule gewähren.

Das Konzept des Lehrvereins wollte Zschokke als eine höhere Verwaltungsschule umsetzen, die er in seiner Zuschrift Staatsschule nannte.

Die Staatsschule

Sie hat die Bestimmung, jungen Männern unsers Freistaats, die keine Universitäten besuchen können oder wollen, die allgemeinen Vorkenntnisse zu gewähren, welche zur Bekleidung öffentlicher Ämter des Staats, in gesezgebenden, richterlichen und Vollziehungsbehörden unentbehrlich sind.

Es werden unentgeldliche Vorträge gehalten über: Logik, Anthropologie, Naturrecht, eidsgenössisches Staatsrecht, Finanz- Polizei- und Forstwissenschaft, Gemeinds- und Staats-Einrichtungen, physische Geographie, Statistik, schriftl[iche] Abhandlungen, in bürgerlicher Beredsamkeit.

Genossen dieser Anstalt können auch einzelne Lehrfächer der Kantonsschule benutzen.

Ferien, Lehrhalbjahre übereinstimmend mit denen der Kantonsschule.

Jedem stehn am Schluß und Beginn eines Lehrhalbjahres Aus- und Eintritt frei.

Seine Anregung war vergebliche Liebesmüh. Überhaupt wundert es, dass der Kantonsschulrat bereits im Oktober 1833 einen korrigierten Entwurf vorlegen konnte. Der Verdacht kommt auf, dass die vielen Zuschriften der Schulpflegen und Lehrervereine, Gemeinderäte, Sittengerichte, Pfarrer, Lehrer und ausgezeichneten Schulmänner gar nicht richtig berücksichtigt wurden, obwohl ihre Bereitschaft, sich am neuen Schulgesetz zu beteiligen, beachtlich war.

Im zweiten Entwurf wurden die Kreisschulen, die als Bindeglied zwischen Gemeinde und Bezirksschulen zunächst zwingend vorgesehen waren – ihre Realisierbarkeit hatte auch Zschokke bezweifelt –, wieder gestrichen. Stattdessen sollten einzelne oder mehrere Gemeinden gemeinsam die Möglichkeit haben, eine «Fortbildungsschule» einzurichten.

Die Regierung trat darüber in Beratung, und auf Antrag des Grossen Rats wurde der geänderte Vorschlag erneut gedruckt und mit Frist bis Februar 1834 in 1 000 Exemplaren noch einmal in die Vernehmlassung geschickt. Wiederum folgte eine Reihe von Zuschriften, darunter auch von Emil Zschokke, Pfarrvikar in Lausen, mit 36 Seiten Folio, was vermutlich der Grund war, dass er den Einsendetermin überschritt. Sein Vater äusserte sich nicht mehr.

Die Arbeit der Kommission Troxler

In die neunköpfige Grossratskommission zur Prüfung des Gesetzesvorschlags wurde am 12. Dezember 1833 auch Troxler gewählt. Sein Basler Intermezzo war kurz ausgefallen. Schnell hatte man es bedauert, ihn zum Rektor der Universität ernannt zu haben. 1831 musste er wegen seiner Stellungnahme für das aufständische Baselland wieder gehen. Er kehrte in den Aargau zurück und sass seit November 1832 im Grossen Rat.

Troxler stellte als Präsident und Referent der zuständigen Kommission den Entwurf zu einem neuen Schulgesetz auf den Kopf, so dass der Rat in Verlegenheit geriet, nun zwei Entwürfe vor sich zu haben und vielleicht eine weitere Kommission aufstellen zu müssen, um erst einmal einen Durchblick zu gewinnen.[66]

Am 5. Mai 1834 gab Troxler über die Arbeit seiner Kommission Auskunft. Mit dem Inhalt des Entwurfs wollte er sich gar nicht erst abgeben, sondern verlangte einen neuen Aufbau des Gesetzes und eine grundsätzliche Diskussion. So könne man nicht auf die Beratung des Gesetzes eintreten, beanstandeten die beiden Grossräte Fetzer und Herzog. Der Grosse Rat verwies die Kommission auf die Verfassung und das Reglement und verlangte von ihr einen schriftlichen Bericht.

Am 2. September wurde die Beratung fortgesetzt. Die Kommission hatte in der Zwischenzeit einen mehrteiligen Bericht im Umfang von 99 Seiten verfasst.[67] In der Einleitung betonte Troxler den heiligen Ernst und lebendigen Eifer, mit der die Kommission ihre Aufgabe ausgeführt habe. Es sei eine seltene Einmütigkeit zu beobachten gewesen, «wie sie nur klare Überzeugung und einstimmend guter Wille geben kann».

Herzog rügte, die Kommission lege einen vollständig umgearbeiteten, neuen Gesetzesvorschlag vor. Ihre Pflicht sei es, den Vorschlag des Kleinen Rats zu begutachten, nichts weiter. Die Kommission rechtfertigte sich damit, dass sie die Wünsche des Volks berücksichtigt, die Materie besser geordnet, in eine naturgemässere Verbindung gebracht, auf Grundsätze aufgebaut und aus ihnen heraus entwickelt habe.[68]

Das mochte stimmen, aber dazu war sie nicht ermächtigt gewesen; es brachte zudem den Geschäftsablauf durcheinander. Die Gesetzesentwürfe wurden normalerweise von der Regierung und ihren Expertengremien ausgearbeitet. Der Grosse Rat beriet sie und hatte mit der neuen Verfassung das Recht, sie abzuändern. Das war Usanz. Neue Grundsätze? Herzog meinte, kein Kanton habe seit 1830 mehr für den öffentlichen Unterricht getan als der Aargau. Er verlange, dass keine Sprünge gemacht würden.[69]

Damit war das Schicksal von Troxlers Entwurf besiegelt. Man kam nicht dazu, in die Materie einzutreten, sondern stritt über die Frage der Kompetenzen einer Kommission und wies das Geschäft an den Kleinen Rat zu einer (erneuten) Überarbeitung zurück. Ein Mitglied der Kommission meinte kläglich: «Ich sehe, daß das Kind den Herzstoß schon erhalten hat, und nicht mehr zu retten ist.»[70] Tags darauf trat Troxler aus dem Grossen Rat aus.

Hart urteilte auch der Schweizerbote über die Arbeit der Kommission: «Der Ausschuß, welcher das Schulgesetz zu begutachten hatte, war wohl zur Abänderung und Verbesserung einzelner Sätze des Entwurfes nicht aber zur *Zersetzung und Desorganisation* des innern öffentlichen Rechtes des Kantons befugt.»[71]

Was viele Liberale in Harnisch brachte, war Troxlers Versuch, das aargauische Schulwesen aus der Umklammerung des Staats zu befreien und der Kirche ein Mitspracherecht einzuräumen. Als oberstes Gremium sah sein Entwurf einen vom Staat unabhängigen Erziehungsrat vor: «Das gesammte Schulwesen wird als geistiges Gemeingut aller Bürger, als höchste Angelegenheit des Staats im Verein mit der Kirche betrachtet, und steht unter Aufsicht und Leitung eines nur vom Großen Rathe abhängigen und von ihm zu wählenden Erziehungsraths.»[72]

Der Aargau verlor mit Troxler vielleicht den begabtesten und kreativsten Denker, der je im Grossen Rat sass, sich aber nie in die Vorstellungswelt und den politischen Horizont seiner Mitbürger einzufügen wusste. Man nahm seinen Abschied flüchtig zur Kenntnis und wandte sich wieder der Beratung des Brandversicherungsgesetzes zu. Der aktuelle Paragraf befasste sich mit dem Verbot von Häusern mit Stroh- oder Schindeldächern. Dafür brauchte man keinen Troxler.

Das Schulgesetz im dritten Anlauf

Zschokke ersetzte am 1. Dezember 1834 Troxler in der nun fast vollständig ausgewechselten Kommission. Unter seiner Führung wurde das Schulgesetz, das dreieinhalb Jahre lang hin- und hergeschoben worden war, innert Monaten zum Abschluss gebracht. Zschokkes erläuternder Kommissionsbericht war im Januar fertig gestellt, so dass man im Februar den Grossen Rat einberufen konnte.

Gerade rechtzeitig zur Beratung ging am Aargauer Horizont ein neuer Stern auf: Seminardirektor Augustin Keller wurde im Februar 1835 in den Grossen Rat gewählt und begann nun bald auch Zschokke in den Schatten zu stellen. Wenn aber behauptet wird, das Aargauer Schulgesetz von 1835 sei eine Schöpfung «des energischen Neuerers und bedeutenden Staatsmannes Augustin Kellers», so ist das falsch.[73] Der erst 29-jährige Keller hatte noch genügend Zeit, sich zu bewähren; jetzt hatte er zunächst einmal Gelegenheit, sich zu profilieren.

Zschokke hielt sich an die regierungsrätliche Vorlage, so dass der Grosse Rat am 17. Februar mit der artikelweisen Beratung beginnen konnte, damit, wie Herzog forderte, man nicht im Nebel herumtappe. Man kam zügig voran.

Das Schulgesetz von 1835 ist eine wichtige Errungenschaft des regenerierten Aargaus, wenn es auch auf dem Bestehenden aufbauen und es weiterentwickeln konnte.[74] Es legte die Volksschule in der teilweise noch heute gültigen Form fest,[75] indem etwa die Bezirksschule gesetzlich verankert, die Kantonsschule und das Lehrerseminar ausgestaltet wurden.

Zschokke dominierte in der grossrätlichen Kommission genauso wie Troxler im Jahr zuvor, aber es ging ihm nicht darum, grosse Veränderungen zu bewirken; es genügte ihm, einige entscheidende Akzente zu setzen. In seinem Vorbericht schrieb er, man nehme besser ein Gesetz mit Mängeln an, als nach Vollkommenheit zu streben. Der Grosse Rat könne ja einen Zeitraum bestimmen, «während dessen der Werth des Gesetzes erprobt, und nach welchem dann eine Revision vorgenommen werden könne».[76]

Einer der wichtigen Punkte war wieder die Lehrerbesoldung. Zschokkes Kommission ging über den Antrag der Regierung hinaus, «da ohne eine anständige Besoldung der Lehrer der Unterricht unserer Jugend nicht verbessert werde».[77] Zur Finanzierung sollten die Staatsdomänen herangezogen werden, die bisher nur unrentabel genutzt und verwaltet wurden. Augustin Keller, der sich anschloss, riet, das Geld von den reichen Klöstern zu holen. Das rief den Klosterarzt von Muri auf den Plan, der mit seinem Votum Gelächter erntete und von Keller verspottet wurde. Im Windschatten dieses antiklerikalen Intermezzos konnte der Kommissionsantrag passieren, und die Erhöhung des Lehrerlohns um 50 Franken wurde ins Schulgesetz aufgenommen. Ein erster Erfolg für Zschokke.

Mit seinem Vorschlag, zur Entlastung der Gemeindekassen ins Gesetz den wechselseitigen Unterricht aufzunehmen, scheiterte er jedoch, obwohl er sich auf Pater Girard, Pestalozzi und den Preussen Zerrenner berief. Augustin Keller, der ihm widersprach, hatte die besseren Argumente:

«Zur Leitung des gegenseitigen Unterrichts bedarf es schlechterdings Meister in der Schule. Sehen wir einmal in eine solche hinein! Da haben wir eine große, weite Stube. Darin stehen Kreis an Kreis von Kindern, Knaben und Mädchen, und in jedem Kreise ein Schüler als Unterschulmeister. Der hört von einem zum andern die aufgegebene und eingelernte Aufgabe laut ab. Und so geht es zugleich in jedem Kreise. Mittlerweile geht der Lehrer entweder in der babylonischen Sprachverwirrung herum, oder sitzt kommandirend auf seinem erhabenen Stuhle, und übersieht, wie der Bramine unter den Indern rings die wogende Judenschule. Ist die Aufgabe abgehört, so lösen sich die Kreise lärmend auf, die Unterschulmeister statten Bericht ab, und man geht an etwas anders. Ist der Lehrer einer solchen Schule gewachsen, so geht es gut; ist er aber nur in einer Sache nicht gewachsen, so geht es mehr als schlecht.»[78]

Obligatorische Handarbeitsschulen

Eine Neuerung im Schulgesetz, die wiederum auf Zschokkes Konto ging, waren die im regierungsrätlichen Entwurf noch nicht enthaltenen obligatorischen Arbeitsschulen für Mädchen. Handarbeitsschulen entsprachen Zschokkes Nützlichkeitserwägungen. Sie waren manchenorts durch die Gesellschaft für vaterländische Kultur bereits eingeführt worden. Diese Schulen sollten das Äquivalent sein für die Fortbildungsschulen, «denn wenn die Jugend Schweizergeschichte und Geographie lernen soll, sollte das Mädchen auch lernen, wie man eine Nadel einfädmen [einfädeln, W. O.] und wie man einen Strumpf flicken könne».[79]

«Ich könnte ein Beispiel anführen, wie in einem sehr armen Dorfe auf Kosten einer Privatgesellschaft eine Lehrerin in weiblichen Handarbeiten Unterricht ertheilt, und in dieser Arbeitsschule, welche schon einige Jahre dauert, ist man schon so weit vorgerückt, daß die Mädchen nähen, Hemden machen, und ihre Kleider gut in Ordnung halten können, ja man hat Beispiele, daß schon mehrere Mädchen ihre Kleider selbst zuschneiden. Sie wollen den Wohlstand des Landes befördern, aber glauben Sie nicht, daß der Wohlstand allein durch die Thätigkeit der Männer erworben werde, nein, sondern hauptsächlich durch die Thätigkeit und Häuslichkeit des weiblichen Geschlechtes wird der Wohlstand befördert, aber durch Unordnung, Unreinlichkeit und Verschwendung des weiblichen Geschlechtes kann der Wohlstand nicht erhöht werden, der Mann mag arbeiten, wie er will. Bei dem ärmern Theil unseres Volkes ist nun die Verschwendung noch größer als bei den Reichen, weil der Arme seine Kleider bald beschmutzt, und die Hausfrau dieselben nicht in Ordnung halten kann, hingegen die Hausfrau des reichern Bürgers die Kleider wieder durchnäht und in Ordnung bringt. Diese Häuslichkeit befördert den Wohlstand.»[80]

Zschokke schlug vor, dafür das höhere Töchterinstitut Olsberg zu opfern. Es koste den Staat für 10 bis 15 Auszubildende gegen 15 000 Franken, für die man «16–17 000 Töchter des Landes in Städten und Dörfern zu guten Hausmüttern» erziehen könne.[81] Dieses Argument zündete, auch wenn die eine oder andere Stimme einwandte, im Stift Olsberg würden immerhin Lehrerinnen ausgebildet. Zschokke musste kämpfen um seine Handarbeitsschulen. Es bestand die Gefahr, dass der ganze fünfte Hauptteil, der sich mit der weiblichen Ausbildung befasste, an die Kommission zurückgewiesen würde, ohne dass sich der Grosse Rat zuvor für oder gegen die Arbeitsschulen ausgesprochen hätte.

Den Ausschlag für die Zustimmung zum Kommissionsantrag gab wohl, dass sich auch Augustin Keller gegen Olsberg aussprach: Dieses Institut habe nichts geleistet. Es brauche weibliche Erziehungsanstalten und ein Lehrerinnenseminar, es brauche aber auch Arbeitsschulen und weibliche Fortbildungsschulen.

Die höhere Erziehung für Töchter wurde aus dem Schulgesetz gestrichen und Olsberg noch 1835 aufgelöst.[82]

Verbesserungen für Fabrikkinder

Ein Verdienst des Schulgesetzes von 1835 war, dass es die Löcher stopfte, die bisher in der Schulpflicht bestanden. Im gesetzlichen Graubereich bewegten sich bisher Fabrikkinder, die aus der Primarschule genommen werden konnten, wenn der Arbeitgeber für täglich mindestens eine Stunde Unterricht «in allen gesetzlich vorgeschriebenen Fächern» besorgt war.[83] Diese Bestimmung, die aus dem Jahr 1828 stammte, wurde bei weitem nicht überall eingehalten.[84]

Auch da, wo Fabrikschulen eingerichtet waren, überzeugten sie selten. In einem Bericht von Schulinspektor Abraham Emanuel Fröhlich vom Sommer 1833 hiess es über die Fabrikschule der Gebrüder Herosé (Indienneherstellung und Färberei): «Gelesen wird in Hübners Kinderbibel, in Gellerts Liedern und im Heidelbergischen Katechismus. Die meisten Kinder können mechanisch lesen, über dieses hinaus bringt sie der Unterricht nicht. Auswendig gelernt wird gar nichts.» Der bald 60-jährige Lehrer unterrichtete abends und über Mittag. In den anderen Fabriken sah es nicht besser aus.[85]

Nach dem neuen Schulgesetz sollte ein Kind bis zum vollendeten 13. Altersjahr obligatorisch die Schule besuchen. Falls es über die verlangten Schulkenntnisse verfügte, sollte es mit einem Abgangszeugnis die Arbeit in einer Fabrik aufnehmen können, vorausgesetzt, die ihm entgehende zweijährige Fortbildungsschule würde von der Fabrik übernommen.

Die Fabrikschule von Windisch im ehemaligen Wächterhäuschen der grossen Baumwollspinnerei von Kunz, die man im Hintergrund sieht.[86]

Zschokke hätte gern erreicht, dass der Unterricht in der Fabrik mindestens während zehn Stunden wöchentlich und zwar vormittags stattfand, solange die Kinder noch aufnahmefähig waren. Aber gegen die Lobby der Fabrikanten kam er nicht an. Herzog griff ein, der ja nicht nur Politiker war, sondern nebenbei eine der grössten Baumwollspinnereien besass: «Ich habe hier kein Interesse, als das, welches ich vor 25 Jahren zu Tage gefördert habe, und darum habe ich im Jahre 1810 mit der Fabrik auch die erste Fabrikschule eröffnet, und diese Schule stets mit einem vom Kantonsschulrathe geprüften Lehrer besetzt und ihm 4 bis 600 Franken jährlich ausgerichtet.»[87] Der vormittägliche Unterricht sei in vielen Fabriken nicht möglich, da man die Kinder zu dieser Zeit brauche. «Das Beispiel, das ich im Auge habe, hat mir seit 20 Jahren bewiesen, daß man mit zwei Stunden Unterricht des Tages vollkommen genügen kann. Die Kinder in der Fabrike, von der ich spreche, haben täglich 2 Stunden gehabt, und zeigen Sie mir eine Landschule, wo mehr geleistet wird.»[88]

Die Abstimmung ergab: Die Fabrikschulen wurden im Sinne des Gesetzesvorschlags angenommen, der Vormittag wurde gestrichen und die vorgesehene wöchentliche Stundenzahl von zehn auf sechs reduziert. Aber auch so noch hatten einige Eltern Angst, dass nun eine wichtige Erwerbsquelle ausfalle. Nach der Grossratssitzung vom 18. Februar ging eine Petition mit 37 Unterschriften von Bürgern aus Mülligen und Windisch ein: «Der fleißige Schulbesuch, der beßere Unterricht der Kinder ist wünschenswerth, aber, Hochgeachtete Herren! zuerst muß der Magen befriedigt seyn, ehe dem Kopf etwas zugemuthet werden darf.»[89]

Drittes Hauptstück: Die Kantonsschule

Der härteste Brocken des neuen Schulgesetzes war ohne Zweifel die Kantonsschule. Mitten in der zweiten Sitzung platzte Zschokke mit der Meldung heraus, die beiden Stifter seien bereit, den Stiftungsfonds der Gewerbeschule von gegen 100 000 Franken dem Staat zu übergeben, falls die Gewerbeschule mit der Kantonsschule verbunden werde.[90] Das war eine Sensation, denn nun erschien mit einem Mal der alte Streitpunkt, ob humanistisches Gymnasium oder Realschule, in einem anderen Licht. Der Grosse Rat beschloss, das dritte Hauptstück des Schulgesetzes der Kommission zur Revision zurückzugeben, und dieses Mal gab es auch heitere Gesichter.

Es waren noch einige knifflige juristische und finanztechnische Probleme zu lösen, bis die Gewerbeschule in die Kantonsschule integriert werden konnte. Selbstverständlich mussten auch noch weitere Fragen wie die Lehrgegenstände der Kantonsschule diskutiert und bereinigt werden. Aber die Situation hatte sich etwas entkrampft. Da Troxler fehlte, waren Keller, Rauchenstein und Karl Rudolf Tanner unter sich, um über das Fach Philosophie zu philosophieren.[91] Am

8. April 1835 wurde der letzte Teil des Schulgesetzes verabschiedet und damit das Ganze angenommen. Die Verhandlungen hatten zwei Monate gedauert; die Aufzeichnungen füllen über 900 eng beschriebene Druckseiten.

Volksbildung und Volksschriftenvereine

Es grenzt fast ans Wunderbare, wie rastlos, mit welcher Schaffenskraft Zschokke tätig war. Neben der intensiven Tätigkeit im Grossen Rat und in Kommissionen redigierte er immer noch den Schweizerboten. Nun, da das Schulgesetz unter Dach und Fach war, hätte er seine Hände in den Schoss legen können. Aber noch waren nicht alle seine bildungspolitischen Postulate erfüllt.

Von Behindertenschulen war im Schulgesetz keine Rede. Niemand kümmerte sich um die mehreren Hundert Taubstummen und «Schwachsinnigen» im Aargau. Also machte sich Zschokke noch im gleichen Jahr 1835 daran, eine Taubstummenschule ins Leben zu rufen. Wie 1819 den Lehrverein, gründete Zschokke sie auf privater Basis, nur mit Hilfe der Gesellschaft für vaterländische Kultur. Davon wird im letzten Kapitel dieses Buchs die Rede sein.

Eine Armenerziehungsschule existierte ebenfalls nicht. Damit beschäftigte sich Zschokke 1845 und liess sie zu Pestalozzis 100. Geburtstag im Januar 1846 in Birr entstehen. Pikanterweise zog sie kurz darauf in die Gebäude des ehemaligen Stifts Olsberg ein, die durch die Aufgabe der höheren Töchterschule frei geworden waren. Armenerziehung statt höhere Mädchenbildung? Diese Alternative stellte sich Zschokke so nicht. Töchtern reicher Eltern standen seit je private Internate offen, und das Schulgesetz ermöglichte es, mit staatlichen Stipendien die Lehrerinnenausbildung zu fördern. Ausserdem hatte Zschokke vorgeschlagen, den Wert des Schulgesetzes in der Realität auf die Probe zu stellen und es zu überarbeiten, wenn es nicht standhielt.

Eine weitere wichtige Menschengruppe blieb vom Schulgesetz ebenfalls unberührt: die Erwachsenen. Bei ihnen herrschte ein eigentlicher Bildungsnotstand. Von einem «Volk ohne Buch»[92] konnte man zwar nicht mehr sprechen, aber der Zugang zu Büchern und anderen Informationsquellen war dem grössten Teil der erwachsenen Bevölkerung sehr erschwert.

Im dritten Kapitel wurde gezeigt, wie Zschokke sich mit seinem «Aufrichtigen und wohlerfahrenen Schweizerboten» direkt an den Landmann wandte. Im fünften Kapitel erfuhren wir, dass Zschokke viele seiner schriftstellerischen Werke an das einfachere Volk richtete, allen voran «Das Goldmacherdorf» und «Die Branntweinpest», auf die wir leider nicht näher eingehen konnten, die «Stunden der Andacht» und «Des Schweizerlands Geschichte für das Schweizervolk».

Um gute Literatur unters Volk zu bringen, wurden in Deutschland Volksschriftenvereine gegründet. Am bekanntesten ist der Verein zur Verbreitung guter und wohlfeiler Volksschriften des Volkspädagogen Karl Preusker, der 1841 in Zwickau entstand.

1842 gründeten zwei Deutsche eine Zschokkestiftung zur Förderung von Volksbibliotheken.[93] Zschokke war nicht glücklich, dafür seinen Namen hergeben zu müssen.[94] Später übernahm die Stadt Magdeburg mit Oberbürgermeister August Wilhelm Francke die Leitung des Zschokke-Vereins, der Volksschriften preiswert unter die Leute bringen wollte. Sauerländer veranstaltete 1846 eigens dafür eine Sammlung der besten Volksschriften Zschokkes in einer Billigausgabe mit einer Auflage von 7 500 Exemplaren.[95]

Auch Schweizer Dorfbibliotheken oder Schulbibliotheken wurden von Sauerländer und Zschokke mit Büchern unterstützt.[96] Sie mussten sich aber direkt an einen der beiden wenden, da in der Schweiz lange Zeit keine Volksschriftenvereine existierten. 1834 wurde durch die Helvetische Gesellschaft der kurzlebige Schweizerische Verein für Volksbildung geschaffen, den Otto Zinniker «ein hellaufleuchtendes, aber rasch erlöschendes Strohfeuer» nannte.[97] Der Schweizerbote schrieb bei der Entstehung: «Er will nicht die Gelehrten belehren, sondern den gemeinen Mann. Er will einfache, verständliche, nützliche Schriften auf seine Kosten drucken lassen, und in allen Kantonen verbreiten, unentgeldlich oder spottwohlfeil. Er will Schulen beschenken, er will armen Dörfern lehrreiche Bücher geben, damit sie lernen, wie andere Dörfer und andere Familien wohlhabender und besser und schöner geworden sind, nämlich durch größere Einsicht und Kenntniß. Denn wenn man arbeitet, und vom Morgen bis zum Abend arbeitet und schafft, und wie das liebe Vieh arbeitet, und nicht den menschlichen Verstand mit allerlei Kenntniß bereichert, nicht zum Nachdenken gewöhnt: so kömmt man wahrhaftig nicht vorwärts; man arbeitet für den Magen allein, aber Herz und Kopf bleiben leer; der Geldsack bleibt leer; das Haus bleibt ein unreiner Stall; die Gemeinde bleibt eine unwissende Heerde, die der Klügere nach Gefallen leitet, oft zu ihrem Schaden und zu seinem alleinigen Nutzen.»[98]

Der Schweizerische Verein für Volksbildung wählte Zschokke zum Ehrenmitglied. In der Versammlung vom 10. April 1836 in Lausen hielt er die viel beachtete Rede «Volksbildung ist Volksbefreiung!», in der er noch einmal seine Überzeugung von der Bedeutung der Bildung darlegte. «Volksbildung ist Freimachung eines Volks von *allen* seinen Sklavenbanden; von den Fesseln politischer Gewaltherrschaft; von den Fesseln der Unwissenheit und Rohheit, der Irreligion und des religiösen Aberglaubens; von den Lastern der Üppigkeit und der Armuth. Volksbildung ist Erhebung eines Volks aus dem Stande der Unmündigkeit in den Stand der Mündigkeit.»[99]

Der Sklave, dem man die physischen Fesseln abgenommen habe, sei noch immer Sklave, geschlagen in die unsichtbaren Ketten seiner Unwissenheit, eines rohen, tierischen Lebens. «Aus *dieser* Knechtschaft Menschen, Gemeinden, Völkerschaften zu befreien, das ist das große Erlösungswerk großsinniger Sterblicher, das ist die *That* der Volksbildung!»[100]

Wer den einzelnen Menschen erziehe und ausbilde, der erziehe und bilde die ganze Nation. «Woran erkennen wir die Tüchtigkeit und Weihe eines Volks zu seiner Selbstherrschaft und zur Freiheit? – An der Stufe seiner *Bildung!*»[101]

Die Schule, meinte er weiter, *unterrichte* bloss, aber sie *erziehe* nicht. Bildung sei mehr, als Kirche, Gesetz und Schule leisten könnten. Das Volk müsse sich letztlich selbst erziehen. «Der bessere Theil des Volks muß durch That und Wort Bildner und Lehrer der erziehungslosen Menge werden; muß seine nützlichen Kenntnisse unter der kenntnißarmen Menge verbreiten; muß, was kein Hörensagen, kein Bücherlesen bewirkt, durch eignen Vorgang in Verbesserung der Haus- und Landwirthschaft die Menge nachlocken; muß durch Beispiel edlern Geschmacks, anständigerer Sitte und ächten Seelenadels im Umgang bei dem noch vorhandenen Pöbel ein Gefühl der Scham vor sich selber erwecken.»[102]

Zschokke war zeit seines Lebens ein Pädagoge, überzeugt, das Bessere im Menschen, das Bessere eines Volks liege in ihm selbst verborgen, es sei durch Aufklärung und Bildung ans Licht zu bringen. Er glaubte, der Anstoss müsse von aussen, die Wandlung aber von innen erfolgen: «Wie jede Pflanze, jedes Thier, entfaltet sich auch der Mensch von selbst zu dem, was er nach eigenthümlichen Anlagen und Gaben werden kann. Wer mehr, oder weniger, oder *Anderes* aus ihm bilden will, als wozu die Natur Form und Stoff gab, wird nicht Bildung, sonder Verbildung und Verkrüppelung bewirken. Das wesentliche Geschäft des Erziehenden besteht allein in der Sorge, *das* zu entfernen, was freie Selbstentfaltung eines jugendlichen Geschöpfs hemmt, oder irrt.»[103]

Dies bedingte aber, dass ein Lernender zugänglich, sein Geist formbar war. Deswegen konzentrierte Zschokke seine Kräfte auf Kinder und auf die Jugend, auf die kommende Generation. Der Erziehung seiner eigenen zwölf Söhne schenkte er besondere Sorgfalt. Er unterrichtete sie selbst: die jüngeren bis zur Universitätsreife, ohne sie auch nur einen Tag in öffentliche Schulen gehen zu lassen. Wenn man Zschokkes Leistungen als Pädagoge beurteilt, muss man diesen Punkt einbeziehen.

262

Blumenhalde: Republik und Refugium

Der 16-jährigen Pfarrerstochter Nanny Nüsperli kam der gut gekleidete Herr wahrscheinlich wie ein Märchenprinz vor, der im Frühjahr 1802 in der Nachbarschaft auf Schloss Biberstein einzog. Er entfaltete sogleich grosse Betriebsamkeit und streifte mit seiner Schreibmappe durch die Gegend, von einem Pudel begleitet, den er Mylord rief. Wenn Nanny im Garten die Blumen pflegte oder ihre kleineren Geschwister betreute, trat er an den Zaun, blieb vielleicht etwas länger stehen als notwendig und fragte dies und das. Er hatte eine warme, wohlklingende Stimme und sprach ein fremdartiges Deutsch. Nanny errötete und kam sich unbeholfen vor, wenn sie antwortete. Aber das schien ihm nichts auszumachen.

Manchmal trat er ins Pfarrhaus hinein und führte lange Gespräche mit dem Vater. Sie sprachen über Baumzucht, über das mangelhafte Schulwesen auf dem Land und mehr und mehr auch über die aktuelle politische Lage. Obwohl er freundlich blieb, ihr ein Scherzwort zurief oder den Kleinen Naschereien zusteckte, wurde seine Miene zunehmend ernster. Eines Tages war er verschwunden. Man sagte, er sei vor den Bauern auf der Flucht, die sich allenthalben zusammenrotteten und die Parteigänger der Helvetik beschimpften.

Auch der Pfarrer hatte sich als Helvetiker so exponiert, dass man ihn nicht in Frieden liess. Er wurde als ein «Patriot», als der «Franzose von Kirchberg» beschimpft. Unüberhörbar wurden Drohungen gegen ihn ausgestossen. Einmal tauchten Aufständische vor dem Pfarrhaus auf, nichts Gutes im Schilde führend. Was wollten sie? Den Pfarrer misshandeln, das Haus plündern oder gar anzünden? Da tat Nanny etwas, was man ihr nicht zugetraut hätte: Beherzt trat sie den Männern entgegen, hiess sie willkommen und tischte ihnen Brot, Käse und Wein auf.[1] Als sie gesättigt waren, zogen sie wieder ab.

Eine Art Liebesgeschichte

Der Herbst kam, die Abende wurden länger, und nun war auch Herr Schocke (so wurde der Name ausgesprochen) wieder da. Man sagte, er sei in Süddeutschland gewesen, um die Wälder zu studieren. Er kam jetzt häufiger zu Besuch, weil er sich auf seinem Schloss einsam zu fühlen schien. Im Kreis der Familie Nüsperli taute er auf, erzählte von seinen Reisen, von seinen Abenteuern bei der Abreise von Reichenau oder im Herbst vor zwei Jahren in Liestal, als ihm Kugeln um die Ohren pfiffen. Die Frau Pfarrer war angetan von dem jungen Herrn mit der fei-

Das Pfarrhaus von Kirchberg. Bleistiftzeichnung der Kirche mit Pfarrhaus von Ernestine Evers, einer Enkelin von Pfarrer Nüsperli, um 1840.[2]

nen Lebensart, der die grosse Welt in die kleine Stube brachte, und begann, sich dies und das zu überlegen.

Zschokke berichtete von seinem Plan, ein Landgut zu kaufen, Bücher zu schreiben und Naturwissenschaften zu studieren. Bereits hatten sich auf Schloss Biberstein einige junge Männer einquartiert, die unter Leitung des jungen Johann Rudolf Meyer ein Lexikon der gesamten Naturwissenschaften verfassen wollten. Man hatte Zschokke eingeladen, daran mitzuarbeiten.

Der Pfarrer mischte sich ein. Die Projekte erschienen ihm unausgereift und nicht viel versprechend. Zschokke sei schon über 30 Jahre alt: Ob er nicht eine feste Anstellung suchen und einen Hausstand gründen wolle? «In dieser schwierigen Zeit?», fragte Zschokke zurück. Erst wenn sich die politische Situation beruhigt habe, wolle er heiraten. Spannung lag in der Luft. Die Frauen nähten oder stickten und hörten schweigend zu.

Ungefähr auf diese Weise könnte es sich abgespielt haben. Läsen wir in Nannys Tagebuch, das sie bestimmt führte, so wüssten wir es genauer. Aber ihre Selbstzeugnisse sind bis auf Fragmente nicht erhalten. Vielleicht hat sie sie später selbst vernichtet. Wir sind, was ihr Leben, ihre Gefühle, ihre Meinungen betrifft, weitgehend auf die Aussagen von Männern angewiesen: Heinrich Zschokkes und ihrer Söhne. Emil Zschokke, der zweitälteste Sohn, schrieb ein Jahr nach ih-

Anna Elisabeth (Nanny) Nüsperli (1785–1858) als Braut.³

rem Tod seine Erinnerungen an sie nieder,⁴ aber über die Jungmädchenzeit wusste er auch nicht mehr als einige Daten und ein paar Anekdoten.

Immerhin ist der Briefwechsel Zschokkes mit Nanny fast vollständig vorhanden und tröstet über das Fehlen anderer Quellen einigermassen hinweg. Er bietet einen tiefen Einblick in eine bürgerliche Ehe im 19. Jahrhundert und wäre es deshalb wert, gesamthaft veröffentlicht und kommentiert zu werden.

Als Nanny 18 Jahre alt war, hielt Zschokke um ihre Hand an. Der Vater hatte Bedenken einzuwilligen: Er könne ihr keine Mitgift mitgeben, und zweitens wünschten er und seine Frau, dass ihre älteste Tochter in der Nähe bleibe.

Das Fehlen einer Mitgift machte Zschokke nichts aus, da er finanziell sowieso nicht von anderen abhängig sein wollte. Aber er musste sich jetzt um einen Brotberuf kümmern, um seine Nanny heimzuführen. Am Neujahrstag 1805 fand die Verlobung statt. Zschokke schenkte der jungen Braut eine goldene Anstecknadel mit einem Brillanten und schrieb dazu: «Rein und klar, wie der Diamant dieser Nadel, bleibe mir dein Herz – und fest, wie der harte Diamant, deine Liebe zu mir, – und glänzend, wie er, ewig die stille Tugend deines Herzens, das ich verehre.»⁵

Zschokke hatte einige oberflächliche Frauenaffären gehabt, aber Nanny war anders. Er wählte sie zur künftigen Mutter seiner Kinder, weil sie jung, sittsam, bescheiden und fleissig war. «Sie war fast noch eine unbeschriebene Tafel; Zschokke konnte sie noch ganz nach seinen Ideen erziehen», schrieb ihr Sohn Emil.[6] Die Trauung wurde auf die schlichteste Weise abgehalten; Nanny trug kein Brautkleid und lud nur ihre engste Freundin ein.[7]

Dann wurde sie ins kalte Wasser geworfen. Sie übernahm, nur unterstützt von der Schaffnerin des Schlosses Biberstein, den Haushalt ihres Ehemanns und der vier Junggesellen, die am naturwissenschaftlichen Lexikon arbeiteten.[8] Als Erstes machte sich Zschokke daran, sie zur Sparsamkeit und richtigen Haushaltsführung zu erziehen. Er hatte die Absicht, ihr später alle Haushaltspflichten zu überbinden und sich um nichts mehr zu kümmern.

In den ersten Jahren musste Nanny ihrem Mann monatlich über ihre Ausgaben Rechenschaft ablegen. Sie erhielt ein festes Haushaltsgeld, das dem entsprach, was Zschokke als Forstmann verdiente. Wenn sie es überzog, musste sie das Defizit im nächsten Monat abtragen. Das bedeutete für die ganze Familie, sich in der Ernährung einzuschränken: häufiger Kartoffeln zu essen, weniger Fleisch.

Nach Jahren wurde diese Regelung aufgehoben, weil die Familie sich vergrösserte und Zschokke sich nun tatsächlich nicht mehr in Haushaltsfragen einmischte. Ausserdem verdiente er sein Geld ja nur zu einem geringen Teil als Forstbeamter.

Emil erinnerte sich: Während der Hungersnot von 1816/17 beschlossen die Zschokkes aus Solidarität, ebenfalls nur noch Rumford'sche Sparsuppe zu essen, die den armen Leuten ausgeschenkt wurde. Die Kinder fanden dies zunächst interessant, aber mit der Zeit etwas eintönig und begannen zu murren.[9] Dennoch wurde die Kost noch einige Zeit beibehalten. Aus Prinzip.

Zschokke verlangte, dass den Wünschen seiner Kindern nicht gleich nachgegeben wurde, um sie nicht zu verweichlichen und zu verwöhnen. Wenn eines einmal nicht essen mochte, was aufgetragen wurde, pflegte man zu sagen: «Das Kind hat keinen Hunger, warte man ab, bis sich derselbe einstellt.» Danach liess man es vor seinem Teller sitzen.[10]

Die beiden Zschokkes führten eine Liebesehe. Die gegenseitigen Briefe sind über die ganze Dauer der Ehe hinweg von ungetrübter Zuneigung und Innigkeit geprägt. Es gibt keinen Grund anzunehmen, dass dies nicht auch den Alltag betraf. Dabei war Zschokke ein Patriarch der alten Schule. Sein Wort galt absolut.

Aber er war kein Despot. Er liess mit sich reden und lenkte ein, wenn ihm die anderen Argumente einleuchtend schienen. Er richtete sich das Familienleben so ein, wie es ihm am besten dünkte und behagte. Wie es scheint, widersprach kaum einer. Die Frage, ob Nanny sich glücklich fühlte, ist schwierig zu beantworten. Sie hatte vielleicht einmal andere Vorstellungen vom Leben gehabt, mehr Ambitionen. Aber Zschokke und die Familie vereinnahmten sie und füllten sie aus.

«Vom Vermählungstage an besuchte Frau Zschokke und gab sie keine Theezirkel mehr und auch kein einziges Mal hat sie seitdem wieder getanzt», schrieb ihr Sohn Emil.[11] Vermutlich vermisste sie in der ersten Zeit ihre Teezirkel, Tanzvergnügungen und vor allem Freundinnen, bei denen sie sich aussprechen konnte. In einem mündlichen Ehevertrag hatten sich die beiden Gatten gelobt, einander alles zu erzählen, was sie bewegte, und ihre persönlichen Probleme vor der Aussenwelt fern zu halten.[12] Niemand, am wenigsten die Schwiegermutter, hatte sich einzumischen. «Ich habe dich allein geheiratet, und nicht die ganze Verwandtschaft dazu!», sagte Zschokke.[13]

Zschokke legte die Grundsätze für eine glückliche Ehe in seiner Erzählung «Der Abend vor der Hochzeit» dar: sich nie streiten; keine Geheimnisse voreinander haben; die ehelichen Verhältnisse und Herzensangelegenheiten vor keinem Dritten ausbreiten. «Gelobt euch das. Erneuert das Gelübde bei jeder Versuchung», rät in der Erzählung die Tante der jungen Braut. «So werden eure Seelen gleichsam zusammenwachsen; so werdet ihr Beide nur *Eins* sein.»

Zweifellos hielt sich keiner der beiden ganz an diese schönen Regeln. Zschokke hielt politische Fragen und finanzielle Sorgen von Nanny fern, und sie schonte ihn, vor allem in späteren Jahren, vor familiären Problemen. Sie wusste, wie leicht er sich erregte und sich dadurch vielleicht zu etwas hinreissen liess, was er zu spät bereuen würde. Nanny scheint Brieffreundinnen gehabt zu haben, mit denen sie ihre Sorgen teilte. Leider gibt es nur wenige Indizien dazu.

Ihre Beziehung wuchs zusammen, weil sie neben der Liebes- auch eine religiöse Gemeinschaft wurde. In religiösen Gesprächen fanden sich die Eheleute und stimmten ihre Weltanschauung aufeinander ab. Dabei waren die Zschokkes keine grossen Kirchgänger. Religiosität war für Zschokke etwas Intimes, ein privates Gefühl, und da hatte die Kirche sich genauso wenig einzumischen wie die Schwiegermutter in die Ehe. Zuweilen besuchte man die katholische Predigt, weil die Ausführungen von Pfarrer Keller Zschokke mehr zusagten als die seines reformierten Kollegen.

Die religiösen Unterhaltungen mit Nanny bildeten die Grundlage für Zschokkes «Stunden der Andacht», in denen sein häusliches Leben deutliche Spuren hinterliess. Zschokke ging der Frage nach, wie ein Mensch zum persönlichen Glauben fand, wie er diesen Glauben ins Leben integrierte. Er zeigte, wie der Glaube zur Quelle von Kraft und Zuversicht werden und eine Orientierung geben konnte. «War er dann ganz erfüllt von der Größe seines Gegenstandes, so stand er andern Morgens in aller Frühe, zuweilen schon um 2 Uhr auf und ließ nicht ab, bis das Besprochene auf dem Papier stand», erinnerte sich Pfarrer Emil Zschokke.[14]

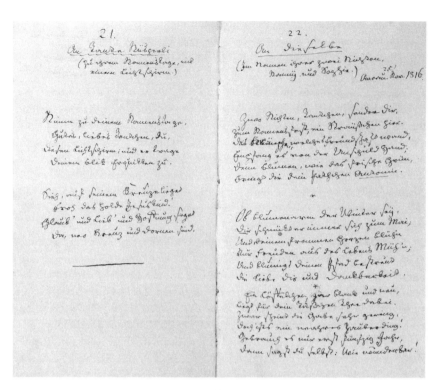

Zu ihrem 57. Geburtstag erhielt Nanny von ihrem Mann eine handgeschriebene Sammlung seiner Gedichte in einem Bändchen mit einem gestickten Umschlag (Blumensujet): «Feldblumen von Heinr. Zschokke, aus mancherlei Zeit; für seine Nanny, an Ihrem Geburtstage d. 3$^{\underline{ten}}$ September 1842.» Hier zwei Seiten aus dem Bändchen.[15]

Er pflegte seine im Entstehen begriffenen Schriften abends seiner Frau vorzulesen und nahm ihre Kritik ernst: Nanny stand für ihn stellvertretend für alle künftigen Leser, und wenn ihr etwas nicht gefiel oder sie es nicht verstand, strich oder änderte er es. Das wird aber nicht oft vorgekommen sein, da Nanny sein Schriftstellertum bewunderte, seine Fähigkeit, seine Gedanken und immer wieder neue Erzählungen leicht verständlich zu Papier zu bringen.

Nanny unterzog sich geistig zunächst ihrem Mann, dann auch ihren Söhnen. Ihr Königreich war der Haushalt und ihre Familie, und ihr Glück war es, wenn es allen gut ging. Alles Übrige, das ganze öffentliche Leben, war Domäne ihres Mannes. Zschokke hatte ein sehr einfaches Frauenbild, das auf der Rolle der Ehefrau und Mutter beruhte, und Nanny gab ihm offenbar keinen Anlass, es zu überdenken.

«Ihre Erholung war, nach vollbrachtem Tagewerk am Arme ihres Heinrich längs den Aarufern zu lustwandeln und ihr höchster Genuß, wenn er ihr aus seinen gerade in Ausführung begriffenen schriftstellerischen Werken oder auch aus Briefen an Freunde vorlas. Er that dies sehr häufig und bewahrte diese Sitte bis in sein Alter, so lange er überhaupt nur die Feder führen konnte. Das Urtheil seiner Frau ward ihm, je mehr es sich in diesem Umgange reifte, um so werthvoller; auch galt es ihm von Anfang an als Herzensbedürfniß und Herzensgenuß, sie zur Bundesgenossin seiner innersten religiösen Überzeugungen heranzubilden.»[16]

Finanzierung eines neuen Heims

Die Familie Zschokke führte zuerst auf Schloss Biberstein, dann in Aarau ein ruhiges, zurückgezogenes Leben. Alle Söhne wurden vom Grossvater getauft. In Kirchberg verbrachte man auch die gemeinsamen Sonntage. Die Söhne wurden nicht in die Schule geschickt, sondern zu Hause unterrichtet, in den Elementarfächern von Nanny, danach von Zschokke.

In einem Städtchen, wo alle von allen Mitbürgern alles wussten oder dies jedenfalls vermeinten, war es eine Sensation, als Zschokke anfing, am anderen Aareufer eine prächtige Villa hochzuziehen. Woher besass er das Geld? Man kannte das magere Gehalt, das der Kanton seinen Beamten bezahlte. Bisher hatten die Zschokkes entsprechend gelebt: hatten sich schlicht gekleidet, gingen meist zu Fuss oder benutzten statt einer Kutsche ihr Wägelchen, vor welches das einzige Pferd gespannt wurde. Gesellschaften wurden weder besucht noch empfangen, und als Bedienstete hatten sie nur eine Magd und einen Knecht.

Gerüchte schwirrten umher. Die einen munkelten, Napoleon habe Zschokke fürstlich dafür bezahlt, dass er für ihn den Lobredner gespielt habe. Andere hatten gehört, Zschokke habe in einer Erzählung namens «Goldmacherdorf» den Lesern verraten, wie man Gold herstelle. Er stehe mit dem Teufel im Bund, dem er seine Seele verkauft habe, um alchemistische Künste zu lernen. Das Gleiche sagte man übrigens auch von Johann Rudolf Meyer Sohn, der unter der Stadt Aarau ein Stollenwerk gegraben hatte. Solcher Unsinn war weit verbreitet, wurde hartnäckig geglaubt und war kaum auszurotten.

Einige, die durch Zufall mitbekommen hatten, dass Zschokke der Autor der «Stunden der Andacht» war, errieten die Wahrheit. Es wurde gewitzelt, Zschokke habe den Titel «Stunden der Andacht zur häuslichen Erbauung» gewählt, um damit zu zeigen, dass er mit dem Honorar seine «Blumenhalde» finanziert habe. Diese Behauptung brachte noch nach Jahrzehnten Emil Zschokke in Harnisch. Sein Vater habe nie einen Rappen für die «Stunden der Andacht» bekommen (was nachweislich nicht stimmt), und der Titel heisse nicht «… zur häuslichen Erbauung», sondern «… zur häuslichen Gottesverehrung», was mindestens für die Originalausgabe richtig war.

Zschokke trug selbst zur Verwirrung bei, indem er in «Eine Selbstschau» erklärte, die Mittel für die «Blumenhalde» stammten aus rückständigen Zahlungen aus seiner Statthalterzeit in Basel und aus dem Verkauf einer Schmuckdose und eines Brillantrings des bayrischen Herrscherpaars.[17] Das gab zu neuerlichen Gerüchten Anlass. Es wurde jetzt behauptet, er habe sein mehrbändiges Werk zur Geschichte Bayerns[18] im Auftrag des Fürstenhauses geschrieben.

In Tat und Wahrheit musste Zschokke sich verschulden. Er nahm bei einer Tante und einem Bekannten einen Kredit von 4 200 Franken auf. Der Verkauf des königlichen Schmucks brachte ihm 1 852 Franken ein, Sauerländer zahlte ihm in den Jahren des Hausbaus 1817 und 1818 rund 21 000 Franken Honorar, und sein Förstergehalt betrug 1 200 Franken pro Jahr. Die Zahlung der Rückstände aus Basel war eine Lappalie von 842 Franken. Mit der Zeit ermöglichten ihm die Honorare Sauerländers, die Kosten für Grundstück und Hausbau von gegen 30 000 Franken zu bezahlen, die seinen Gesamtverdienst für 25 Jahre Arbeit im Forstwesen egalisierten.[19]

Zschokke gab den Zusammenhang in «Eine Selbstschau» vielleicht deshalb nicht bekannt, weil er bei der Abfassung noch daran dachte, seine Autorenschaft an den «Stunden der Andacht» über seinen Tod hinaus geheim zu halten. Sauerländer und er hatten sich gegenseitig zu Verschwiegenheit verpflichtet und diese bis 1842 eisern durchgehalten.

Der Drang ins Grüne

Der Bau der «Blumenhalde» war neben allem anderen ein symbolischer Akt. Es war der Wunsch beider Ehegatten, sobald wie möglich aus der Stadt hinaus ins Grüne zu ziehen. Zschokkes verschiedene Tätigkeiten und Mandate, aber auch das Verlagshaus Sauerländer in der Laurenzenvorstadt liessen es sinnvoll erscheinen, in der Nähe von Aarau zu bleiben. Als die Familie aus allen Nähten platzte, hätte man den zweiten Stock des Hauses am Rain beanspruchen müssen, den die Gesellschaft für vaterländische Kultur und, soweit wir unterrichtet sind, die Freimaurerloge zur Brudertreue in Anspruch nahmen. Dass Zschokke dies nicht tat und lieber sein Stadthaus verkaufte, um sich am Sonnenhang des Hungerbergs anzusiedeln, zeigt, dass noch andere Motive im Spiel waren.

Man muss nicht weit suchen: Zschokke hatte die Enge der Strassen und Gässchen, den Schmutz, Lärm und Gestank satt. Eine Idylle war das Stadtleben damals durchaus nicht. Man teilte sich den engen Raum mit gackerndem und blökendem Vieh, der Unrat blieb irgendwo liegen, und bei Regen verwandelten sich die Strassen in einen Morast.

In «Stoffels Briefe aus Lalenburg» im Schweizerboten stellte Zschokke einige Szenen des Kleinstadtlebens vor, ohne den Namen Aarau zu nennen. Man vernimmt, wie der arme Stoffel einem Regenguss aus den Dachtraufen ausgesetzt ist, dem er nachts nicht ausweichen kann, weil die Laternen nicht angezündet sind. Die spärliche Beleuchtung verteidigen die Lalenburger damit, dass sie

Lampenöl einsparen und verhindern wollen, dass das Städtchen abbrennt. Ausser Schelmen sei nachts sowieso keiner unterwegs, und für die müsse man keine Laternen anzünden. «Liebste Mutter, leset doch wegen der nichtleuchtenden Laternen meine fünf helleuchtenden Gründe noch einmal, und tadelt nichts, damit die Schuld nicht auf mich komme. Denn es ist ein Staatsgesetz, daß man von Lalenburg nichts als Löbliches melden darf, sonst sitzen einem alle Lalenburger auf den Nacken, wie ihre Dachtraufen.»[20]

In einer seiner letzten Erzählungen, «Lyonel Harlington. Ein Mann der neuen Welt in der alten» (1847), beschrieb Zschokke die Mühsal schlechten Strassenpflasters, an denen die Beine von Mensch und Pferd zuschanden gingen, und den Mief einer kleinkarierten Gesellschaft. Geschildert wird dies von einem Bürger des freien Amerika, den es in ein das Mittelalter atmendes Städtchen auf dem alten Kontinent verschlagen hat. Diese vermutlich schon viel früher begonnene Erzählung war Zschokkes späte Abrechnung mit dem Geist der Enge.

Die «Blumenhalde» bedeutete einen Ausbruch und einen Neuanfang nach Zschokkes eigenen Konzepten, was durchaus wörtlich zu verstehen ist. Er baute sein Haus nach Wünschen seiner Frau und eigenen Plänen und überwachte die Ausführung in allen Einzelheiten. Das Gebäude sollte bequem und geräumig sein, eingebettet in eine liebliche Landschaft. Der Name «Blumenhalde» erinnert an eine Idylle, einen Garten Eden, den Zschokke hier errichten wollte. Noch während des Baus schrieb er einem Freund:

«Das Häuschen wird niedlicher, als ich selbst dachte; macht sogar, weil es in etwas italienischem Styl gebaut ist, in der Ferne nicht übeln Eindruck. Durch die flachen Dächer der beiden Angebäude, oder Flügel, oben mit eisernen Geländern umfaßt, nimmt es, von fern gesehen, die Gestalt eines Tempelchens an. Ich umringe es mit einem kleinen Garten, von fünfzig Arten Rosen umzäunt. Hinter dem Hause, wo unter bedecktem Gange, den ein Pfeiler stützt, der Schattenplatz der Familie ist, springt aus der Bergwand ein heller Brunnen herrlichen Wassers.»[21]

Ein halbes Jahr später, als der Einzug stattgefunden hatte, rief er aus: «Ja, es ist ein reizender Flek, den wir auf Gottes Erdboden bewohnen!»[22] Er dachte nie daran, dort wegzuziehen. Nach zwanzig Jahre schrieb er nach Magdeburg:

«In meinem selbstbauten Landsitz (der Blumenhalde) umringt von einem geräumigen Garten, in welchem sich Kinder und Enkel umhertummeln, inmitten eines 4 Juchart (rund 40 000 m²) großen Baumgartens, auf heitrer Höhe am Fuß des Jura; vor mir der Aarstrom, die Brükke, jenseits die Stadt; dahinter Hügel und Berge aufstufend bis zu den Silbergipfeln der Gletscher, mit weiter Übersicht eines breiten, prächtigen Thals, voller Dörfer, Schlösser und Burgruinen, hab' ich unterm Himmel meinen Himmel und den schönsten in meinem Herzen.»

So hat es auch Anton Winterlin dargestellt, auf seinem Bild von 1840, das den Umschlag dieses Buchs ziert. Rechts ist die «Blumenhalde» zu sehen, dahin-

Aus München gab Zschokke über seine Frau dem Zimmermann Anweisungen, wie das Dachgesims der «Blumenhalde» zu gestalten sei. Brief mit zwei eigenhändigen Federzeichnungen Zschokkes.²³ «Mit Hl. Marti unserm Zimmermeister hab ich noch nicht abgeredt wegen der Form des Gesimses unterm Dach. Ich wünschte es ohngefähr in nachstehender Figur zu haben. Da ist es sehr einfach und doch geschmakvoll …»

ter die ungedeckte Holzbrücke, die drei Jahre später weggerissen und erst nach Zschokkes Tod ersetzt wurde. In der Zwischenzeit musste man, um nach Aarau zu gelangen, eine Fähre benutzen.

Eine Republik auf vier Pfählen

Die «Blumenhalde» erbaute Zschokke auch, um hier mit seiner Familie leben und seine Kinder ungestört erziehen zu können. Auch das ist wörtlich zu nehmen: Er schickte seine Söhne nämlich weiterhin nicht zur Schule, sondern unterrichtete sie selbst. Angeblich tat er dies, weil er befürchtete, sie würden durch den Umgang mit anderen Knaben verdorben. Tatsächlich misstraute er den öffentlichen Schulen. Als er 1835 das neue Schulgesetz redigierte, legte er Gewicht darauf, dass der häusliche oder Privatunterricht ausdrücklich als Ausnahme von der öffentlichen Schulpflicht anerkannt wurde und die so unterrichteten Kinder sich nicht einer Prüfung unterziehen mussten.[24]

Zschokke war ein ausgeprägter Familienmensch. Neben allem, was er sonst tat, und bestimmt nicht an letzter Stelle, kam das Privatleben. Es war für ihn eine Frage der Organisation und eines geregelten Tagesablaufs, dafür genügend Zeit zu finden. Mit grösster Sorgfalt widmete er sich der Erziehung seiner zwölf Söhne. Nur die einzige Tochter, Cölestine, überliess er der Obhut seiner Frau.

In der «Blumenhalde», die zugleich Wohnsitz und Arbeitsplatz war, hatte er seine Kinder unter ständiger Aufsicht, ob sie nun lernten oder im Garten spielten. Zschokke versuchte hier noch einmal seine Vision eines Musterstaates vorbildlicher Menschen zu verwirklichen. In Frankfurt an der Oder hatte er ihn als Jugendlicher in philosophischen Romanen erträumt, im Institut in Reichenau in Ansätzen erprobt, als Regierungsstatthalter der Helvetik für Basel geplant und auch den Aargau, soweit möglich, Schritt für Schritt in diese Richtung gelenkt. Der Ansatz dafür war immer eine gute Ausbildung und die Erziehung zu Freiheit in Selbstverantwortung. Weniger in theoretischen Schriften, als in seinen Erzählungen legte er dar, wie er sich das vorstellte. Die Pflege seiner Söhne jedenfalls wollte er am wenigsten dem Zufall überlassen.

In seinen Briefen benutzte er des Öftern das Bild von der Republik auf vier Pfählen, wenn er von seinem privaten Heim sprach. An Orelli, 19. Juni 1810: «Meine vier Pfähle umgränzen meine Republik; meine Beschäftigungen mit der Litteratur und Schriftsteller sind ein blosses Hinausschauen zum Fenster.» An Orelli, 24. Mai 1824: «Ich bin mit den Meinigen wohl auf. Unsre vier Pfähle sind unsre Republik, unser Himmel.» Wiederum an Orelli, 26. Mai 1834: «Ob die Stadt Aarau, oder an ihrer Stelle ein Wald daliege, ist bei meiner Abgeschiedenheit fast einerlei. Ich sehe niemanden bei mir, als den, der bei mir etwas zu suchen hat. Meine Familie ist izt allein meine Republik, meine Welt.» An Fetscherin, 24. Mai 1836: «Die beste der Republiken ist zulezt doch nur zwischen unsern

Die «Blumenhalde», nach einem Stich von Alexander Zschokke von 1843. Die Zeichnung wurde von Sauerländer als Frontispiz zur sechsten Auflage von Zschokkes «Novellen und Dichtungen» benutzt.

vier Pfählen, im Himmelreich des Familienglüks und der Familienliebe.» In der Selbstschau schrieb er: «So baut' ich mir die beste der Republiken inner meinen vier Pfählen: Liebe ihr Gesetz; die übrige Welt mit ihrem Getümmel, draußen unter den Fenstern, nur Schauspiel, belehrend, belustigend, warnend oder ermuthigend.»[25]

Eine Republik muss nicht unbedingt eine Demokratie sein; in diesem Fall war sie es bestimmt nicht. Ihr absoluter Herrscher hiess Heinrich Zschokke. Aber im Gegensatz zur Tyrannei oder Monarchie hat die Republik eine Verfassung und Regeln, denen sich auch der Herrscher unterziehen muss, denn alle Menschen sind vor dem Gesetz gleich. Dies war das Prinzip der «Blumenhalde», das vielleicht nach Geschlecht, Alter und spezieller Situation etwas aufgeweicht wurde, aber dennoch gültig und für alle einsehbar war.

Unnachsichtigkeit war Teil des Erziehungsprinzips. Auf Wahrheit und Rechtlichkeit wurde grosses Gewicht gelegt; Fluchen und Lügen wurde hart bestraft. Zum Glück war Zschokke ein warmherziger Mensch mit Humor und Temperament, ein Menschen- und Kinderfreund. Auch die Güte und Nachgiebigkeit der Mutter, die sie vor ihrem Mann versteckt walten liess, mochte das Schlimmste abmindern.

Emil Zschokke, der zweitälteste Sohn, hatte unter der Haltung des Vaters vielleicht am meisten zu leiden, da Zschokke auf ihn die höchsten Erwartungen setzte und deshalb zu ihm besonders streng war. Er würdigte die Erziehung in einem biografischen Abriss über seinen Vater sehr positiv. «Im Hause ward nie ein unedles oder auch nur zweideutiges Wort je gehört; keine Lüge, selbst im Scherze nicht, und keine üble Nachrede gegen Andere geduldet; alle Gemeinheit strenge fern gehalten. Auf diese Weise erstarkt ein Familienleben, das so innig und treu verbunden, in sich glücklich war durch Gottesfurcht und Frieden.»[26]

Es war nicht leicht, Ehefrau oder Sohn eines solchen Mannes zu sein, aber letztlich stellten sich alle darauf ein. Alle Söhne machten ihren Weg. Sie besuchten ausländische Universitäten, wählten sich einen Beruf, der ihnen entsprach, und wurden, wie man so sagt, Stützen der Gesellschaft. Vier starben im Kindes- und Jugendalter; von den anderen ergriffen zwei den Pfarrerberuf, zwei wurden Ärzte, zwei Ingenieure, einer Künstler und einer Jurist und Politiker. Er begann eine viel versprechende Karriere im Kanton Baselland, starb aber früh.

Zschokke sprach stolz von den vier Fakultäten, die in seiner Familie vertreten waren. Er begleitete und beriet seine Söhne, auch wenn sie das Elternhaus verlassen hatten. In der Studentenzeit mussten sie jeden Monat einen langen Brief nach Hause schreiben, einen Rechenschaftsbericht, der vom Vater kommentiert wurde. Zurück erhielten sie einen Monatsbrief aus der «Blumenhalde», meist von mehreren Familienmitgliedern verfasst, der sie über das Neuste informierte und ihnen ihr Heimweh erträglich machen sollte.

Alle Kinder entwickelten einen starken Familiensinn und hingen mit grosser Zuneigung an Eltern und Geschwistern. Um den Zusammenhalt zu festigen und der publizistischen Neigung zu frönen, die alle von ihrem Vater mitbekommen hatten, gründeten sie eine eigene Zeitung, den «Blumenhaldner». Er erschien wöchentlich in einem einzigen handgeschriebenen Exemplar, wurde sonntags vorgelesen und zirkulierte dann in den «Kolonien», wie die Wohnstätten der auswärts wohnenden Söhne genannt wurden. Redaktor war jeweils einer der Söhne im Gymnasialalter; Beiträge lieferten auch die anderen Familienmitglieder.

Mit seinen fünf Bänden gibt der «Blumenhaldner» Einblicke in den Alltag einer Bürgerfamilie in jener Zeit. Er ist eine Fundgrube für die Zschokkeforschung, wobei man das jugendliche Alter der Autoren bedenken muss und dass sie, vor allem in den ersten Jahrgängen, Familienszenen satirisch überzeichnet darzustellen pflegten.[27]

Es hätte sein können, dass so wohl behütete Kinder Mühe gehabt hätten, den Sprung aus dem Elternhaus zu wagen und sich in der Aussenwelt zurechtzufinden. Deswegen legte Zschokke Wert darauf, seine Söhne frühzeitig zur Selbständigkeit zu erziehen. Sobald sie Geld zählen konnten, schickte er sie für Botengänge in die Stadt, um Einkäufe zu tätigen oder Manuskripte zu Sauerländer zu bringen und Post abzuholen. Mit zehn Jahren liess er sie zu Fuss die ersten längeren Ausflüge unternehmen, nach Luzern, Solothurn oder Zürich, mit Begleitbrie-

Der «Blumenhaldner», eine handgeschriebene Familienzeitung, die von 1831 bis 1853 erschien und später teilweise gebunden wurde.[28]

fen an Zschokkes Freunde versehen. Darin bat er, ja darauf zu achten, dass der Knabe auch wieder allein und zu Fuss zurückkehre. «Er soll sich früh daran gewöhnen, sich selbst überlassen zu sein. Nichts wohlthätiger für Leib und Geist und führt so sicher zur Selbstständigkeit und Kraft. Das ist im Buche der Erziehung für mich eins der ersten Capitel.»[29]

Alltag in der «Blumenhalde»

Das Leben in der «Blumenhalde» war klar geregelt; alles hatte seinen Platz, alles seine Zeit. Wir sind darüber verhältnismässig gut unterrichtet, da sowohl Zschokke in seinen Briefen nach Magdeburg als auch seine nächsten Angehörigen genaue Auskunft geben. Hervorgehoben wird immer wieder, wie früh Zschokkes Tagwerk begann. Er vertrat noch die alte Schule einer asketischen Lebensweise; wir kennen es auch von Benjamin Franklin oder dem Zürcher Gelehrten Johann Jakob Bodmer, zwei wichtigen Vertretern des 18. Jahrhunderts.

Die Isoliertheit der «Blumenhalde» vom städtischen Umfeld erlaubte es Zschokke, seine eigenen Regeln aufzustellen, die schon zu seiner Zeit anachronis-

Ein Sohn Zschokkes beim täglichen Botendienst. Legende: «Brief- Fleisch- und Stiefel-Post der Blumenhalde, gezeichnet von Alexander Zschokke.» Aus dem «Blumenhald-ner» von 1836.[30]

tisch wirkten. Wir geben hier den Tagesablauf nach dem Zeugnis von Friedrich Nüsperli wieder, dem jüngsten Bruder von Nanny, der sich oft bei den Zschokkes aufhielt und zusammen mit den Söhnen unterrichtet wurde.

«Die fünfte Morgenstunde fand den Vater, im Sommer und Winter, schon am Schreibtisch in seinem Studierzimmer. Um sechs Uhr, wie im Sommer so im Winter, wurde das Frühstück aufgetragen. Dem Vater brachte die Mutter den Kaffee auf's Zimmer. Er trank denselben, während er schrieb und ein Pfeifchen rauchte, in langen Zwischenräumen. Nach vier Stunden erhielten die Buben das ‹Zehnibrod› und dem Vater brachte die Mutter eine Erfrischung, die gewöhnlich aus einem Butter-brod und einem Glas Wein oder einem Spitzgläschen voll Kirschenwas-ser bestand. Nachdem er sein Büchlein ‹Branntweinpest› geschrieben, durfte das ‹Chriesiwasser› aber nicht mehr auftreten. Einer der Söhne wurde dann zu Herrn Sauerländer, auf die Post und in's Schlachthaus gesendet, Zeitungen, Briefe und Fleisch zu holen. Um zwölf Uhr stellten sich die Kinder beim Vater ein und empfingen seinen Unterricht bis zwei Uhr. Darauf ging's zum Mittagessen. Der Nachmittag war frei. Da las der Vater die Zeitungen, hielt sich, wenn's die Witterung erlaubte, mit den Seinen im Garten auf und empfing hier seine Besuche. Des Morgens nahm er solche nicht gern an. Die Frau mußte dabei entscheiden, ob der Vater bei der Arbeit dürfe gestört werden oder nicht. Trat man dann in das Heiligthum seines Arbeitszimmers, in dem, neben höchster Einfachheit, die größte Ordnung und Reinlichkeit herrschte, ein, so legte er die Feder nieder, sah den Kommenden ein paar Minuten schweigend an, rieb sich die Augen, als ob er aus einem Traum erwachen müsse, ließ sich hierauf die Wünsche, die man hegte, vortragen und ging dann in die Sache ein. Jeder wurde übrigens von Zschokke freundlich und mit voller Hingabe aufgenommen, der schlichte Landmann, der ihn fragen wollte, wohin der Weg nach Amerika gehe, wie der Fürst, der kam, ihm seine schriftlichen Arbeiten zu überbringen, mit der Bitte, ihnen die letzte Feile anzulegen.

Des Abends um sechs Uhr wurde, zur Sommerszeit im Garten, von der Familie der Kaffee genossen; dem Vater brachte man eine Flasche Wein, aus der er ein paar Gläser trank, und ein Stück Braten oder Wurst. Ein ‹Schweinerippeli› zog er Allem vor. Am Sonntag besuchte der Eine oder der Andere aus dem Hause den Morgengottesdienst beim reformirten oder beim katholischen Pfarrer. Dann brach Groß und Klein nach Kirchberg auf, wo beim Großvater zu Mittag gegessen und die Reize eines süßen Nichtsthuns genossen wurden. Um neun Uhr ging regelmäßig Alles zu Bette.»³¹

Das war der ideale Ablauf des Tages, der nur von unvermuteten Besuchen unterbrochen wurde oder von den Grossratssitzungen, die nach 1830 allerdings immer mehr Zeit in Anspruch nahmen. Dazu kamen die Kommissionssitzungen und die wöchentlichen Treffen der Gesellschaft für vaterländische Kultur.

Zschokke stieg mit den Hühnern aus den Federn und ging mit ihnen zu Bett. Nach 21 Uhr, Zschokkes Mitternachtsstunde, wie er scherzhaft zu sagen pflegte, herrschte Ruhe in der «Blumenhalde». Das wurde auch an Sylvester so eingehalten. Zschokke meinte, nur das Frühaufstehen und der regelmässige Rhythmus hätten es ihm ermöglicht, sein riesiges Arbeitspensum zu bewältigen und dabei gesund zu bleiben. «Nur meiner Lebensordnung, die ich seit den Universitätsjahren streng beobachtete, dank' ich besonders, daß ich noch in ungeschwächter Kraft handeln kann», schrieb er mit 62 Jahren.³²

Rollenverteilung

Wie den Ausführungen von Friedrich Nüsperli zu entnehmen ist, war Nanny wesentlich am geregelten Ablauf im Haus beteiligt, indem sie ihrem Mann zur richtigen Tageszeit das Gewohnte darreichte und Störungen wenn möglich von ihm fern hielt. Der erste Stock der «Blumenhalde» war sein Reich und der Aufenthaltsort der Knaben, die dort ihr Schlaf- und Studierzimmer hatten, während Nanny über das Erdgeschoss mit Küche, Esszimmer, Wasch- und Badehaus herrschte. In Zschokkes Arbeitskabinett hatte sie nichts zu suchen, ausser wenn sie ihm Besuch oder etwas zu trinken brachte. Entsprechend ihrer speziellen Lebensweise hatten beide ausser dem gemeinsamen Schlafzimmer im Erdgeschoss ihre eigene Schlafgelegenheit in einem Alkoven. Zschokke hatte seine Bettnische oben zwischen Arbeitszimmer und dem Saal mit den physikalischen Apparaten, Nanny für sich und die kleinsten Kinder unten neben Küche und Domestikenkammer.

Die Söhne übernahmen die Rolleneinteilung von Vater und Mutter. Es ist nicht bekannt, dass sie jemals ihrer Mutter im Haushalt mithalfen. Immerhin hatten sie ihre Betten zu machen und ihre eigenen Sachen in Ordnung zu halten. Wenn es grosse Wäsche gab – eine Prozedur, die zwei Tage in Anspruch nahm –, flüchtete Zschokke, so es ihm möglich war. Auch Lärm und Unordnung, durch eine Reparatur oder Renovation des Hauses entstanden, ertrug er nicht. Als er älter wurde, überliess er das Verhandeln mit den Handwerkern, das Befehlen und Überwachen des Arbeitsfortgangs seiner Frau. Dagegen wachte er hingebungsvoll am Krankenbett seiner Kinder und war jederzeit ansprechbar, wenn eines seiner Hilfe oder eines Rats bedurfte.

Das Reisen spielte für Zschokke eine grosse Rolle. Gewöhnlich machte er eine ausgedehnte Sommerwanderung, zu der er auch seine Söhne mitnahm, als sie älter wurden. Nanny kam selten mit, weil diese Reisen zu strapaziös für sie waren und sie in den 25 ersten Jahren ihrer Ehe entweder schwanger war oder ein Kleinkind zu stillen hatte. Ausserdem musste ja jemand Haus und Hof hüten. Andererseits vertrat Zschokke Nanny zu Hause, wenn sie bei einer ihrer Schwiegertöchter war, um ihr im Wochenbett beizustehen.

In den letzten zehn Jahren seines Lebens unternahm Zschokke ausgedehnte Auslandsreisen, um verschiedene Ecken Europas zu besuchen, wo seine Brieffreunde lebten, oder um einen Kuraufenthalt zu machen. Aus unbekannten Gründen nahm er auch da Nanny nicht mit, was nicht an ihrer fehlenden Reiselust lag: Die wenigen Reisen mit ihrem Mann, von denen wir Zeugnisse haben, genoss sie sehr. Allerdings sind wir besser darüber unterrichtet, wenn beide sich nicht am gleichen Ort befanden, aus dem einfachen Grund, weil Zschokke ein fleissiger Briefschreiber war. Er entschädigte seine Frau für ihr Daheimbleiben mit detaillierten Berichten seiner Reiseerlebnisse, während ihm Nanny in die Fremde schrieb, was zu Hause vorgefallen war.

Obwohl sie in einem intensiven Austausch standen und Nanny sich Zschokkes Werke und die eingehende Korrespondenz vorlesen liess, lagen Welten zwischen den beiden. Am besten zeigt sich dies in Schilderungen im «Blumenhaldner», in denen mit spitzer Feder, mit der Sensibilität und Rücksichtslosigkeit eines Kindes typische Szenen des Familienlebens festgehalten sind. Ein kleiner Ausschnitt vom Oktober 1834 sei hier angeführt:

«Wir wenden unsere schweifenden Blikke vorerst auf den lieben *Papa,* und finden ihn fast den ganzen Sommer abwesend ... Von der guten *Mama* können wir beinahe nichts sehen, denn sie ist mit Hosen, Strümpfen und dergleichen Kleinigkeiten so verpalisadiert, daß sie sich erst mit der Nadel, diesem einfachen Instrument, den Weg daraus bahnen kann. Nur acht Tage, zur Zeit der Erndte, machte sie eine Luftveränderung in Lausen; aber sie hörte, daß man in der Eßstube sagte: ‹Wenn nur au d'Mamma do wer›, und kehrte über den Hauenstein zurück, wo sie nun anstatt der Hosen ect.[!] einen Rok antrifft, der ebensoviel zu schaffen gibt, als jene insgesamt.»[33]

In Lausen wohnte Pfarrer Emil Zschokke, und mit dem Rock war wohl eine zukünftige Schwiegertochter gemeint, die zu Besuch weilte. In diesen Worten wird deutlich, dass Nanny die treibende Kraft, das Herz der «Blumenhalde» war. Dies traf vor allem auf die letzten Jahre zu, als Zschokke oft unterwegs war, zunächst in Geschäften, dann in Bädern, um seine hartnäckige Darmerkrankung zu behandeln. Nanny hatte sich durchsetzen gelernt. Nicht mehr viel erinnerte an das Mädchen, das sie vor ihrer Heirat gewesen war. Wer im Stadtmuseum von Aarau in der Zschokkestube die 1842 entstandenen Porträts des Ehepaars sieht, ist betroffen von dem runzligen, alten Gesicht der Frau neben dem straffen, energischen Zschokkes. Niemand würde annehmen, dass sie 14 Jahre jünger war als er. Nannys Aussehen hatte den Anstrengungen des Lebens, den 13 Schwangerschaften und einigen schweren Krankheiten Tribut gezollt.

Zschokkes Neffe Genthe, der 1842 aus Norddeutschland nach Aarau kam, schilderte seine erste Begegnung mit der «Blumenhalde» so: «Ein breiter gut gehaltener Weg, dessen Eingang kein Thor verschließt, sondern den zwei Akazien bezeichnen, führt die schöne Halde, welche der Fuß des Juragebirges hier bildet, hinauf, sowohl nach dem Garten vor dem Hause, als auch besonders nach dem hofartigen Raum hinter dem Hause; denn hier unter dem hohen Gange tritt man in das Haus ein. Als ich um die Ecke bog, verließ eine ältliche Frau mit einem blühenden Mädchen an der Hand das Haus und ging nach der andern Seite in den Garten, wo ich Stimmen hörte.»[34] Das war Nanny im Alter von knapp 57 Jahren und ihre Tochter Cölestine.

Zur selben Zeit pflegte Zschokke seinen Freunden scherzhaft zu sagen, er würde am liebsten die Zahl umkehren und 17 statt 71 schreiben. «Ich danke meinem Schöpfer, daß ich mich an Leib und Seele noch 17jährig fühle.»[35] Selbstverständlich alterte auch er, aber man sah es ihm weniger an. Zschokke begegnete Genthe, der in Nanny eine ältliche Frau gesehen hatte, als «ein stattlicher kräfti-

Nanny Zschokke im Alter von 57 Jahren. Ölgemälde von Julius Schrader vom Sommer 1842.[36]

ger Greis, in weißer Nanking-Blouse, weißen Beinkleidern, einen Strohhut auf dem Kopf, ein schwarzes seidenes Tuch locker um den Hals geschlungen, wie er im Hause bei großer sommerlicher Hitze gekleidet zu sein pflegt».[37]

«Kräftiger, breitschulteriger Mann» und «rüstiger Greis» waren häufige Bemerkungen seiner vielen Besucher. Zschokke beeindruckte durch sein imposantes Auftreten, das auch eine selbstgefällige Seite besass. Ein Besucher schilderte seine Begegnung mit ihm so:

«Heiter, witzig, geistreich, leitete er das Gespräch und hinterließ stets einen freundlichen Eindruck. Nicht ohne einige Grandezza saß er jedoch da, sein Gesicht in die geeigneten Falten legend, wie zu einer mimischen Darstellung oder zu einer diplomatischen Konferenz; und dem schärfer Beobachtenden erschien er oft wirklich wie ein Schauspieler, welcher, der vielen Proben und Vorstellungen längst müde, mit einer Art unterdrückter Resignation sich immer wieder von Neuem zum Besten hergeben muß.»[38]

Die «Blumenhalde» war und ist gewiss ein stattliches Haus. Aber diese «Arche Noah», wie Zschokke sie einmal nannte,[39] hatte nicht so viele Räume, wie man erwarten würde. Es fällt einem schwer, sich vorzustellen, wie eine so zahlreiche Familie darin wohnte. Im Parterre lag das Esszimmer mit einem grossen tannenen Tisch, das auch zu Wohnzwecken diente. Im Obergeschoss befanden sich ein Gäste- und ein weiteres Wohnzimmer. Zschokke belegte drei Zimmer, die beiden übrigen gehörten den Kindern.

Man lebte eng aufeinander. Aber darüber machte man sich damals kaum Gedanken. Ein eigenes, abschliessbares Zimmer besassen nur die Eltern. Alle Knaben schliefen in einem Raum und verfügten auch nur über eine einzige Studierstube. Das war schon aus heizökonomischen Gründen sinnvoll, da im Winter

Chronik der Familie Zschokke. Gegen Ende des 19. Jahrhunderts wurde die Zahl der Angehörigen so gross, dass Cölestine Sauerländer-Zschokke begann, alle Lebensdaten festzuhalten. Von dieser Chronik zirkulierten mehrere Exemplare. Weitaus das schönste, in Leder eingebunden, mit Goldbuchstaben und dem Familienwappen versehen, wurde 1985 auf dem Basler Flohmarkt gefunden und dem Stadtmuseum Aarau übergeben.[40]

nicht alle Zimmer warm gehalten wurden. Im Spätherbst fand ein Umzug statt. Jeder rückte in die Nähe eines Ofens, um sich wenigstens den Tag durch warm zu halten.

Zschokkes Ruf, eine glückliche Hand mit der Erziehung von Knaben zu haben, sprach sich herum. Zu den zwölf Söhnen kamen öfters Dauergäste, die ebenfalls mit ihnen schliefen, assen und lernten, Jugendliche, die Zschokke zur Erziehung oder Ausbildung übergeben wurden. Man vertraute den Zschokkes gern den eigenen Nachwuchs an, gerade wenn er Probleme machte, damit er in dieser Atmosphäre seelisch gesunde und strebsam und tüchtig werde.

Zschokkes Haus scheint zeitweise einem Internat geglichen zu haben. Heinrich Nüsperli, ein Bruder Nannys, lebte jahrelang bei Zschokke; Jules Orelli, der Sohn von Zschokkes Freund Heinrich von Orelli in Zürich; Tom Spengler, ein Mischlingskind aus Kuba; Antonio Oller aus Spanien, der Sohn eines Freunds eines Freundes von Zschokke; der Fabrikantensohn Nicolas Köchlin aus dem Elsass; Johannes Rudin, der Forstwirtschaft lernte. Dazu gesellten sich Kostgänger, die den bürgerlichen Lehrverein oder andere Schulen in Aarau besuchten. Diese Kinder wurden als Hausgenossen bezeichnet und wie die eigenen Söhne behandelt.

Erwachsene waren selten über längere Zeit in der «Blumenhalde», da es nur ein Gästezimmer gab. Doch wurde auch hier die Gastfreundschaft gross geschrieben. Zschokke lud immer wieder seine Freunde zu sich ein und schwärmte ihnen vor, wie gemütlich sie es bei ihm hätten. Er stellte es so dar, als habe er ein Stübchen für sie ganz persönlich eingerichtet.

Viele nahmen die Einladung dankbar an: Heinrich Pestalozzi, Emanuel von Fellenberg, Karl Viktor von Bonstetten und selbstverständlich Zschokkes engere Freunde Fetscherin, Orelli, Troxler, Voitel, Wessenberg, um nur einige zu nennen. Brieffreunde kamen aus Hamburg, Frankfurt oder Le Havre, um Zschokke einen Besuch oder Gegenbesuch abzustatten.

Wer das Glück hatte, einige Zeit unter diesem Dach zu verweilen, war tief beeindruckt von dem harmonischen Zusammenleben in Zschokkes Haus. Der Berner Regierungsrat Bernhard Rudolf Fetscherin schrieb nach einem Besuch:

«Endlich habe ich nun die liebliche Blumenhalde auch mit leiblichen Augen gesehen u. dort *die* Gastfreundschaft genoßen, daß ich mich wohl im ersten Augenblick heimisch fühlen mußte, wobei mir nur das zu bedauern blieb, daß ich in diesen stürmischen Tagen in ein wohl geregeltes Hauswesen Unordnung bringen mußte: meinen herzlichen Dank der lieben Blumhalde u. ihren traulichen Bewohnern allen! Nachdem ich jetzt die Blumhalde selbst gesehen, so fange ich an etwas zu begreifen, woher Ihnen ungeachtet mancher herber Erfahrungen, daran ich wohl einzelne erfahren, andere nur ahnen kann, Ihr rosenrothes Gemüth gekommen! Haben Sie ja doch, wie ich mich mit eignen Augen überzeugt habe, das zuverläßigste Mittel in Händen, die Welt, ob es auch stürme draußen, immer heiter zu sehen: erhalte Ihnen Gott Ihren unverwüstlichen Gleichmuth, der Sie über manche für andere so schwere Stunde so glüklich hinweggehoben hat.»[41]

Und Zschokkes Neffe Friedrich Wilhelm Genthe, der dreimal zu Besuch war, meinte: «Das schöne traulich stille Familienleben der Blumenhalde, dessen Mittelpunkt Vater Zschokke war, auf den Alles sich bezog, ging wie ein Zauberbild vor mir auf und ich hatte das Glück, nicht als Fremdling in diesem Kreise zu stehen.»[42]

Besucher aus aller Welt

Kein Schweizer Reiseführer, der etwas auf sich hielt, konnte es sich leisten, Zschokke nicht zu erwähnen. Damals reiste man nicht nur der touristischen Sehenswürdigkeiten wegen, sondern um interessante Leute aufzusuchen. Berühmte Personen oder Institutionen gehörten mit zu den touristischen Höhepunkten.

Der bekannte «Ebel» wusste schon 1809 unter dem Stichwort «Aarau» zu vermelden: «Seit 2 Jahren werden zu Aarau unter der Leitung des Hrn. Oberforstmeisters Zschokke täglich meteorologische Beobachtungen angestellt, und am Ende jedes Jahres bekannt gemacht: der einzige Ort in der Schweitz, wo dies geschieht.»[43] Das war ein Fingerzeig, Zschokke, wenn man gelegentlich nach Aarau kam, aufzusuchen. Ein Gesprächsthema hatte man schon: das Wetter.

In der sechsten Auflage von 1830 stand zu lesen: «Hier wohnt der als trefflicher Geschichtsschreiber, und auch in andern Zweigen der Litteratur durch viele gelesene Geistes-Producte berühmte Heinrich Zschokke ...»[44] Die gleiche Ehre wurde nur noch dem Idyllendichter Franz Xaver Bronner erwiesen.

Der eben erwähnte Bronner beschrieb 1844 den Kanton Aargau und führte als Schlagwort auch die «Blumenhalde» auf: «*Blumenhalde,* angenehmer Abhang am Hungerberge bei Aarau, mit vorspringenden, oben abgeebneten Höhen, auf denen in anziehender Lage schöne Häuser stehen. Auf sonniger Stelle über dem Anfange der Straße nach Küttigen über die Staffelegg erregt das hübsch gebaute Haus des verdienstvollen Schriftstellers *Heinrich Zschokke* die Aufmerksamkeit jedes Reisenden. Wohlgepflegte Gärten umgeben es und ebenso die Wohnung des geschickten Kunstgärtners, Hrn. *Abraham Zimmermann,* der die große Baumschule des sel. Hrn. Pfarrers *Nüsperli* im Leuenfelde besorgt und den Gästen, welche sein Badhaus besuchen, von diesem Hügel im Kirschgarten eine sehr erfreuliche Aussicht in die Schneegebirge eröffnet. Am Fuße zwischen beiden Anhöhen liegt noch eine andere schöne Wohnung und gegen den Rombach hin ein altes Schlößchen mit seinem Thürmchen.»[45]

Es ist wohl nicht übertrieben zu sagen, dass die «Blumenhalde» zu einem Wallfahrtsort der Reisenden wurde, zumal seit 1842, als bekannt wurde, dass der

Hausherr Autor der «Stunden der Andacht» war. Wer auf der Durchreise in Aarau war und etwas Zeit zu erübrigen hatte, liess sein Gepäck im Gasthaus zurück und machte sich auf den Weg zu Zschokkes Heimstätte. Die halbe Welt gab sich die Klinke in die Hand. Zschokke musste ein Gästebuch führen, um die Übersicht zu bewahren.

Im «Blumenhaldner» wurde, ähnlich wie in den Zeitungen der Fremdenorte, eine Besucherliste geführt. Es ist unmöglich, hier nur die Personen mit Rang und Namen anzuführen, und auch müssig, da sie heute kaum mehr ein Begriff sind. Es waren Gelehrte, Künstler, hohe Offiziere, Minister, Könige, Herzoge, Politiker, die erwarteten, von Zschokke empfangen zu werden. Von den bekannteren Schriftstellern gaben sich Ludwig Börne, Georg Herwegh, Heinrich Laube und August von Platen bei Zschokke ein Stelldichein. Ausser Schweizer und Deutsche kamen Franzosen, Russen, Engländer, Amerikaner, viele Italiener, griechische und polnische Freiheitskämpfer. Man unterhielt sich deutsch oder französisch, da Zschokke anderer Sprachen nicht mächtig war.

Nicht alle waren kühn genug, sich bei Zschokke anzumelden, um ihn persönlich zu sprechen. Einigen genügte es, ihn einmal gesehen zu haben. Dazu musste man sich freilich zur «Blumenhalde» bemühen, da Zschokke, zumal seit dem Brückenbruch von 1843, selten mehr in Aarau aufkreuzte. Die beste Stelle, um ihn zu Gesicht zu bekommen, war die nahe gelegene Gastwirtschaft zum Kirschgarten von Zschokkes Schwager Zimmermann, die Bronner beschrieben hat.

Von einem dieser stillen Bewunderer erzählt Jeremias Gotthelf in seinem Roman «Jakobs des Handwerksgesellen Wanderungen durch die Schweiz». Jakob hatte Zschokkes «Meister Jordan, oder Handwerk hat goldenen Boden» gelesen, Gefallen daran gefunden und wollte, als er sich in Aarau aufhielt, nun auch den Verfasser kennen lernen.[46]

«Man zeigte ihm über die Aare hinüber sein Haus, kenntlich durch eine prächtige Trauerweide. Mit großem Respekt betrachtete er das Haus, in welchem solche Sachen geschrieben wurden, und es kam ihm fast wunderlich vor, daß das Haus ungefähr wie ein anderes Haus war und nichts Absonderliches hatte. Nun konnte er zu Hause wohl sagen, er hätte das Haus gesehen, aber wie würden sie erst aufpassen und Respekt vor ihm kriegen, wenn er sagen könnte, er hätte den Mann selbst gesehen! Aber wie machen, um dazuzukommen?»[47]

Man riet ihm, es im Kirschgarten zu versuchen, wo man ausser der prächtigen Aussicht auch gutes Bier finde. Also pflanzte er sich dort auf die Lauer, musste aber lange warten, wie ein Jäger auf sein Wild.

«Einmal sah er ihn, den Vater Zschokke, wirklich, wie er leibt und lebt, und ganz in der Nähe, und die Augen gingen dem Jakob noch einmal so weit auf, und den Mund zuzumachen vergaß er ganz und gar. Es war ein großer Mann, sein hohes Alter trug er mit starken Schultern, und ‹Himmelsapperament, in dem Kopfe hat was Platz›, dachte Jakob. Der Mann kam näher und näher gegen sie heran. Der wird denken, wir wollen was mit ihm, oder sieht, daß wir Deutsche sind, wird fragen wollen: ‹Wie gehts daheim?› Und ganz bange ward es ihm, und doch schlotterte er vor Freude, dann konnte er daheim sagen, er hätte mit dem Zschokke gesprochen, ganz vertraulich, ganz akkurat so, wie zwei Menschen zusammen sprechen. Noch drei Schritte, und die Sache war richtig.»[48]

Dummerweise störte ihn genau in diesem Augenblick sein Kollege, der unter den Gästen den Dichter Abraham Emanuel Fröhlich entdeckt hatte. Den hätte er gern verprügelt, weil ihm seine konservative Gesinnung nicht gefiel. Zschokke ging weiter, und die Chance war vertan. Aber Jakob war selig, ihn wenigstens einmal gesehen zu haben.

Prinz Louis Napoleon gibt sich die Ehre

Von einem prominenten Besucher soll doch noch die Rede sein. Louis Napoleon Bonaparte, Neffe von Napoleon I. und als Napoleon III. nachmaliger Kaiser von Frankreich, lebte mit seiner Mutter Hortense auf Schloss Arenenberg im Kanton Thurgau. Er wurde Schweizer Offizier und erhielt das Thurgauer Bürgerrecht.

Louis Napoleon Bonaparte (1808–1873), der spätere Kaiser Napoleon III., als junger Mann mit seinem Markenzeichen: einem grossen Schnurrbart.[49]

Im Jahr 1838 sollte er auf Druck Frankreichs ausgeliefert werden, da er Ansprüche auf den Königsthron geltend machte. Im Oktober 1836 hatte er in Strassburg einen Putschversuch unternommen.[50]

Zschokke nahm im Grossen Rat gegen die Ausweisung Stellung. Man solle die Zumutung Frankreichs «entschieden und einfach» zurückweisen. Die Mehrheit des Grossen Rats schloss sich seiner Meinung an.[51] Zschokke erwähnte mit keinem Wort, dass er mit dem Auszuweisenden persönlich bekannt war. Louis Napoleon Bonaparte schätzte Zschokkes Schweizerlandsgeschichte, aus der er ein Zitat als Motto für seine Betrachtungen über die Schweiz nahm.[52] Selbstverständlich verband sie auch die gute Meinung Zschokkes über den Onkel.[53]

Nach der Fremdenliste im «Blumenhaldner» war Louis Napoleon dreimal bei Zschokke zu Besuch: am 4. Januar 1827, 25. Juni 1833 und 9. Oktober 1836. Zschokke selbst erwähnte die Besuche;[54] weit interessanter ist aber die Beschreibung im «Blumenhaldner», weil sie zugleich zeigt, wie ein solcher Besuch sich abspielte. Die Bedeutung dieses Treffens – weniger politisch als sozialgeschichtlich – rechtfertigt die ausführliche Wiedergabe des Artikels im «Blumenhaldner» von Eugen Zschokke (damals 15-jährig).[55]

Des Prinzen Napoleon Louis Bonaparte letztes Auftretten in der Blumenhalde.

(Von einem Augenzeugen)

Es war der 9te October 1836 Mittags; der Morgen war mit Regen dahingefloßen, die Straßen kothig, das Wetter unfreundlich. Doch dann hatte der Regen etwas aufgehört. In der Blumenhalde hatte man bereits zu Mittag gegeßen, & mit trauriger Miene sah man zum Fenster hinaus, böse auf das Wetter, welches das Spazierengehen verhinderte. Plözlich gieng ein junger Mann durch den Garten an den Fenstern vorbei, der die Hausthür suchend, die Runde um das Haus machte, wie es alle Fremden zu thun pflegen, die zum Besuch kommen. Bäbeli empfieng den Mann vor der Küchenthür allem Anstand gemäß; nur dem großen Schnauze unter der Nase wegen, gerieth sie beinahe in Verwirrung, doch faßte sie fürnehm dem Fremden die Visite-Karte ab, & brachte sie dem Papa. Dieser schnauzige junge Mann war der Prinz *Napoleon Louis Bonaparte,* der dem Papa einen Besuch machen wollte. Er wußte nicht daß dieß der letzte sei.

Papa ließ ihn nicht lange auf sich warten, sondern führte ihn hinauf in sein Zimmer. Ihm folgte Theodor, der sich allerlei Geschäfte machend, den Prinzen sehen wollte. Mehr als bei ihm, ward nun die Neugierde der Mamma, Julies, Clara[56] rege. In aller Eile begaben sie sich in den größten Putz um dem Stiefneffen Napoleons, den Sohn des ehmaligen Königs von Holland zu sehen & während drunten ein letzter Aufruhr ausgebrochen war, die Frauen die Stellungen auswählten, wo sie sein wollten, wenn der junge Thurgauer-Bürger hinunter komme, Julie sich aufs eifrigste um den Besitz des runden Küchenfensters bei der Thür, Clara um das beim Schüttstein, Mama um das große beim Bank stritten, so saß Louis Bonaparte droben auf dem Sopha, & erzählte dem Papa wie er sich in Arenaberg beschäftige, & pour s'amuser einem seiner Verwandten, einem jungen Knaben Unterricht ertheile, indem er aber keinen der leisesten Andeutungen über sein Vorhaben in Strasbourg verrieth.

Indeßen war die Sehenswuth der Frauen groß geworden. Theodor mußte ihnen alles berichten, was & wie er rede, wie er aussehe usw. Da schien ihnen aber die Zeit doch zu kurz, wenn er hinunter komme & fortgehe, & sie ihm vielleicht gar nicht einmal ins Gesicht sehen könnten. Darum ward Theodor beauftragt ihn einzuladen, mit ihm & den Frauen in Großen Rath zu gehen, der Morgen seine erste Sitzung hatte. Er ließ sich dieses gefallen. Nachdem er nicht eine Stunde lang bei Papa gewesen war, begab er sich wieder fort. Wie nun droben die Thür aufgieng, entfärbten sich plötzlich die Gesichter der Frauen, & ihr Entschluß ihn zu sehen, wäre beinahe vereitelt worden, weil sie sich nicht von dem unerwarteten Scheiden des Prinzen erholen konnten, wäre nicht Julie mit aller Geschwindigkeit vor ihr Fensterchen gesprungen. Ihr folgten Mamma & Clara, die in der Wähnung der Prinz sei schon vor der Thür, durch den Alkofen in die Küche sprangen. Doch das Gesicht des Prinzen blieb ihnen verborgen, denn ohne sein Wißen kehrte er den wißbegierigen, & neubegierigen Frauen den Rüken zu. Man vertröstete sich auf den folgenden Tag – Er erschien. Im vollen Flitterstaate sah man folgenden Tages drei Frauenzimmer nach dem Großen Rathsgebäude zuschreiten, neugierig nach allen Leuten schauend, ob sie nicht einen Schnauz bemerken könnten, wie der Prinz einen habe. Diese Frauen waren Mama, Julie, & Clara, die von Bäbeli die Person des Königssohnes sich genau hatten beschreiben laßen. Doch der Prinz ließ lange auf sich warten. Statt ihm langte ein Brief in der Blumenhalde, von seiner Hand geschrieben, in französischer Sprache an, der den Frauen alle Hofnung entriß, den Prinzen Louis Napoleon zu sehen. Dieser Brief befindet sich sorgfältig aufbewahrt in der Handschriftsammlung Eugens, & lautet in wörtlicher Übersetzung folgendermaßen:

Aarau den 10 October

Mein Herr.

Briefe, die ich gestern Abend von Haus bekommen haben, zwingen mich nach Arenaberg zurükzukehren. Ich bedaure sehr lebhaft den heutigen Tag nicht noch mit Ihnen zubringen zu können, denn die Gesellschaft ausgezeichneter Männer ist für mich von vielem Reiz. Machen Sie ihrem Herrn Sohn noch meine Entschuldigung, & empfangen Sie die Versicherung meiner ausgezeichneten Gefühle

Napoleon Louis Bonaparte

So kam es, dass die Aargauer Gesellschaft – Frauenzimmer und Herrschaften – auf die Anwesenheit der fürstlichen Hoheit in ihrem Grossen Rat verzichten musste. Nach einem Biografen Napoleons III., dem das Treffen mit Zschokke leider entgangen ist, besprach Louis Napoleon in jenen Tagen in Aarau im Hotel «Zum wilden Mann» mit einigen Verschwörern noch einmal die letzten Einzelheiten des bonapartischen Putsches.[57] Nach seiner Rückkehr auf sein Schloss Arenenberg begab er sich schnurstracks nach Strassburg. Hatte er sich mit Zschokke wohl auch nur über das Wetter unterhalten?

Das Leben ändert sich

Als Olivier, der jüngste Sohn, auszog, um in Zürich Bauwissenschaften zu studieren, wurde es ruhig im Haus. Das Ehepaar Zschokke zog in den oberen Stock und überliess das Erdgeschoss dem viertältesten Sohn Alexander mit Frau und Kindern.

Noch immer kamen scharenweise Besucher. An den grossen Familienfesten, etwa Nannys Geburtstag oder Weihnachten, bevölkerte sich die «Blumenhalde» mit den Kindern und Grosskindern. So liebevoll wie früher seinen Söhnen widmete Zschokke sich nun auch seinen Enkeln. Am Tagesablauf, an seiner Arbeitsdisziplin und enormen Regsamkeit änderte sich nichts. Die «Blumenhalde» bot sich dem Besucher immer mehr als eine Idylle, ein Bild des Friedens dar.

«Das Leben Zschokke's bewegte sich in einer erstaunenswerthen Thätigkeit», schwärmte Ernst Münch. «Ein herrlicher Wiener-Flügel, gemalte Glasfenster, welche die Farbe der vier Jahreszeiten getreu zurückgaben, erfreuten den Ermüdeten, und die Küsse der auf seinen Knieen sich schauckelnden[!] jüngsten Kinder, der sinnige Blick der neben ihm sitzenden und strickenden, vielgetreuen Gattin, welche in schlichter Form einen sehr gebildeten Verstand und ein reiches Gemüth verbarg, oder die Unterhaltung mit Freunden, bei einer Flasche Kasteler und Schinznacher unter der Halle seiner Villa, vor sich rings die majestätische Alpenkette und die liebliche Gartenreihe von Aarau und der Umgegend, so wie die Spitzen alter, hochberühmter Burgen erquickten und stärkten seinen Geist zu neuer fruchtbarer Thätigkeit.»[58]

Es schien, als stehe die Zeit still in der «Blumenhalde». Zschokke begegnete dem Besucher mit gleich bleibender Frische und Heiterkeit. Er verglich sich mit dem alttestamentarischen Abraham, der ja ebenfalls alt geworden war und zwölf Söhne gezeugt hatte. Nanny war stets überall, wo sie gebraucht wurde, freundlich

Zschokke im Garten seines Landhauses „Blumenhalde".

Auf Kirchberg wohnte mit seiner Familie der Pfarrer Jacob Rüsperli von Aarau, Mitglied des aargauischen Cantons-schulrathes, ein Mann voll klaren Blickes in das Wesen der Christuslehre, voll Begeisterung für die Staatsgrundsätze der Neuzeit, für das Aufblühen der Volksschulen und ein treubesorg-ter Vater seiner vier Kinder, eines Sohnes, und dreier Töch-ter, bei deren Erziehung er die einfache Lebensweise der guten alten Zeit und die neuen Grundsätze der Bildung in Einklang zu bringen suchte. Seine älteste Tochter, Nettli, geboren den 3. September 1785, war eine eben aufblühende, jungfräuliche Rose, ebenso klug und liebenswürdig, wie aufopfernd und muth-voll. Wagte sie es doch einst, in jenen Zeiten der Verwir-rung, einem tobenden und auf den „Franzosen zu Kirchberg" (so nannte man damals den Pfarrer) schimpfenden Haufen von bewaffneten Bauern vor das Haus entgegenzutreten und die Thür, damit der Vater nicht gefährdet werde, hinter sich schließen zu

*Idylle im Garten der «Blumenhalde»: Zschokke erklärt einem Kind ein Bilderbuch.
Aus «Die Gartenlaube. Ein illustriertes Familienblatt» von 1865.*[59]

und dienstfertig, als könne sie die Wünsche anderer erraten, bevor sie ausgesprochen wurden.

Doch dann liess seine Gesundheit nach. Die Diarrhöe war chronisch, griff seine Kräfte an, dazu kamen heftige rheumatische Schmerzen. Zschokke, der bis auf kleinere Erkältungen von robuster Gesundheit gewesen war, war kein angenehmer Patient. Er nahm seine Medikamente nicht ein und schlug Verordnungen in den Wind. Das war angesichts des damaligen Stands der medizinischen Wissenschaft vielleicht sogar manchmal gut. Einmal versetzte ihn Theodor, der seinen Vater ärztlich betreute, mit einer Überdosis Opium in ein längeres Koma.

Erschüttert stellte sein Neffe Genthe bei seinem zweiten Besuch in Aarau im Jahr 1846 fest: «Ich fand den geliebten Greis mehr gealtert als ich hoffte, die Elasticität seines ganzen Wesens war vermindert, obwohl nur ein aufmerksames Betrachten dies entdecken konnte; ich sah nicht mehr den Mann vor mir, der vier Jahre früher zu mir sagte: ‹ich denke neunzig Jahre alt zu werden› und der mit großer Behendigkeit mit seiner jungen Tochter im Garten Haschen spielte.»[60]

Zschokke wollte seine Krankheit nicht wahrhaben, verbarg seinen Zustand, die Schmerzen, und schonte sich kaum. Bis zuletzt entwarf er Projekte, diktierte seiner Tochter Briefe und unterhielt sich mit Besuchern.

Am 27. Juni 1848 starb er, am gleichen Tag, als die Tagsatzung in Bern die neue Bundesverfassung annahm. Damit ging Zschokkes politisches Hauptanliegen, eine starke Schweiz, in Erfüllung. Für diesen Bundesstaat hatte er wahrlich einen grossen Beitrag geleistet. Andere hatten realisiert, was er angeregt und entschlossen verfochten hatte.

Eine grosse Menschenmenge folgte dem Sarg, Weggefährten und Schüler, Kritiker und Freunde vereint. Ein grosser Mann war gestorben. Kondolenzschreiben trafen von überall her ein, von einfachen Leuten, Gelehrten, Politikern und gekrönten Häuptern, was zeigte, wie geschätzt und beliebt er gewesen war. In allen wichtigen Zeitungen erschienen Nekrologe.

In der «Blumenhalde» ging das Leben weiter. Neue Gäste, neue Bewohner trafen ein. Neffe Genthe, der zwei Jahre später zum dritten Mal auf Besuch kam, um Zschokkes Biografie vorzubereiten, machte eine eigenartige Feststellung: «Auf der Blumenhalde empfand ich zwar seine Abwesenheit, aber es war mehr das Gefühl des bloßen Fernseins, nicht des gänzlichen Verlorenseins. Viel trug dazu wohl bei, daß in seinem Zimmer Alles unverändert geblieben war und daß der Kreis der Empfindungen nicht durch Veränderungen gestört worden. Nur eine Reise schien den Bewohner für längere Zeit aus den Räumen entfernt zu haben, wo er gewaltet hatte; er konnte jeden Augenblick wiederkommen und fand dann Alles wie er es verlassen.»[61]

Solange Nanny lebte, blieb alles beim Alten. Erst nach ihrem Tod im Jahr 1858 verlor die «Blumenhalde» ihre Seele. Es zeigte sich, dass nicht Zschokke, sondern sie der Mittelpunkt der immer zahlreicheren Familie gewesen war. Der Hausrat wurde verteilt, und der jüngste Sohn Olivier zog ein, errichtete in der «Blumenhalde» sein Ingenieurbüro, passte die Räume seinen Bedürfnissen an und baute eine Veranda. Als Olivier starb, wohnte seine Witwe, eine geborene Sauerländer, weiter darin. Ihr Sohn Friedrich, der bekannte Zoologe, Vorgänger von Adolf Portmann auf dem Lehrstuhl der Universität Basel, brauchte das Haus nicht länger und verkaufte es 1919 dem Ingenieur und Fabrikanten Alfred Oehler. Dieser fühlte eine moralische Verpflichtung, Zschokkes Erbe in seinem ehemaligen Zustand zu bewahren, und machte einige Anpassungen aus der Zeit von Olivier Zschokke wieder rückgängig.[62]

Ausschnitt der «Blumenhalde» von heute. Der architektonisch überzeugende gläserne Zwischenbau ist ein Treffpunkt der Aargauer und nimmt kulturelle Veranstaltungen auf. Er lässt den Blick auf die Fassade des Stammhauses von der Hofseite her offen.[63]

1959 erwarb die Aarauer Ortsbürgergemeinde die «Blumenhalde», mit der Absicht, sie einem kulturellen Zweck zuzuführen.[64] Als man 1988 eine Ausbildungsstätte für die Bezirksschullehrer suchte, wurde die Liegenschaft dem Kanton zu einem günstigen Mietpreis überlassen. Sie erhielt einen Neubau, der über einen Glastrakt mit dem alten Haus verbunden wurde. Dies war eine ausserordentlich glückliche Lösung des Architekten Konrad Oehler, da sie die alte Fassade nicht nur bewahrte, sondern aufwertete. Von der Galerie des Neubaus und vom Lichthof hat man einen guten Blick auf die Nordfront des Hauses.

Um die Ursprünglichkeit des Anwesens wieder herzustellen, wurde störendes Beiwerk mitsamt den kleinräumigen Unterteilungen und Einbauten entfernt. Beibehalten wurden das ursprüngliche Mauerwerk und die alten Balkenlagen.[65] Jetzt blickt die «Blumenhalde» wieder mit ihren zwei Fensterreihen und den Dachzinnen vom Hang des Hungerbergs über die Stadt Aarau, wie Alexander Zschokke sie 1840 gezeichnet hatte.

Rudolf Künzli, der Hausherr der «Blumenhalde», legt Wert darauf, dass das Gebäude nicht nur der Verwaltung des «Didaktikums» zur Lehrerausbildung dient, sondern auch öffentliche Anlässe darin stattfinden und Studierende sich dort aufhalten. Die «Blumenhalde» ist eine Begegnungsstätte geworden, die der ganzen Bevölkerung zur Verfügung steht. Musikalische Darbietungen, Vernissagen und Autorenlesungen ergänzen den Schulbetrieb.[66] So atmet die «Blumenhalde» noch heute Zschokkes Geist der Erziehung, des Fortschritts, der Kultur und der Begegnung.

Zschokkes Erbe

Zschokke ist einer der glücklichen Menschen, die in ihrem Leben alles erreichen, was sie im Privaten sich erträumen und im Beruflichen anstreben – oder fast alles. Er hinterliess sieben Söhne, eine reizende Tochter, einen geordneten Hausstand und hatte noch das Glück, auch seine ältesten Enkel heranwachsen zu sehen. Er war von den Menschen geachtet und geliebt, wohlhabend und unabhängig.

Ein Vierteljahrhundert hatte er als oberster Forstmann die Staatswälder beaufsichtigt und, zeitlich sich überlappend, ein Vierteljahrhundert als Schweizerbote zum Volk gesprochen und das Volk im Grossen Rat vertreten. Als Schriftsteller hatte er sich einen soliden Ruf erworben und erlebt, dass man ihn in den entlegensten Gebieten Europas kannte, las und schätzte.

Eine Selbstschau

Zschokkes grosse Beliebtheit als Schriftsteller wurde offenbar, als er im Juni 1842 sein Buch mit dem einfachen Titel «Eine Selbstschau» herausbrachte. Es wurde zu einem wichtigen literarischen Ereignis des Jahres. Das Sensationelle darin war bereits vorab enthüllt worden, im Januar 1842 in der «Magdeburger Zeitung» und von da in der Presse ganz Europas: Zschokke bekannte sich nach bisherigem hartnäckigen Schweigen und allen Dementis von Sauerländer als Autor der «Stunden der Andacht».[1]

Die Entstehung der «Stunden der Andacht» wurde in «Eine Selbstschau» detailliert beschrieben.[2] Damit wurden alle Spekulationen entkräftet, die sich bisher um den anonymen Verfasser rankten.[3] Um sein Versprechen, das Geheimnis zu wahren, zu halten, hatte Zschokke beschlossen, das Manuskript seiner Autobiografie unter Verschluss zu halten und es als ein Vermächtnis seinen Kindern zu übergeben, «auf daß sie ihren Vater, an dem sie im Leben so liebend hingen, ganz kennen lernen sollten».[4] Nachdem das Geheimnis – nicht ohne Zschokkes Dazutun – gelüftet war, gab es keinen Grund mehr, mit der Veröffentlichung zuzuwarten.

Sauerländers Bitte, das Kapitel über die «Stunden der Andacht» zu streichen, um wenigstens offiziell die Verfasserschaft im Dunkeln zu lassen, konnte und wollte Zschokke nicht erfüllen, da er seine Autobiografie als seine Lebensbeichte betrachtete. Der erste Teil mit dem Untertitel «Das Schicksal und der Mensch» enthielt seinen Werdegang, der zweite Teil, «Welt- und Gottanschauung», seine philosophisch-religiösen Ansichten. Zschokke legte Wert darauf, dass beide eine Einheit darstellten und keiner ohne den anderen erscheinen sollte.

Schon Emil Zschokke hielt sich aber nicht mehr daran. Er erachtete den zweiten Teil, an dessen Revision sein Vater noch bis zu seinem Tod gearbeitet hatte, nicht mehr für zeitgemäss. Die vierte Auflage von 1849 und alle weiteren Auflagen erschienen ohne die «Welt- und Gottanschauung».[5] Deshalb wird mit «Eine Selbstschau» meist nur der erste Teil gemeint, eine Regel, der ich mich hier anschliesse.

Mit «Eine Selbstschau» zog Zschokke eine Bilanz seines langen, bewegten Lebens, einen «Rechnungsabschluß über das Ergebniß meines Träumens, Zweifels, Forschens und Handelns».[6] Es ist eine chronologisch angelegte Lebensgeschichte, die in der zweiten Hälfte memoirenhafte Züge annimmt, mit allerlei vor allem historischen Ausführungen. So erfährt man viel über die Schweiz vom Zusammenbruch der Alten Eidgenossenschaft bis zur unmittelbaren Gegenwart der Niederschrift.[7] Die Aargauer Zeit wird in den beiden letzten Hauptkapiteln «Des Mannes Jahre» und «Lebens-Sabbath» beschrieben.

Die Zeitgenossen lasen «Eine Selbstschau» als eine erste zusammenhängende Schilderung vom Leben und vom Wirken eines Mannes, das bisher nur in Bruchstücken bekannt war. Das Buch las sich als Erfolgsgeschichte eines Selfmademan, als Motivationsbiografie, die zeigte, «wie ein Mensch, der unter ungünstigen Voraussetzungen aufwächst[,] durchaus im positiven Sinne davon profitieren kann.»[8] Zschokkes Lebenswerk stellte sich als ein in sich geschlossenes Ganzes dar, als ein grosser, zunächst unsichtbarer Plan, der sich nach und nach enthüllte und alles zur Reifung und Vollendung brachte.

Zschokkes Autobiografie «Eine Selbstschau» ist eines der grossen literarischen Werke aus der Mitte des 19. Jahrhunderts, ein wichtiges Stück früher deutschsprachiger Memoirenliteratur. Sie neu aufzulegen, wie Rémy Charbon es 1977 in einer kommentierten Faksimileausgabe der ersten Auflage unternahm, war deshalb sehr berechtigt.

Die Genauigkeit und Faktizität wurde anfänglich nur leise angezweifelt, am ehesten in konservativ-religiösen Kreisen, die Zschokkes liberal-aufklärerische Einstellung nie gemocht hatten und sich jetzt bestätigt sahen, wie «infam» Zschokke sich und seine Sicht der Welt inszenierte.

Wir müssen dieser Kritik insofern Rechnung tragen, als «Eine Selbstschau» zu Missverständnissen und Irrtümern Anlass gibt, wenn sie, wie es leider heute noch oft geschieht, unreflektiert als Quelle herangezogen wird. Sie ist kein Ersatz für eine wissenschaftlich fundierte Biografie, wenn sie auch in Ermangelung einer solchen häufig dazu benutzt wird. Zschokke besass bei der Niederschrift im Alter von 70 Jahren nur noch teilweise authentische Dokumente und frühere Notizen,[9] so dass er sie über weite Strecken aus dem Gedächtnis verfasste.

So kann es nicht wundern, dass viele Daten und Angaben aus «Eine Selbstschau» mit Vorsicht zu geniessen sind. Der Autor liebte es ausserdem gerade in

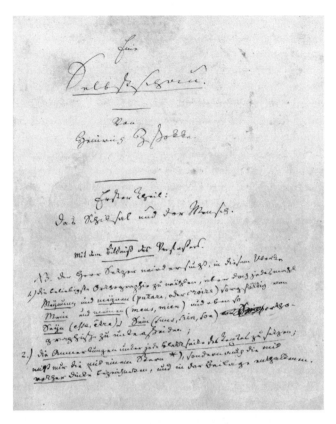

Erste Seite von Zschokkes Manuskript «Eine Selbstschau» mit Anweisung an den Setzer: «Die beliebigste Orthographie ist zu wählen, aber doch jedesmahl Meÿnung und meÿnen (putare, oder croire) sorgfältig von Mein und meinen (meus, mien) und eben so Seÿn (esse, être) und Sein (suus, sien, son) orthographisch zu unterscheiden.»[10]

diesem Werk, Ereignisse zu glätten, sie in einen späteren Kontext zu bringen, das eigene Dazutun herauszustreichen oder in den Hintergrund zu rücken. Gerade was Zschokkes politische Tätigkeit anbelangt, erweist sich vieles als Rechenschaftsbericht mit apologetischen Zügen.[11]

Beweggründe werden von Zschokke so dargestellt, als habe er die Dinge von einer erhöhten Warte aus betrachtet und im Bewusstsein des noch Kommenden gehandelt. Er achtete darauf, einen roten Faden, einen Grundzug durch das ganze Werk sichtbar werden zu lassen, der nicht nur den Leser führen sollte, sondern angeblich auch Zschokke selbst leitete. Die Lesart der «Selbstschau»: Sein Lebens- und Gestaltungsplan, der früh schon gegeben war, hatte sich nach einigen jugendlichen Zweifeln und Irrungen, zu denen er auch nachträglich noch stand, schliesslich erfüllt.

Heute lesen wir «Eine Selbstschau» anders: als glänzend geschriebenen, dokumentarischen Roman, der uns viel Interessantes aus der Vergangenheit vermittelt und durch die Begegnung mit Namen wie Pestalozzi, Fellenberg, Kleist, Börne, Goethe und Schiller Vertrautheit schafft. Zunächst aber ist es die Geschichte einer Befindlichkeit: eines Individuums, einer Gesellschaft, einer Geisteshaltung des 19. Jahrhunderts, die uns lebhaft vor Augen tritt. Zschokke bietet sich auf seiner Reise in die eigene Vergangenheit als Mentor an, belehrend, kommentierend, als Cicerone in eine andere, seine Welt.

Das Werk ist heute noch frisch und jedermann zugänglich und als Einstieg in die politische, Geistes- und Mentalitätsgeschichte des frühen 19. Jahrhunderts zu empfehlen. Viele kluge Gedanken, pointiert formuliert, würden sich als Merksätze im Wageninnern eines Interregio verwenden lassen, wenn es den Schweizerischen Bundesbahnen in den Sinn käme, eine Komposition nach Heinrich Zschokke zu benennen.[12] Verdient hätte er diese Würdigung auf jeden Fall.

Zschokkes Briefwechsel

Authentischer als «Eine Selbstschau» ist Zschokkes umfangreiche Korrespondenz, aus der sich wie aus Puzzlesteinen seine Biografie zusammenfügen lässt. Ich habe schon erwähnt, wie mitteilsam Zschokke war und dass er kaum einen Tag ohne Briefeschreiben verstreichen liess.[13]

Seit einigen Jahren steht uns der gesamte erhaltene Briefwechsel von rund 6 000 Einheiten zur Verfügung, etwa hälftig Briefe von und an Heinrich Zschokke. Dies ist der Initiative von Rémy Charbon (Professor in Genf und Freiburg i. Ü.) und Robert Hinderling (emeritierter Professor in Bayreuth), beides Deutschschweizer Germanisten, zu verdanken. In aufwandsintensiver zwölfjähriger Zusammenarbeit des Schweizerischen Nationalfonds mit der Deutschen Forschungsgemeinschaft wurden in allen Archiven Europas Zschokkes Briefe aufgespürt, kopiert und mit den Eckdaten (Absender, Empfänger, Datum usw.) in einer Datenbank erfasst. Über 2 500 Briefe liegen in Umschrift vor. Damit ist eine neue Ära für die Zschokke-Forschung angebrochen.

Der Briefwechsel Zschokkes ist ein Kulturerbe ersten Ranges, was Umfang, Inhalt und Vielfältigkeit der Briefe und die Bedeutung der gegen 700 Briefpartner betrifft. Es sind wichtige Dokumente zur Schweizergeschichte bis 1848, zur Kulturgeschichte Europas und der Schweiz, zur Literaturgeschichte des 19. Jahrhunderts und zur Sozialgeschichte. Der Kanton Aargau hat dies erkannt und kauft, soweit es der Marktpreis gestattet, frei erhältliche Zschokke-Briefe an, um die Bestände des Staatsarchivs zu ergänzen.[14] Auf diese Weise kam vor einigen Jahren ein Band mit über 240 Originalbriefen Zschokkes an Oberrichter und Regierungsrat Johann Heinrich von Orelli (1783–1860) nach Aarau – zum Glück, da sie sonst der Öffentlichkeit und der Forschung vermutlich verloren gegangen wären.

Die Bandbreite von Zschokkes Korrespondenz reicht von Augenzeugenberichten und Kommentaren zu politischen Vorfällen, über die Diskussion literarischer, soziologischer oder religiöser Fragen bis zu ausführlichen Familienbriefen mit Ehefrau und Söhnen, die viel über den Alltag und die Sorgen des Bürgertums und das Studentenleben an deutschen Universitäten aussagen. Der grösste Teil dieser Briefe ist unveröffentlicht und unbekannt. Vom Freiämtersturm im Dezember 1830 und Zschokkes Anteil daran erfährt man in Briefen an den Zürcher Freund von Orelli,[15] während die sich überstürzenden Ereignisse im Umfeld der Klösteraufhebung vom Januar 1841 in täglichen Briefen an den Berner Regierungsrat Bernhard Rudolf Fetscherin weitergegeben wurden.

Das 18. und 19. Jahrhundert besass eine ausgeprägte Briefkultur, in der handschriftliche Mitteilungen eine der wenigen Möglichkeiten der Kommunikation darstellten. Zschokke pflegte diese Kultur mit viel Ausdauer. Die Bedeutung, die Zschokke seiner Korrespondenz gab, lässt sich am besten daran ermessen, dass er auch in Zeiten grossen Arbeitsanfalls die Antwort auf die zahlreichen Briefe, die er empfing, selten länger als einen oder zwei Tage schuldig blieb. Der Briefverkehr hatte damals auch die Aufgabe der Erkundigung und Informationsbeschaffung. Zuweilen nahm Zschokke Passagen aus persönlichen Briefen, die ihm wichtig erschienen, in seine Periodika auf. So durchdrangen sich privater Briefwechsel und öffentlicher Gebrauch.

Zschokke errichtete briefliche Bekanntschaften mit wichtigen Persönlichkeiten, Gelehrten, Schriftstellern, liberalen Politikern und Geistlichen in ganz Schweiz und Deutschland, die er über Jahrzehnte hinweg am Leben erhielt. Neben dem gegenseitigen Austausch diente der Briefwechsel der Selbstvergewisserung, Beeinflussung, Abstimmung und Koordination von Entscheiden.

Die Stellungnahme in Briefen fiel ungeschminkter und ehrlicher aus, als dies in von der Zensur überwachten Druckwerken möglich war. Dies erlaubt eine Korrektur von öffentlichen Stellungnahmen, in denen die private Meinung nicht immer zum Ausdruck kommt.

Zschokkes publizistisches Schaffen

Nicht biografischen Inhalts und weniger subjektiv gefärbt, dafür umso wichtiger als Zeitchronik sind Zschokkes Zeitungen und Zeitschriften. In den 34 Bänden des Schweizerboten haben wir den gelungenen Versuch der Volksaufklärung und -belehrung vor uns,[16] ein Dokument der Emanzipationsbestrebungen und Selbstbestimmung des Bürgertums, aber auch, ganz unideologisch, eine Fülle von Artikeln und Kommentaren zu aktuellen Vorfällen.

Leider greifen nur wenige Historiker auf den fast unerschöpflichen Steinbruch von Informationen in alten Zeitungen zurück. Dies lässt sich teilweise mit dem Zeitaufwand erklären, der mit dem Lesen dieser Textsorte verbunden ist, teilweise auch mit einer mangelnden Praxis. Die Interpretation und Einordnung von Zeitungsartikeln setzt einige Routine voraus, dafür eröffnen sie einen unmittelbaren Zugang zu Ereignissen und Phänomenen, zu Alltagsfragen, Meinungen, Einstellungen und Ängsten. Zschokkes Zeitungen und Zeitschriften sind erst rudimentär ausgewertet.

Die Publizistikwissenschaft würde sich ein Verdienst erwerben, wenn sie mit Soziologen, Historikern und anderen interdisziplinär die Methoden der Zeitungserforschung angehen und zu systematischer Erschliessung von Zeitungen und Zeitschriften anregen würde. In der Schweiz gibt es leider nur rudimentäre Ansätze dazu. Es gibt meines Wissens auch keinen Lehrstuhl zur Pressegeschichte, wie er in Bremen durch Holger Böning betrieben wird. Aus dieser Schule kommen immer wieder gewichtige Beiträge zur Publizistikgeschichte.[17]

Zur Eröffnung seiner Zeitschrift «Überlieferungen zur Geschichte unserer Zeit» schrieb Zschokke: «Mit diesem Augenblick der Weltgeschichte beginnt auch gegenwärtige Sammlung von Beiträgen zur Geschichte unsers Zeitalters, von sehr achtungswürdigen Männern der verschiedensten Gegenden, den Zeitgenossen zur Verständigung der Gegenwart überliefert und der Nachwelt und ihren Geschichtsschreibern, als Stoff zum Gemälde unserer Tage. In dem was wahr ist, vermält sich jederzeit von selbst die Anmuth mit dem Nutzen. Darum soll auch Wahrhaftigkeit das erste Gesetz der Überlieferer sein, in so fern die Wahrheit schon im Kampfgewühl und unter dem anfliegenden Staub des Schlachtfeldes erkannt werden mag. – Wenn Partheilosigkeit an sich unmöglich ist: haben wir doch das volle Recht, die Entfernung unedler Leidenschaftlichkeit von allen Überlieferern zu fodern.»[18]

Damit war ein Anspruch formuliert, dem eine Zeitschrift, so objektiv sie auch zu sein trachtete, nicht gewachsen war. Gerade die «Überlieferungen zur Geschichte unserer Zeit» mit ihren sieben Jahrgängen und 4 200 Seiten Umfang, waren weit davon entfernt, parteilos zu sein. Sie waren das wichtigste, zeitweise das einzige liberale deutschsprachige Oppositionsblatt gegen die Politik der Grossmächte Europas, die seit dem Wiener Kongress unter Führung Metternichs ein zunehmend reaktionäres Gesicht zeigten. Sie waren ein letztes Forum der bürgerlichen Liberalen, um sich zu artikulieren, eine der bedeutendsten politischen Zeitschriften jener Zeit.[19]

Die «Überlieferungen zur Geschichte unserer Zeit» waren Zschokkes Reflex und Reflexionen auf eine sich geistig verengende politische Kultur, die nur mehr auf die Bekämpfung des ideologischen Feindes sann und kaum mehr selbst innovativ wurde. Das Studium dieser Zeitschrift erlaubt einen ideologiegeschichtlichen Zugang zur Vergangenheit.

Die «Überlieferungen zur Geschichte unserer Zeit» wirken unmittelbar durch Zschokkes viele auch heute noch bedenkenswerte Ausführungen. Sie stehen für eine mutige Publizistik und eine freiheitliche, zukunftsgerichtete, ja oft visionäre Gesinnung. Auch sie gehören zu Zschokkes Hinterlassenschaft. Sie verdienen es,

ihrem Stummsein in Bibliothekskellern entrissen und erneut zum Sprechen gebracht zu werden.

Sein schriftstellerisches Werk und der Aargau

Zschokke gilt als einer der grossen Volksschriftsteller. Seine einst beliebten belletristischen, dramatischen und historischen Werke werden aber nicht mehr gelesen, ja sie sind auch, mit Ausnahmen, nur noch schwer lesbar. Sie waren zu zeitgebunden, zu sehr auf unmittelbare Wirkung und Aussage konzipiert. Es braucht etwas Zeit und Geduld, sich in sie einzulesen – ein Gut, das heutzutage rar ist. Aber es lohnt sich aus anderen Gründen, sich mit Zschokke als Schriftsteller zu befassen.

Schliesst man Heinrich Zschokke aus der Literaturgeschichte aus, so kann man die deutsche und vor allem die Schweizer Literatur nicht restlos verstehen. Zschokke war von der Aufklärung, von Kant, Lessing, von Pestalozzi, Jean Paul oder Walter Scott beeinflusst. Seinerseits hat auch er Autoren befruchtet und beeinflusst. Deutlich merkt man dies bei Jeremias Gotthelfs Volksromanen und Kalendergeschichten und Gottfried Kellers Leuten von Seldwyla. Auch bei Conrad Ferdinand Meyer ist noch etwas davon spürbar. Sein Jürg Jenatsch atmet die Welt des «Addrich im Moos» und die Landschaft der «Rose von Disentis».

Diese drei grossen Schweizer Dichter haben Zschokke weit überflügelt, daran kann kein Zweifel bestehen. Aber sie haben Zschokke gekannt, von ihm profitiert und benutzt, was sie brauchten. Jeder Schriftsteller beschäftigte sich mit seinen Vorgängern, und seine Nachfolger lasen wiederum ihn und bauten ihr Schaffen auf ihm auf. Das ist eine Binsenwahrheit, wird aber missachtet, falls man sich auf die grossen Autoren beschränkt und die gelesensten unterschlägt.

Die grossen Schriftsteller von damals hatten keine Scheu vor dem Trivialen. Man wundert sich manchmal, was ein Goethe alles gelesen und gekannt hat: sehr genau einen Heinrich Zschokke.

Nicht alle Einflüsse sind leicht zu bemerken; manche sind auch zirkulär. Zschokke wurde für sein Drama «Abällino, der grosse Bandit» von Schillers «Räubern» beeindruckt. Andererseits besorgte Schiller sich Zschokkes vor kurzem erschienene «Geschichte vom Kampf und Untergang der schweizerischen Berg- und Waldkantone», um seinem «Wilhelm Tell» das nötige Lokalkolorit zu verschaffen.

Zschokkes «Ausgewählte Schriften» umfassten bereits im Jahr 1828 40 Bände. Dazu kommen seine Dramen und Frühwerke, die Aufsätze, von denen die wenigsten in Buchform aufgenommen wurden, die «Stunden der Andacht» und spätere Schriften wie «Eine Selbstschau».

Wer eine vollständige Gesamtausgabe von ihm veranstalten möchte, müsste sich hüten, die Kapazitäten eines Verlags zu überfordern. Man würde auf rund 80 Bände kommen, ohne Einbezug der Briefe (noch einmal 15 Bände). Nicht einberechnet sind hier die nicht eindeutig zuzuordnenden Beiträge in Zeitungen und Zeitschriften, die Voten im Grossen Rat und die nicht gedruckten Schreiben, Berichte, Gutachten in den amtlichen Akten der Staats- und Stadtarchive, die für dieses Buch nach Möglichkeit gesichtet und eingearbeitet wurden.

Zschokkes schriftstellerisches Werk wurde zum grössten Teil im Aargau verfasst. Es liegt am Aargau und an Aarau, Zschokke als *seinen* Schriftsteller zu betrachten, das literarische Erbe zu übernehmen und würdig zu verwalten. Andere Regionen und Städte stehen bereits in den Startblöcken: Magdeburg, das erst seit 1989 eine eigenständige Kulturpolitik betreiben darf, bereitet zur Zeit der Niederschrift dieses Buchs im städtischen Literaturhaus eine Ausstellung über

An diesem Stehpult fand Zschokke sich jeden Morgen um fünf Uhr ein, erledigte seine Korrespondenz und schrieb Erzählungen, Novellen oder Beiträge für seine Zeitungen und Zeitschriften. In den Schubladen bewahrte er Manuskripte auf.[20]

Zschokke vor. Die dortige literarische Gesellschaft hat in den vergangenen Jahren das Terrain mit Vorträgen über Zschokkes literarisches Schaffen vorbereitet.

Das Material für seine Ausstellung muss Magdeburg freilich zu einem guten Teil in Aarau besorgen. Hier liegen im Staatsarchiv der handschriftliche Nachlass Zschokkes und einiger seiner Söhne. Die Kantonsbibliothek hat aus dem «Zschokke-Stübli» Zschokkes gedruckte Werke übernommen: Hunderte von Ausgaben in verschiedenen Auflagen und Sprachen. Im Jahr 1847 verkaufte Zschokke der Kantonsbibliothek zudem seine Sammlung von Handschriften, Broschüren und Flugschriften mit 3 000 Einheiten aus der neueren und neusten Schweizer Geschichte, die als Zschokkes Schweizerbibliothek allen Benutzern zugänglich ist.[21] Dazu gehört die bedeutende Sammlung des Zürchers Felix Lindinner (1729–1807), die Zschokke 1806 angekauft hatte. Alle Handschriften – unter anderem auch Zschokkes Korrespondenz als Regierungskommissär 1799–1801 in den Kantonen Waldstätte, Bellinzona und Lugano – werden seit 1992 im Staatsarchiv aufbewahrt.

Im Stadtmuseum Aarau befinden sich weitere Druckschriften und Manuskripte aus dem Bestand des «Zschokke-Stübli», so Zschokkes Haushaltbuch, die handschriftliche Zeitung «Der Blumenhaldner», aber vor allem Porträts und

Ex Libris von «Heinrich Zschokke's Schweizer-Bibliothek», einer grossen Sammlung von Broschüren, Flug- und Handschriften zur Schweizergeschichte, die seit 1847 im Besitz der Aargauischen Kantonsbibliothek ist.

Gegenstände wie sein Stehpult, ein Klavier und ein Wanderstock, sein Fernrohr und neuerdings eine Neuenburger Pendule. Sie sind in einem dazu hergerichteten Raum, der Zschokkestube, zu den normalen Öffnungszeiten oder in Absprache mit der Museumsleitung zu besichtigen.[22]

Ebenfalls in Aarau ist das umfangreiche Archiv des Verlags Sauerländer mit Verlagsakten, die bis auf die Gründungszeit zurückgehen, Autorenkorrespondenzen, Manuskripten und einer beinahe vollständigen Sammlung aller je im Verlag erschienenen Werke. Es ist eines der reichhaltigsten Verlagsarchive der Schweiz, gut geordnet von dem 1997 verstorbenen Heinz Sauerländer und seither weiter betreut von Bibliothekar Tobias Greuter.

Hier befinden sich Zschokkes Korrespondenz mit Sauerländer, die Verlagsverträge, Manuskripte einiger Werke, das Honorarbuch (seit 1819), Stiche und teilweise die Platten dazu. Ausserdem sind hier sämtliche Zeitungen und Zeitschriften in mehreren Exemplaren (wichtig für die teilweise nur hier eingebundenen oder eingelegten Beilagen und Inserate). Nur hier sind auch die 37 Auflagen der «Stunden der Andacht» greifbar, die bis 1902 erschienen, mit allen Varianten und Sonderausgaben einzelner Bände.

Aarau ist prädestiniert, das Mekka der Zschokke-Forschung zu werden, ausgerüstet mit Lesesälen und den für die Forschung unerlässlichen Handbibliotheken und technischen Hilfsmitteln der Kantonsbibliothek und des Staatsarchivs.

Der Vollständigkeit halber seien noch das Stadtarchiv Aarau und die Freimaurerloge zur Brudertreue angeführt, die ebenfalls Zschokkiana besitzen. Ebenfalls in Aarau sind im Privatbesitz von Marianne Oehler-Zschokke weitere Zschokke-Briefe, Dokumente und Angaben zu seinem Leben, die über ihren Vater und Grossvater (Rolf und Ernst Zschokke, die sich beide intensiv mit ihrem Ahnen befassten) auf sie gekommen sind.

Ein Denkmal für Zschokke

1884 fand anlässlich der Jahresversammlung der Schweizerischen Gemeinnützigen Gesellschaft, die in Aarau tagte, eine Zschokke-Ausstellung statt. Es braucht kaum erwähnt zu werden, dass Zschokke auch in dieser Organisation Mitglied war und wesentliche Beiträge leistete.[23] Emil Zschokke, Doyen der Familie und Sachwalter des väterlichen Erbes, Verlagsleiter Remigius Sauerländer und die

Das Zschokke-Denkmal im Kasinopark in Aarau. Mit ihrem Granitsockel erreicht die Bronzestatue eine Höhe von 5,2 Metern.[24]

Kantonsbibliothek trugen alles zusammen, was von und über Zschokke noch ver-
fügbar war: Porträts, alle möglichen Gegenstände, Diplome, Auszeichnungen,
Manuskripte, Briefe, biografische Notizen und selbstverständlich seine Schriften
in verschiedenen Ausgaben und Sprachen, ergänzt um Raub- und Nachdrucke.
Obwohl man sich bei den Briefen aufs Exemplarische beschränkte, kamen
über 300 Exponate zusammen. Es war die grösste je gezeigte Zschokke-Ausstellung.[25] Der Katalog ist heute noch wichtig, um einzelne Gegenstände zu identifizieren und einen Überblick zu Übersetzungen von Werken Zschokkes zu gewinnen.[26] Die Ausstellung fand auch im Zusammenhang mit einem Zschokke-Denkmal statt, das schon länger geplant war, aber noch einige Zeit auf sich warten
liess.

1881 hatte der Einwohnerverein von Aarau den Beschluss gefasst, Zschokke
«auf einem öffentlichen Platze, sofern die städtischen Behörden hiezu ihre Einwilligung geben, ein Denkmal zu errichten, das in antikem Sinne durchaus auch
eine Manifestation der Kunst sein soll». Man begründete dies damit, «es liege im
wohlverstandenen Interesse unserer Republik und werde der Stadt Aarau ganz
besonders zur Ehre und Zierde gereichen, wenn sie ihre verdienten verstorbenen
Männer in künstlerisch schöner und würdiger Weise zu ehren und ihr Andenken
spätern Generationen zu erhalten trachte».[27]

Es wurde ein breit abgestütztes Komitee mit dem Zurzacher Bundesrat Emil
Welti als Ehrenpräsidenten bestimmt, um die Stiftung des Denkmals zu einer nationalen Angelegenheit zu machen. Das ganze Schweizer Volk wurde aufgerufen,
sich daran zu beteiligen. Auch das Ausland wurde einbezogen; Zschokkes Vaterstadt Magdeburg sandte «einen erheblichen Beitrag an das Denkmal ihres ruhm-
reichen Bürgers».[28]

Als genügend Geld beisammen war, wurde eine Projektausschreibung unter
Schweizer Künstlern veranstaltet. Die beiden Bildhauer Robert Dorer und der in
Paris lebende Alfred Lanz reichten Entwürfe ein. Sie wurden ermutigt, sie weiter
auszuführen. 1891 erhielt das Modell von Lanz den Zuschlag. Es zeigt Zschokke
in der Pose eines Staatsmanns oder Gelehrten im römischen Umhang, den Blick
in die Weite gerichtet, in der rechten Hand einen Schreibstift, in der linken ein
halb gerolltes Schriftstück. Hinter dem linken Fuss liegt ein Stapel Bücher. Die
Haltung der Figur strahlt Würde und Kraft aus.

1894 endlich, am 13. Juli, dem Tag des Jugendfestes, wurde das Bronzedenk-
mal Zschokkes auf dem Kasinoplatz in Aarau enthüllt. Auf dem Sockel aus Voge-
ser Granit wurden in Goldbuchstaben die Zeilen geschrieben:

Heinrich Zschokke
1771–1848
Schriftsteller, Staatsmann und Volksfreund
Das Vaterland

1828 erschien im Schweizerboten ein Artikel mit dem Titel «Wie Pestalozzi über Denkmäler dachte.»[29] Der Text lautet so: «Wollet Ihr Männer, die sich große Verdienste um Vaterland und Menschheit erworben haben, würdig ehren und durch ihr Andenken noch auf die Welt wohlthätig wirken, nun ja, so bauet ihnen Denkmäler, aber – nicht von *Holz* und von *Stein* und *Metall!* Nicht todte, sondern *lebendige* Denkmäler bauet! Nicht das Todte, sondern nur Lebendiges wirkt Leben. Also nicht in Holz und Stein und Metall werfet euer Geld! In die *Menschheit* stecket es, daß es *lebendig* wirke! Jedes Denkmal erhalte ein *geistiges* Element, das Geist und Leben wirkt! Ich möchte kein anderes Denkmal, sprach *Pestalozzi,* es sei denn, man lege einen verachteten und weggeworfenen *Feldstein* auf mein Grab, der da seine Ruhe finde, wie ich meine in meinem Grabe.»

Zschokke versuchte, diesem Wunsch Pestalozzis zu willfahren, indem er sich im Aargauer Grossen Rat seit 1833 bemühte, auf dem Birrfeld in Brugg ein «Erziehungshaus für verwahrlosete Kinder der Armen» als lebendes Denkmal für Pestalozzi zu schaffen.[30] Es kam fürs erste nicht zustande, aber 1845 gründete Zschokke mit einigen Freunden die Pestalozzistiftung, die den Gedanken wieder aufnahm.

Rechtzeitig zu Pestalozzis 100. Geburtstag am 12. Januar 1846 konnte «das geistige Denkmal des Verewigten, die landwirtschaftliche Armenanstalt» feierlich eröffnet werden.[31] Die Geschichte dieses Unternehmens, das in die Pestalozzistiftung Olsberg übergegangen ist, muss noch geschrieben werden.

Sein eigenes lebendiges Denkmal schuf Zschokke selber. Dass es zu Lebzeiten Zschokkes entstand, ist wohl der Grund dafür, dass es nicht seinen Namen trägt, obwohl er Initiator, Präsident, Direktor, ja bis zu seinem Tod die Seele des Ganzen war: die Taubstummenanstalt in Aarau, von der bisher nur am Rand die Rede war. Aus Bescheidenheit benannte er sie nicht nach sich, und auch später scheint niemand daran gedacht zu haben.

Die Taubstummenanstalt

In einem Alter von 65 Jahren, da andere sich zur Ruhe setzen, gründete Zschokke diese Institution. Sie darf als sein eigentliches Vermächtnis gelten, nicht nur, weil sie in der Schweizerischen Schwerhörigenschule Landenhof in Unterentfelden weiterlebt, sondern weil sich darin fast alles konzentrierte, was Zschokke in seinem aktiven Leben als Bürger und Mitmensch wichtig war. In «Eine Selbstschau» schilderte er den Anlass so:

«Bei vielen Wanderungen durch Schweizerthäler hatte mich jedesmal der Anblick jener Glücklosen schmerzhaft erschüttert, die ohne Gehör und Sprache, oft in eckelhafter Mißgestalt, durch die Welt schleichen, *Kretinen* genannt. Auch im Aargau fehlte es nicht daran. Auf meinen Antrag veranstaltete, schon im Jahre 1816, die Gesellschaft für vaterländische Kultur eine Zählung derselben im

Aargau; aber den eingegangnen Berichten mangelte noch wünschbare Vollständigkeit. Zwanzig Jahre später kam ich auf diesen Gegenstand noch einmal zurück, da auch der Älteste meiner Söhne sich ihm, als Naturbeobachter und obrigkeitlicher Bezirksarzt, mit Aufmerksamkeit zuwandte.»[32]

Das Ergebnis der neuerlichen Untersuchung, in einer Landkarte des Kartografen Michaelis festgehalten, war erschreckend: Auf 200 000 Einwohner kamen 960 Taubstumme. «Und für diese insgesammt gab es keine Schule, keine Kirche, keinen nützlichen Beruf; keine Liebe auf Erden, als die schmerzensreiche des elterlichen Mitleidens; keinen Christus; kein Ahnen Gottes; kein Hoffen von einer Ewigkeit. Der Staat hatte diese armen Waisen der Natur vergessen.»[33]

Schon 1811, im Jahr ihrer Gründung, befasste sich die Gesellschaft für vaterländische Kultur mit den Taubstummen; die erste Erhebung stammte von 1810 und nicht erst, wie Zschokke schrieb, von 1816. Mit einem umfangreichen Fragebogen versuchte man zunächst, die Ursachen gehörlos geborener Kinder zu erforschen.[34] Einige Vermutungen gingen dahin, dass Taubstummheit in feuchten, schattigen Gegenden häufiger vorkäme als an Sonnenhängen und dass mangelnde Hygiene und Alkoholismus der Eltern eine Rolle spielten.

Johann Nepomuk Brentano, Pfarrer in Gansingen, anerbot sich 1812, die Aargauer Taubstummen zu unterrichten. Die Gesellschaft für vaterländische Kultur beschloss, seine Bestrebungen finanziell zu unterstützen und ihm taubstumme Kinder zuzuweisen. Brentano bemühte sich, den Kindern auch religiöse Begriffe beizubringen, was sich nicht als einfach erwies. Aber «durch Erweckung und Bildung der Gedanken von Gott und Seele würde man sich um diese Unglücklichen ein weit grösseres Verdienst erwerben, als wenn man sie für das bürgerliche Leben tauglich machte, (denn verhungern werden sie nicht leicht) es wäre auch gleichgültiger ob sie dem Staat nutzen oder nicht».[35]

1815 lernte Zschokke den schottischen Gelehrten Robertson kennen, der ihm von der Möglichkeit erzählte, die Taubstummen mit einem zwischen den Zähnen festgehaltenen Stab zum Hören zu bringen.[36] Er regte Brentano dazu an, seinen Zöglingen auf diese Weise und mittels einer Tonleiter die Lippensprache beizubringen.[37]

Später scheinen Brentanos Bemühungen versandet zu sein, vielleicht weil er 1822 nach Laufenburg umzog, wo er zum Stadtpfarrer gewählt wurde. Man vernimmt jedenfalls nichts mehr darüber.[38] Aber Zschokke, der in regem Austausch mit Heinrich von Orelli, dem Quästor der Zürcher Blindenanstalt (später Blinden- und Taubstummenanstalt), stand, blieb am Ball. 1835 schlug er an der Jahresversammlung der Gesellschaft für vaterländische Kultur die Errichtung einer Taubstummenanstalt für den ganzen Kanton Aargau vor. Den Impuls dazu gab die Freimaurerloge zur Brudertreue, in der Theodor Zschokke «diesen so schönen und wichtigen Gedanken in einem Baurisse vor den Brüdern entwickelte».[39]

Heinrich Zschokke stellte das ganze Gewicht seiner Persönlichkeit hinter den Vorschlag. Nachdem er vor den Mitgliedern der Gesellschaft für vaterländische

Kultur zunächst das «Trauerbild» dieser «beklagenswerten Stiefkinder der Natur» entworfen hatte, rief er aus: «Und wer hat bisher für die Verbesserung der Zustände, für die Veredlung und Vermenschlichung dieser Unglückseligen gesorgt? Niemand! – Die Kräfte des Staates sind beschränkt, – er vermag nicht alles. Aber groß sind die Kräfte des Volkes und reich ist an Mut und Edelsinn das Herz des *Aargauers.* – Hier, verehrteste Herren, ist eine Aufgabe, würdig einer Gesellschaft für vaterländische Kultur!»⁴⁰

Die Gesellschaft für vaterländische Kultur, die ihre Aktivitäten beinahe eingestellt hatte und dabei war, in die Bedeutungslosigkeit zu versinken, beschloss nach dieser flammenden Rede, einen Ausschuss mit der Errichtung einer Erziehungs- und Lehranstalt für die Taubstummen des Kantons zu beauftragen. Zschokke liess seine publizistischen Kontakte und propagandistischen Fähigkeiten spielen, nahm mit Bekannten in der Schweiz Kontakt auf und schrieb einen zweiteiligen Artikel für den Schweizerboten,⁴¹ in dem er prophetisch meinte:

«Ich sage euch, es wird eine Zeit kommen, da man in einer Taubstummenanstalt noch für einzelne Bezirke oder einzelne Gemeinden, wo viel der Gehörlosen sein mögen, Lehrer bilden wird – es wird eine Zeit kommen, da in solchen Bezirken oder Gemeinden eigene Taubstummenanstalten bestehen, wo dann jedes der unbeglückten und beklagenswürdigen Kinder in seiner Ortschaft oder in der Nähe derselben, ohne allzuschwere Kosten seiner Familie unterrichtet werden kann, und selbst im häuslichen Kreise der Gang dieses Unterrichts kennen gelernt, befolgt und fortgesetzt wird. – Die öffentliche Sicherheit und der Nutzen der bürgerlichen Gesellschaft, Menschenliebe und Religion fordern es. Es soll keine Seele verloren gehen! Leget den Grundstein zum Himmelswerk!»⁴²

Es wurde dann aber – vorerst – nur eine einzige Taubstummenanstalt errichtet, in Aarau, und die gab genügend zu tun.⁴³ Sogleich wurde Geld gesammelt, eine «Liebessteuer», und in der zinstragenden Ersparniskasse angelegt. Man fand eine geeignete Heimstätte in der Nähe der «Blumenhalde» in Rombach, in einem Haus von Zschokkes Schwager Abraham Zimmermann. Bereits im Juni 1836 konnte die Taubstummenanstalt eröffnet werden.

Man nahm, zeitlich gestaffelt, zunächst fünf Zöglinge auf. Den Lehrer fand man im Institut von Fellenberg in Hofwil, einen ehemaligen Schuhmacher, den man einschlägige Erfahrungen in Zürich und anderswo in der Schweiz sammeln liess.⁴⁴ Zschokke übernahm die Direktion, Ehefrau Nanny die Oberaufsicht über den Haushalt (der Lehrer war noch ledig), Sohn Theodor Zschokke die medizinische Betreuung, und Alexander Zschokke gab Zeichenunterricht.

Erst nachdem die Taubstummenanstalt in Gang gekommen und ihre Existenz gesichert war, ging man den Staat um Unterstützung an. Aber letztlich war und blieb sie eine Stiftung der Bevölkerung und der Kulturgesellschaft. Die Öffentlichkeitsarbeit wurde gross geschrieben und von Zschokke betreut. Er entwarf die Statuten, Aufrufe und Bettelbriefe und korrespondierte mit Behörden und interessierten Kreisen. Er schrieb ebenfalls die Rechenschaftsberichte, die in

Taubstummenanstalt Aarau von 1836 bis 1851 in der Leuenmatt in Rombach, in der Baumschule von Zschokkes Schwager Abraham Zimmermann. 1855 kam hier der Dichter Adolf Frey zur Welt.[45]

hoher Auflage gedruckt auch den Mitgliedern der Regierung und des Grossen Rats abgegeben wurden.

Die jährliche Prüfung der Zöglinge fand seit 1837 im neuen Grossratssaal, später im Kasino statt, während der Legislatur im Juni, so dass ihr auch die 200 Grossräte beiwohnen konnten. Dieses Examen war ein wichtiges Ereignis für Aarau, für die Hörbehinderten und für die Taubstummenanstalt, die so den Bürgern den Erfolg ihrer Bemühungen bekundete und ihren Antrag auf neuerliche finanzielle Unterstützung durch den Grossen Rat für ein Jahr rechtfertigte.[46]

Am 10. Juni 1838 schrieb Zschokke seiner Frau Nanny nach Liestal, wo sie ihre Schwiegertochter Elisabeth nach der Entbindung ihres zweiten Sohns betreute: «Das Taubstummen-Examen erndtete Zufriedenheit von vielen Zuhörern; 40–50 Frauenzimmer, im schönsten Schmuk, erschienen dazu. Hr. Sem[inar] Dir[ektor] Keller, als Abgeordneter des Schulraths, übernahm zulezt selber Prüfung der Zöglinge, und machte den Schluß des Ganzen, mit bewegtem Herzen, in einer rührenden Rede voll Danks gegen die Pfleger der Anstalt und den Lehrer. Abends grosses Souper der Taubstummen in unsrer Eßstube, nach deiner Anordnung. Julie[47] machte dabei die Honneurs, als vollendete Meisterin. Alles war Freude.»

1839 verfasste Zschokke für seine Schützlinge «Eine kurze Geschichte des Vaterlandes» von 23 Seiten, ein Kondensat seiner Schweizerlandsgeschichte. Er tat sich damit schwerer als mit manchem dickeren Werk. Im Unterschied zu Pfarrer Brentano meinte er, Hörbehinderte sollten von staatsbürgerlichen und nicht nur von religiösen Begriffen, von der Geschichte, und nicht bloss vom Lesen und Schreiben eine Ahnung haben. Dem Pädagogen Philipp Emanuel Fellenberg schrieb er, als er ihm das Büchlein sandte:

«Beurtheilen Sie das kleine Ding mit Nachsicht. Das Unternehmen schien mir leichter, als es in der Ausführung war. Ich habe den Bogen 5 mal umarbeiten und vier volle Wochen daran verschwenden müssen. Es war mir darum zu thun unsern Taubstummen (und nun wenn man will, armen Kindern in Landschulen) Begriffe von den bestehenden bürgerlichen Verhältnissen, und vom Gang des Schiksals zu geben, welcher die gegenwärtigen gesellschaftlichen Einrichtungen herbeigeführt hat; und das Alles auf einen Bogen Papier! – Nebenbei dacht' ich dann auch, für arme Bauerfamilien sei selbst meine Schweizerlandsgeschichte noch zu theuer, und was noch schlimmer, ein zu dikkes Buch.»[48]

Es erschienen 1 000 Exemplare, die zu einem Preis von einem Groschen oder vier Kreuzern (ungefähr dem Preis für ein Pfund Brot) abgegeben wurden; Zschokke verzichtete auf ein Honorar.

Der Zschokke-Clan

Ein weiteres Erbe Zschokkes, eine sehr lebendige Hinterlassenschaft war seine Familie. Seine Frau Nanny schenkte ihm zwölf Söhne und eine Tochter, von denen 39 Enkel kamen. Wie viele Nachkommen heute noch leben, wissen wir nicht. Es müssen über tausend sein. Es liegt aber nicht an der Menge, ob eine Familie erfolgreich ist. Ich habe bereits die vier Fakultäten erwähnt, auf die der Stammvater so stolz war: zwei Pfarrer, ein Jurist, zwei Ärzte, zwei Ingenieure und ein Künstler.

Viele Nachkommen Zschokkes waren im öffentlichen Leben aktiv, als Politiker, Offiziere, Professoren an Universitäten oder Lehrer an der Kantonsschule in Aarau, als Förderer und Präsidenten gemeinnütziger Unternehmen. Immerhin 16 von ihnen schafften die Aufnahme ins «Biographische Lexikon des Aargaus».[49]

Stammbaum der Familie Zschokke mit den ersten fünf Generationen. Unten links im Panorama ist die «Blumenhalde» abgebildet.[50]

Vielleicht der berühmteste war Zschokkes jüngster Sohn Olivier (1826–1898). Während der zweitälteste Emil am ehesten dem Vater nachschlug und mit seinem Pfarramt volkspädagogische und publizistische Ziele verband, begab sich Olivier auf den Pfad der Karriere, der ihn weit nach oben führte.

Nach einem Ingenieurstudium in Zürich und Berlin fand Olivier Zschokke eine Anstellung bei der Schweizerischen Centralbahn in Solothurn und gründete 1859 in Aarau eine eigene Baufirma. Zehn Jahre später vereinigte er sich mit Niklaus Riggenbach zum Bau der Vitznau–Rigi-Bahn, eine der ersten Zahnradbahnen Europas. 1877–1885 gehörte er dem Ständerat, 1890–1897 dem Nationalrat an. Dort machte er sich für die Verstaatlichung der Eisenbahnlinien stark. Er initiierte die aargauische Südbahn und die Fricktalbahn. Militärisch war er Oberst im Generalstab. Er sass einige Jahre im aargauischen Grossen Rat (1864–1868) und war Mitglied der Historischen Gesellschaft des Kantons Aargau.

Im «Samstagabendkränzchen» der Historischen Gesellschaft erzählte er eines Tages von seinen Abenteuern während der Märzrevolution 1848 in Berlin, wo er als junger Ingenieurstudent den Bau von Barrikaden studierte (und wohl auch dabei mithalf).[51] Auch andere Söhne Zschokkes befanden sich an Brennpunkten der europäischen Geschichte: Der junge Arzt Theodor weilte während der Julirevolution von 1830 in Paris, und der Rechtsstudent Julius begleitete 1837 die «Göttinger Sieben» (unter anderem die als Märchenforscher bekannten Brüder

Grimm) mit einem Fackelumzug bei ihrer Vertreibung von der Göttinger Universität über die Landesgrenze.

Die Briefe der Söhne nach Hause sind ungemein anschauliche Augenzeugenberichte und lohnen eine wenigstens auszugsweise Veröffentlichung. Die Briefwechsel von Emil und Julius Zschokke aus Liestal geben interessante Einblicke in die Entwicklung des jungen Kantons Basel-Landschaft in den ersten 15 Jahren.

Bei aller Liebe zum Aargau blieb Heinrich Zschokke doch immer auch ein Stück Magdeburger und Preusse. Das zeigte sich daran, dass er anscheinend bis zum Tod an der hochdeutschen Sprache festhielt. Die Söhne hingegen waren mit Leib und Seele Aargauer, leidenschaftliche Patrioten und als junge Männer ungestüm. Sie brannten darauf, an den Kriegen teilzunehmen, an denen auch Aargauer mitmischten: in Basel 1831,[52] an den Freischarenzügen gegen Luzern 1844 und 1845 – woran ihr Vater sie aber hinderte – und 1847 am Sonderbundskrieg. An diesem letzten Bürgerkrieg der Schweiz machten zwei Söhne mit, einer davon in einer brenzligen Situation in der Schlacht bei Gisikon.[53] Ihr Vater dagegen liess sich als Präsident des Hilfsausschusses für die Sonderbundsopfer aufstellen. Einsatz, Tatkraft und Mut hat man keinem von ihnen je abgesprochen.

Schlusswort und Ausblick

Heinrich Zschokke besass eine schier grenzenlose Schaffenskraft und Vitalität. Er entfaltete in seinem Tatendrang eine Vielseitigkeit, die es nicht leicht macht, sein Tun in einigen Sätzen zusammenzufassen. Scheinbar überall hat er sich irgendwann betätigt. In diesem Buch konnte bei weitem nicht alles aufgezählt werden. Zschokke hat als Titel einer Erzählung ein Wort geprägt, das auch auf ihn zutrifft: «Hans Dampf in allen Gassen».

Wenn Zschokke sich engagierte, blieb er meist ein Amateur: begeisterungsfähig, andere mitreissend, voller Frische und Kreativität. Nicht immer war sein Handeln geprägt von Tiefe an Kenntnissen und an Reife der Überlegung. Aber das Spezialistentum war damals noch so wenig ausgeprägt, dass es nicht weiter auffiel. Auch ein gelernter Philosoph und Theologe konnte sich ohne grosse Einarbeitungszeit in anderen Sparten und in der Praxis betätigen. Dennoch: Weniger wäre bei Zschokke gelegentlich mehr gewesen. Doch er wollte aktiv sein und wirken. Er wollte weitergeben und umsetzen, was er gehört, gedacht, sich angelesen hatte.

Zschokke war ein geistreicher, ein fantasievoller Mensch, aber kein Fantast. Er war ein Träumer, aber nur so weit, als Träume sich realisieren liessen. Hier wird sein Hintergrund als Handwerkersohn spürbar: Er war ein Pragmatiker, der klug die Möglichkeiten und Mittel in Betracht zog und sich danach richtete. Er war praktisch veranlagt, ausgerüstet mit einem guten Riecher für das gerade Erforderliche und einem gesunden Misstrauen gegenüber verstiegenen Theorien.

Zschokke machte Eindruck; er strahlte Selbstbewusstsein aus und war überzeugt von allem, was er dachte, sagte und tat. Als sich im Winter 1801/02 in Bern Heinrich von Kleist zu ihm gesellte, hätte sich kaum ein Paar gegensätzlicherer Charaktere befreunden können. Kleist, der Unsichere, der Zweifler, bewunderte den fünf Jahre Älteren, der mit beiden Beinen im Leben stand, schon so viel erreicht hatte, keine Herausforderung scheute, dem alles, was er anpackte, leicht fiel.

Zschokkes Talent bestand darin, Menschen, gleich welchen Standes, für sich und seine Sache zu gewinnen. Er war ein Kommunikator, ein begnadeter Redner und Schreiber. Er fand leicht die Sprache des Gegenübers und wusste ihn in seinem Sinn zu beeinflussen. Er strahlte Fortschrittsglauben und Optimismus aus. Er konnte den Menschen Zuversicht geben und sie ermuntern und beflügeln.

Die Frage, ob Zschokke als Publizist oder als Pädagoge die grössere Bedeutung hatte, lässt sich so beantworten: Er war beides zugleich. Er wollte aufklären und lehren, und er sah in Zeitungen und Büchern den besten Weg dazu, sein Anliegen zu verbreiten. Als Schöpfer und langjähriger Leiter des Schweizerboten eroberte er sich den Ruf des bedeutendsten Volksaufklärers seiner Zeit. Als Pädagoge erklärte und belehrte er unermüdlich und leitete zahlreiche junge Männer zu Staatsbürgern und Demokraten an.

Zschokke half mit, dem Aargau kulturelles Leben zu geben. Seine wichtigste Gründung neben dem Schweizerboten war die Gesellschaft für vaterländische Kultur mit ihrem umfassenden wissenschaftlichen, sozialen, ökonomischen und pädagogischen Wirkungsfeld. Sie nahm überall da Einfluss, wo der Staat oder die Initiative einzelner Bürger überfordert waren, auch im Banken- und Versicherungswesen.

Zschokke war ein Pionier, aber kein eigentlicher Erfinder. Er griff meist Ideen auf, die andere entwickelt hatten, und setzte für den Aargau um, was anderswo erfolgreich gewesen war. Er war der erste Propagandist und Publizist des Aargaus, in beiderlei Sinn des Wortes: der frühste und der wichtigste.

Aber, um es noch einmal zu sagen: Zschokke war nur einer unter vielen, die als Politiker, Beamte, Pfarrer, Unternehmer, als Idealisten und Realisten den Aargau aufbauten, ihm Leben einhauchten, ihm eine tragende Basis gaben und zu Gedeihen und Wohlstand verhalfen. Zschokke war also nicht allein. Er stand und steht für eine ganze Generation, die den Aargau unter den schwierigsten Umständen mitgetragen und gestaltet hat.

Dass sich dieses Buch auf Zschokke konzentrierte, hat gewichtige Gründe. Zum einen ist er eine faszinierende Persönlichkeit und noch viel zu wenig bekannt für das, was er in seinem Leben und für den Aargau getan und erreicht hat. Zum andern hat er so viele Zeugnisse hinterlassen wie kaum einer seiner Zeitgenossen, so dass wir jede einzelne Phase seines Wirkens im Aargau minutiös belegen können.

Beim Versuch, Zschokkes Tätigkeit als Forstmann oder Publizist, Schriftsteller oder Politiker, Pädagoge oder Privatmann zu würdigen, musste notwendigerweise neben Licht auch hin und wieder Schatten auf ihn fallen. Wir sahen dies im Forstwesen, das er vom Schreibtisch aus nach einem bestimmten Schema und wie eine grosse Baumschule führte. Er reorganisierte und sanierte die Staatswälder, führte die Nachhaltigkeit ein und verschaffte der Staatskasse eine wichtige Einnahmequelle. Andererseits ging seine Form der Waldbewirtschaftung auf Kosten von örtlichen Gegebenheiten und der Artenvielfalt. Gewachsene Baumbestände und ökologische Erfordernisse mussten unter seinen rigoros eingeführten Schlageinteilungen leiden. Vom heutigen Ideal eines natürlichen Waldes war dies weit entfernt.

Ich habe ferner auf seine patriarchalischen Züge hingewiesen und sein bisweilen befremdliches, altmodisches Frauenbild. Das wurde damals gesellschaftlich akzeptiert. Zschokke war der Letzte, der in diesem Bereich in Frage stellte, was andere glaubten und er selber einmal als richtig erkannt hatte. In den Grossstädten mochten Frauen sich ein Stück weit emanzipiert haben; im Aargau wurde ihnen eine klar definierte untergeordnete Rolle zugewiesen.

Zschokke trat bestimmt auf und konnte sehr besserwisserisch sein. Dabei war er ein warmherziger und gütiger, ein hilfsbereiter Mensch, stets bereit, sich mit allen Kräften für eine gute Sache einzusetzen. Er brachte sich gern selber zur Geltung, trat aber immer dann bescheiden zurück, wenn es darum gegangen wäre, Lob für sein Tun einzuheimsen, und liess anderen den Vortritt.

Als Person ist Zschokke schwieriger zu fassen denn in seinem Wirken. Für dieses haben wir Akten zur Verfügung, für jenes sind wir auf Interpretationen angewiesen. Zschokke erscheint uns manchmal widersprüchlich, ja schillernd, und es fällt schwer, einzelne Widersprüche aufzulösen. Oft wird nur eine Seite seines Wesens betont und die andere übergangen.

Wir haben uns mit einem Zschokke auseinander zu setzen, der sich selbst inszenierte und beurteilte. Seine Selbsteinschätzung ist das bis heute vorherrschende Bild von ihm, das hauptsächlich auf sein Alterswerk «Eine Selbstschau» zurückgeht. Es muss anhand authentischer Quellen überprüft und korrigiert werden. Ein Beispiel soll dies verdeutlichen.

Im Sommer 1948 fand in Aarau eine grosse Gedenkfeier zu seinem 100. Todestag statt. Unter Begleitung zarter Mozartmusik und von Zitaten aus seinen Werken wurden feierliche Reden gehalten. Im gleichen Jahr, zum ersten Mal seit 53 Jahren, versammelten sich in Aarau auch die Mitglieder der Familie Zschokke. Auch hier gab es grosse Ansprachen und rühmende Reden. Der Gefeierte schien in eine Welt der Engel entrückt, wo nur die vorzüglichsten Eigenschaften denkbar sind. Wir kennen solche Würdigungen; wir geraten in Gefahr, dabei in eine sanfte Trance hinüberzugleiten.

Da ergriff ein «schwarzes Schaf» der Familie das Wort. Es ärgerte ihn, dass über Heinrich Zschokkes Jugend so wenig Handfestes und Kontroverses zu erfahren war. Im Staatsarchiv Basel-Stadt hatte er einen Fund gemacht, der imstande war, die weihevolle Stimmung in Turbulenzen zu bringen. Er zitierte aus zwei Auskunftsschreiben, die Basler Bürger 1800 in Frankfurt an der Oder und in Magdeburg eingeholt hatten, als Zschokke gerade zum helvetischen Regierungsstatthalter ernannt worden war. Hier seien zwei Ausschnitte daraus wiedergegeben; der ganze Wortlaut ist in einem jüngst erschienenen Aufsatz nachzulesen.[1]

Aus der Universitätsstadt Frankfurt schrieb ein anonymer Auskunftgeber über Zschokkes Eigenschaften als Privatdozent: «... überhaupt hielte man von ihm, daß er zwar ein guter, aber überspanter Kopf mit einem bösen Herzen sey, der gar keine Vorkentniße erlangt hatte & eine höchst tadelhafte *politische,* & *religioese* Denkungsart, nicht allein besize, sondern auch seinen Zuhörern einzuprägen suche».[2]

Aus der Vaterstadt Magdeburg wusste man zu berichten, Zschokke «soll viel Witz und Verstand aber keine Überlegung besitzen & von seinem *Charackter* sagt man daß er solchen bey Gelegenheiten, nicht ganz von den besten gezeigt und daß er besonders einen sehr großen Grad von Leichtsin besitzen soll. Da er in seiner Jugend von hier auswanderte, kam er unter eine Truppe *Commedianten,* er spielte in kleinen Städten mit, und bekam Lust & einige Kentniße zum theatralischen Fache; sein *intriquen* & unruhiger Geist ließ ihn nicht bey dieser Truppe ...»[3]

Dies warf ein neues Licht auf den jungen Heinrich Zschokke, den man aus «Eine Selbstschau» so nicht kannte. Aus dem Dunst der (Selbst-)Beweihräucherung trat ein unbekannter Mensch hervor: ein unruhiger und aufmüpfiger Geist, ein Rebell mit leichtsinnigem Charakter, mit fragwürdigen Ansichten über Politik und Religion.

Es ist nicht genau überliefert, wie die versammelte Familie diesen Missklang aufnahm. Der Bildhauer Alexander Zschokke soll die Ausführungen lebhaft begrüsst haben, mit den Worten: «Ein Zschokke, der in seiner Jugend nur gut tut, ist kein richtiger Zschokke.» Von einem damals noch sehr unsicheren jungen Mann weiss man, dass er sich seinem Ahnen menschlich näher fühlte. Mit einem Halbgott kann man sich ja schwerlich identifizieren.

Das Dilemma besteht darin, dass der Historiker durch die in Magdeburg und Frankfurt eingeholten Auskünfte zwar neue Einblicke in Zschokkes Jugendzeit bekommt, die aber viele Irrtümer enthalten. Wir wissen nicht genau, in welchen Punkten die Angaben übertrieben oder falsch sind. Es fehlen aus jener Zeit überprüfbare Daten; es fehlt der Zschokke-Forschung überhaupt eine gründliche, eine wissenschaftlich fundierte Biografie über die ganze Lebenszeit.

Im März 2000 wurde in Aarau die Heinrich-Zschokke-Gesellschaft gegründet, mit dem Zweck der «Förderung der wissenschaftlichen und publizistischen Beschäftigung mit Heinrich Zschokke, seinem Werk und Wirken, seinem Kreis und seiner Zeit». Ihr nächstes Ziel ist es, eine Biografie Zschokkes in Angriff zu nehmen. Es ist ein ambitiöses Projekt, wird sich über eine längere Zeitdauer erstrecken und kann nur gelingen, wenn es gut geplant und breit abgestützt ist.

Was hier zusammengetragen wird, sind nur Bruchstücke. Die durch das Thema bedingten Einschränkungen lassen kein Gesamtbild zu. Dieses Buch möchte Interesse an Heinrich Zschokke und der Vergangenheit wecken und etwas von der Entdeckerfreude übertragen, die das Studieren der zeitgenössischen Quellen und das Nachforschen in den Archiven und alten Akten beim Schreibenden bewirkt hat. Zugleich möchte es eine Anregung und Vorstudie für eine tiefer gehende Auseinandersetzung mit Zschokke sein.

Anhang

Anmerkungen

Einleitung
Seiten 11–13

[1] Geschichte des Kantons Aargau, Aarau und Baden 1953 und 1978.

Zschokke und der Aargau
Seiten 15–37

[1] Über die ersten 27 Lebensjahre Zschokkes bis 1798 gibt eine bis jetzt unübertroffene Biografie von Carl Günther Auskunft: Heinrich Zschokkes Jugend- und Bildungsjahre.
[2] Aus Günther, Jugend- und Bildungsjahre, Frontispiz.
[3] Vgl. ebd., S. 122–124.
[4] Zschokke, Selbstschau. Erster Theil: Das Schicksal und der Mensch, S. 56.
[5] Zschokke, Wallfahrt nach Paris, 1. Teil, S. 395 f. – Hier und im Folgenden werden sämtliche Zitate in der ursprünglichen Orthografie wiedergegeben, mit Ausnahme der damals drucktechnisch bedingten Eigenheiten (Sperrdruck statt Kursive, grosse Umlaute in zwei Buchstaben, doppelte Trennstriche u. a.).
[6] Zschokke, Selbstschau, S. 78.
[7] Zum Folgenden Wechlin, Der Aargau als Vermittler; Vischer, Zur Geschichte des Kantons Aargau von 1803 bis 1852, S. 37 ff.; Steigmeier, Politische Flüchtlinge. In dieser leider unveröffentlichten Arbeit S. 17 ff. auch weiterführende Literatur.
[8] Stadtmuseum Aarau, Foto Brigitt Lattmann, Aarau.
[9] Vgl. Büssem, Karlsbader Beschlüsse.
[10] Vgl. Steigmeier, Politische Flüchtlinge, S. 25.
[11] Urner, Die Deutschen in der Schweiz, S. 110.
[12] Vgl. Braun, Das ausgehende Ancien Régime in der Schweiz.
[13] Herzog/Pfyl, Briefwechsel Wessenberg–Zschokke.
[14] Ort, «Guten Morgen, Lieber!» Briefwechsel Zschokke–Sauerländer.
[15] So wurde die für die Schweiz wichtige Emigrationsproblematik im Schweizerboten untersucht von Schelbert, Die Fünfte Schweiz in der Berichterstattung des Schweizer-Boten.

Meyerhofer untersuchte in ihrer Dissertation die patriotische Propaganda im Schweizerboten: Von Vaterland, Bürgerrepublik und Nation. Nationale Integration in der Schweiz 1815–1848.
[16] Dazu ausführlich Ort: Die Zeit ist kein Sumpf; sie ist Strom. Heinrich Zschokke als Zeitschriftenmacher in der Schweiz.
[17] Vgl. weiter hinten, S. 191.
[18] Zahlen für 1803 nach Tschopp, Der Aargau, S. 484.
[19] Vgl. S. 89.
[20] Vgl. S. 134.
[21] KB AG, Cont. 158, Bd. 2.
[22] Zur Entstehung und Symbolik des Aargauer Wappens: Halder, Geschichte des Kantons Aargau, S. 103 f.
[23] Schweizerischer Kinderfreund. Ein Lesebuch für Bürger- und Volksschulen, hrsg. von Johann Schulthess, 2. Aufl. «in der Schweiz» 1809, S. 273–286. Dazu Fuchs, «Dies Buch ist mein Acker», S. 82–98.
[24] Protokoll der Historischen Klasse der Gesellschaft für vaterländische Kultur, 16.3.1815.
[25] Aus dem Helvetischen Almanach von 1816.
[26] Zur Opfermetapher und Rede vom Tod für das Vaterland vgl. die Ausführungen von Meyerhofer, Vaterland, S. 106–112.
[27] Schweizerbote Nr. 2, 11.1.1816, S. 13.
[28] Umriß der Landesbeschreibung des eidgenössischen Freistaats Aarau, S. 3.
[29] Ebd., S. 39.
[30] Ein Wort, S. 6 f.
[31] Ebd., S. 7.
[32] Ebd., S. 11.
[33] Dazu auch S. 132 f.
[34] Exemplar aus der KB AG.
[35] Staats-Lexikon oder Encyclopädie der Staatswissenschaften, Bd. 1, S. 43–51.
[36] Zschokke, Die klassischen Stellen der Schweiz, Bd. 2, S. 370–389.
[37] Zschokke, Stellen, S. 373.
[38] Ebd., S. 375.
[39] Helvetischer Almanach von 1816 (nach S. 68).
[40] Vgl. von Matt: Die tintenblauen Eidgenossen, S. 30.

Oberforst- und Bergrat Zschokke
Seiten 39–69

1 Zum Vermögen, mit dem 1803 der Kanton Aargau ausgerüstet wurde: Halder, Geschichte des Kantons Aargau, S. 67.
2 Neue Zürcher Zeitung Nr. 102, 4./5.5.2002, S. 16: «Borkenkäfer in Massen. Mehr ‹Lothar›-Schäden als angenommen.»
3 Vgl. Lüthi, Bibersteiner Chronik, S. 24–26.
4 Gmelin, Abhandlung über die Wurmtrocknis, Tabelle 2. Die Beschreibung des Borkenkäfers auf S. 46 f.
5 Instruktion zur Kenntnis und Vertilgung des den Tannwäldern schädlichen Ungeziefers, 4.10.1803, Aargauisches Kantonsblatt, Bd. 1, S. 353–359.
6 Ebd.
7 StAAG, R01.F09.001, Nr. 21. Aufgenommen auch in die Zeitschrift Schweizerische Minerva 1804, Bd. 1, 1. Stück, S. 76–93: Über die Baumtrokniß oder Verheerung der Tannenwälder im Canton Aargau, durch den Borkenkäfer (mit einer erklärenden Vorbemerkung).
8 Meine hochwohlgeborenen hochgeachteten Herren – eine stehende Formel im Umgang mit hohen Amtspersonen.
9 StAAG, R01.F09.001, Nr. 21.
10 Schreiben vom 6.9.1803, ebd.
11 Protokoll des Regierungsrats, 6.9.1803.
12 Obrigkeitliche Verordnung, betreffend die mögliche Ausrottung des Borkenkäfers in den Nadel-Waldungen des Kantons Zürich. Zürich, 4.10.1803.
13 Zit. nach Weiss, Die Bekämpfung des Borkenkäfers, S. 70–80 und 104–107, hier S. 76.
14 Protokoll des Regierungsrats, 4.5. und 8.7.1803, mit dem Vermerk «geht ad acta».
15 StAAG, GS 3, 00 527.
16 Brief vom 19.8.1804, StAAG, R01.F09.001, Akte 43.
17 Brief an Johann Gottlieb Lemme, 25.2.1802, Privatbesitz.
18 Werk von 1761 über den Musterbauern Jakob Guyer (genannt Kleinjogg) und sein Gut in Katzenrüti, das Anstoss für eine Aufwertung des Bauerntums auch in bürgerlichen Kreisen der Schweiz gab.
19 Zschokke, Wallfahrt nach Paris, 2. Teil, S. 534–541.
20 Helvetischer Volksfreund, 2. und 4. Woche Februar 1797.
21 Zschokke an Gottlieb Lemme, Bern, 25.2.1802.
22 Zschokke an Johann Baptist von Tscharner, Bern, 8.3.1802.
23 Karl Marx: Thesen über Feuerbach.
24 Der Republikaner Nr. 101, 17.7., bis Nr. 124, 28.8.1802, S. 408, 428, 432, 435 f., 455 f., 472, 480, 491 f. und 496. Briefe an Usteri vom 9. und 29.6.1802.

25 Actensammlung aus der Zeit der Helvetischen Republik 14, S. 235.
26 E. Zschokke, Pfarrer Jakob Nüsperli auf Kirchberg, S. 12–24.
27 Der Republikaner Nr. 124, 28.8.1802, S. 496.
28 Brief an Johann Anton Balthasar, 12.8.1802.
29 Zum Stecklikrieg und seinen Auswirkungen für den Aargau: Halder, Geschichte des Kantons Aargau, S. 26–40; Erismann, Aarau im Stecklikrieg.
30 Zschokke an Johann Anton Balthasar, 6.12.1802.
31 Zschokke an Gottlieb Lemme, 29.1.1803.
32 Historisches Museum Bern, Nr. 2344.
33 Zschokke, Alpenwälder, Vorbericht S. VI f.
34 Hauser, Zschokke und die Forstwirtschaft, S. 269.
35 Zschokke, Alpenwälder, S. 46 ff.
36 Ebd., S. 234.
37 Das Exemplar mit handschriftlichen Zusätzen befindet sich im Nachlass Zschokkes, StAAG, NL.A 0196.016.
38 Isis 1805, Bd. 2, S. 808–812: Naturhistorische Beschreibung des welschen Berg-Ahorns (Acer opulifolium).
39 Dazu Ort, Zeit, S. 107 f.
40 Isis 1805, Bd. 2, S. 810.
41 Zschokke, Selbstschau, S. 58.
42 Zschokke, Über die Kultur der Dünen. Brief an Gottlieb Lemme, 19.12.1803.
43 So bei Weiss, Zschokkes Einfluss auf die französische Ödland-Aufforstung; fast wörtlich übernommen in Schweizerische Zeitschrift für Forstwesen 1964, S. 666–671.
44 Zum Folgenden Vischer, Aargauische Frühzeit 1803–1852, S. 32 ff.
45 Heinrich-Zschokke-Brief Nr. 1, März 2001, S. 8–12: Ich, nur Gast, nicht Bürger in diesem Lande. Wie Heinrich Zschokke zum Bürgerrecht von Ueken kam.
46 Eigenhändiger Entwurf vom 22.9.1804 in den Akten des Oberforst- und Bergamts, erlassen am 30.1.1805 (Kantonsblatt Bd. 4, S. 178–183).
47 Gesetz über die Administration der Finanzen und Niedersetzung eines Finanzrats vom 24.5.1804.
48 Organisation und Instruktion des Oberforst- und Bergamts, vom 30.1.1805, § 15.
49 Jörin, Kanton Aargau, S. 218–225.
50 Forstordnung für den Kanton Aargau, Aarau 1805; auch in Kantonsblatt Bd. 4, S. 365–385.
51 Wullschleger, Waldpolitik, S. 185.
52 StAAG, Aktensammlung des Oberforst- und Bergamts.
53 Ebd., Schreiben vom 16.7.1808.
54 Aargauisches Kantonsblatt Bd. 7, S. 21–24.
55 Zit. nach Wullschleger, Waldpolitik, S. 127.
56 Ebd., S. 135.
57 Allgemeiner Bericht des Oberforst- und Bergamts des Kantons Aargau über den Zustand der Gemeinds-, Kirchen- und Privat-Waldungen im Kanton Aargau vom 23.7.1808, StAAG, R01.F 09.004, Akte Nr. 42.

58 Vgl. Hunziker, Forstgeschichtliches, S. 158; Wullschleger, Waldpolitik, S. 128–132, Tabelle auf S. 130.

59 Allgemeiner Bericht des Oberforst- und Bergamts des Kantons Aargau über den Zustand der Gemeinds-, Kirchen- und Privat-Waldungen im Kanton Aargau vom 23.7.1808, StAAG, R01.F 09.004, Akte Nr. 42.

60 So Regierungsrat Melchior Lüscher in der Sitzung der Gesellschaft für vaterländische Kultur des Kantons Aargau vom 27.7.1811.

61 Zit. nach der 3. unveränderten Ausgabe von 1818, S. 84 f. Vgl. auch Wullschleger, Waldpolitik, S. 176 f.

62 Zschokke an Paul Usteri, 17.6.1803.

63 Ein Band mit Brouillons (Notizen) der Forstbewirtschaftsungregulative der Staatswaldungen aus der Hand Zschokkes, 1809 begonnen und bis 1840 ergänzt, befindet sich im StAAG.

64 Wehrli, 200 Jahre Forstwirtschaft in Aarau, S. 131–136.

65 StAAG, Forstpläne Amt Aarburg 25.

66 StAAG, NL.A 0196.12, Schreiben des Stadtrats von Aarau an Zschokke, 20.6.1821.

67 StAAG, R01.F09.004, Akte 42; vgl. Wullschleger, Waldpolitik, S. 129.

68 Forstordnung von 1805, § 22.

69 Wullschleger, Waldpolitik, S. 135.

70 Vgl. ebd., S. 175.

71 Hunziker, Forstgeschichtliches, S. 157.

72 StAAG, R01.F09.002; dazu Hunziker, Forstgeschichtliches, S. 157.

73 Dekret zur Abänderung der Forst- und Bergwerks-Administration vom 5.5.1809 und Regierungsbeschluss über die Organisation der Forst- und Bergwerks-Administration vom 20.9.1809. StAAG, R01.F09.005, Akte Nr. 21.

74 Forstordnung, § 9.

75 Rechenschaft des Kleinen Rates, in den Grossratsakten, Sitzung vom 6.5.1809.

76 Jörin, Kanton Aargau, S. 223 f., Anm. 13a.

77 Wullschleger, Waldpolitik, S. 95.

78 1825 bei Sauerländer in Aarau überarbeitet neu aufgelegt.

79 Kommissionalrapport zum Rechenschaftsbericht von 1811, zit. nach Jörin, Kanton Aargau, S. 224, Anm. 13a.

80 Zschokke, Gebürgs-Förster, S. 5 f.

81 Vgl. S. 242 ff. Drack, Lehrverein, S. 30 f.

82 Wullschleger, Waldpolitik, S. 90, bezweifelt dies.

83 StAAG, Protokoll des Regierungsrats, 30.3., 3.4. und 18.4.1843.

84 Verhandlungen des schweizerischen Forstvereins in Burgdorf, am 11. und 12. Juni 1849, Nachruf von Johann Baptist Wietlisbach auf Heinrich Zschokke, S. 21–26, hier S. 26.

85 Schweizerische Zeitschrift für Forstwesen, Dezember 1973, S. 885–887.

86 StAAG, R01.F08.001, Akte Nr. 11; Isis 1805, Bd. 2, S. 636–654: Die Bergwerke des Kantons Aargau.

87 Dazu und zum Folgenden auch Lüthi, Küttigen, S. 109–118.

88 Vgl. Hunziker, Forstgeschichtliches, S. 154 f.

89 Aus dem Nachlass Mühlberg, Naturama, Aarau.

90 Isis 1805, Bd. 2, S. 638 f.

91 StAAG, R01.F08.001, Akte Nr. 23.

92 Ebd., Entwurf vom 25.4. und Schreiben vom 24.5.1808.

93 StAAG, R01.F08.002, Akte Nr. 5.

94 Ebd., Akte Nr. 8.

95 StAAG, Protokoll des Regierungsrats, 1.7., 4.8., 24.8, 6.9., 25.9. und 12.10.1820.

Der Schweizerbote
Seiten 71–110

1 Schweizerbote Nr. 52, 24.12.1835, S. 409.

2 Litterarisches Pantheon, Bd. 1, März 1794, S. 249.

3 His, Geschichte des neuern Schweizerischen Staatsrechts, Bd. 1, S. 458 f.

4 Müller, Geschichte der politischen Presse im Aargau. Das 19. Jahrhundert, S. 15 und 21–26.

5 Zit. nach Zschokke, Selbstschau, S. 118 f.

6 Schweizer-Bote Nr. 1, November 1798, S. 3.

7 Zit. nach Frei, Die Förderung des schweizerischen Nationalbewusstseins, S. 149.

8 Zschokke, Selbstschau, S. 235.

9 Original im Sauerländer-Archiv, Album Bildchronik 1.

10 Eigenwerbung im Schweizerboten in den ersten Jahren.

11 Böning, Schweizerbote, S. 166 und 291.

12 Zu den Lehrmitteln im Berner Aargau zu Ende des 18. Jahrhunderts: Müller, Der Aargau. Bd. 2, S. 268.

13 Ulrich Bräker: Räsonirendes Baurengespräch über das Bücherlesen und üsserlichen Gottesdienst, in: Leben und Schriften Ulrich Bräkers, des Armen Mannes im Tockenburg, Bd. 2, S. 109–118. Vgl. auch Böning, Schweizerbote, S. 164–169.

14 Zschokke, Selbstschau, S. 239.

15 Zschokke: Calender-Litteratur in der Schweiz, in: Isis 1806, Bd. 3, S. 80–97, hier S. 81 f.

16 KB AG, Signatur ZSKZ 6: 1805.

17 Werbung für den Schweizerboten-Kalender im Schweizerboten Nr. 34, 24.8.1804, S. 267 f.

18 Zschokke in einem Brief an B. R. Fetscherin, 12.6.1837.

19 KB AG, ZSKZ 6: 1805.

20 Mehr dazu bei Voit, Der kluge Landmann.

21 Dazu Bloesch, Zschokke und Reithard.

22 Ort, Zeit, S. 287.

23 Schweizerbote Nr. 1, 4.1.1804, S. 2.

24 Ebd., Nr. 52, 28.12.1804, S. 410.

25 Schmidt, Schweizer Bauer, S. 117.

26 Immanuel Kant: Beantwortung der Frage: Was ist Aufklärung? (1783).

27 Schweizerbote Nr. 5, 1.2.1804. Seit 1803

bemühte sich der Aargau um die Impfung gegen die Pocken, nachdem im Fricktal eine Epidemie ausgebrochen war. Vgl. Halder, Geschichte des Kantons Aargau, S. 120 f.

[28] Schweizerbote Nr. 6, 28.2.1804, S. 43 f.

[29] Heinrich Zschokke: Erinnerungen an Heinrich Pestalozzi, in Prometheus 1, S. 250; Gesammelte Schriften, Bd. 32, S. 234.

[30] KB AG, ZSKZ 6: 1806.

[31] Schweizerbote Nr. 12, 23.3.1804, S. 96.

[32] Ebd., Nr. 11, 16.3.1804, S. 84.

[33] Ebd, Nr. 11, 16.3.1804, S. 84 f.: Neuigkeiten aus fremden Ländern: Lalenburg.

[34] Vgl. ebd., Nr. 52, 26.12.1811, S. 409 f.

[35] Dovifat, Zeitungslehre, Bd. 1, S. 8.

[36] Zschokke an J. H. Füssli, Biberstein, 13.11.1804.

[37] Schweizerbote Nr. 11, 14.3.1811, S. 83.

[38] Foto Dominik Sauerländer, Aarau.

[39] Ebd., Nr. 4, 24.1.1811.

[40] Ebd., Nr. 49, 6.12.1805, S. 391.

[41] Ebd., Nr. 35, 31.8.1804, S. 280.

[42] Ebd., Nr. 52, 27.12.1810: Der aufrichtige und wohlerfahrene Schweizerbote an seine Leser, zum Schluß des alten Jahres, S. 410.

[43] Ebd., Nr. 1, 3.1.1811, S. 1 f.

[44] Ebd., Nr. 33, 13.8.1812, S. 263.

[45] Ebd., Nr. 4, 27.1.1814, S. 25.

[46] Ebd., Nr. 13, 31.2.1814, S. 97 f.: Der Schweizerbote und seine Leser.

[47] Ebd., Nr. 40, 6.10.1814, S. 313 f.

[48] Ebd., Nr. 37, 14.9.1814, S. 289 f.

[49] Präsidialrede Zschokkes am 21.9.1819 auf der Jahresversammlung der Gesellschaft für vaterländische Kultur in Schinznach. Verhandlungsblätter 1819, S. 92.

[50] Schweizerbote Nr. 1, 4.1.1816, S. 1 f.

[51] Ebd., Nr. 19, 12.5.1814, S. 145–147; Nr. 27, 7.7., S. 212.

[52] Reglement für den Grossen Rat, beschlossen am 18.6.1803; ähnlich im revidierten Reglement vom 19.6.1818, § 3.

[53] Zschokke, Selbstschau, S. 253.

[54] Schweizerbote Nr. 48, 1.12.1814, S. 377–379: Abermals ein paar Fragstücke aus dem politischen Schweizerkatechismus.

[55] Ebd., Nr. 38, 21.9.1815, S. 297 f.

[56] Schreiben vom 28.2.1816. StAAG, P 1, Bd. F, Akte 75.

[57] Verordnung vom 18.6.1816, § 3.

[58] Schweizerisches Museum, Heft 4, S. 243 ff.

[59] Schweizerbote Nr. 46, 14.11.1816, S. 361–364: Stoff zum fernern Nachdenken, hier S. 363.

[60] Ebd., Nr. 32, 8.8.1816, S. 252.

[61] Vgl. Ort, Zeit, S. 423–426.

[62] Vgl. S. 192 f.

[63] Miszellen für die neueste Weltkunde (1807–1813), Erheiterungen (1811–1827), Überlieferungen zur Geschichte unserer Zeit (1817–1823), Prometheus. Für Licht und Recht (1832–1833).

[64] Schweizerbote Nr. 35, 28.8.1828, S. 273.

[65] Zschokke, Selbstschau, S. 236 f.

[66] Schweizerbote Nr. 38, 21.9.1815, S. 298: Jeremiade eines Zeitungsschreibers.

[67] Exemplar im Sauerländer-Archiv.

[68] Übelhör, Zürcherische Presse, S. 41.

[69] Vgl. Gysin, Zensur und Pressfreiheit in Basel, S. 51–58.

[70] Böning, Schweizerbote, S. 378.

[71] Begriff von Wittmann, Der lesende Landmann.

[72] Angaben nach Sauerländers Honorarbuch für Zschokke 1826 und den detaillierten Abonnementenverzeichnissen des Schweizerboten ab 1831 im Sauerländer-Archiv.

[73] Münch, Heinrich Zschokke, S. 88 f.

[74] Der Gukkasten Nr. 38 vom 19.5.1842.

Geselligkeit im Dienst des Vaterlands
Seiten 111–144

[1] Immanuel Kant: Idee zu einer allgemeinen Geschichte in weltbürgerlicher Absicht, vierter Satz, in: Werke, Bd. 11, S. 37. Vgl. Hettling, Bürgerlichkeit, S. 227.

[2] Vgl. Im Hof, Das gesellige Jahrhundert.

[3] Vgl. Erne, Die schweizerischen Sozietäten, S. 35–40.

[4] Zschokke, Das Verhältniß der Helvetischen Gesellschaft zum Zeitalter.

[5] Ebd., S. 25.

[6] Ebd., S. 20.

[7] Ebd., S. 30 f.

[8] Morell, Helvetische Gesellschaft, S. 395.

[9] Hettling, Bürgerlichkeit, S. 232.

[10] Vgl. Halder, Geschichte des Kantons Aargau, S. 256 f.

[11] Meyerhofer, Vaterland, S. 82.

[12] E. Zschokke, Geschichte der Gesellschaft für vaterländische Cultur; Wernly, Geschichte der Aargauischen Gemeinnützigen Gesellschaft.

[13] Vgl. Koselleck, Kritik und Krise, v. a. S. 55–74.

[14] Zschokke, Selbstschau, S. 249.

[15] Die schwarzen Brüder. Eine abentheuerliche Geschichte von M. I. R, 1791–1795; Die Männer der Finsterniß. Roman und kein Roman. Ein modernes Claireobscüre für Seher und Zeichendeuter, 1795.

[16] Logenprotokoll vom 9.11.1810.

[17] Ebd.

[18] Ebd., 14.12.1810.

[19] Ebd. 20.12.1810 und handschriftlicher Entwurf von Schmiel in der Mappe für 1810 im Archiv der Loge zur Brudertreue in Aarau.

[20] Ebd. p. = perge! (usw.)

[21] Logenprotokoll vom 30.1.1811.

[22] Die Schlesische Gesellschaft für vaterländische Cultur, Breslau 1904, Teil 2, S. 15.

[23] Zschokke, Selbstschau, S. 255 f. Eine Abschrift des Verfassungsentwurfs der Bündner ökonomischen Gesellschaft vom 8.4.1810 liegt im Archiv der Loge zur Brudertreue, Mappe 1810.

24 Dolf, Die ökonomisch-patriotische Bewegung in Bünden, S. 94 ff.

25 Vgl. Wernly, Geschichte der Aargauischen Gemeinnützigen Gesellschaft, S. 20.

26 E. Zschokke, Geschichte der Gesellschaft für vaterländische Cultur, S. 21.

27 Die Protokolle der Kulturgesellschaft befinden sich mit den übrigen Akten als Depot im StAAG.

28 Vgl. Ort, Zeit, S. 248.

29 StAAG, Akten Kulturgesellschaft, Bd. 12.

30 Vgl. auch Wernly, Die Aargauische gemeinnützige Gesellschaft in ihren Beziehungen, Manuskript im StAAG, Bd. 4, S. 6.

31 Protokoll vom 18.5. und 13.7.1811.

32 Protokoll vom 19.10. und 26.10.1811; Reglemente vom 11.1.1812 und 20.10.1820.

33 Protokoll vom 4.7.1812.

34 Protokoll vom 16.3.1811.

35 Vgl. Crosby, Franklin and Zschokke.

36 Vgl. Manfred Pütz in Franklin, Lebenserinnerungen, S. 294 f.

37 Sauerländer-Archiv, Mappe Zschokke, Bilder.

38 Franklin, The Papers, Bd. 2, S. 378–383.

39 Schweizerischer Republikaner Nr. 41, 31.12.1798, S. 335; Nr. 72, 12.1.1799, S. 580.

40 Franklin, The Papers, Bd. 1, S. 255–264.

41 Johann Gottfried Herder: Briefe zur Beförderung der Humanität, 1. Sammlung (1793), Brief 3: Fragen zur Errichtung einer Gesellschaft der Humanität von Benjamin Franklin.

42 Protokoll vom 23.2.1811.

43 Protokoll vom 30.3.1811.

44 Ebd.

45 Ebd.

46 Fragensammlung in den Akten der Gesellschaft für vaterländische Kultur, Bd. 12.

47 Vgl. S. 307–311.

48 Schweizerbote Nr. 19, 7.5.1812, S. 147.

49 Protokoll vom 27.4.1811.

50 Vgl. Schmid, Ersparniskasse.

51 Foto Neue Aargauer Bank, Aarau.

52 Jahresbericht 1812, zit. nach Schweizerbote Nr. 10, 11.3.1813, S. 74 f. Vgl. auch Suter, Ersparniskasse, S. 19.

53 Einrichtung der Gesellschaft für vaterländische Kultur im Kanton Aargau, 9.7.1814, § 1.

54 Ebd., § 2.

55 So Zschokkes Schwager und Ziehsohn Friedrich Nüsperli in seinen Erinnerungen «Vom Vater Heinrich Zschokke», S. 647.

56 Zschokke, Selbstschau, S. 249–255.

57 Foto von F. Gysi aus dem 19. Jahrhundert, im Besitz von Marianne Oehler-Zschokke, Aarau.

58 Protokoll vom 14.3.1812.

59 StAAG, Akten der Kulturgesellschaft, Bd. 8, irrtümlicherweise in der Korrespondenz von 1826 eingereiht.

60 Wernly, Geschichte der Aargauischen Gemeinnützigen Gesellschaft, Umschlag.

61 Vgl. S. 256–259.

62 Vgl. S. 308.

63 Statuten der Gesellschaft für vaterländische Kultur vom 9.7.1814.

64 Vgl. S. 35.

65 Statuten der Gesellschaft für vaterländische Kultur vom 9.7.1814.

66 Liste im Protokoll vom 13.6.1812.

67 Wernly, Geschichte der Aargauischen Gemeinnützigen Gesellschaft, S. 60 f.

68 Jahresbericht der Gesellschaft für vaterländische Kultur von 1814. Zit. nach Vögeli, Anfänge des landwirtschaftlichen Bildungswesens, S. 144.

69 Ansicht von Nicolas Perignon, um 1780. StAAG, GS 2, 00 465.

70 Schweizerbote Nr. 40, 6.10.1814, S. 316.

71 Brienzer Handwerkskunst. Der Pokal ist leider heute verschollen. Abb. aus Wernly, Geschichte der Aargauischen Gemeinnützigen Gesellschaft, S. 65.

72 Verhandlungsblätter 1819, Nr. 9–12, S. 37–48.

73 Ebd., 1820, Nr. 23–24, S. 89–94.

74 Ebd., 1821, Nr. 8–12, S. 29–37.

75 Vgl. Ort, Guten Morgen, S. 114 f. Goethes Brief ist in diesem Buch auf S. 168 abgebildet.

76 Verhandlungsblätter der Gesellschaft für vaterländische Kultur 1816, Nr. 3.

77 Ebd., 1816, Nr. 14.

78 Ebd., 1818, Nr. 48 f., S. 201.

79 Ebd., 1818, Nr. 31–34, S. 119–121.

80 Ebd., 1820, Nr. 28.

81 Er erschien 1825–1850 als «Nützlicher Hilfs- Noth- Haus- und Wirtschafts-Kalender des aufrichtigen und wohlerfahrnen Schweizerboten» bei J. J. Christen in Aarau.

82 E. Zschokke, Geschichte der Gesellschaft für vaterländische Cultur, S. 57 f.

83 Statuten der Kulturgesellschaft vom 9.7.1814.

84 Protokoll vom 20.2.1812.

85 Protokoll vom 23.7., 27.8., 17.12.1812.

86 Vgl. E. Zschokke, Geschichte der Gesellschaft für vaterländische Cultur, S. 41.

87 R. Zschokke, Historische Gesellschaft.

88 Vgl. Ort, Zeit, S. 271 f. und die dort angegebene Literatur.

89 Protokoll der 21. Sitzung der naturhistorischen Klasse vom 7.5. und der 24. Sitzung vom 1.10.1813, ferner 28. Sitzung vom 17.6. und 29. Sitzung vom 15.7.1814.

90 Nr. 81, 9.10. 1813: «Versuch einer Anwendung des thierischen Magnetismus auf Pflanzen».

91 Statuten der Kulturgesellschaft vom 9.7.1814.

92 E. Zschokke, Geschichte der Gesellschaft für vaterländische Cultur, S. 111 f.

93 Vgl. auch das Protokoll vom 11.7.1864.

94 Foto Naturama, Aarau.

95 Protokoll der naturhistorischen Klasse vom 5.11.1813.

96 Foto Brigitt Lattmann, Aarau.

97 Protokoll der naturhistorischen Klasse vom 6.1.1815.

98 Ebd., 16.9.1817. – Heinrich Zschokke: Die Werkstätten in Benediktbeurn. In: Überlie-

ferungen zur Geschichte unserer Zeit 1817,
Nr. 21, S. 559–573.
99 Ort, Zeit, S. 256 f.
100 Miszellen Nr. 16, 24.2.1808: «Meteorologische
Bemerkungen über das Jahr 1807».
101 Protokoll der naturhistorischen Klasse
vom 8.3.1812.
102 Ebd., 20.4.1819.
103 Ebd., 27.1.1825.

Schriftsteller und Historiker
Seiten 145–182

1 Zschokke, Selbstschau, S. 205; Zolling,
  Heinrich von Kleist in der Schweiz.
2 Hier in einem Kupferstich von Ch. Courtry
  (ursprünglich von Jean Jacques Le Veau).
  Vgl. Zolling, Heinrich von Kleist, S. 36 ff.
3 Angaben aus den Inventarlisten und dem
  Verzeichnis der Druckereiarbeiten des Verlags
  Sauerländer im Sauerländer-Archiv.
4 Zschokke an J. A. von Ittner, 13.1.1825.
5 Zschokke an Sauerländer, 9.7.1824, in Ort,
  Guten Morgen, S. 87.
6 Original im Sauerländer-Archiv, Couvert
  mit Porträts von H. R. Sauerländer.
7 Prospekt vom 1.10.1824, im Sauerländer-Archiv.
8 Werbeblatt für die «ausgewählten sämmtlichen Schriften» Zschokkes vom 1.10.1824
  im Sauerländer-Archiv.
9 Vgl. Ort, Guten Morgen, S. 87, 97 f. (Anm.
  252 und 254) und 123 (Anm. 323).
10 Sauerländer-Archiv, Kiste Heinrich Zschokke,
  Mappe Anzeigen.
11 Briefe Sauerländers an Zschokke vom
  1.12.1825 und 17.2.1826 in Ort, Guten Morgen,
  S. 110 ff. und 116 f.
12 KB AG, Foto Jörg Müller, Aarau.
13 Vgl. Widmann, Christian August Vulpius'
  Rache.
14 Vgl. Hundertfünfzig Jahre Haus Sauerländer,
  S. 101 f.
15 An das deutsche Publikum, Flugschrift vom
  6.2.1818, Sauerländer-Archiv.
16 Ebd.
17 Vgl. Hundertfünfzig Jahre Haus Sauerländer,
  S. 55 f.
18 Zeichnung von Roland Guignard, Sauerländer-Archiv, Album Bildchronik 1.
19 Die einzige Schrift, die sich mit dem Inhalt
  und der Wirkung der «Stunden der Andacht»
  befasst, ist 70 Jahre alt: Hartmann, Zschokkes
  Stunden der Andacht.
20 Zschokke, Brüder, Bd. 3, S. 134.
21 Ebd., S. 262.
22 Vgl. Ort, Zeit, S. 25.
23 Fambach, Das Repertorium des Hof- und
  Nationaltheaters in Mannheim.
24 Zschokke, Abaellino der große Bandit. Ein
  Trauerspiel in fünf Aufzügen. Siehe Literaturverzeichnis.

25 Paul, Illustrierte Geschichte der Trivalllitera-
  tur, S. 144. Vgl. auch Josef Morlo in der von
  ihm herausgegebenen Neuausgabe der Prosa-
  fassung von Zschokkes «Abällino» von 1994.
26 Zschokke, Abaellino (1794), S. 139; in der
  Neuausgabe von J. Morlo S. 71.
27 Münch, Heinrich Zschokke, S. 18 f.
28 Zschokke, Abellino, Aarau 1828, S. 4.
29 Goedeke, Grundriß zur Geschichte der
  deutschen Dichtung, Bd. 10, S. 90.
30 Max Stolprian und andere lustige Geschichten, hrsg. von J. von Harten und K. Henniger,
  S. 10. Federzeichnung von Greve-Lindau.
31 Meier: Mord, Philosophie und die Liebe
  der Männer.
32 Heinrich Zschokke's sämtliche Novellen in
  12 Bänden, Berlin: Mertens 1863, 1877,
  1888. Auch in der Hallauer'schen Klassiker-
  Bibliothek in 30 Bänden, Oerlikon o. J.
33 Zschokkes Werke in zwölf Teilen. Auswahl
  aus den Erzählungen, hrsg. von Hans
  Bodmer, Berlin usw. 1910.
34 Bonstetten an Zschokke, 26.2.1826.
  Prometheus, Heft 2, S. 70–72.
35 Zschokke, Selbstschau, S. 285.
36 Zschokke, Lebensgeschichtliche Umrisse,
  S. 59.
37 Zschokke an Sauerländer, 26.12.1839, in Ort,
  Guten Morgen, S. 218.
38 Zschokke: Der neue Belisar. Isis Bd. 2,
  November und Dezember 1805, Februar 1806.
  Vgl. Ort, Zeit, S. 109.
39 Sauerländer an Zschokke, 1.12.1825, in Ort,
  Guten Morgen, S. 110 f.
40 Vgl. Ort, Guten Morgen, S. 126 f., Anm. 337
  und 339.
41 Erheiterungen, 1827, Bd. 2, Anzeige am
  Schluss des Dezemberhefts.
42 Sauerländer an Goethe, 16.4.1825, Kopierbuch
  im Firmenarchiv Sauerländer.
43 Tagebucheintrag Goethes vom 30.4.1825.
44 StAAG, NL.A 0196–001. Vgl. S. 137.
45 Ort, Zeit, S. 374 ff.
46 Überlieferungen zur Geschichte unserer
  Zeit 1823, Novemberheft, S. 481–513; Ausgewählte Schriften Bd. 4; Gesammelte Schriften
  Bd. 30.
47 Der Staatsmann. Zeitschrift für Politik und
  Tagesgeschichte, Bd. 2, Heft 1 [1823],
  S. 80–112: Über die revolutionäre Gesinnung
  in Deutschland, hier S. 86.
48 Ebd., S. 80. Vgl. Ort, Zeit, S. 387.
49 Vgl. zum Folgenden Oechsli, Geschichte der
  Schweiz im 19. Jahrhundert, Bd. 2, S. 624 ff.;
  speziell zum Aargau Halder, Geschichte des
  Kantons Aargau, S. 336 ff.
50 Kohlenbrenner; eine ursprünglich süditalieni-
  sche revolutionäre Vereinigung.
51 Mémoire sur le caractère des principaux
  personnages en Suisse, abgedruckt bei
  Oechsli, Zwei Denkschriften, S. 437 f.
52 Zeichnung von Roland Guignard, Sauerländer-Archiv, Album Bildchronik 1.

53 Rapport des Spions St. F. an den Mailänder Polizeidirektor vom 21.1.1821. Abschrift von E. Pometta im Bundesarchiv in Bern, P Wien 49, 1821, Heft 1, 892. Vgl. Ort, Zeit, S. 408.

54 So im Schlussrapport des Spions St. F. vom 21.1.1821.

55 Bericht vom 18.6.1821, Bundesarchiv in Bern, P Wien 49, Bd. 628, 1821, Heft 1, 5939.

56 Zschokke an U. Hegner, 18.12.1823.

57 Zschokke an Usteri, 22.10.1822.

58 Zschokke an Joseph von Ittner, 2.1.1815. Schreiber, Ittner's Briefwechsel, S. 57–62.

59 Koselleck, Vergangene Zukunft.

60 Zschokke, Schweizerlandsgeschichte, 60. Kap., 1. Aufl. 1823, S. 274 f.

61 Ebd., Schlusswort (64. Kap.), 1. Aufl.1823, S. 291 f.

62 Vgl. auch Zschokke, Selbstschau, S. 289, Anm. 2.

63 Sei gepriesen wegen deiner Tugend! Horaz, Sermones I, 2, 31 f.

64 Stapfer an Zschokke, 10.11.1822. Pestalozziblätter 7, Nr. 4, Okt. 1886, S. 51.

65 Schweizerbote Nr. 14, 5.4.1832, S. 111.

66 Zschokke an Bonstetten, 29.4.1826. Prometheus, Heft 2, S. 77.

67 Heinrich Kurz: Geschichte der deutschen Literatur, Bd. 3, Leipzig 1859, S. 517. Vgl. auch Ernst Jenny und Virgile Rossel: Geschichte der schweizerischen Literatur, Bd. 2, Bern und Lausanne 1910, S. 108.

68 Sengle, Biedermeierzeit, Bd. 2, S. 850.

69 Zum Bauernkrieg als Kurzorientierung Peter Stadler: Das Zeitalter der Gegenreformation. Handbuch der Schweizer Geschichte, Bd. 1, S. 652–658.

70 Zschokke, Schweizerlandsgeschichte, 42. Kap.

71 Alfred Zschokke, * 21.4.1825 in Aarau (Blumenhalde), 3.4.1879 in Basel, elfter Sohn.

72 Tagebuch Nanny Zschokke, 1818–1828, im Besitz von Marianne Oehler-Zschokke, Aarau.

73 Zschokke, Addrich, S. 84. Zitiert wird aus der illustrierten Ausgabe von 1873, nachgedruckt bei Sauerländer 1978.

74 Ebd., S. 123.

75 Zschokke, Addrich, Nachdruck von 1978 (Sauerländers Taschenliteratur), nach S. 84.

76 Vgl. dazu auch die Analyse des «Addrich im Moos» von Huber, Historische Romane, S. 85–89.

77 Zschokke, Schweizerlandsgeschichte, 42. Kap., S. 192.

78 Zschokke, Addrich, S. 305.

79 Heissenbüttel, Addrich im Moos, S. 63.

80 Zschokke, Addrich., nach S. 302.

81 Ebd., S. 3.

82 Mehr zum Freiämtersturm im folgenden Kapitel, S. 204–209.

83 Ort, Zeit, S. 410.

84 Zschokke, Addrich, S. 133.

85 Mauer, Freiämtersturm, S. 130.

86 Aargauer Tagblatt Nr. 222, 22.9., bis Nr. 297, 18.12.1915, hier Nr. 222.

Ausflüge in die Politik
Seiten 183–228

1 Zschokke, Selbstschau, S. 203.

2 Aquarell von Nicolas Gachet von 1799, StAAG, GS 4, 01 125.

3 Cicero, De oratore I, 1, 1.

4 Karikatur von David Hess (Ps. Gillray), Flugblatt von 1802. Schweiz. Landesmuseum Zürich, LM 41 456.

5 Vgl. Ort, Zeit, S. 187–198.

6 Vgl. für das Folgende Biaudet: Der modernen Schweiz entgegen, S. 873 ff.; Halder, Geschichte des Kantons Aargau, S. 197 ff.

7 S. 97 f.

8 Beschluss vom 29.1.1814. Vgl. Schaffroth, Zschokke als Politiker und Publizist, S. 32 f.

9 Zschokke, Von der Freiheit und den Rechten der Kantone Bern, Aargau und Waadt.

10 StAAG, GS 807·2.

11 Protokoll des Grossen Rats vom 27.6.1816.

12 Original im Stadtmuseum Aarau, Foto Sauerländer-Mangold.

13 Protokoll des Grossen Rats vom 19.6.1817.

14 Halder, Geschichte des Kantons Aargau, S. 266.

15 Zu den ordentlichen Staatseinkünften: Halder, Geschichte des Kantons Aargau, S. 137.

16 Notizen Zschokkes in seinem Nachlass im StAAG, NL.A 196/018, Heft 5, ordentliche Sitzung des Grossen Rats im Brachmond 1820, 6.6.1820.

17 Kommissionalbericht von Zschokke vom 20.1.1821, in den Grossratsakten 1821.

18 Kommissionalbericht vom 20.1.1821.

19 Grossratsakte vom 26.6.1819, Vortrag Zschokkes vom 21.6.1819.

20 Grossratsakte vom 18.6.1818, Kommissionalbericht Zschokkes vom 27.5.1818.

21 Grossratsakte vom 27.6.1816, Kommissionalbericht Zschokkes.

22 Antwort der Regierung auf die Bemerkungen der Kommission über die Staatsrechnung 1806, Grossratsakte vom 4.12.1808.

23 Johann Karl Fetzer an Paul Usteri, Brief vom 10.1.1821. Zentralbibliothek Zürich, Nachlass Usteri, Ms Z I 130.

24 Protokoll des Regierungsrats, 10.7.1820.

25 Ebd., 6.9., 25.9. und 12.10.1820.

26 Diese nicht verbürgte Anekdote – se non è vero è ben trovato – findet sich auch in Halder, Geschichte des Kantons Aargau, S. 266.

27 Zschokke, Selbstschau, S. 316.

28 Vgl. Baum, Die Schweiz unter dem Pressekonklusum, S. 23.

29 Schreiben an den Vorort vom 3.4.1823, Original im Bundesarchiv in Bern. Die gesamten Unterlagen befinden sich auch im StAAG, P 1 (Sicherheits- und Sachpolizei), Bd. H, Akte 39.

30 Pressekonklusum vom 14.7.1823, Repertorium der Abschiede der Eidgenössischen Tagsatzung 1814–1848, Bd. 2, S. 571. Vgl. Ort, Zeit, S. 422.

31 Ort, Zeit, S. 423–425.
32 Sammlung der Gesetze und Verordnungen in 4 Bänden, 1826–1830, Bd. 3, S. 594 f.
33 Ort, Zeit, S. 425 f.
34 Ebd., S. 436.
35 Verordnung vom 10.5.1824 über Aufstellung einer Zensur. Sammlung der Gesetze und Verordnungen Bd. 3, S. 594 f.
36 Sauerländer-Archiv, Manuskripte des Schweizerboten.
37 Kommissionalbericht zur Rechenschaft des Kleinen Rats 1826–1827, vorgetragen am 8.12.1827 von Dr. jur. Johann Rudolf Feer.
38 Rechenschaftsbericht pro 1824, unterzeichnet von Amtsbürgermeister Herzog von Effingen. Grossratsakte vom 22.12.1825, S. 55 f.
39 Vgl. S. 91 f., 102 f., 192–195.
40 Kommissionalbericht zur Rechenschaft des Kleinen Rats 1827–1828, vorgetragen am 8.12.1827 von Heinrich Zschokke.
41 Lithografie aus der Zentralbibliothek Luzern, GEa 1829.
42 Zschokke an Bonstetten, 23.12.1829. Prometheus, Heft 2, S. 243.
43 Vgl. die Biografie von Haller, Bürgermeister Johann Herzog von Effingen.
44 Schweizerbote Nr. 35, 28.8.1828, S. 275.
45 Ölgemälde von Felix Diogg.
46 Schweizerbote Nr. 38, 18.9.1828, S. 300.
47 Ebd., Nr. 35, 28.8.1828, S. 275.
48 Die Bedeutung dieser Frage für den Riss zwischen Volk und Regierung bis zum bitteren Ende beleuchtet Maurer, Freiamtersturm, S. 19–25.
49 Halder, Geschichte des Kantons Aargau, S. 299.
50 Schweizerbote Nr. 28, 15.7.1829, S. 219.
51 Kommissionalbericht an den Grossen Rat über die Rechenschaft des Kleinen Rats vom Jahr 1827/28, handschriftlicher Bericht Zschokkes, 20 Seiten Folio. Grossratsakte vom 17.12.1828.
52 Ebd.
53 Die einzelnen Bürger.
54 Grossratsakte vom 17.12.1828.
55 Schweizerbote Nr. 41 f., 7. und 14.10.1808, Bild S. 323, Text S. 322–325 und 329–331.
56 Der ganze Fall mit Briefwechseln im StAAG, P 1 (Sicherheits- und Sachpolizei), Bd. L, Akte 9.
57 Protokoll des Regierungsrats, 26.2.1829.
58 Ebd., 9.3.1829.
59 Schweizerbote Nr. 4, 22.1.1829, S. 26.
60 Die Dorfpolitiker. Zeichnung von Ludwig Vogel. Aus Ed. A. Gessler: Die neue Schweiz in Bildern, S. 324.
61 Schweizerbote Nr. 27, 8.7.1830, S. 209.
62 Ebd., Nr. 13, 26.3.1829, S. 97.
63 Bonstetten an Zschokke, Juli 1830. Prometheus, 2. Heft, S. 265.
64 Bonstetten an Zschokke, 10.8.1830. Prometheus, 2. Heft, S. 268.
65 Zschokke an Bonstetten, 20.8.1830. Prometheus, 2. Heft, S. 270 f.
66 Schweizerbote Nr. 34, 26.8.1830, S. 266.
67 Entgegen der Meinung von Schaffroth, Zschokke, S. 127. Anwesend war Zschokkes ältester Sohn Theodor.
68 Schweizerbote Nr. 42, 21.10.1830, S. 330.
69 Ebd., Nr. 45, 11.11.1830, S. 353–356.
70 Ebd., Nr. 47, 25.11.1830, S. 370.
71 Ebd.
72 Maurer, Freiämtersturm, S. 52.
73 Protokoll des Grossen Rats vom 2.12.1830, S. 439.
74 Foto U. Strebel, Muri.
75 Schweizerbote Nr. 49, 9.12., S. 385 f.: Der Kanton Aargau neben den andern, 3. Artikel.
76 Vgl. S. 182.
77 Szenen aus den Dezembertagen 1830. Mitgeteilt von einem Augenzeugen. In: Aarauer Neujahrsblätter 1930, S. 54–67. Ursprünglich im «Blumenhaldner», Bd. 2, 1832.
78 Schweizerbote Nr. 18, 3.5.1810, S. 137.
79 Bericht des Kleinen Rats an den Grossen Rat vom 10.12.1830.
80 Schweizerbote Nr. 18, 3.5.1810, S. 138.
81 Vgl. «Blumenhaldner», handgeschriebene Familienzeitung im Stadtmuseum Aarau, Bd. 4, S. 401–403, Lexikon des Blumenhaldners, Stichwort «Aarau».
82 Verhandlungen des Verfassungsraths des Kantons Aargau, 30 Nummern, redigiert von Karl Rudolf Tanner.
83 Protokoll des Verfassungsrats, 4.1.1831.
84 Allgemeiner Bericht über die, in Bezug auf Verfassungsbesserung und Gesetzgebung eingekommenen Bittschriften, Anträge und Wünsche, vom 27.1.1831 (gedruckt), S. 10.
85 Protokoll des Verfassungsrats, 23.2.1831.
86 Biographisches Lexikon des Aargaus, Artikel «Kaspar Leonz Bruggisser», S. 110.
87 Verhandlungen des Verfassungsrats, Nr. 2, 23.2.1831.
88 Aargauer Zeitung Nr. 17, 26.2.1831, S. 73.
89 Verhandlungen des Verfassungsrats, Nr. 3, 24.2.1831.
90 Haller, Bürgermeister Herzog, S. 94 und 143 f.
91 Schweizerbote Nr. 8, 24.2.1831, S. 69.
92 Ersatzmann des Obergerichts.
93 Dazu ausführlich Staehelin, Geschichte des Kantons Aargau, S. 34–44.
94 Original im StAAG.
95 Schweizerbote Nr. 19, 19.5.1831, S. 151–154: Über die Annahme der neuen Verfassung im Kanton Aargau. Offiziell waren es in Aarau 201 Befürworter, weil auch 97 Nichtstimmende dazugeschlagen wurden.
96 Schweizerbote Nr. 29, 21.7.1831, S. 231: Bemerkungen über den aargauischen großen Rath.
97 Carl Siedhof: Skizzen aus Aarau. In: Der Freihafen, 1844, 4. Bd., S. 175–207, hier S. 183. Vgl. auch Aarauer Neujahrsblätter 1929, S. 49–58.
98 Berichterstattung Zschokkes zur Rechenschaft 1822–1823, Grossratsakte 18.12.1823.

99 Reproduktion von einer farbigen Postkarte.
StAAG, GS 31-2.
100 Staehelin, Geschichte des Kantons Aargau,
S. 38.
101 Zit. nach Maurer, Freiämtersturm, S. 108, dem
auch die folgende Ausführung zu verdanken
ist.
102 Vgl. S. 193.
103 Dazu, sehr knapp, Jean-Charles Biaudet:
Der modernen Schweiz entgegen. Handbuch der Schweizer Geschichte Bd. 2,
S. 920–926.
104 Verhandlungen des Grossen Rats vom
28.2.1833, S. 6–10. Über Troxlers Tätigkeit
im Grossen Rat vgl. auch die Einzelstudie
von Vischer, Troxler als aargauischer Parlamentarier.
105 Verhandlungen des Grossen Rats vom
6.3.1833, S. 51–54.
106 Ebd., 18.12.1833, S. 417–422.
107 Ebd., S. 413 f.
108 Ebd., 6.6.1834, S. 382–385, 387–390, 392 f.
109 Ebd., 8.5.1833.
110 Ebd., 20.6.1833.
111 Ebd., 1.7.1831, S. 180.
112 Ebd., S. 181.
113 Ebd., S. 186. Zum Kommissionalsystem seit
1815: Halder, Geschichte des Kantons Aargau,
S. 246.
114 Kommissionalbericht über Abänderung des
§ 5 im Reglement des Grossen Rats, von
Zschokke, Grossratsakte vom 14.11.1832.
115 Ebd.
116 Gesandtschaftsakten der ordentlichen Tagsatzung 1833, im StAAG.
117 Unsignierte Lithografie. Aus Gessler, Neue
Schweiz in Bildern, S. 364.
118 Zum Sarnerbund, einem Zusammenschluss
der Urkantone mit dem preussischen Neuenburg und dem konservativen Kanton Basel-
Stadt gegen den Siebnerbund der liberalen
Kantone Ch. Biaudet, Schweiz, S. 925 f. Am
12.8.1833 verfügte die Tagsatzung die Auflösung des Sarnerbunds.
119 Gesandtschaftsakten, Bericht Zschokkes
vom 31.7.1833.
120 Vgl. S. 286–289.
121 Notizbüchlein im StAAG, NL.A 0196/018.
122 Verhandlungen des Grossen Rats vom
11.12.1833, S. 744–754.
123 Vischer, Troxler als aargauischer Parlamentarier, S. 182. Zur Uneinigkeit Troxlers mit
Zschokkes Auffassung und dem Schweizerboten auch Spiess, Troxler, S. 539 f., 543–546
und 551 f.
124 Nach Schaffroth, Zschokke, S. 189 f.
125 Gesandtschaftsakten, Zschokkes 11. Bericht
vom 5.8.1834.
126 StAAG, GS 2, 01446.
127 Gesandtschaftsakten, Schlussbericht vom
25.10.1834, S. 1.
128 Notizbüchlein im StAAG, NL.A 0196/018,
Eintrag vom 29.8.1834.
129 Vischer, Von der Scheidung der Geister,
S. 215.
130 Verhandlungen des Grossen Rats vom
3.6.1837, S. 117.
131 Gesandtschaftsakten, Bericht vom 1.9.1837.
132 Zschokke an Nanny, 14.7.1837. Vgl. auch den
Brief von Nanny an Zschokke vom 28.8. und
Zschokkes Antwort vom 3.9.1837.
133 Zschokke, Selbstschau, S. 340; Amschwand,
Regli und Zschokke, S. 559.
134 Vgl. den ausgezeichnet kommentierten Briefwechsel zwischen Wessenberg und Zschokke
von Rudolf Herzog und Othmar Pfyl.
135 Verhandlungen des Grossen Rats vom
5.11.1834, S. 757–760. Dieses und die folgenden Zitate auf S. 757.
136 Vischer, Von der Scheidung der Geister,
S. 226.
137 Zschokke im Grossen Rat vom 5.5.1832,
Verhandlungen, S. 91 f.
138 Vgl. Staehelin, Geschichte des Kantons
Aargau, S. 80.
139 Vgl. Staehelin, Geschichte des Kantons
Aargau, S. 88 ff.
140 Briefwechsel zwischen Zschokke und
Bernhard Rudolf Fetscherin, Projekt des
Schweizerischen Nationalfonds, Edition in
Vorbereitung.
141 Karikatur, signiert «F. C.» Aus Gessler,
Neue Schweiz in Bildern, S. 333.
142 Zur Klösteraufhebung und den Folgen: Staehelin, Geschichte des Kantons Aargau, S. 97 ff.
143 Verhandlungen des Grossen Rats vom
13.1.1841, S. 39 f.
144 Alexis de Tocquevilles dreibändiges Werk
ist in einer gekürzten Version als Reclam-
Taschenbuch greifbar: Über die Demokratie
in Amerika, Stuttgart 1985, Universal-Biblio-
thek Bd. 8077.
145 De Tocqueville, Demokratie, S. 197.

Volksbildung ist Volksbefreiung!
Seiten 229–262

1 Caspar Wolf: Eine Jura-Höhle, Gemälde von
1778. Original im Kunstmuseum Solothurn,
A 157.
2 Vgl. den Artikel «Volksaufklärung» von
Holger Böning im Lexikon der Aufklärung
von Werner Schneiders, S. 434–437.
3 Nadler, Literaturgeschichte der deutschen
Schweiz, S. 312.
4 Artikel «Volksaufklärung» von Holger Böning
im Lexikon der Aufklärung von Werner
Schneiders, S. 437.
5 Botschaft des Direktoriums an die Räte
vom November 1798. Actensammlung aus
der Zeit der Helvetischen Republik, Bd. 3,
S. 603.
6 Vgl. Fuchs, «Dies Buch ist mein Acker»,
S. 39, Anm. 50.

7 Helvetischer Genius, 1. Stück, S. 38–88. Vgl. Ort, Zeit, S. 64 f.

8 Vgl. Actensammlung aus der Zeit der Helvetischen Republik, Bd. 5, S. 261f.: Letzte Verhandlungen der Räthe über ein Gesetz betreffend Elementarschulen.

9 Actensammlung aus der Zeit der Helvetischen Republik, Bd. 3, S. 603.

10 Müller, Der Aargau, Bd. 2, S. 264.

11 Vgl. dazu Ernst Schneider: Die Bernische Landschule am Ende des 18. Jahrhunderts.

12 Zum Schulwesen im Aargau bis 1830: Halder, Geschichte des Kantons Aargau, S. 138–155 und 302–320.

13 Fuchs, «Dies Buch ist mein Acker», S. 42.

14 Vgl. Halder, Geschichte des Kantons Aargau, S. 140.

15 Dorfschule im Schwarzwald, gemalt um 1858, Original im Kunstmuseum Bern.

16 Die vier Grundrechenarten.

17 Zwei Briefe über Pestalozzis Leben und Lehre, an einen Mann von Stande. In: Isis, August 1805, S. 714 f.

18 Der Gukkasten, Nr. 3, 16.9.1841.

19 Schweizerbote Nr. 2, 11.1.1805, S. 9–11.

20 Grossratsakte vom 27.6.1818 (Primarschulordnung), handschriftlicher Kommissionalbericht Zschokkes vom 16.6.1818.

21 Ebd.

22 Kommissionalbericht Zschokkes zum Vorschlag über die Bildung von Schulfonds aus Heirats- und Bürger-Einkaufsgeldern, Grossratsakte vom 25.1.1821.

23 Vgl. S. 256.

24 Grossratsakte vom 21.6.1822 (Primarschulordnung), handschriftlicher Kommissionalbericht Zschokkes vom 22.6.1820.

25 Grossratsakte vom 26.6.1819 (Rechenschaftsbericht 1818/19), Vortrag Zschokkes vom 21.6.1819; Grossratsakte vom 4.2.1822 (Rechenschaftsbericht 1820), Vortrag Zschokkes; Grossratsakte vom 18.12.1823 (Rechenschaftsbericht 1822/23), Vortrag Zschokkes vom 15.12.1823.

26 1811 mit einer Einlage von 400 Franken.

27 Vortrag vom 21.6.1819.

28 Grossratsakte vom 4.2.1822, Referat Zschokkes.

29 Vgl. Hauenstein, Festschrift zum 100-jährigen Bestehen der aargauischen Bezirksschule, S. 40.

30 Protokoll der Gesellschaft für vaterländische Kultur vom 12.4.1819.

31 Vgl. für das Folgende auch Staehelin, Kantonsschule.

32 Evers, Über die Schulbildung zur Bestialität; vgl. Staehelin, Kantonsschule, S. 26 ff.

33 Dekret des Grossen Rats vom 7.5.1813.

34 Zit. nach Kettiger, Lehrverein, S. 8 f.

35 Drack, Lehrverein, S. 9 und 27.

36 Zirkularschreiben vom 19.4.1819, zit. nach dem Exemplar in den Akten der Kulturgesellschaft des Bezirks Brugg, StAAG, NL.A 224.

37 Erste Nachricht vom bürgerlichen Lehrverein in Aarau, in Verhandlungsblätter der Gesellschaft für vaterländische Kultur Nr. 7/8, April 1819, S. 28 f. Auch bei Kettiger, Lehrverein, S. 9.

38 Ebd.

39 Verhandlungsblätter Nr. 30, S. 117–120: Leitfaden für die Vorträge über Staatswirthschaftskunde im bürgerlichen Lehrverein; Nr. 31 und 32, S. 121–128: Leitfaden zum Unterricht über schriftliche und mündliche Vorträge, beim bürgerlichen Lehrverein in Aarau.

40 StAAG, Nachlass Theodor Zschokke, NL.A 0197, Bd. 102.

41 Brief vom 14.12.1820, zit. nach Drack, Lehrverein, S. 49.

42 Protokoll der Sitzung der Direktion des Lehrvereins vom 25.3.1828, Handschrift Zschokkes, StAAG, Akten Lehrverein. Vgl. auch Drack, Lehrverein, S. 61.

43 Drack, Lehrverein, S. 62–65.

44 Halder, Geschichte des Kantons Aargau, S. 335. Vgl. auch Münch, Erinnerungen, Bd. 1, S. 445–452; Ort, Zeit, S. 312 f.

45 Brief vom 10.7.1820, zit. nach Steigmeier, Politische Flüchtlinge, S. 85.

46 StAAG, NL.A 0227, Acten betr. den aargauischen Lehrverein 1826–1829.

47 Vgl. Steigmeier, Politische Flüchtlinge, S. 98–104.

48 Drack, Lehrverein, S. 90.

49 Vgl. dazu ebd., S. 68–70.

50 Vgl. ebd., S. 67 f.

51 Vgl. Ort, Guten Morgen, S. 65 f., Anm. 130.

52 Dazu interessant die Tagebucheintragungen des jungen Emil Zschokke, Original im Stadtmuseum Aarau.

53 Die Liste der Titel bei Drack, Lehrverein, S. 55.

54 Die folgenden Zitate aus Kettiger, Lehrverein, S. 17–19.

55 13. Jahresbericht an die Gesellschaft für vaterländische Kultur in ihrer allgemeinen Versammlung an 29.9.1829, S. 9 f.

56 Angaben nach Drack, Lehrverein, S. 85.

57 Vgl. Widmer, Zürich, Bd. 7, S. 18 f. und 36 ff.

58 Zit. nach Müller, Der Aargau, Bd. 2, S. 314 f.

59 Zum Beispiel von Rohr, Troxler, S. 178.

60 Verhandlungen des Grossen Rats vom 12.7.1831.

61 StAAG, Kantonschulrat Bd. 12: Akten betreffend die Reorganisation des Schulwesens 1832, Petition des Kantonsschuldirektion vom 7.12.1832.

62 Verhandlungen des Grossen Rats vom 29.2.1832.

63 Ebd., 1.3.1832, S. 48.

64 Ebd., S. 49.

65 StAAG, Kantonschulrat Bd. 13.

66 Zu Troxlers Beitrag zum Schulgesetz von 1835 auch Vischer, Troxler als aargauischer Parlamentarier, S. 195–200.

67 Bericht über den Gesetzes-Vorschlag des

Kleinen Raths für Einrichtung des gesammten Schulwesens im Kanton Aargau vom 25.7.1834.

[68] Vergleichende Zusammenstellung des Gesetzesvorschlages des Kleinen Rathes über die Einrichtung des gesammten Schulwesens des Kantons Aargau, mit dem Entwurfe der mit Prüfung desselben beauftragten Kommission, S. 29.

[69] Verhandlungen des Grossen Rats, 2.9.1834, S. 576 f.

[70] Ebd., 2.9.1834, S. 598.

[71] Schweizerbote Nr. 35, 28.8.1834, S. 274.

[72] Gesetzesentwurf der Kommission Troxler vom 25.7.1834, §4.

[73] So bei Byland, 150 Jahre Aargauer Volksschule, S. 11.

[74] Staehelin, Geschichte des Kantons Aargau, S. 355.

[75] Byland, 150 Jahre Aargauer Volksschule, S. 15.

[76] Kommissionalbericht vom Januar 1835, 12. Punkt.

[77] Verhandlungen des Grossen Rats vom 9.3.1835, S. 240.

[78] Ebd., 19.2.1835, S. 121 f.

[79] Ebd., 17.3.1835, S. 610.

[80] Ebd., S. 609 f.

[81] Ebd., 17.2.1835, S. 29.

[82] Vgl. Halder, Geschichte des Kantons Aargau, S. 155.

[83] Verordnung vom 1.5.1828. Vgl. Brian Scherer, Fabrikschulen, S. 179.

[84] Zu den Bemühungen des Aargaus um das Fabrikschulwesen Halder, Geschichte des Kantons Aargau, S. 269–272 und 304 f.

[85] StAAG, Kantonsschulrat, Bd. 13.

[86] Foto Andreas Steigmeier, Baden.

[87] Verhandlungen des Grossen Rats vom 18.2.1835, S. 108 f.

[88] Ebd., S. 111.

[89] Petition vom 19.2.1835 wegen des Unterrichts der Fabrikkinder. Grossratsakte vom 20.2.1835.

[90] Verhandlungen des Grossen Rats vom 15.3.1835, S. 535.

[91] Ebd., 7.4.1835, S. 879–892. Zschokkes Bemerkung dazu am Schluss.

[92] Titel eines Werks von Rudolf Schenda von 1977.

[93] Ort, Guten Morgen, S. 314, Anm. 1029–1031; S. 327, Anm. 1069 f.

[94] Ebd., S. 314. Zur Entstehung der Zschokke-Stiftung: Knoche, Volksliteratur, passim (Sachregister am Schluss). Ferner die Schrift eines der Gründer: Haas, Zur Geschichte der Zschokkestiftung.

[95] Gesammelte Volksschriften von Heinrich Zschokke. Für Volksbibliotheken und Lese-vereine zu Stadt und Land, Aarau 1846. Preis: 42 Kreuzer, 14 Neugroschen oder 10 Batzen. Vgl. Ort, Guten Morgen, S. 475, Anm. 1593.

[96] Ort, Guten Morgen, S. 329 f. und Anm. 1077 f.; S. 488 und Anm. 1638.

[97] Zinniker, Geist, S. 48–52, hier S. 51.

[98] Schweizerbote Nr. 31, 31.7.1834, S. 245.

[99] Zschokke: Volksbildung ist Volksbefreiung! Zit. nach Zschokkes Gesammelten Schriften, Bd. 31, S. 170–189, hier S. 171.

[100] Ebd., S. 172.

[101] Ebd., S. 174.

[102] Ebd., S. 186.

[103] Zschokke, Selbstschau, S. 306.

Blumenhalde: Republik und Refugium
Seiten 263–293

[1] Vgl. Erismann, Aarau im Stecklikrieg, S. 15 f.

[2] Aus den Aarauer Neujahrsblättern, 1927, S. 18.

[3] Porträt im Stadtmuseum Aarau, Foto Brigitt Lattmann, Aarau.

[4] E. Zschokke, Zur Erinnerung an Frau Nanny Zschokke.

[5] Zschokke an Nanny, 1.1.1805.

[6] E. Zschokke, Zur Erinnerung an Frau Nanny Zschokke, S. 11.

[7] Ebd., S. 10.

[8] Vgl. Zschokke, Selbstschau, S. 233.

[9] Tagebuch von Emil Zschokke, Privatbesitz.

[10] Nüsperli, Vom Vater Zschokke, S. 631.

[11] E. Zschokke, Zur Erinnerung an Frau Nanny Zschokke, S. 12.

[12] Vgl. Nüsperli, Vom Vater Zschokke, S. 630.

[13] Nach E. Zschokke, Zur Erinnerung an Frau Nanny Zschokke, S. 12.

[14] Ebd., S. 13 f.

[15] Stadtmuseum Aarau, Foto Brigitt Lattmann.

[16] E. Zschokke, Zur Erinnerung an Frau Nanny Zschokke, S. 12 f.

[17] Zschokke, Selbstschau, S. 267 und 271.

[18] Zschokke, Baierische Geschichte.

[19] Angaben nach dem Hausbuch Zschokke, Stadtmuseum Aarau. Vgl. Ort, Guten Morgen, S. 53 und 55, Anm. 75.

[20] Schweizerbote Nr. 9, 28.2.1811, S. 65–67, hier S. 67.

[21] Zschokke an Ittner, 9.3.1818.

[22] Zschokke an Orelli, 8.9.1818.

[23] Zschokke an Nanny, München, 27.6.1817. StAAG, NL.A o 196–009.

[24] Aargauisches Schulgesetz von 1835, § 79–81.

[25] Zschokke, Selbstschau, S. 233.

[26] E. Zschokke, Heinrich Zschokke, S. 21.

[27] Eine gute Einführung gibt eine unveröffentlichte Lizentiatsarbeit von Ursula Huber, die 1998 am Historischen Seminar der Universität Basel entstand: Der Blumenhaldner: Eine Wochenschrift für die Blumenhalde, 127 S.

[28] Original im Stadtmuseum Aarau, Foto Brigitt Lattmann, Aarau.

[29] Zschokke an Businger, 22.8.1816.

[30] Blumenhaldner, Bd. 4, S. 497. Stadtmuseum Aarau, Foto Brigitt Lattmann.

[31] Nüsperli, Vom Vater Zschokke, S. 647.

[32] Zschokke an Genthe, 5.7.1833.

33 Blumenhaldner Nr. 4, Sonntag nach dem
26.10.1834, S. 343.
34 Genthe, Erinnerungen, S. 71.
35 Zschokke an Sauerländer, 2.1.1841, in Ort,
Guten Morgen, S. 242.
36 Stadtmuseum Aarau, Foto Brigitt Lattmann,
Aarau.
37 Genthe, Erinnerungen, S. 71.
38 Münch, Erinnerungen, S. 412.
39 Zschokke an Orelli, 8.5.1818.
40 Stadtmuseum Aarau, Foto Brigitt Lattmann,
Aarau. Vgl. Aargauer Tagblatt, 19.3.1985:
Aarauer Zschokke-Chronik im Trödel gefunden. Aufzeichnungen über einen bedeutenden Wahl-Aargauer durch Zufall entdeckt.
41 B. R. Fetscherin an Zschokke, 25.7.1841.
42 Genthe, Erinnerungen, S. 74 f.
43 Ebel, Anleitung, 3. Aufl., Bd. 2, S. 3 f.
44 Ebel, Anleitung, 6. Aufl., fortgesetzt von
Robert Glutz-Blotzheim (Handbuch für
Reisende in der Schweiz), S. 69.
45 Bronner, Der Kanton Aargau, Bd. 2, S. 290.
46 Jeremias Gotthelf: Sämtliche Werke in
24 Bänden, Bd. 9, S. 465–470.
47 Ebd., S. 467.
48 Ebd., S. 468.
49 Universitätsbibliothek Basel, Porträtsammlung.
50 Dazu Biaudet, Schweiz, S. 932, und die dort
angegebene Literatur.
51 Verhandlungen des Grossen Rats vom
7.9.1838, S. 361–364.
52 Bonaparte, Politische und Militärische
Betrachtungen, Titelblatt: «Die Selbständigkeit des Schweizerbundes ruht nicht fest auf
Pergamentbriefen, kaiserlichen oder königlichen Zusicherungen, sondern allein auf einem
eisernen Grund, der da ist unser Schwert. –
Zschokke Schw. Geschichte.»
53 Zur Bekanntschaft mit Zschokke kurz Euler,
Napoleon III., S. 182.
54 Zschokke, Selbstschau, S. 281 f.
55 Blumenhaldner, 6. Jahrgang 1836, Nr. 23,
27.11.1836, S. 345–348
56 Julie Köchlin: Ehefrau von Theodor Zschokke; Clara Pelissier: Gast aus Frankreich.
57 Euler, Napoleon III., S. 303.
58 Münch, Erinnerungen, Bd. 1, S. 414.
59 Zum Aufsatz von Nüsperli, Vom Vater
Zschokke. Die Gartenlaube, Oktober 1865,
Nr. 40, S. 629.
60 Genthe, Erinnerungen, S. 147.
61 Ebd., S. 186.
62 R. Zschokke, 150 Jahre Blumenhalde.
63 Foto Dominik Sauerländer, Aarau 2003.
64 Marcel Guignard im Vorwort zur Broschüre
«Die Blumenhalde».
65 Konrad Oehler in der Broschüre «Die
Blumenhalde».
66 Heinrich Zschokke lebt in der Blumenhalde
weiter. Gespräch mit Rudolf Künzli, dem
Leiter des Didaktikums des Kantons Aargau.
In Heinrich-Zschokke-Brief 1, S. 5–8.

Zschokkes Erbe
Seiten 295–318

1 Vgl. Ort, Guten Morgen, S. 273 ff.
2 Zschokke, Selbstschau, S. 240–249.
3 Ebd., S. 247–249.
4 Zschokke an F. W. Genthe, 7.5.1842, in Genthe,
Erinnerungen, S. 54 f. Vgl. auch Zschokke an
Sauerländer, 14.4.1842, in Ort, Guten Morgen,
S. 296.
5 Vgl. Emil Zschokkes Vorbericht zur 4. Auflage, S. III–VIII.
6 Zschokke, Selbstschau, S. 5.
7 Vgl. Charbon, Autobiographisches Schreiben.
8 Prescher, Vergleichende Untersuchungen,
S. 109.
9 Am ehesten noch seine Historischen Denkwürdigkeiten der helvetischen Staatsumwälzung, die sich aber auf die Zeit der Helvetik
beschränken.
10 Original im Sauerländer-Archiv, Manuskripte.
11 Vgl. Bänziger, Pestalozzi, Zschokke und
Wessenberg, S. 53.
12 Vgl. S. 11.
13 Vgl. S. 21.
14 Piroska R. Máthé: Der Zschokke-Nachlass
im Staatsarchiv und in der Kantonsbibliothek in Aarau. Heinrich-Zschokke-Brief Nr. 1,
S. 13.
15 Ilona Scherm und Ekkehard Hübschmann,
Hrsg.: «Ich will sie chronologisch ordnen und
schön einbinden lassen». Textkritische und
kommentierte Edition einer Auswahl von 28
Briefen aus der Korrespondenz von Heinrich
Zschokke mit dem Züricher Oberrichter
Johann Heinrich v. Orelli, S. 51–65.
16 Vgl. Böning, Schweizerbote, S. 14, 253, 269,
279, 288, 378 usw.
17 Neuerdings in der Reihe edition lumière,
in der bereits acht Bände erschienen sind.
18 Überlieferungen zur Geschichte unserer
Zeit Nr. 1, Januar 1817: Anblick der europäischen Welt im Anfang des Jahres 1817.
(Als Einleitung.), S. 16. Vgl. Ort, Zeit,
S. 373.
19 Vgl. Ort, Zeit, S. 454–458.
20 Zschokkestube im Stadtmuseum Aarau.
Foto Brigitt Lattmann, Aarau.
21 Vgl. Halder, Schweizerbibliothek.
22 Dazu der Schlössliführer des Stadtmuseums
Aarau, Heft 1: Wohnen.
23 Vgl. Hunziker, Geschichte der Schweizerischen gemeinnützigen Gesellschaft, S. 43,
47 f., 56 f., 60 f., 73, 75, 90 und 101.
24 Foto Werner Ort.
25 1971 fand in Aarau eine kleinere Ausstellung
zum 200. Geburtstag Zschokkes statt, betreut
von Staats- und Stadtarchivar Georg Boner.
26 Sauerländer, Heinrich Zschokke-Ausstellung.
27 Remigius Sauerländer: Zur Geschichte des
Denkmals. In: Wernly: Vater Heinrich
Zschokke, S. 56 f.

28 Sauerländer, Zur Geschichte des Denkmals, S. 59.
29 Schweizerbote Nr. 47, 20.11.1828, S. 371.
30 Protokoll des Grossen Rats vom 19.6.1833.
31 Akten der Olsberg Pestalozzistiftung im StAAG, Bd. 51, gedrucktes Programm des Festakts der Regierung.
32 Zschokke, Selbstschau, S. 332 f.
33 Ebd., S. 333.
34 Protokolle der Gesellschaft für vaterländische Kultur vom 6.7., 13.7., 3.8. und 10.8.1811.
35 Verhandlungen der Historischen Klasse, 9.3.1815.
36 Ebd., 28.10.1815.
37 Pfr. Brentano: Wie man Taubstummen die Empfindung des Gehörs gewährt, wenn man sie einen metallenen oder harthölzernen Stab zwischen die Zähne nehmen [lässt] und damit tönende Sachen berührt. In: Archiv der Medizin, Chirurgie und Pharmacie, 1816. Vgl. Eugen Sutermeister: Quellenbuch zur Geschichte des schweizerischen Taubstummenwesens, S. 96.
38 Sutermeister, Quellenbuch, S. 99. Zum Wirken von Pfarrer Brentano in Gansingen vgl. auch Stöhr, Gansingen, S. 18–31.
39 Tschopp-Brewer, Geschichte, S. 38. Vgl. Zschokke an Heinrich von Orelli, Brief vom 30.8.1835.
40 Jahresbericht an die Gesellschaft für vaterländische Kultur in ihrer allgemeinen Versammlung am 26.8.1835 in Lenzburg. Vgl. auch Sutermeister, Quellenbuch, S. 99 f.
41 Von den Taubstummen im Kanton Aargau,

Schweizerbote Nr. 36 und 37, 3./10.9.1835, S. 281–283 und 289–291.
42 Zit. nach Sutermeister, Quellenbuch, S. 125.
43 Ein Überblick findet sich bei E. Zschokke, Geschichte der Taubstummenanstalt Aarau.
44 Zschokke an Orelli, 25.12.1835, an Fellenberg, 15.3.1836, an Fetscherin, 11.6.1836.
45 Foto aus 100 Jahre Taubstummenanstalt Aarau auf Landenhof, S. 33.
46 Über die erste öffentliche Prüfung Schweizerbote Nr. 45, 7.6.1837, abgedruckt im Anhang von E. Zschokke, Geschichte der Taubstummenanstalt Aarau, S. 37–39.
47 Ehefrau von Theodor Zschokke.
48 Zschokke an Fellenberg, 4.10.1839.
49 Biographisches Lexikon des Aargaus 1803–1957, S. 911–922.
50 Zschokkestube, Stadtmuseum Aarau. Foto Brigitt Lattmann.
51 Historische Gesellschaft des Kantons Aargau, Protokoll des Samstagabendkränzchens der Aarauer Sektion vom 25.3.1882. StAAG, Depositum 011, Akten 1859–1890.
52 Vgl. Nüsperli, Vom Vater Zschokke, S. 647.
53 Vgl. Genthe, Erinnerungen, S. 158 f.

Schlusswort und Ausblick
Seiten 315–318

1 Ort, Ein intriquer & unruhiger Geist.
2 Ebd., S. 269.
3 Ebd.

Literaturverzeichnis

Ungedruckte Quellen

AARGAUISCHE KANTONSBIBLIOTHEK (KB AG): Einzigartige Sammlung von Werken Heinrich Zschokkes in verschiedenen Übersetzungen und Auflagen aus dem so genannten «Zschokke-Stübli». Zschokkes Schweizerbibliothek mit über 3 000 Einheiten (Handschriften, Flugschriften und Broschüren zur Schweizer Geschichte).

BRIEFWECHSEL HEINRICH ZSCHOKKE: An zahlreichen Standorten. Kopien der über 5 800 Privatbriefe, die 1990–2000 in einem Gemeinschaftsprojekt von Schweizerischem Nationalfonds und Deutscher Forschungsgemeinschaft gesucht wurden, befinden sich derzeit in der Universitätsbibliothek Bayreuth. Etwa die Hälfte wurde transkribiert, hauptsächlich von Ilona Scherm und Ekkehard Hübschmann, und liegt als Computerdatei vor.

FREIMAURERLOGE ZUR BRUDERTREUE, AARAU: Dokumente zur Gründung der Loge und der Gesellschaft für vaterländische Kultur, Briefe Zschokkes und Gegenstände aus seinem Besitz.

SAUERLÄNDER-ARCHIV, AARAU: Kassabücher, Buchhandelsbücher, Honorarbuch Zschokke, Verlagskataloge, Inventare, Druckereiabrechnungen, Verträge, Korrespondenzen, Kopierbücher der versandten Briefe, Manuskripte Zschokkes, Bibliothek sämtlicher Verlagswerke in verschiedenen Auflagen, Manuskripte und Abonnementslisten zum Schweizerboten usw.

STAATSARCHIV BASEL-STADT: Wichtige persönliche Dokumente Heinrich Zschokkes und Dokumente zur Familiengeschichte aus dem Nachlass von Olivier Zschokke im Familienarchiv Zschokke (PA 767).

STAATSARCHIV DES KANTONS AARGAU (StAAG): Hauptnachlass Heinrich Zschokke mit Originalbriefen, Briefkopien und Manuskripten (NL.A 0196). Umfangreiche Nachlässe von Theodor Zschokke und anderen. Amtliche Akten des Kantons Aargau (Grosser Rat, Verfassungsrat, Regierungsrat, Kantonsschulrat, Forstwesen, Polizeiakten usw.). Depot der umfangreichen Akten der Gesellschaft für vaterländische Kultur im Kanton Aargau.

STADTMUSEUM AARAU: Briefe und Manuskripte Zschokkes, sein Haus(halts)buch, Familienchroniken und die Familienzeitung «Der Blumenhaldner» in fünf Bänden. Nachlass Achilles Zschokke mit weiteren Dokumenten zur Familiengeschichte. Porträts, Büsten und Gegenstände aus dem Haushalt der Familie Zschokke.

334

WERNLY, RUDOLF: Die Aargauische gemeinnützige Gesellschaft in ihren Beziehungen und in ihren Bezirksgesellschaften. Versuch einer Darstellung, unternommen im Auftrage des Centralvorstandes, 11 Bde. o.J. [ca. 1912–1924], Typoskript, StAAG, NL.A 0184.

Gedruckte Quellen

[ANONYM:] Ein Wort zur Ehre der Tugend und Wahrheit, veranlaßt durch die dem Kanton Aargau gewiedmeten Neujahrsschriften, o. O. 1816.

AARAUER ZEITUNG, Aarau 1814–1821.

AARGAUISCHES KANTONSBLATT, Aarau 1803–1809.

AARGAUISCHE ZEITBLÄTTER FÜR ÖFFENTLICHE WOHLFAHRT, FREIHEIT, GESETZGEBUNG UND JUSTIZPFLEGE, hrsg. von mehrern Vaterlandsfreunden (= Verhandlungen des Verfassungsraths des Kantons Aargau), Februar bis April 1831.

ACTENSAMMLUNG AUS DER ZEIT DER HELVETISCHEN REPUBLIK (1798–1803), hrsg. von Johannes Strickler und Alfred Rufer, 16 Bde., Bern und Freiburg 1886–1966.

ALPENROSEN, Schweizer Literatur-Almanach, hrsg. von Johann Rudolf Wyss jr., Bern 1811 ff.

ARCHIV DER MEDIZIN, Chirurgie und Pharmazie, hrsg. von I. P. V. Troxler, Aarau 1816–1817.

BECKER, RUDOLF ZACHARIAS: Noth- und Hülfs-Büchlein für Bauersleute oder lehrreiche Freuden- und Trauer-Geschichte des Dorfs Mildheim. Für Junge und Alte beschrieben. 1. Aufl. Gotha und Leipzig 1788.

BIOGRAPHISCHES LEXIKON DES AARGAUS 1803–1957. Argovia 68/69, Aarau 1958.

BONAPARTE, NAPOLÉON LOUIS C.: Politische und Militärische Betrachtungen über die Schweiz, Zürich 1833.

[BRÄKER, ULRICH:] Leben und Schriften Ulrich Bräkers, des Armen Mannes im Tockenburg, hrsg. von Samuel Voelmy, 3 Bde., Basel 1945.

BRONNER, FRANZ XAVER: Der Kanton Aargau, historisch, geographisch, statistisch geschildert. Beschreibung aller in demselben befindlichen Berge, Seen, Flüsse, Heilquellen, Städte, Flecken, Dörfer und Weiler, so wie der Schlösser, Burgen und Klöster; nebst Anweisung, denselben auf die genußreichste und nützlichste Weise zu bereisen. Ein Hand- und Hausbuch für Kantonsbürger und Reisende, 2 Bde. (Historisch-geographisch-statistisches Gemälde der Schweiz, Bd. 16), St. Gallen und Bern 1844.

EBEL, JOHANN GOTTFRIED: Anleitung, auf die nützlichste und genussvollste Art die Schweitz zu bereisen, 3. Aufl. in 4 Bänden, Zürich 1809/10. – 6. Aufl. bearbeitet von Robert Glutz-Blotzheim: Handbuch für Reisende in der Schweiz, Zürich 1830.

ERHEITERUNGEN. Eine Monatschrift für gebildete Leser. Hrsg. von Heinrich Zschokke und seinen Freunden, Aarau 1811–1827.

EVERS, ERNST AUGUST: Über die Schulbildung zur Bestialität. Ein Programm zur Eröffnung des neuen Lehrkurses in der Kantonsschule zu Aarau, Aarau 1807, neu hrsg. von Michele C. Ferrari, Heidelberg 2002.

FAMBACH, OSKAR: Das Repertorium des Hof- und Nationaltheaters in Mannheim 1804–1832. Mitteilungen zur Theatergeschichte der Goethezeit, Bd. 1, Bonn 1980.

FORSTORDNUNG DES KANTONS AARGAU, Aarau 1805.

GESSLER, EDUARD ACHILLES, Hrsg.: Die neue Schweiz in Bildern. Ein Bilderbuch zur Schweizergeschichte von 1798 bis zur Gegenwart, Zürich und Leipzig 1935.

GMELIN, JOHANN FRIEDRICH: Abhandlung über die Wurmtrocknis, Leipzig 1787.

GOEDEKE, KARL: Grundriß zur Geschichte der deutschen Dichtung aus den Quellen. Artikel «Johann Heinrich Daniel Zschokke», bearbeitet von Alfred Rosenbaum in Bd. 10 (2. Aufl., Dresden 1913), S. 58–114 und 653 f. Ferner Bd. 11 (2. Aufl., Düsseldorf 1951), S. 589; Bd. 16 (Berlin-Ost 1985), S. 482–494 und 1101 f.

HALLER, CARL LUDWIG VON: Restauration der Staats-Wissenschaft oder Theorie des natürlich-geselligen Zustands; der Chimäre des künstlich-bürgerlichen entgegengesetzt, 6 Bde., Winterthur 1816–1834.

HELVETISCHER ALMANACH FÜR DAS JAHR 1816, Zürich 1816. Auch unter dem Titel: Statistischer Abriß des Canton's Aargau. Ein Neujahrsgeschenk für Aargau's Jünglinge.

DER HELVETISCHE GENIUS. Eine periodische Zeitschrift, hrsg. von Heinrich Zschokke, Luzern und Zürich 1799.

HELVETISCHES VOLKSBLATT, hrsg. von Johann Heinrich Pestalozzi, 1798.

DER HELVETISCHE VOLKSFREUND, hrsg. von Heinrich Zschokke und J. U. Sprecher, Chur 1797.

HELVETISCHE ZEITUNG, hrsg. von Heinrich Zschokke, Luzern 1799.

ISIS. Eine Monatsschrift von Deutschen und Schweizerischen Gelehrten, hrsg. von Heinrich Zschokke und Johann Heinrich Füssli, Zürich 1805–1807.

LITTERARISCHES PANTHEON, hrsg. von H. Zschokke, Frankfurt/Oder 1794.

MEISTER, LEON[H]ARD: Helvetische Geschichte während der zwei lezten Jahrtausende oder von Cäsars bis zu Bonaparte's Epoche, 4 Bde., St. Gallen und Leipzig 1801–1809. 5. Bd. fortgesetzt von Markus Lutz, St. Gallen 1815.

MISZELLEN FÜR DIE NEUESTE WELTKUNDE, hrsg. von Heinrich Zschokke, Aarau 1807–1813.

MOLIERES [!] LUSTSPIELE UND POSSEN. Für die deutsche Bühne von Heinrich Zschokke, 6 Bde., Zürich 1805–1810.

Monatsschrift von und für Mecklenburg, hrsg. von Wehnert, Schwerin 1788.

Morgenblatt für gebildete Stände, hrsg. von J. F. Cotta, Tübingen 1807 ff.

Neue Zürcher Zeitung, Zürich 2002.

Nüsperli, Friedrich: Vom Vater Zschokke. Gartenlaube Nr. 40, Oktober 1865, S. 628–631, und Nr. 41, S. 646–648.

Ort, Werner, Hrsg.: «Guten Morgen, Lieber!» Der Briefwechsel Heinrich Zschokkes mit seinem Verleger Sauerländer, Bern usw. 2001.

Prometheus. Für Licht und Recht. Zeitschrift in zwanglosen Heften, hrsg. von Heinrich Zschokke und seinen Freunden, 3 Hefte, Aarau 1832–1833.

Der Republikaner, Zürich 1802.

Sauerländer, Remigius, Hrsg.: Heinrich Zschokke-Ausstellung zu Ehren der Jahresversammlung der Schweiz. Gemeinnützigen Gesellschaft in Aarau 1884, Aarau 1884.

Scherm, Ilona und Ekkehard Hübschmann, Hrsg.: «Ich will sie chronologisch ordnen und schön einbinden lassen». Textkritische und kommentierte Edition einer Auswahl von 28 Briefen aus der Korrespondenz von Heinrich Zschokke mit dem Züricher Oberrichter Johann Heinrich v. Orelli, Bayreuth 1998.

Schreiber, Heinrich, Hrsg.: Jos. Albr. v. Ittner's ausgewählter Briefwechsel, nebst dessen Leben, Freiburg i. Br. 1829.

[Schweizerbote:] Der aufrichtige und wohlerfahrene Schweizer-Bote, hrsg. von Heinrich Zschokke, Luzern und Bern: Gessner 1798–1800, Aarau: Flick 1804 ff., Sauerländer 1807–1836. Unter verschiedenen Redaktoren weitergeführt bis 1878.

[Schweizerboten-Kalender:] Nützlicher Hülfs- und Noth- Haus- Garten- und Wirtschafts-Kalender des aufrichtigen und wohlerfahrnen Schweizerboten, hrsg. von Heinrich Zschokke, Aarau 1805–1808.

Schweizerische Minerva, Basel und Aarau 1804.

Schweizerischer Kinderfreund. Ein Lesebuch für Bürger- und Volksschulen, hrsg. von Johannes Schulthess, 2. Aufl. «in der Schweiz» 1809.

Schweizerischer Republikaner, hrsg. von Paul Usteri und H. C. Escher, unter verschiedenen Titeln, 1798–1801.

Schweizerisches Museum, hrsg. von I. P. V. Troxler, Alois Vock et al., Aarau 1816–1817.

Staats-Lexikon oder Encyclopädie der Staatswissenschaften in Verbindung mit vielen der angesehensten Publicisten Deutschlands hrsg. von Carl von Rotteck und Carl Theodor Welcker, 15 Bde. und 4 Supplementbde., Altona 1834–1848.

Der Staatsmann. Zeitschrift für Politik und Tagesgeschichte, hrsg. von Johann Baptist von Pfeilschifter, Offenbach/Main 1823 ff.

Sutermeister, Eugen: Quellenbuch zur Geschichte des schweizerischen Taubstummenwesens. Ein Nachschlagebuch für Taubstummenerzieher und -freunde, Bern 1929.

Taubstummenanstalt Aarau: Rechenschaftsberichte 1836–1883.

Überlieferungen zur Geschichte unserer Zeit, hrsg. von Heinrich Zschokke, Aarau 1817–1823.

Umriss der Geschichte des Aargaues. Erstes Neujahrsblatt für die aargauische Jugend, herausgegeben von der historischen Klasse der Gesellschaft für vaterländische Kultur im Aargau, Aarau 1816.

Umriss der Landesbeschreibung des eidsgenössischen Freistaats Aarau. Zweites Neujahrsblatt für die aargauische Jugend, herausgegeben von der historischen Klasse der Gesellschaft für vaterländische Kultur im Aargau, Aarau 1817.

Verhandlungen des Grossen Rathes vom Kanton Aargau , 1830–1841.

Verhandlungen des schweizerischen Forstvereins in Burgdorf, am 11. und 12. Juni 1849.

Verhandlungsblätter der Gesellschaft für vaterländische Kultur im Kanton Aargau, [Aarau] 1816–1825.

[Wessenberg, Ignaz Heinrich von:] Der Briefwechsel 1806–1848 zwischen Ignaz Heinrich von Wessenberg und Heinrich Zschokke, hrsg. von Rudolf Herzog und Othmar Pfyl (Quellen zur Schweizer Geschichte, Neue Folge, III. Abt., Bd. 10), Basel 1990.

[Zschokke, Heinrich:] Aballino, der große Bandit. 1) in Prosa: Frankfurt und Leipzig 1794, neu hrsg. von Josef Morlo, St. Ingbert 1994, – 2) Ein Trauerspiel in fünf Aufzügen, Leipzig und Frankfurt/Oder 1795; 2., für die Bühne abgeänderte Ausgabe mit dem Motto: Verhältnisse bestimmen den Menschen, ebd. 1796. – 3) in Verse gesetzte Neubearbeitung als: Abellino. Schauspiel in fünf Aufzügen, Aarau 1828.

Zschokke, Heinrich: Addrich im Moos, Aarau 1826. Dass., mit 6 Illustrationen von H. Weißbrod, Aarau 1873, faksimilierter Nachdruck Aarau und Frankfurt/Main 1978.

[Zschokke, Heinrich:] Alamontade der Galeeren-Sklav. Lebensgemälde vom Verfasser des Abällino, 2 Bde., Zürich 1803.

[Zschokke, Heinrich:] Allgemeiner Bericht über die, in Bezug auf Verfassungsbesserung und Gesezgebung eingekommenen Bittschriften, Anträge und Wünsche, dem Verfassungsrath des Kantons Aargau abgestattet [Aarau 1831].

Zschokke, Heinrich: Die Alpenwälder. Für Naturforscher und Forstmänner, Tübingen 1804.

[Zschokke, Heinrich:] Anleitung zu zweckmäßiger Anordnung und richtiger Beurtheilung der Blitzableiter, Aarau 1821.

Zschokke, Heinrich: Ausgewählte Dichtungen, Erzählungen und Novellen, 10 Bde., 2. Aufl. Aarau 1830.

ZSCHOKKE, HEINRICH: Ausgewählte Historische Schriften, 16 Bde., 2. Aufl. Aarau 1830.

ZSCHOKKE, HEINRICH: Ausgewählte Novellen und Dichtungen, 3. verm. Aufl. in 8 Bänden, Aarau 1836, 4. Aufl. in 6 Bänden, Aarau 1839; 5. Aufl. in 6 Bänden, Aarau 1841; 6. Aufl. in 10 Bänden, Aarau 1843; 7. Aufl. in 10 Bänden, Aarau 1845; 8. Aufl. in 10 Bänden, Aarau 1847.

ZSCHOKKE, HEINRICH: Ausgewählte Schriften, 40 Bde., Aarau 1825–1828.

ZSCHOKKE, HEINRICH: Der Baierischen Geschichten erstes bis sechstes Buch, 4 Bde., Aarau 1813–1818, 2. verbesserte Aufl. Aarau 1821.

ZSCHOKKE, HEINRICH: Die Bergwerke des Kantons Aargau. Isis 1805, Bd. 2, S. 636–654.

[ZSCHOKKE, HEINRICH:] Bericht der Staats-Rechnungskommission über den Rechenschafts-Bericht des Kleinen Rathes vom Jahr 1837. Erstattet in der Sitzung des Grossen Rathes vom 19. Juni 1839, Aarau 1839.

ZSCHOKKE, HEINRICH: Betrachtung einer großen Angelegenheit des eidsgenössischen Vaterlandes, Aarau 1824.

ZSCHOKKE, HEINRICH: Bilder aus der Schweiz, 5 Bde., Aarau 1824 und 1826.

ZSCHOKKE, HEINRICH: Die Brannteweinpest. Eine Trauergeschichte zur Warnung und Lehre für Reich und Arm, Alt und Jung, Aarau 1837.

ZSCHOKKE, HEINRICH: Die farbigen Schatten, ihr Entstehen und Gesetz. Vorlesung, gehalten in der naturforschenden Gesellschaft zu Aarau, den 10. Januar 1826, Aarau 1826.

ZSCHOKKE, HEINRICH: Feldblumen. Eine andere Selbstschau in poetischen Gedenkblümlein, hrsg. von Emil Zschokke, Frankfurt/Main 1850.

[ZSCHOKKE, HEINRICH:] Von der Freiheit und den Rechten der Kantone Bern, Aargau und Waadt. Eine Vorlesung gehalten in der Gesellschaft für vaterländische Kultur im Kanton Aargau, 1814.

ZSCHOKKE, HEINRICH: Der Freihof von Aarau, Aarau 1824.

ZSCHOKKE, HEINRICH: Vom Geist des deutschen Volks im Anfang des neunzehnten Jahrhunderts, Aarau 1820. Sonderdruck aus den Überlieferungen zur Geschichte unserer Zeit.

ZSCHOKKE, HEINRICH: Von den gegenwärtigen politischen Bewegungen in der Schweiz. Jahrbücher der Geschichte und Staatskunst, hrsg. von Karl Heinrich Ludwig Pölitz, Leipzig, November 1831, S. 385–406.

ZSCHOKKE, HEINRICH: Gesammelte Schriften, 2. Aufl. in 36 Bänden, Aarau 1856–1859.

ZSCHOKKE, HEINRICH: Gesammelte Volksschriften von Heinrich Zschokke. Für Volksbibliotheken und Lesevereine zu Stadt und Land, Aarau 1846.

ZSCHOKKE, HEINRICH: Geschichte vom Kampf und Untergang der schweizerischen Berg- und Waldkantone, besonders des alten eidsgenössischen Kantons Schwyz, Bern und Zürich: Gessner 1801.

ZSCHOKKE, HEINRICH: Das Goldmacherdorf. Eine anmuthige und wahrhafte

Geschichte vom aufrichtigen und wohlerfahrnen Schweizerboten, Aarau 1817. Neuausgabe nach dem Erstdruck von Kurt-Ingo Flessau, Ratingen usw. 1973.

ZSCHOKKE, HEINRICH: Historische Denkwürdigkeiten der helvetischen Staatsumwälzung. Gesammelt und herausgegeben von Heinrich Zschokke, 3 Bde., Winterthur 1803–1805.

[ZSCHOKKE, HEINRICH:] Der Kanton Aargau neben den andern. Besonderer Abdruck aus dem Schweizerboten No. 45 vom 11. November 1830, Aarau [1830].

ZSCHOKKE, HEINRICH: Die klassischen Stellen der Schweiz und deren Hauptorte in Originalansichten dargestellt, gezeichnet von Gust[av] Adolph Müller, auf Stahl gestochen von Henry Winkles und den besten englischen Künstlern. Mit Erläuterungen von Heinrich Zschokke. 2 Bde., Karlsruhe und Leipzig 1836 und 1838.

[ZSCHOKKE, HEINRICH:] Kommissional-Bericht an den Grossen Rath des Kantons Aargau, betreffend den Gesetzes-Vorschlag über Einrichtung des gesammten Schulwesens, [Aarau, Januar 1835].

[ZSCHOKKE, HEINRICH:] Kommissional-Bericht über den Gesetzes-Vorschlag wegen Feier der Sonn- und Festtage, [Aarau, Mai 1834].

[ZSCHOKKE, HEINRICH:] Eine kurze Geschichte des Vaterlandes für schweizerische Anfangsschulen und Taubstummenanstalten, Aarau 1839.

ZSCHOKKE, HEINRICH: Lebensgeschichtliche Umrisse. In: Ausgewählte Schriften, Bd. 1, Aarau 1825, S. 3–62.

[ZSCHOKKE, HEINRICH:] Leitfaden für die Vorträge über Staatswirthschaftskunde im bürgerlichen Lehrverein. Verhandlungsblätter der Gesellschaft für vaterländische Kultur im Kanton Aargau 1819, Nr. 30, S. 117–120.

[ZSCHOKKE, HEINRICH:] Leitfaden zum Unterricht über schriftliche und mündliche Vorträge, beim bürgerlichen Lehrverein. Verhandlungsblätter der Gesellschaft für vaterländische Kultur im Kanton Aargau 1819, Nr. 31 und 32, S. 121–128.

ZSCHOKKE, HEINRICH: Lyonel Harlington. Ein Mann der neuen Welt in der alten. Ährenlese 3. und 4. Teil, Aarau 1847.

[ZSCHOKKE, HEINRICH:] Die Männer der Finsterniß. Roman und kein Roman. Ein modernes Clairobscüre für Seher und Zeichendeuter. Vom Verfasser der schwarzen Brüder. Dämmerung, Leipzig und Frankfurt/Oder 1795.

ZSCHOKKE, HEINRICH: Meister Jordan, oder Handwerk hat goldenen Boden. Ein Feierabend-Büchlein für Lehrlinge, verständige Gesellen und Meister, Aarau 1845.

ZSCHOKKE, HEINRICH: Metapolitische Ideen. Ein Bruchstück. Humaniora 1796, 1. Band, 1. Stück, S. 1–37; 3. Stück, S. 369–388. Auch in: Ausgewählte Schriften, Bd. 10, S. 15 ff.; Gesammelte Schriften, Bd. 34, S. 340–360.

ZSCHOKKE, HEINRICH: Naturhistorische Beschreibung des welschen Berg-Ahorns (Acer opulifolium). Isis 1805, Bd. 2, S. 808–812.

ZSCHOKKE, HEINRICH: Die Prinzessin von Wolfenbüttel. Vom Verfasser des Alamontade, 2 Bde., Zürich 1804.

ZSCHOKKE, HEINRICH: Rede an die Helvetische Gesellschaft zu Schinznach. Besonderer zufolge förmlichen Beschlusses der Gesellschaft veranstalteter Abdruck, Aarau 1829.

ZSCHOKKE, HEINRICH: Die Rose von Disentis. Eine Erzählung. Ährenlese 1. und 2. Teil, Aarau 1844.

[ZSCHOKKE, HEINRICH:] Salomonische Nächte. I. (mehr nicht erschienen), [Zürich] 1796.

[ZSCHOKKE, HEINRICH:] Die schwarzen Brüder. Eine abentheuerliche Geschichte von M.I.R, 3 Bde., Berlin, Leipzig und Frankfurt/Oder 1791–1795.

ZSCHOKKE, HEINRICH: Eine Selbstschau. Erster Theil: Das Schicksal und der Mensch, Aarau 1842; Faksimileausgabe hrsg. von Rémy Charbon (Schweizer Texte, Bd.2), Bern und Stuttgart 1977. – Zweiter Theil: Welt- und Gott-Anschauung, Aarau 1842.

ZSCHOKKE, HEINRICH: Der schweizerische Gebürgs-Förster. Oder deutliche und genaue Anweisung für Forstbediente, Gemeindsvorsteher und Partikular-Waldbesitzer des südlichen Deutschlands und der Schweiz, ihre Waldungen auf die beste Art zu besorgen und den möglich grösten [!] Nutzen aus ihnen zu ziehen, 2 Bde., Basel und Aarau 1806.

ZSCHOKKE, HEINRICH: Des Schweizerlands Geschichten für das Schweizervolk, Aarau 1822. Unter dem Titel: Des Schweizerlands Geschichte für das Schweizervolk, zweite verbesserte Original-Auflage, Aarau 1823. – Fünfte wohlfeilste Originalausgabe. Mit Fortsetzung der neuern Geschichte [bis 1833], Aarau 1834.

ZSCHOKKE, HEINRICH: Spruch und Schwank des Schweizer-Boten, Aarau 1825.

[ZSCHOKKE, HEINRICH:] Stunden der Andacht zur Beförderung wahren Christenthums und häuslicher Gottesverehrung, Aarau 1809–1816.

ZSCHOKKE, HEINRICH: Über die Kultur der Dünen, und die Bindung und Begrünung des Flugsandes überhaupt. (Aus der französischen Handschrift). Isis 1805, Bd. 1, S. 177–188.

ZSCHOKKE, HEINRICH: Über die Salzquellen im Sulzthal des Cantons Aargau. Vorgelesen in der Sitzung vom 24. Jenner 1815 der staatswissenschaftlichen Klasse der Gesellschaft für vaterländische Kultur von Herrn Oberforst- und Berg-Inspektor Zschokke. Helvetischer Almanach für das Jahr 1816, Zürich 1816, S. 173–185.

ZSCHOKKE, HEINRICH: Das Verhältniß der Helvetischen Gesellschaft zum Zeitalter. Rede an die Versammlung der helvetischen Gesellschaft. Gehalten in Schinznach am 12. Mai 1829 von ihrem Vorsteher Heinrich Zschokke, Mitglied des großen Raths vom K. Aargau, Sonderdruck Aarau 1829.

ZSCHOKKE, HEINRICH: Volksbildung ist Volksbefreiung! Eine Rede gehalten in der Versammlung des schweizerischen Volksbildungsvereins zu Lausen d. 10. April 1836, Sissach 1836. Auch in Heinrich Zschokke: Gesammelte Schriften, Bd. 31, Aarau 1859, S. 170–189.

[ZSCHOKKE, HEINRICH:] Die Wallfahrt nach Paris, 2 Bde., Zürich 1796 und 1797.

ZSCHOKKE, HEINRICH: Werke in zwölf Teilen. Auswahl aus den Erzählungen, hrsg. von Hans Bodmer, Berlin usw. o. J. [1910].

ZSCHOKKE, HEINRICH: Die Wirren des Jahrhunderts und des Jahres, Aarau 1823. Sonderdruck aus den Überlieferungen.

Darstellungen

AMSCHWAND, RUPERT: P. Adalbert Regli und Heinrich Zschokke. Vier Briefe. In: Festschrift Oskar Vasella, Freiburg i. Ü. 1964, S. 558–570.

BÄNZIGER, WERNER: «Es ist freilich schwer, sein eigenes Bild mit Treue zu malen …» Die Autobiographien von Pestalozzi, Zschokke und Wessenberg, Diss. phil. Zürich, Aarau usw. 1996.

BÄNZIGER, WERNER: Pestalozzi, Zschokke und Wessenberg. Ein Vergleich der autobiographischen Lebensentwürfe. In: Immermann-Jahrbuch, Bd. 4, Frankfurt/Main 2003, S. 39–53.

BAUM, ROBERT: Die Schweiz unter dem Pressekonklusum von 1823 bis 1829, Diss. phil. Zürich, Strassburg 1947.

BEHRENDSEN, HEDWIG: Ein Beitrag zur Erinnerung an Heinrich Zschokke. In: Die Alpen, Monatsschrift für schweizerische und allgemeine Kultur, 7. Jg., Bern 1912/13, S. 125–131, 283–289, 435–442, 531–537 und 662–676.

BIAUDET, JEAN-CHARLES: Der modernen Schweiz entgegen. Handbuch der Schweizer Geschichte, Bd. 2, Zürich 1977, S. 871–986.

BLOESCH, HANS: Heinrich Zschokke und Johann Jakob Reithard und die Bemühungen der Bernischen Regierung um einen Volkskalender 1834/35. In: Berner Zeitschrift für Geschichte und Heimatkunde 1943, S. 66–81.

DIE BLUMENHALDE. Ein Haus – Ein Begegnungsort – Eine Einrichtung. Hrsg. von der Ortsbürgergemeinde Aarau, verschiedene Autoren, Aarau o. J.

BÖNING, HOLGER: Heinrich Zschokke und sein «Aufrichtiger und wohlerfahrener Schweizerbote». Die Volksaufklärung in der Schweiz (Europäische Hochschulschriften, Reihe I, Bd. 563), Bern usw. 1983.

BOOS, HEINRICH: Handbuch der Freimaurerei. Im Auftrage der schweizerischen Grossloge Alpina, Aarau 1894.

BRÄNDLI, SEBASTIAN, PIUS LANDOLT UND PETER WERTLI: Die Bildung des wahren republikanischen Bürgers. Der aargauische Erziehungsrat 1798–1998, Sonderdruck aus Argovia 110, Aarau 1998.

BRAUN, RUDOLF: Das ausgehende Ancien Régime in der Schweiz. Aufriß einer Sozial- und Wirtschaftsgeschichte des 18. Jahrhunderts, Göttingen und Zürich 1984.

BRIAN SCHERER, SARAH: Ein «wunder Fleck unsers Erziehungswesens». Aargauer Fabrikschulen im 19. Jahrhundert. In: Argovia 113, Aarau 2001, S. 173–181.

BRUGGER, ALB[ERT]: Geschichte der Aarauer Zeitung (1814–1821). Ein Beitrag zur Geschichte der schweizerischen Presse, Aarau 1914.

BÜSSEM, EBERHARD: Die Karlsbader Beschlüsse von 1819. Die endgültige Stabilisierung der restaurativen Politik im Deutschen Bund nach dem Wiener Kongreß von 1814/15, Hildesheim 1974.

BYLAND, MAX, HEINZ HAFNER UND THEO ELSASSER: 150 Jahre Aargauer Volksschule 1835–1985, Aarau und Stuttgart 1985.

CHARBON, RÉMY: Autobiographisches Schreiben bei Heinrich Zschokke. In: Immermann-Jahrbuch, Bd. 4, Frankfurt/Main 2003, S. 55–70.

CROSBY, DONALD H.: Benjamin Franklin and Heinrich Zschokke. In: Swiss-American Historical Society Review Bd. 30, Nr. 3, November 1994, S. 3–23.

DIETSCH, EMIL: Heinrich Zschokkes Rechts- und Staatsdenken, Diss. jur. Zürich 1956, Aarau 1957.

DOLF, WILLY: Die ökonomisch-patriotische Bewegung in Bünden. Ein Beitrag zur bündnerischen Wirtschafts- und Geistesgeschichte des 18. Jahrhunderts, Diss. phil. Zürich, Aarau 1943.

DOVIFAT, EMIL: Zeitungslehre, Bd. 1, 5. Aufl. Berlin 1967 (Sammlung Göschen 1039).

DRACK, MARKUS T.: Der Lehrverein zu Aarau 1819–1830. Argovia 79, Aarau 1967.

ERISMANN, PAUL: Aarau im Stecklikrieg Anno 1802. In: Aarauer Neujahrsblätter 1952, S. 3–21.

ERNE, EMIL: Die schweizerischen Sozietäten. Lexikalische Darstellung der Reformgesellschaften des 18. Jahrhunderts, Zürich 1988.

EULER, HEINRICH: Napoleon III. in seiner Zeit. Der Aufstieg, Würzburg 1969.

FRANKLIN, BENJAMIN: Lebenserinnerungen, hrsg. und mit einem Nachwort von Manfred Pütz, München 1983.

FRANKLIN, BENJAMIN: The Papers of Benjamin Franklin, hrsg. von Leonard W. Labaree, Bde. 1 und 2, New Haven 1959 und 1960.

FREI, DANIEL: Die Förderung des schweizerischen Nationalbewusstseins nach dem Zusammenbruch der Alten Eidgenossenschaft 1798, Diss. phil., Zürich 1964.

FUCHS, MATTHIAS: «Dies Buch ist mein Acker». Der Kanton Aargau und seine Volksschullesebücher im 19. Jahrhundert. Beiträge zur Aargauergeschichte Bd. 10, Aarau 2001.

GENTHE, FRIEDRICH WILHELM: Erinnerungen an Heinrich Zschokke. Ein Supplement zu Zschokke's Schriften, Eisleben 1850.

GOTTHELF, JEREMIAS: Jakobs des Handwerksgesellen Wanderungen durch die Schweiz. Sämtliche Werke in 24 Bänden, hrsg. von Rudolf Hunziker und Hans Bloesch, Bd. 9, München 1917.

GÜNTHER, CARL: Heinrich Zschokkes Jugend- und Bildungsjahre (bis 1798). Ein Beitrag zu seiner Lebensgeschichte, Diss. phil. Zürich, Aarau 1918.

GYSIN, WERNER: Zensur und Pressefreiheit in Basel während der Mediation und Restauration, Basler Beiträge zur Geschichtswissenschaft, Bd. 16, Basel 1944.

HAAS, ROBERT: Zur Geschichte der Zschokkestiftung für Erweckung und Verbreitung volksveredelnder Schriften und Begründung von Volksbibliotheken. Erster Jahresbericht, Frankfurt/Main 1843.

HALDER, NOLD: Geschichte des Kantons Aargau 1803–1953, Bd. 1, Aarau 1953.

HALDER, NOLD: Heinrich Zschokke's «Schweizerbibliothek». Sonderdruck aus dem Aargauer Tagblatt vom 26.1.1952.

HALLER, ERWIN: Bürgermeister Johann Herzog von Effingen 1773–1840. Ein Beitrag zur aargauischen Geschichte, Aarau 1911.

HARTEN, J. VON UND K. HENNIGER, HRSG.: Max Stolprian und andere lustige Geschichten, Köln o.J.

HARTMANN, WILHELM: Heinrich Zschokkes Stunden der Andacht zur Beförderung wahren Christenthums und häuslicher Gottesverehrung, Gütersloh 1932.

HAUENSTEIN, HANS: Festschrift zum 100-jährigen Bestehen der Aargauischen Bezirksschule mit besonderer Berücksichtigung ihrer Vorläuferinnen Lateinschule. Realschule. Sekundarschule. Im Auftrag des Vereins Aargauischer Bezirkslehrer, Brugg 1935.

HAUSER, ALBERT: Heinrich Zschokke und die schweizerische Forstwirtschaft. Schweizerische Zeitschrift für Forstwesen, 118. Jg., Mai 1967, S. 261–281.

HAUSER, ALBERT: Wald und Feld in der alten Schweiz. Beiträge zur schweizerischen Agrar- und Forstgeschichte, Zürich und München 1972.

HEINRICH-ZSCHOKKE-BRIEF, hrsg. von der Heinrich-Zschokke-Gesellschaft. Bisher erschienen: Nr. 1, März 2001; Nr. 2, Mai 2002.

HEISSENBÜTTEL, HELMUT: Addrich im Moos und der März 1848. Versuch über den vaterländischen Roman. In: Ders.: Von fliegenden Fröschen, libidinösen Heroen, vaterländischen Romanen, Sprechblasen und Ohrwürmern, 13 Essays, Stuttgart 1982, S. 56–74.

HETTLING, MANFRED: Bürgerlichkeit. Eine ungesellige Geselligkeit. In: Ders. et al., Hrsg.: Eine kleine Geschichte der Schweiz. Der Bundesstaat und seine Traditionen, Frankfurt/Main 1998, S. 227–264.

HIS, EDUARD: Geschichte des neuern Schweizerischen Staatsrechts. 1. Bd.: Die Zeit der Helvetik und der Vermittlungsakte 1798 bis 1813, Bern 1920, 13. Kapitel: Die Preßfreiheit, S. 440–460.

HUBER, HANS DIETER: Historische Romane in der ersten Hälfte des 19. Jahrhunderts. Studie zu Material und «schöpferischem Akt» ausgewählter Romane von A. v. Arnim bis A. Stifter, Münchner Germanistische Beiträge, Bd. 24, München 1978.

HUBER, URSULA: Der Blumenhaldner: Eine Wochenschrift für die Blumenhalde. Unveröffentlichte Lizentiatsarbeit am Historischen Seminar der Universität Basel 1998.

100 JAHRE TAUBSTUMMENANSTALT AARAU AUF LANDENHOF. Eröffnet am 6. Juni 1836, o. O. und o. J. [1936].

HUNZIKER, OTTO: Geschichte der Schweizerischen gemeinnützigen Gesellschaft, Zürich 1897.

HUNZIKER, WALTER: Forstgeschichtliches aus dem Aargau. Schweizerische Zeitschrift für Forstwesen 1949, S. 145–159.

IM HOF, ULRICH: Das gesellige Jahrhundert. Gesellschaft und Gesellschaften im Zeitalter der Aufklärung, München 1982.

JÖRIN, ERNST: Der Kanton Aargau 1803–1814/15, Aarau 1941.

KANT, IMMANUEL: Idee zu einer allgemeinen Geschichte in weltbürgerlicher Absicht. In: Werke in 12 Bänden, hrsg. von Wilhelm Weischedel, Bd. 11, Frankfurt/Main o. J.

KELLER-ZSCHOKKE, J[OHANN VALENTIN]: Beiträge zur politischen Thätigkeit Heinrich Zschokke's in den Revolutionsjahren 1798–1801, Aarau 1888.

KETTIGER, JOHANNES: Der Lehrverein zu Aarau. Beitrag zur Geschichte des schweizerischen Unterrichts- und Erziehungswesens. In: Ders.: Programm des Aargauischen Lehrerseminars in Wettingen, Baden 1858.

KNOCHE, MICHAEL: Volksliteratur und Volksschriftenverein im Vormärz. Literaturtheoretische und institutionelle Aspekte einer literarischen Bewegung. Diss. phil. Tübingen 1985, Frankfurt/Main 1986.

KOSELLECK, REINHART: Vergangene Zukunft. Zur Semantik geschichtlicher Zeiten, Frankfurt/Main 1979.

KOSELLECK, REINHART: Kritik und Krise. Eine Studie zur Pathogenese der bürgerlichen Welt, Frankfurt/Main 1973.

LÜTHI, ALFRED: Bibersteiner Chronik, o. O. und o. D. [1980].

LÜTHI, ALFRED: Küttigen. Geschichte einer Vorortsgemeinde, Aarau 1975.

LÜTHI, ALFRED, GEORG BONER ET AL.: Geschichte der Stadt Aarau, Aarau usw. 1978.

MATT, PETER VON: Die tintenblauen Eidgenossen. Über die literarische und politische Schweiz, München und Wien 2001.

MAURER, ADOLF: Der «Freiämtersturm» und die liberale Umwälzung im Aargau in den Jahren 1830 und 1831. Ein Beitrag zur Geschichte der schweizerischen Regeneration. Diss. phil. Zürich, Reinach 1911.

MEIER, BRUNO ET AL., HRSG.: Revolution im Aargau. Umsturz – Aufbruch – Widerstand 1798–1803, Aarau 1997.

MEIER, FRITZ: Sturmläuten für die Aargauer Schule. Weiß-Blätter mit Variationen zur Entstehung des aargauischen Schulgesetztes von 1835, Aarau usw. 1986.

MEIER, PIRMIN: Mord, Philosophie und die Liebe der Männer. Franz Desgouttes und Heinrich Hössli. Eine Parallelbiographie, Zürich und München 2001.

MEYERHOFER, URSULA: Von Vaterland, Bürgerrepublik und Nation. Nationale Integration in der Schweiz 1815–1848 (Diss. phil. FU Berlin), Zürich 2000.

MORELL, KARL: Die Helvetische Gesellschaft. Aus den Quellen dargestellt, Winterthur 1863.

MÜLLER, ANDREAS: Geschichte der politischen Presse im Aargau. Das 19. Jahrhundert, Beiträge zur Aargauer Geschichte, Bd. 9, Aarau 1998.

MÜLLER, JOHANNES: Der Aargau. Seine politische, Rechts-, Kultur- und Sitten-Geschichte, 2 Bde., Zürich und Aarau 1870 und 1871.

MÜNCH, ERNST: Erinnerungen, Lebensbilder und Studien aus den ersten sieben und dreissig Jahren eines teutschen Gelehrten, mit Rückblicken auf das öffentliche, politische, intellektuelle und sittliche Leben von 1815 bis 1835 in der Schweiz, in Teutschland und den Niederlanden, 2 Bde., Karlsruhe 1836 und 1837.

MÜNCH, ERNST: Heinrich Zschokke, geschildert nach seinen vorzüglichen Lebensmomenten und seinen Schriften, mit seinen Freunden und Feinden; nebst allerlei über Leben und Treiben, Geist und Ungeist in kleinen Republiken, Haag 1831.

NADLER, JOSEF: Literaturgeschichte der deutschen Schweiz, Leipzig, Zürich 1932.

OECHSLI, WILHELM: Geschichte der Schweiz im 19. Jahrhundert, 2 Bde., Leipzig 1903 und 1913.

OECHSLI, WILHELM: Zwei Denkschriften des Restaurators Karl Ludwig v. Haller über die Schweiz aus den Jahren 1824 und 1825. Festgabe für Gerold Meyer von Knonau, Zürich 1913, S. 413–444.

ORT, WERNER: Ein intriquer & unruhiger Geist. Auskunft aus Frankfurt (Oder) und Magdeburg über Heinrich Zschokke. In: Beiträge zur Kleist-Forschung 2000, S. 268–272.

ORT, WERNER: «Die Zeit ist kein Sumpf; sie ist Strom» – Heinrich Zschokke als Zeitschriftenmacher in der Schweiz, Geist und Werk der Zeiten, Bd. 91, Diss. phil. Zürich, Bern usw. 1998.

PAUL, HAINER: Illustrierte Geschichte der Trivialliteratur, Hildesheim usw. 1983.

PRESCHER, MARTINA: Vergleichende Untersuchungen zu den Autobiographien von Johann Heinrich Zschokke, Karl Immermann und Johann Stephan Schütze. Unveröffentlichte Hausarbeit zur 1. Staatsprüfung für das Lehramt an Gymnasien, Magdeburg 2001.

ROHR, ADOLF: Ignaz Paul Vital Troxler (1780–1866), radikaler Vorkämpfer für Freiheit und liberale Staatsordnung. In: Argovia 104, Aarau 1992, S. 175–181.

SAUERLÄNDER, HANS, HEINZ SAUERLÄNDER UND CHARLES BORNET: Hundertfünfzig Jahre Haus Sauerländer in Aarau, Aarau 1957.

SAUERLÄNDER, HEINZ: Heinrich Zschokke und Heinrich Remigius Sauerländer, zwei Häupter der «Aarauer Partei». In: Aarauer Neujahrsblätter 1996.

SCHAFFROTH, PAUL: Heinrich Zschokke als Politiker und Publizist während der Restauration und Regeneration. In: Argovia 61, Aarau 1949, S. 5–203.

SCHELBERT, LEO: Die Fünfte Schweiz in der Berichterstattung des «Aufrichtigen und Wohlerfahrenen Schweizer-Boten» 1804–1830. In: Schweizerisches Archiv für Volkskunde 67, Basel 1971, S. 84–114.

SCHENDA, RUDOLF: Die Lesestoffe der Kleinen Leute. Studien zur populären Literatur im 19. und 20. Jahrhundert, München 1976.

SCHENDA, RUDOLF: Volk ohne Buch. Studien zur Sozialgeschichte der populären Lesestoffe 1770–1910, München 1977.

SCHMID, HANS RUDOLF: Hundertfünfzig Jahre Allgemeine Aargauische Ersparniskasse 1812–1962. Ihre Entstehung und ihre Entwicklung zum modernen Bankinstitut im Auftrag des Verwaltungsrates dargestellt, Aarau 1962.

SCHMIDT, GEORG C. L.: Der Schweizer Bauer im Zeitalter des Frühkapitalismus. Die Wandlung der Schweizer Bauernwirtschaft im achtzehnten Jahrhundert und die Politik der Ökonomischen Patrioten, 2 Bde., Bern 1932.

SCHNEIDER, ERNST: Die Bernische Landschule am Ende des 18. Jahrhunderts, Bern 1905.

SCHNEIDERS, WERNER, HRSG.: Lexikon der Aufklärung Deutschland und Europa, München 1995.

SENGLE, FRIEDRICH: Biedermeierzeit. Deutsche Literatur im Spannungsfeld zwischen Restauration und Revolution 1815–1848, Bd. 2: Die Formenwelt, Stuttgart 1972.

SPIESS, EMIL: Ignaz Paul Vital Troxler. Der Philosoph und Vorkämpfer des schweizerischen Bundesstaates dargestellt nach seinen Schriften und den Zeugnissen der Zeitgenossen, Bern und München 1967.

STADLER, PETER: Pestalozzi. Geschichtliche Biographie, Band 1: Von der alten Ordnung zur Revolution (1746–1797); Band 2: Von der Umwälzung zur Restauration. Ruhm und Rückschläge (1798–1827), Zürich 1988 und 1993.

STAEHELIN, HEINRICH: Die alte Kantonsschule Aarau 1802–2002, Aarau 2002.

STAEHELIN, HEINRICH: Geschichte des Kantons Aargau 1830–1850, Baden 1978.

STEIGMEIER, ANDREAS: Politische Flüchtlinge in Aarau während der Restaurationszeit. Unveröffentlichte Lizentiatsarbeit an der philosophischen Fakultät der Universität Freiburg i. Ü. 1988.

STÖHR, RENÉ: Beiträge zur Geschichte von Gansingen, Laufenburg 1990.

SUTER, ROBERT: Allgemeine Aargauische Ersparniskasse. 1812–1912. Aarau o.J. [1913].

TSCHOPP-BREWER, Albert: Geschichte der Loge zur Brudertreue in Aarau 1811–1911. Festschrift zum 100jährigen Jubiläum am 26. November 1911.

TSCHOPP, CHARLES: Der Aargau. Eine Landeskunde, Aarau 1961.

ÜBELHÖR, MAX: Die Zürcherische Presse zu Anfang des 19. Jahrhunderts, Diss. phil. Zürich 1908.

URNER, KLAUS: Die Deutschen in der Schweiz. Von den Anfängen der Kolonienbildung bis zum Ausbruch des Ersten Weltkrieges, Frauenfeld und Stuttgart 1976.

VISCHER, EDUARD: Aargauische Frühzeit 1803–1852, Aarau und Frankfurt/Main 1976.

VISCHER, EDUARD: I.P.V. Troxler als aargauischer Parlamentarier. In: Ders.: Aargauische Frühzeit. Argovia 88, Aarau 1976, S. 175–200.

VISCHER, EDUARD: Von der Scheidung der Geister in der aargauischen Regenerationszeit. In: Ders.: Aargauische Frühzeit. Argovia 88, Aarau 1976, S. 200–249.

VISCHER, EDUARD: Zur Geschichte des Kantons Aargau von 1803 bis 1852. In: Ders.: Aargauische Frühzeit. Argovia 88, Aarau 1976, S. 31–173.

VÖGELI, ROBERT: Die Anfänge des landwirtschaftlichen Bildungswesens unter besonderer Berücksichtigung des Aargaus. Diss. phil. Zürich, Bern 1962.

VOIT, FRIEDRICH: Der kluge Landmann sieht nicht nach dem Mond. Zum Schweizerboten-Kalender von J.H. Zschokke. Internationales Archiv für Sozialgeschichte der deutschen Literatur, Bd. 8, Tübingen 1983, S. 83–120.

WECHLIN, HEINRICH EUGEN: Der Aargau als Vermittler deutscher Literatur an die Schweiz 1798–1848. Argovia 40, Aarau 1925.

WEHRLI, EUGEN: 200 Jahre Forstwirtschaft in Aarau. Planung, Massnahmen, Resultate, dargestellt am Beispiel des Gönhardwaldes. In: Aarauer Neujahrsblätter 1985, S. 126 ff.

WEISS, LEO: Die Bekämpfung des Borkenkäfers in den Kantonen Aargau und Zürich zu Anfang des 19. Jahrhunderts. Ein Beitrag zur Geschichte des Forstschutzes und der forstentomologischen Literatur in der Schweiz. In: Schweizerische Zeitschrift für Forstwesen 1922, S. 70–80 und 104–107.

WEISS, LEO: Heinrich Zschokkes Einfluss auf die französische Ödland-Aufforstung. In: Forstwissenschaftliches Centralblatt 1922, Heft 12, S. 455–562; Schweizerische Zeitschrift für Forstwesen 1964, S. 666–671.

WERNLY, RUDOLF: Geschichte der Aargauischen Gemeinnützigen Gesellschaft (Gesellschaft für Vaterländische Kultur) und ihrer Bezirkszweige 1811–1911. Zur Feier ihrer hundertjährigen Wirksamkeit im Auftrage des Zentralvorstandes verfasst, Aarau o.J. [1912].

WERNLY, RUDOLF: Vater Heinrich Zschokke. Ein Lebens- und Charakterbild. Festschrift auf den Tag der Enthüllung seines Denkmals in Aarau, Aarau 1894.

WIDMANN, HANS: Christian August Vulpius' Rache an den Reutlinger Nachdruckern. In: Zeitschrift für Württembergische Landesgeschichte, Jg. 29, 1970, S. 157–188.

WIDMER, SIGMUND: Zürich. Eine Kulturgeschichte, Bd. 7: Schöngeister und Aufrührer, Zürich 1979.

WITTMANN, REINHARD: Der lesende Landmann. Zur Rezeption aufklärerischer Bemühungen durch die bäuerliche Bevölkerung im 18. Jahrhundert. In: Dan Berindei et al., Hrsg.: Der Bauer Mittel- und Osteuropas im sozio-ökonomischen Wandel des 18. und 19. Jahrhunderts. Beiträge zu seiner Lage und deren Widerspiegelung in der zeitgenössischen Publizistik und Literatur, Köln und Wien 1973, S. 142–196.

WULLSCHLEGER, ERWIN: Waldpolitik und Forstwirtschaft im Kanton Aargau von 1803 bis heute, Aarau 1997.

ZINNIKER, OTTO: Der Geist der Helvetischen Gesellschaft des 19. Jahrhunderts besonders zwischen 1807 und 1849. Ein Beitrag zur Geschichte des Liberalismus in der Schweiz, Diss. phil. Zürich, Biel 1932.

ZOLLING, THEOPHIL: Heinrich von Kleist in der Schweiz, Stuttgart 1882.

ZSCHOKKE, EMIL: Zur Erinnerung an Frau Nanny Zschokke, geb. Nüsperli. Für die Familie und ihre Freunde auf den ersten Jahrestag ihres Todes geschrieben, o. O. und o. J. [Aarau 1859].

ZSCHOKKE, EMIL: Geschichte der Gesellschaft für vaterländische Cultur im Kanton Aargau, zur 50jährigen Gedenkfeier ihres Bestehens im Auftrage des leitenden Ausschusses in Aarau, Aarau 1861.

ZSCHOKKE, EMIL: Heinrich Zschokke. Ein biographischer Umriss, 3. Aufl. Berlin 1875.

ZSCHOKKE, ERNST: Die Blumenhalde 1817–1917, Aarau o. J. [1917].

ZSCHOKKE, ERNST: Geschichte der Taubstummenanstalt Aarau. In: 100 Jahre Taubstummenanstalt Aarau auf Landenhof. Eröffnet am 6. Juni 1836, o. O. und o. J. [1936], S. 18–36.

ZSCHOKKE, ERNST: Pfarrer Jakob Nüsperli auf Kirchberg. In: Aarauer Neujahrsblätter 1927, S. 12–24.

ZSCHOKKE, ROLF: Die Historische Gesellschaft des Kantons Aargau 1859–1959. Argovia 71, Aarau 1959. Nachtrag in Argovia 84, Aarau 1972, S. 5–12.

ZSCHOKKE, ROLF: 150 Jahre Blumenhalde. Zschokkes Blumenhalde und ihre Bewohner. Separatdruck aus dem Aargauer Tagblatt, August 1968.

Sach- und Werksregister